Werner Klinter

Satellitenrundfunk und die Problematik des internationalen Urheber- und Leistungsschutzes

Schriftenreihe der UFITA **Heft 47**

Archiv für Urheber-, Film-, Funk- und Theaterrecht
Herausgegeben von Dr. jur. Georg Roeber, München

Satellitenrundfunk und die Problematik des internationalen Urheber- und Leistungsschutzes

von

Dr. jur. Werner Klinter

Lauf a. d. Pegnitz

1973

J. Schweitzer Verlag · Berlin

ISBN 3 8059 0338 3

Satz, Druck und buchbinderische Verarbeitung: Sellier GmbH Freising
Printed in Germany.

Meiner lieben Frau

Danksagung

An dieser Stelle danke ich all' denen, die mir in oft erstaunlicher Hilfsbereitschaft und Großzügigkeit das Material für meine Arbeit zur Verfügung gestellt haben.

Hiezu gehören insbesondere:

UNESCO
- Copyright Division, Miss Barbara Ringer, Director
- Department for the Free Flow of Information and International Exchange, Paris

UNO-Generalsekretariat, New York
- Outer Space Affairs Division, New York
- Information Office, Genf

International Telecommunication Union (ITU) Generalsekretariat, Genf
Communications Satellite Corporation, (COMSAT), Washington, D. C.
World Intellectual Property Organisation (WIPO), Sekretariat, Genf
National Aeronautics and Space Administration, (NASA), Washington D. C.

European Space Research Organisation / European Launcher Development Organisation (ESRO/ELDO) Neuilly-sur-Seine

Europarat, Straßburg

Rand-Corporation, Santa Monica, Calif., USA

Die Regierungen
Australiens, Canadas, Großbritanniens, Indiens, Schwedens, der Schweiz, der USA

der Justitiar der ARD, Herr Albert Scharf

sowie der von mir hochverehrte Herr Professor Dr. Heinrich Hubmann, mein Dr.-Vater, der mir zu jeder Zeit als erfahrener Ratgeber zur Seite stand.

Werner Klinter

Inhaltsverzeichnis

Literaturverzeichnis

Ablard, Charles D., The INTELSAT definitive agreements, a recapitulation; EBU-Review, No. 128 B, S. 69 ff. Genf, 1971.

D'Arcy, Jean, Direct Broadcast Satellites and the right to communicate; EBU-Review, No. 118 B, S. 14 ff. Genf, 1969.

Behr, Omri M., Relay by communications satellites: A special situation in Copyright infringement liability; Journal of Air Law and Commerce, Vol. 31, 1965, S. 311 ff.

Braderman, Eugene M., International Copyright: A world view: Department of State Bulletin, Vol. 62, Apr. 1970, S. 486 ff.

Bredow-Institut, *Hans* (Hg.) ARD-Jahrbuch, Jahrgänge 1969–71.

CAPAC./.CTV and Bell Telephone, Urteile in Sachen *CAPAC./.CTV* and Bell Telephone vom 8. Dez. 1967, und 1. Apr. 1968, Exchequer Court of Canada.

Cassirer, H. R., [Satellite Communication, Alaska], s. Wigren.

Colino, Richard R., Copyrigth Protection abroad for United States cultural exports; Duke Law Journal, Vol. 1962, S. 219 ff.

–, INTELSAT: Doing business in outer space; Columbia Journal of Transnational Law, Vol. 6, 1967, S. 17 ff.

–, Use of the INTELSAT-satellite system for Project Apollo: A possible precedent for television distribution requirements; EBU Review, No. 118 B, S. 24 ff., Genf, 1969.

–, INTELSAT: A comparison of the interim and definitive arrangements. EBU-Review, No. 129 B, S. 49 ff., Genf, 1971.

Communications Satellite Act of 1962, Report on Activities and Accomplishments under the Communications Satellite Act of 1962; Nummern 2, 4, 5, 6, 7, 8, 9; The White House Washington, D. C., 1965, 1967, 1968, 1969, 1970, 1971, 1972.

COMSAT (Communications Satellite Corporation) Annual Report 1969, Washington, D. C., 1970.

–, Report to the President and the Congress, Washington, D. C., 1970.

–, The World's Earth Station for Satellite Communications, Washington, D. C., 1970.

–, Pocket Guide to the Global Satellite System, Washington, D. C., 1970.

–, 1970 COMSAT Annual Report, Washington, D. C., 1971.

–, Report to the President and the Congress, Washington, D. C., Mai 1971.

–, Pocket Guide to the Global Satellite System, Washington, D. C., Januar 1971.

–, 1971 Annual Report, Washington, D. C., März 1972.

–, Report to the President and the Congress. At the 10th Anniversary of the Communications Satellite Act of 1962 –, Washington, D. C., August 1972.

Desbois, Henri, La Conférence Diplomatique de révision des Conventions de Berne et Genève, Revue Internationale du Droit D'Auteur (RIDA) No. LXVIII, S. 3 ff., Paris 1971.

Dittrich, Robert, Transmission via space satellites; EBU-Review (Programmes, Administration, Law), Vol. XXIII No. 1, S. 52 ff., Genf 1972.

Doyle, Stephen, Communication satellites: International Organisation for development and control; California Law Review, Vol. 55, 1967, S. 431 ff.

Eek, Hilding, The use of space communication: International co-operation and international control; UNESCO/SPACE/COM/10, Paris, 1965.

Ende, Asher, International telecommunications: Dynamics of regulation of a rapidly expanding service; Law and Contemporary Problems, Vol. 34, No. 2, 1969, Duke University, Durham.

Estep, Samuel D., Some international aspects of communications satellite systems; Northwestern University Law Review, Vol 58, No. 2, 1963, S. 237 ff.

Fanti, Pierro, European satellite rates for television service; EBU-Review, No. 118 B, S. 34 ff., Genf 1969.

Fernandez-Shaw, Felix, Satellite transmissions and Spanish-American regional cooperation; EBU-Review, No. 118 B, S. 56 ff., Genf 1969.

Fernay, Robert, Study of problems in the field of Copyright raised by radio and television transmission via communication satellites; UNESCO/WIPO/SAT/5, Lausanne-Konferenz 1971.
–, Paris 1971, ou les aventures d'un "package-deal"; RIDA, LXX, 1971. (Paris), S. 3 ff.

Francis, Richard, A giant leap for mankind – and a very long hop for televesion; EBU-Review, No. 118 B, S. 41 ff., Genf 1969.

Gardner, Richard N., Cooperation in outer space; Foreign Affairs Journal, Vol. 41, 1963.

Goldsen, Joseph M., s. Schwartz, Murray L.

Höfer, Werner (Hg.), Blick ins nächste Jahrtausend, Prognosen für die audiovisuelle Zukunft des Menschen; Düsseldorf, 1970.

Hubmann, Heinrich, Die geplante Konvention gegen unerlaubte Weitersendung von Satellitensendungen; UFITA 1973.

Hult, J. L., Satellites and technology for communications: shaping the future. Rand Corporation, Santa Monica, Cal., Jan. 1968, p-3760.
–, The promise of UHF-Satellites for mobile, broadcast and Low-cost services and related new communications allocations, operations and policies. Rand Corporation, Santa Monica, Mai, 1969, p-4071.
–, The promise of UHF-Satellites for Mobile Services, Rand Corporation, Santa Monica, August, 1969, p-4170.
–, Broadcast opportunities with satellites and CATV, and their control in the public interest. Rand Corporation, Santa Monica, März, 1970, p-4333.

Indien – (NASA), Memorandum of Understanding between the Department of Atomic Energy of the Government of India and the United States National Aeronautics and Space Administration; 18. Sept. 1969.
–, (UNESCO), Preparatory study of a pilot project in the use of satellite communication for natural development purposes in India; (Report by a UNESCO Expert mission), UNESCO/COM/WS/51, 13 000/41.3311.
INTELSAT, Resumed plenipotentiary conference on definitive arrangements for the International Telecommunications Satellite Consortium; Washington, D. C., Doc. 232 und 233 (1971).
–, Intelsat auf breiterer internationaler Basis; Presse- und Informationsamt der Bundesregierung, 7. Jan. 1972, Nr. 5/72.

ITU – (International Telecommunication Union), Symposium on space and radiocommunication – 28th international air and space show, Paris, 1969.
–, Eight report by the ITU on telecommunication and the peaceful uses of outer space, Genf, 1969.
–, World telecommunication day, 17. Mai 1970. Genf 1970.
–, 1865–1965: A hundred years of international cooperation; Ninth report by the ITU on telecommunication and the peaceful uses of outer space. Genf 1970.
–, Tenth report by the ITU on telecommunication and the peaceful uses of outer space. Genf 1971.

Jasentuliyana, Nandasiri, Regulatory Functions of ITU in the field of space communications; Journal of Air Law and Commerce, Vol. 34, 1965, S. 62 ff.

Johnson, John A., International cooperation in satellite communications systems; American Society of International Law, Proceedings, Vol. 61, 1967, S. 24 ff.

Kaminstein, Abraham L., Generalbericht über die diplomatische Konferenz über den internationalen Schutz der ausübenden Künstler, der Hersteller von Tonträgern und der Sendeunternehmen; Rom 1961, UFITA, Bd. 40, S. 99 ff.
–, Conference for Revision of the Universal Copyright Convention, Paris 1971, Report of the General Rapporteur, UNESCO/INLA/UCC/44.

Krieger, Albrecht; Mast, Heribert; Tilman, Winfried, Die Konstituierung der Weltorganisation für geistiges Eigentum (WIPO), GRUR, Int. 1972, S. 29 ff.

Levin Harvey J., The organisation and control of communications satellites; University of Pennsylvania Law Review, Vol. 113, 1965, S. 315 ff.

Lokrantz-Bernitz, Annika, Les télésatellites et le droit d'auteur, RIDA, No. LXVIII, S. 69 ff., Paris 1971.

Marks, Lee R., Domestic communications satellites and international cooperation; American Society of International Law, Proceedings, Vol. 61, 1967, So. 36 ff.

Marks, Leonhard H., Communications satellites – a launch vehicle for international understanding; EBU-Review, No. 118 B, S. 50 ff., Genf 1969.

Marzin, Pierre, Space communications: European projects; EBU-Review, No. 118 B, S. 19 ff., Genf 1969.

Masouyé, Claude, Problems of copyright and neighbouring rights in the use of communications satellites; EBU-Review, No. 115 B, S. 43 ff., Genf 1969.
–, Some reflections on the protection of signals transmitted via communications satellites; EBU-Review, No. 121 B, S. 54 ff. Genf 1970.
–, Towards a system of international protection of programme-carrying signals transmitted via satellite? EBU-Review, No. 128 B, S. 61 ff., Genf 1971.
–, Quid du droit d'auteur dans l'utilisation des satellites spatiaux? RIDA, No. LXXII, S. 11 ff., Paris 1972.
–, The gestation of a new international convention regarding space satellites; EBU-Review (Programmes, Administration, Law), Vol. XXIII, No. 5, S. 51 ff., Genf 1972.

Mast, Heribert, s. Krieger.

Metzeler, Rudolf, Zündstoff im INTELSAT-Statut; Süddeutsche Zeitung Nr. 203, 25. August 1971, S. 4.

Mickelson, Sig, Communications by satellite; Foreign Affairs, S. 67 ff., Okt. 1969.

Miles, J. W., Methods of Law Reform in regard to current problems of copyright and related matters; Bulletin of the Copyright Society of the USA, Vol. 13, S. 171 ff. (1965/66).

Moore, Spencer, The Canadian Broadcasting Corporation and a domestic communications satellite; EBU-Review, No. 118 B, S. 72 ff., Genf 1969.

Namurois, Albert, The international convention for the protection of performers, producers of phonograms and broadcasting organisations; EBU-Review, Nr. 72, S. 42 ff., Genf 1962.

NASA (National Aeronautics and Space Administration), Third national conference on the peaceful uses of space, Chicago, Mai 1963; ESRO/ELDO-Space Documentation Service, N 64-21136 221 *P* 1 de 2. (Zweibändige Referatsammlung.)

–, Fifth National conference on the peaceful uses of space; St. Louis, Missouri, Mai 1965; ESRO/ELDO/Space Documentation Services, N 66-30366 197 *P* 1 de 2. (Zweibändige Referatsammlung.)

Nimmer, Melville B., Implications of the prospective revisions of the Berne Convention and the United States Copyright Law; Standford Law Review, Vol. 19, S. 499 ff., 1967.

Patermann, Christian, INTELSAT – Neue Gesichtspunkte für die Struktur internationaler Organisationen; Zeitschrift für Luftrecht und Weltraumfragen, 1972, Nr. 1, S. 10 ff.

Plaisant, Robert, Propriété intellectuelle et communications par satellites' RIDA, No. LXX, S. 79 ff., Paris 1971.

Ploman, Edward, s. Rydbeck, Olof.

Rambaud, Pierre, International Symposium on educational satellites; EBU-Review, No. 128 B, S. 33 ff. Genf 1971.

Rand McNally (Hg.), Around the World; A view from space, Chicago 1968.

Reimer, Dietrich, Zum Vergleich der Schutzfristen nach Art. 7 Abs. (2) RBÜ; GRUR, Int., 1969, S. 445 ff.

Reinshagen, Urs M., Satellitensendungen und Urheberrecht; Diss. Zürich 1971. (In dieser Arbeit nicht mehr berücksichtigt.)

Rembe, Rolf, Study on the problems arising from wireless and television broadcasts transmitted by space satellites in relation to the protection of Performers; UNESCO/WIPO/SAT/6, Lausanne-Konferenz 1971.

Richter, Karl-Heinz, Der Umfang des Senderechts; Diss. Leipzig 1937.

Roeber, Georg, Aktuelle Fragen der Massenkommunikation, Drahtfernsehen, Kassettenfernsehen, Computereinsatz, Satellitenübertragung; Film und Recht, Nr. 4, 1970, S. 106 ff.

–, Fernsehsatelliten als Instrument der Massenkommunikation; Film und Recht, Nr. 8, 1970, S. 242 f.

Rydbeck, Olof und *Ploman Edward W.,* Broadcasting in the space age. EBU-Monograph, No. 5, Legal and Administrative Series, Genf 1969.

De Sanctis, Valerio, Satellite speziali di communicazione e diritto di autore; Dir. Aut. 1969, S. 1 ff.

Satellite Communication, s. Indien – UNESCO.

Schulze, Erich, Schutz vor Satelliten. Eine Studie zum Urheberrecht und zu den verwandten Schutzrechten; INTERGU-Schriftenreihe Bd. 45; Berlin 1970.

Schwartz Murray L. und *Goldsen, Joseph M.,* Foreign participation in communications satellite systems: Implications of the Communications Satellite Act of

1962; Rand Corporation, Santa Monica, Cal., Memorandum RM-3484-RC, 1963.
Shakespeare, Frank J., The role of communications satellites in United States Information Agency programmes; EBU-Review, No. 125 B, S. 28 ff., Genf 1971.

Shute, John V., A domestic satellite communications system for the United States; EBU-Review, No. 118 B, S. 67 ff., Genf 1969.

Siebert, Fred S., Property rights in materials transmitted by intercontinental satellites; a paper delivered at a meeting of the International Association for Mass Communication Research, Konstanz, 4. Sept. 1970.

Siocos, C. A., Utilisation of domestic satellites in the network of the CBS; Journal of the SMPTE, Vol. 81, S. 93 ff. 1971.

Smith, Delbert D., The legal ordering of satellite telecommunication: Problems and alternatives; Indiana Law Journal, Vol. 44, S. 338 ff. 1969.
–, International Telecommunication Control, Leyden, 1969.

In der Smitten, Franz Josef, Possible developments in radio and television techniques in the next few decades; EBU-Review, No. 119 B, S. 28 ff., Genf 1969.

Stewart, Stephen M., Study on the problems arising from wireless and television broadcasts transmitted by space satellites in relation to the protection of producers of phonograms; UNESCO/WIPO/SAT/7, Lausanne-Konferenz 1971.

Straschnov, Georges, Arrangement européen pour la protection des émissions de télévision; Droit d'Auteur, 1960, S. 263 ff.
–, Some legal aspects of television transmissions by satellites; UNESCO/SPACE/COM/ 7 Paris, 1965.
–, Some legal aspects of television transmission by satellites; UNESCO Communication in the space age (Sammelband) COM. 66/D. 64/A, S. 93 ff. (Wie SPACE/COM/7.) Paris 1968.
–, Legal protection of television broadcasts transmitted via satellite against their use without the permission of the originating organisation; UNESCO/COM/SPACE/4, COM/CONF/3.3. Paris 1969.
–, (pseudonym als "G. S."): Satellite transmissions and the Berne Convention; EBU-Review, No. 118 B, S. 77 ff. Genf 1969.
–, Study on the problems arising from wireless and television broadcasts transmitted by space satellites in relation to the protection of broadcasting organisations; UNESCO/WIPO/SAT/8, Lausanne-Konferenz 1971.
–, Développements récents et perspectives d'avenir sur le plan international dans le domaine des Satellites de Communication; OMPI (WIPO) CYCLE Conférences, Montreux 1972, S. 257 ff.

Tassin, Jacques, Vers l'Europa spatiale; Paris 1970.

Throop, Allen E., Some legal facets of satellite communication; The American University Law Review, Vol. 17, S. 12 ff., 1967.

Tilmann, Winfried, s. Krieger.

Trooboff, Peter D., INTELSAT: Approaches th the renegotiation; Harvard International Law Journal, Vol. 9, No. 1, S. 1 ff., 1968.

Ulmer, Eugen, Die Washingtoner Vorschläge für das internationale Urheberrecht; GRUR, Int., 1969, S. 375 ff.
–, Die Revision der Urheberrechtskonventionen im Zeichen der Washingtoner Empfehlungen; GRUR, Int., 1970, S. 167 ff.
–, Die Entwürfe für die Revision der Urheberrechtsabkommen, GRUR, Int., 170, S. 329 ff.

–, Die Revision der Urheberrechtsabkommen, GRUR, Int., 1971, S. 423 ff.
UNESCO (United Nations Educational, Scientific and Cultural Organisation): (Hg.), Communication in the space age (Vortragssammlung), Paris 1968.
–, Meeting of governmental experts on international arrangements in the space communication field; (Konferenz), UNESCO House, Paris, 2.–9. Dez. 1969, Konferenzunterlagen: COM/SPACE/3, 4, 5, 6, und Final Report COM/MD/15.
–, Committee of governmental experts on problems in the field of copyright and the protection of performers, producers of phonograms and broadcasting organisations raised by transmissions via space satellites; (Konferenz in Zusammenarbeit mit WIPO (World Intellectual Property Organisation); Lausanne, 21.–30. April 1971 (Lausanne-Konferenz).
–, Sämtliche Konferenzunterlagen von UNESCO/WIPO/SAT./Inf. 1 bis UNESCO/WIPO/SAT. 22 Annex D.
–, Second committee of governmental experts on problems in the field of popyright and the protection of performers, producers of phonograms and broadcasting organisations raised by transmissions via space satellites. (Konferenz in Zusammenarbeit mit WIPO), UNESCO House, Paris, 9.–17. Mai 1972. Sämtliche Konferenzunterlagen von UNESCO/WIPO/SAT. 2/Inf. 1 bis UNESCO/WIPO/SAT. 2/14 Annex C.
–, Meeting of experts on international professional arrangements for space broadcasting (Konferenz), Paris, 5.–8. Oktober 1971, Final Report, Com-71/CONF. 5/8.
von Ungern-Sternberg, Joachim, Die Satellitensendungen des Rundfunks – Zur Frage ihres Schutzes durch das Romabkommen; GRUR, Int., 1970, S. 303 ff.
UNO (Hg.), Space explorations and applications; (Conference on the exploration and peaceful uses of outer space; Wien, 14.–27. August 1968; Zweibändiger Sammelband mit sämtlichen Konferenzreferaten und -aufsätzen, 4-sprachig). A/CONF. 34/2. Vol. I und II, New York 1969.
–, *Committee on the peaceful uses of outer space:* Review of the activities and resources of the United Nations, of its specialized agencies and of other competent international bodies, relating to the peaceful uses of outer space. 71-08574. New York, April 1971, A/AC. 105/C. 1/L. 34.
– –, Review of national and cooperative international space activities for the calender year 1970; 71-07432, New York, Mai 1971, A/AC. 105/L. 60 bis L. 60 Add. 5 (Juli 1971).
– –, Report of the; General Assembly: Official Records, 25th Session, Supplement No. 20 (A/8020), New York 1970.
– –, Report of the; General Assembly: Official Records: 26th Session, Supplement No. 20 (A/8420), New York 1971.
– –, *Working Group on Direct Broadcast Satellites* on its third session, 70-12005, A/AC 105/83, New York, 25. Mai 1970.
– – –, Mit Arbeitspapieren: A/AC. 105/WG. 3/CRP. 2, A/AC. 105/WG. 3/L. 1.
– – –, on its second session, A/AC. 105/66, New York, 12. Aug. 69.
– –, *26th General Assembly,* Resolution No. 2777 (XXVI): Convention on International Liability for Damages Caused by Space Objects. A/Res/2777 (XXVI), New York, 1971.
– – –, International Cooperation in the peaceful uses of outer space; Report of the "First Committee". 71-25118, A/8528, New York, 1971.
– –, *27th General Assembly,* Preparation of an international Convention on Principles Governing the Use by States of Artifical Earth Satellites for Direct

Television Broadcasting. 72-15292. A/8771, New York, 1972.

Welturheberrechtsabkommen, Revision: s. Kaminstein.

Wesley, Roger, Copyright Liability for communication satellites: A bridge from CATV; IDEA, Vol. 12, S. 1161 ff., 1968/69.

Wigren, H. und *Cassirer, H. R.,* Alaska – Implications of satellite communication for education. UNESCO/FR/PP/Consultants Serial No. 2198/BMS. RD/MC, Paris 1970.

WIPO (World Intellectual Property Organisation), Working group on copyright problems of satellite communications; (Konferenz, 14.–16. Oktober 1968, Genf); BIRPI (WIPO) Copyright No. 11, 1968, S. 230 ff. Zusätzlich: Arbeitspapiere DA/27/4 und DA/27/7.

–, Study of the entire situation of international relations in the field of copyright – The BIRPI-Memorandum; BIRPI/SGC-I, 7. August 1969.

–, General Information; Genf 1971.

–, Allgemeine Informationen, Genf 1972.

Woetzel, Robert K., International cooperation in telecommunication for educational and cultural purposes; American Society of International Law Proceedings, Vol. 61, 1967, S. 29 ff.

Bibliographien:

Worldwide bibliography for the year 1969 of Space Law and related Matters; International Institute of Space Law (of the International Astronautical Federation); Paris, Juli 1970.

A bibliography of Selected Rand Publications; The Rand Corporation, Santa Monica, Cal., Juni 1971; SB-1020.

An annotated bibliography of UNESCO Publications and Documents dealing with Space Communication, 1953–1970; UNESCO: COM/WS/166, Paris, März 1971.

Zeitschriften:

(Außer den im Text zitierten)

Copyright – Monthly Review of the United International Bureaux for the Protection of Intellectual Property, Hg.: WIPO (BIRPI), Genf.

Courier – The UNESCO Courier, A window open to the world, Monatsschrift der UNESCO, Paris.

EBU-Review – (Programmes, Administration, Law), (seit Januar 1972 neue Zählung: Vol. XXIII, No. 1 . . .; bis Dezember 1971 "Part B"). Zwei-Monatsschrift der European Broadcasting Union, Genf.

Film und Recht – Informationsdienst des Instituts für Film- und Fernsehrecht, München; Hg.: Dr. Georg Roeber, München.

GRUR – Gewerblicher Rechtsschutz und Urheberrecht, Internationaler Teil; Herausgegeben im Max-Planck-Institut für ausländisches und internationales Patent-, Urheber- und Wettbewerbsrecht, München.

RIDA – Revue Internationale du Droit d'Auteur, Viermonatsschrift, Paris.

Zeitschrift für Luftrecht und Weltraumrechtsfragen, Vierteljahresschrift des Instituts für Luftrecht und Weltraumrechtsfragen der Universität Köln.

Teil A: Einführung

Kapitel 1: Was ist Satellitenfernsehen?

I. Von Sputnik I zu INTELSAT IV:

1. Einleitung

1.1. Satellitenvielfalt

Niemand, der nicht gerade militärischer Geheimnisträger ist, könnte zuverlässig sagen, wieviel tausend Erdsatelliten – zivile und militärische – augenblicklich die Erde umkreisen. Nur annäherungsweise könnte die Zahl der für zivile Aufgaben bestimmten Satelliten geschätzt werden. Doch auch hier tut sich die zuständige UNO-Outer Space Affairs Division[1] schwer, weil lediglich die USA, nicht aber die übrigen "Satellitenmächte" wie die UdSSR, Großbritannien, Japan, Frankreich und die Bundesrepublik bei ihren regelmäßigen Mitteilungen an die UNO auch das Verglühen ihrer Satelliten in der Atmosphäre angeben[2].

1.2. Kosten und Sinn der Raumfahrt

War der Start von "Sputnik I"[3] durch die UdSSR noch geeignet, den USA zum ersten Mal in ihrer Geschichte das Gefühl zu vermitteln, einem anderen Staat technisch auf einem Teilgebiet unterlegen zu sein, und opferten die Amerikaner von 1959 bis 1969 bereitwillig 100 Mrd. Dollar, um weigstens den "Wettlauf zum Mond" zu gewinnen, so hat die Welt im Jahr 1972 zu einer nüchterneren Betrachtung des Prestigewerts der Raumforschung zurückgefunden: Die Menschheit in Ost und West und in der Dritten Welt fragt, ob es sinnvoll ist, Unsummen dafür auszugeben, drei Männer sicher zum Mond und zurück zu transportieren[4],

---

[1] Behörde beim UNO-Generalsekretariat in New York, die unter anderem Starts und Verglühen künstlicher Erdsatelliten registriert, UNO-Dokument, A/AC. 105/C. 1/L. 34, S. 25. Vgl. auch im einzelnen Teil B, Kap. 3, Ziff. III, 5.

[2] Vgl. UNO-Dokumente A/AC. 105/Inf. 238/1, Japan, dito. Inf. 240, Großbritannien, Inf. 243, UdSSR, Inf. 246, USA.

[3] Sputnik = "Wegbegleiter, Genosse"; Start 4. Dez. 1957.

[4] Projekt Apollo 11, 12, 14, 15, 16; Apollo 13 erlitt Schiffbruch, vgl. unten Teil B, Kap. 3, II, Ziff. 37.

während auf der Erde gut zwei Drittel der Menschen Hunger leiden, medizinisch nur unzureichend versorgt sind und sich selbst schneller als ihre Nahrungsmittel, Arbeitsplätze und Wohngelegenheiten vermehren.

Dem halten die Befürworter der Raumfahrt entgegen, nicht ein Dollar, der bisher für Raumforschung aufgewendet wurde, flösse nachweislich in Entwicklungshilfe-, medizinische Versorgungs- oder Umweltschutzprogramme; die durch die Raumforschung entstandenen "Nebenerfindungen und -entwicklungen"[5] seien so wertvoll für die Menschheit, daß sie den Aufwand rechtfertigen; schließlich biete die Raumfahrtindustrie und -verwaltung einigen Hunderttausenden einen sicheren Arbeitsplatz. Apollo-Missionen, bemannter Raumflug also, sind nicht die einzig mögliche Form nutzbringender Raumforschung, auch wenn uns die "live"-Fernsehübertragungen vom Mond dies bisweilen glauben machen[6]. Der Mond kann auch unbemannt[7] mit automatischen Apparaten wie "Lunochod" erforscht werden! Neben dem Mond aber birgt auch die Erde noch eine Fülle von Geheimnissen, die nur Forschungssatelliten[8] durch vergleichende Messungen lüften können.

Auch für angewandte Erdsatelliten und für bemannte erdumkreisende Raumstationen[9] [10] sind noch viele Aufgaben zu bewältigen. Das vorübergehende Desinteresse an bemannter Mondforschung in den USA kommt also in dem Umfang, in dem dadurch Geldmittel frei werden, erdnäheren Raumforschungsprogrammen zugute.

Der Sinn der Raumfahrt, insbesondere der der Erforschung und Nutzung des erdnäheren Weltraums ist daher ernsthaft niemals in Frage gestellt worden. Alle in der UNO vertretenen Völker sind sich darüber

---

[5] Z. B. elektronische Miniaturbauteile, Computertechnik, Regel- und Steuerungstechnik, Fernmeldewesen, Radartechnik, Telemetrie, Kartographie, Raketentechnik u. v. a. m..

[6] Über die 83 Live-Übertragungen der Apollo-11-Mission im Juli 1969 und den erforderlichen organisatorischen und technischen Aufwand vgl.: R. Francis: "A giant leap for mankind – and a very long hop for television" in EBU-Review, Nov. 1969, No. 118 B, S. 41–49.

[7] Vgl. unten Teil B, Kap. 3, II, Ziff. 38.

[8] Mit physikalischen, chemischen und biologischen Apparaten und Experimenten ausgerüstete Satelliten, deren Ergebnisse nicht der Öffentlichkeit, sondern primär der Wissenschaft zugänglich gemacht werden.

[9] Angewandte Satelliten beobachten und erkunden die Erdoberfläche, ihre Gestalt und die Erdatmosphäre und übermitteln die Daten einem Teil der Öffentlichkeit; Angewandte Satelliten sind auch Fernmelde- und "Rundfunksatelliten".

[10] Vgl. unten Teil B, Kap. 3, II, Ziff. 37, USA.

einig, daß Weltraumforschung notwendig ist, daß sie möglichst gemeinschaftlich betrieben werden sollte und ihre Ergebnisse allgemein zugänglich sein müssen[11].

2. Funktion und Aufgabe von Erdsatelliten

2.1. Forschungs- und angewandte Satelliten

Jeder von Menschenhand geschaffene und unter Überwindung der Erdanziehungskraft in eine Umlaufbahn geschossene Erdsatellit hat die Aufgabe, wissenschaftlich oder praktisch tätig zu werden. Im ersten Fall ist er ein Forschungssatellit, im zweiten ein angewandter Satellit. Gemeinsam ist allen Satelliten, daß sie mittels elektromagnetischer Wellen Verbindung zu einer Bodenkontrollstation halten. Jeder Satellit ist daher in der Regel mit einem Radiosender und mindestens einem Empfänger ausgerüstet, damit er Botschaften zur Erde funken und damit an Bord Funktionen ausgelöst werden können, die entweder vorgesehene Programmabläufe auf eine neue Stufe bringen[12] oder systemerhaltende Maßnahmen bewirken[13].

2.2. Die Nachrichtenfunktion

Da jeder künstliche Himmelskörper über den Zustand seiner Systemerhaltungsanlagen[14] berichten muß, ist er insofern ein "Nachrichtensatellit", wenn auch nicht notwendig ein "Erd-", ein "Fernmelde-", ein "Rundfunksatellit".

Für den Begriff "Nachrichtensatellit" braucht man also gar nicht auf seinen wissenschaftlichen oder praktischen Hauptzweck abzustellen: Jeder Satellit sendet und empfängt Mitteilungen, Nachrichten; aus dieser Tatsache läßt sich noch kein Schluß auf seine Hauptaufgabe ziehen. Jeder Satellit ist mithin Nachrichtensatellit.

---

[11] Vgl. hierzu die UNO-Resolutionen und -verträge unten in Teil B, Kap. 3, III.

[12] Abruf von auf Magnetonband gespeicherten Fotos; Löschen des Bandes; Justierung von Kameras; Einstellen von Fernsonden, etc.

[13] Bahnkorrektur; Ein- und Ausschalten der Sonnenbatterien; Zündung des Raketenmotors; Justierung der Sende- und Empfangsantennen, etc.

[14] Sonnenbatterien, Raketenmotor, Steuerdüsen, Navigationselemente.

3. Arten:

3.1. Forschungssatelliten

Forschungssatelliten messen alle möglichen Ereignisse und Zustände im erdnäheren und -ferneren Weltraum, die sich von der Erde aus nicht, bzw. nicht so genau messen lassen[15] und geben der Wissenschaft darüber neue und genauere Kenntnis.

Einer der ersten Erfolge wissenschaftlicher Erdsatelliten war der Nachweis des von Van Allen vorausgesagten Strahlungsgürtels um die Erde[16]; "Vanguard"-Satelliten maßen die genaue Gestalt der Erde aus[17]. Weitere Explorer-Satelliten maßen das Erdmagnetfeld und den Partikelfluß im Strahlungsgürtel der Erde[18] [19].

3.2. Angewandte Satelliten[20]

Fünf Zwecke erfüllen die angewandten Satelliten heute. Sie dienen als

- Navigationssatellit,
- als Geodäsiesatellit,
- als Wettersatellit,
- als Erkundungssatellit,
- als Fernmeldesatellit.

3.2.1. Navigationssatelliten

dienen der Ortsbestimmung für die Luft- und Seefahrt in der Nähe von Nord- und Südpol, wo die herkömmlichen Magnetkompasse zu ungenau sind oder versagen. Da ihre Umlaufbahn bekannt ist, ermöglichen sie eine exakte Ortsbestimmung durch Funkpeilung[21].

---

[15] Bestimmte Wellen des Frequenzspektrums sind für astronomische Zwecke von der Erde aus nicht verwendbar, da sie die Erdatmosphäre nicht durchdringen.

[16] "Explorer I", Start, 2. Feb. 1958, vgl. die Tabelle in "dtv-Taschenlexikon", ein Konversationslexikon in 20 Bänden, München 1967, Bd. 5, S. 175–179.

[17] "dtv-Lexikon" a. a. O. S. 175.

[18] a. a. O. S. 175.

[19] Die vielfältige Tätigkeit heutiger Forschungssatelliten kann aus Raumgründen nicht vollständig wiedergegeben werden.

[20] a. a. O. S. 175–179 und weiter unten, Teil B, Kap. 3, II, Ziff. 37, 38.

[21] Z. B. Transit-Serie der USA; "Transit 1B" gestartet am 13. 4. 1960, a. a. O. S. 176.

3.2.2. Geodäsiesatelliten

erfassen die Erde in ihrer Dreidimensionalität und bestimmen und fotografieren ihre Gestalt für kartographische Zwecke. Heute kann jeder beliebige Punkt auf der Erdoberfläche bezogen auf den Mittelpunkt der Erdmasse auf ± 10 m genau bestimmt werden.

3.2.3. Wettersatelliten

fotografieren mit einfacher und infraroter Fotografie die Wolkenbildung über der Erde, messen Strahlungen und Temperaturen in den verschiedenen Höhenschichten der Atmosphäre, speichern Aufnahmen und Meßergebnisse auf Magnetonband und stellen sie auf Abruf jeder an das "Automatic Picture Transmission System" (APT) angeschlossenen Station zur Verfügung[22].

3.2.4. Erkundungssatelliten

Erkundungssatelliten beobachten durch Fernsensoren und Fotografie Vorgänge und Erscheinungen auf der Erdoberfläche und in der Atmosphäre. Sie verfolgen z. B. die Verschiebung der polaren Eisgrenze, den Wasserhaushalt, den Zustand von Acker- und Weideflächen, Schädlingswanderung, Bodenschatzvorkommen und das Ausmaß von Erdbebenschäden[23].

3.2.5 Fernmeldesatelliten

Fernmeldesatelliten übernehmen immer mehr die Aufgabe von transozeanischen Kabeln: Sie stellen zuverlässiger und qualitativ besser als dies mit Kabeln geschehen könnte[24] Fernmeldeverbindungen über Meere und Kontinente hinweg her. Sie übermitteln Telegraphie, Telephonie, Daten, Faksimile, Hör- und Fernsehfunk.

---

[22] Vgl.: unten Teil B, Kap. 3, II, Ziff. 37, USA-Bericht.
[23] Vgl.: a. a. O., Ziff. 37.
[24] Die Übertragungsqualität hängt von der Kürze der verwendeten elektromagnetischen Wellen ab; sie wird über den Lang-, Mittel-, UKW-, VHF-, UHF-Wellenbereich immer besser, da störunanfälliger.

4. Fernmeldesatelliten:

4.1. Frequenzen

Wie jedes andere Medium der Fernmeldetechnik soll ein Fernmeldesatellit Nachrichten über große Entfernungen vermitteln. Er benutzt dazu jedoch nicht wie die herkömmliche Telegraphie und Telephonie Draht oder Kabel, sondern arbeiten drahtlos, funktechnisch. Doch im Gegensatz zu den auf der Erde verwendeten radiotechnischen Fernmeldeträgern kann der Fernmeldesatellit nicht mit Lang-, Mittel-, Kurz-, Ultrakurzwellen[25] betrieben werden, er benötigt den SHF- und EHF-Bereich[26], um alle die Erde umgebenden Atmosphärenschichten und Strahlungszonen ohne Qualitätsverlust zu durchdringen.

4.2. Passiv- und Aktiv-Satelliten

Die Literatur unterschied seit der 1968er Fassung der ITU Radio Regulations[27] genau zwischen passiven Satelliten, die das Fernmeldesignal durch Oberflächenreflexion zur Empfangsstation weiterleiten konnten und aktiven Satelliten, die, ausgerüstet mit Empfangs-, Verstärker- und Sendeanlage, das empfangene Signal nach Verstärkung weiterleiten. Zu den Passivsatelliten gehören die Ballonsatelliten vom Typ "Echo"[28]. Da Passivsatelliten jedoch zunehmend ungebräuchlich werden, lohnt die Unterscheidung heute kaum noch.

---

[25] Lange Welle, (LW), Band 5, 30–300 kHz; sehr lange Wellen, (VLF), Band 4, 3–30 kHz; sie dehnen sich nur etwa bis zu 1000 km aus und bedürfen dann erneuter Verstärkung. Mittelwellen, (MW), Band 6, 300–3000 kHz dehnen sich unverstärkt bis zu etwa 500 km aus; Kurzwellen, (HF), Band 7, 3–30 MHz, folgen wegen ihrer Reflexion an Erdoberfläche und ionisierten Atmosphärenschichten der Erdkrümmung, dringen aber nicht in das Weltall; VHF- und UHF-Wellen, Band 8, 30–300 MHz und Band 9, 300–3000 MHz, breiten sich zwar geradlinig aus, tragen aber ohne Zwischenverstärkung nur etwa 50–100 km weit.

[26] SHF-Wellen (Band 10, 3–30 GHz) und EHF-Wellen (Band 11, 30–300 GHz) sind kurz und weitreichend genug, um für die Kommunikation zwischen Erde und Satelliten zu taugen.

[27] International Telecommunication Union, (ITU), Radio Regulations, (RR). RR 1–10, 84AJ, 84AK (in der Fassung von 1968) geändert durch die "World Administrative Conference for Space Telecommunications", Genf, 1971, nunmehr in der Fassung der "Final Acts, 1971", RR1-ADD, 84BAC, Spa2 und ADD 84, BAD, Spa 2. Zur ITU-Organisation vgl. unten, Teil B, Kap. 3, IV, Ziff. 1.

[28] Echo I, Start 12. Aug. 1960; Echo II, Start 25. Jan. 1964; aluminiumbeschichtete Ballons, 100–135 Fuß.

Experimente für die heute allein noch gebräuchlichen Aktivsatelliten begannen bereits 1958[29]. Mit "Telstar I und II"[30] gelang erstmals die Übertragung von Schwarz-weiß- und Farbfernsehsendungen zwischen Nordamerika und Westeuropa.

4.3. Umlaufsatelliten

Die Telstar- waren wie die "Relay I und II"-Satelliten[31] umlaufende Satelliten. Umlaufsatelliten haben den großen Nachteil nur solange "aktiv" zu sein, als sie von den jeweiligen Bodensende- und Empfangsstationen gleichzeitig erreicht werden. Sie sind daher nur solange dienstbereit, als sie sich auf ihrem Umlauf gleichzeitig im Sichtbereich von Sende- und Empfangsstation bewegen. Verlieren sie eine von beiden Stationen aus ihrem "Blickwinkel"[32], so reißt die Verbindung ab. Die Nutzungsdauer eines Umlaufsatelliten für Fernmeldezwecke hängt daher einerseits von seiner Umlaufhöhe, andererseits von der Entfernung, die die Bodensende- von der Bodenempfangsstation trennt, ab: Je weiter die beiden zu verbindenden Punkte auf der Erdoberfläche auseinanderliegen, desto höher müßte wegen der Kugelgestalt der Erde die Umlaufbahn sein, um eine möglichst lange Nutzungsdauer zu ermöglichen. Zu diesem Nachteil kommt noch die technische Schwierigkeit, die 80–90 Fuß großen Parabolantennen[33] exakt auf die Satellitenbahn einzujustieren und sie während der Überflugdauer zu verfolgen. Arthur C. Clarke[34], der 1945 erstmals die Möglichkeit weltumspannender Satellitenkommunikation beschrieb, forderte daher in Erkenntnis dieses Mangels, je nach Umlaufhöhe 25–50 Fernmeldesatelliten zu installieren, die gleichsam in fliegendem Wechsel einander

---

[29] Project Score: Der Satellit übermittelte eine auf Magnetonband aufgezeichnete Weihnachtsansprache von Präsident Eisenhower; "Courier": Oktober 1960.

[30] Gemeinschaftsentwicklung der "National Aeronautics and Space Administration" (NASA) und der "American Telegraph & Telephone Corporation" (AT & T), Start 10. Juli 1962 und 7. Mai 1963.

[31] Start 13. Dez. 1963 und 21. Jan. 1964; über sie wurden die Olympischen Spiele 1964 aus Tokio übertragen.

[32] Das Beispiel aus der Optik kann beibehalten werden, da Lichtwellen ebenso wie Radiowellen ein Teil der Wellen aus dem elektromagnetischen Frequenzspektrum sind.

[33] Vgl. die Größenangaben in "The World's Earth Stations for Satellite Communications", Fact Sheet, COMSAT, Washington. D. C., 1970.

[34] Englischer Science-fiction-autor; vgl. z. B.: O. Rydbeck und E. Ploman, "Broadcasting in the Space Age", EBU-Monograph No. 5, Genf 1969, S. 3.

bei der Nachrichtenübermittlung ablösen und 24stündige Kommunikation zwischen zwei beliebigen Punkten auf der Erdoberfläche ermöglichen sollten.

4.4. Geostationäre Satelliten

Das von Clarke prophezeite aufwendige und komplizierte[35] System wurde jedoch nie verwirklicht. – Statt dessen wurde erstmalig mit der "Syncom"-Baureihe[36] ein gänzlich neuer Weg beschritten[37]: Ein Satellit wird in ca. 22 300 Meilen Höhe senkrecht über dem Äquator und in rechtem Winkel zur Polachse stationiert, wobei er genau die Umlaufgeschwindigkeit der Erde erhält (23h 56' 04"). Damit scheint er über der Erde still zu stehen. Da er starke Eigenverstärker hat, brauchen die Bodenfunkstationen nicht so aufwendig zu sein wie bisher. Sie werden preiswerter. Mit drei geostationären Fernmeldesatelliten über dem Atlantischen, dem Indischen und dem Pazifischen Bereich[38] kann auf diese Weise etwa 90% der Erdoberfläche, ausgenommen die Polgebiete, fernmeldetechnisch erreicht werden. Doch lassen sich mit derartigen geostationären Satellitensystemen nicht nur interkontinentale Systeme wie das bisher erste und einzige weltweite System "INTELSAT", sondern auch "Regional"-[39] und "Binnensatelliten-Systeme"[40] sei es für Fernmelde-, sei es für Rundfunkzwecke verwirklichen.

Mit der Entwicklung der "Communications Satellite Corporation" (COMSAT)[41] begann das Zeitalter der kommerziellen Fernmeldesatelliten der Baureihen "INTELSAT I (Early Bird) – INTELSAT IV"[42].

---

[35] 25–50 genaue Raketenstarts mit anschließender exakter Satellitenstationierung sind auch heute noch praktisch ausgeschlossen. Zum Vergleich: INTELSAT rechnet auf 4 Starts von INTELSAT IV-Satelliten einen Fehlstart. (COMSAT, "Report to the President and the Congress, 1970", Washington, D. C., 1971, S. 30.

[36] Syncom I, Start Feb. 1963; Syncom II, Start Juli 1963; Syncom III, Start, Aug. 1964.

[37] Erst Syncom III erreichte eine genaue geostationäre Position.

[38] So bezeichnet INTELSAT ihre Einsatzgebiete.

[39] Regionalsystem: Das deutsch-französische Projekt "Symphonie" soll die fernmeldetechnische Verbindung zwischen Europa und dem frankophonen Afrika herstellen.

[40] Binnensystem: Das Projekt "Anik" (Eskimowort für Freund), soll in Alaska, das Projekt "Site" in Indien ein Binnen-Bildungssatellitenfernsehen schaffen; vgl. dazu die Berichte der Staaten Indien und USA in Teil B, Kap. 3, II.

[41] Vgl. unten Teil B, Kap. 5.

[42] INTELSAT IV-Satelliten haben eine Kapazität von 5000–9000 Telephonge-

5. INTELSAT-Satelliten, INTELSAT-System

5.1. Das System

INTELSAT wurde 1964 als ein internationales Konsortium der Fernmeldeträger verschiedener Staaten gegründet. Es setzte sich die Aufgabe, via Fernmeldesatellit auf dem gesamten Globus möglichst gute internationale Fernmeldeverbindungen zu günstigsten Tarifen auf kommerzieller Basis anzubieten[43]. Bis heute[44] hat INTELSAT 83 Mitglieder und verfügt über 29 Bodenfunkstationen für den Atlantischen, 17 für den Indischen und 14 für den Pazifischen Bereich[45], die in etwa 95% des gesamten internationalen Fernmeldeverkehrs repräsentieren[46]. Nach dem 1971 abgeschlossenen "Endgültigen INTELSAT-Abkommen"[47] ist INTELSAT kein Konsortium mehr; es hat jetzt eigene Rechtspersönlichkeit und verschiedene neue Organe; nach wie vor aber ist der amerikanische Teilhaber, COMSAT[48], Manager von INTELSAT und nach wie vor hält COMSAT die meisten Aktien von INTELSAT[49].

5.2. Die Satelliten

In Betrieb sind augenblicklich[50] je zwei Satelliten des Typs INTELSAT IV über dem Atlantik[51] und über dem Pazifik[52]. Als Einsatzreserve stehen vier Satelliten der Baureihe INTELSAT III zur Verfügung[53]. Den

sprächen = 12 TV-Kanäle; demgegenüber hatte "Early Bird" "nur" 240 Gesprächskreise = 1 TV-Kanal, vgl. COMSAT, "Report to the President" .. a. a. O., S. 27/37.

[43] Ausführliche Einzelheiten und Gesamtdarstellung unten Teil B, Kap. 5.

[44] Stand Januar 1972.

[45] Vgl. "Pocket Guide to the Global System", COMSAT, Washington, D. C., Jan. 1972, S. 12/13, 21. Raisting bedient den Atlantischen und Indischen Bereich.

[46] Pocket Guide . . . a. a. O., S. 22.

[47] Einzeldarstellung unten in Teil B, Kap. 5, V. 5.

[48] Das US-amerikanische Fernmeldewesen ist nicht öffentlich, sondern privatrechtlich organisiert. COMSAT ist ein Konsortium der größten amerikanischen Fernmeldegesellschaften ("common carriers"); Vgl. die Einzeldarstellung unten Teil B, Kap. 5.

[49] Zu den Konsequenzen aus dieser Tatsache vgl. unten Teil B, Kap. 5, V.

[50] Sommer 1972.

[51] INTELSAT IV F-2 = 335,5° ö. L., = 24,5° w. L.; IV F-3 = 19,5° w. L., Pocket Guide a. a. O. S. 16.

[52] INTELSAT IV F-4 = 174° ö. L., IV F-5 Pos. N. N., Pocket Guide a. a. O., S. 16.

[53] III F-2 = 184° ö. L.; III F-4 = 175° ö. L.; III F-6 = 24° w. L.; III F-7 = 19° w. L., Pocket Guide a. a. O., S. 14/15.

gesamten Verkehr über dem Indischen Bereich wickelt INTELSAT III F-3[54] ab.

5.3. *Die Bodenfunkstationen*

Die Verbindung zu den Satelliten stellen einerseits die Bodensende- und die Bodenempfangsstationen, andererseits die vier Bahnverfolgungs- und Kommandostationen[55] her: Erstere übermitteln und empfangen den Sendeinhalt und leiten ihn an die angeschlossenen Fernmeldedienste weiter; letztere sorgen gleichsam für das Wohlergehen des empfindlichen Satelliteninstrumentariums[56].

5.4. *Konkurrenzsystem*

Ein zweites weltweites kommerzielles Fernmeldesatellitensystem neben INTELSAT wird aller Voraussicht nach nicht mehr entstehen können: Zum einen ist das "Endgültige INTELSAT-Abkommen von 1971" für alle Mitglieder so vorteilhaft, daß ein neues System weder genügend Mitglieder fände, die die erheblichen Kosten tragen wollten, noch über das nötige technologische Grundwissen verfügten (das ihnen die USA via COMSAT und INTELSAT zur Verfügung stellen); zum anderen würde das Investitionsrisiko von mehreren Hundert Millionen Dollars sich nur dann lohnen, wenn konkurrenzfähige Qualität und vergleichbare Tarife auf einem entsprechend großen Markt angeboten werden könnten[57]. INTELSAT beherrscht aber den internationalen Fernmeldesektor mit einem vieljährigen technologischen Vorsprung, mit großer Übertragungsqualität und ständig sinkenden Tarifen[58] als faktisches Monopol. Hinzu kommt, daß INTELSAT allmählich dazu übergeht[59], alle

---

[54] III F-3 = 61° ö. L., Kapazität = 1200 Telephon- = 4 TV-Kanäle, Pocket Guide a. a. O., S. 14/15.

[55] In: Fucino, Italien; Andover, Maine, USA; Paumalu, Hawaii; Carnevon, Australien; vgl. Report to the President, a. a. O., S. 38.

[56] Dazu gehören: Steuerung der längsachsialen Drehung, Korrektur der jedem Geostationärsatelliten eigenen östlichen oder westlichen Drift, Messung von Stromspannung und -stärke, Temperatur, Justierung der Bordantennen etc.

[57] Start und Stationierung eines INTELSAT-IV-Satelliten kosten 29,5 Mio. US-$: COMSAT, Report to the President ... a. a. O., S. 32; bestellt wurden von INTELSAT insgesamt 8 Modelle des Typs "IV", wobei zwei von vornherein als Fehlstart kalkuliert werden müssen. Zu diesen Kosten für Beschaffung und Abschuß von 240 Mio. $ kommen noch Kosten für Bodenkontroll-, -befehls- und -sende- und -empfangsstationen.

[58] Zur Tarifkontrolle vgl. unten Teil B, Kap. 5, IV.

[59] Vgl. Report to the President ... a. a. O., S. 16.

Systeme, Satelliten und Bodenstationen, doppelt auszulegen, um für den Fall des Versagens eines Elements eine Reserve bereitzuhalten. Eine vergleichbar aufwendige Systemsicherheit würde die Kosten für ein Konkurrenzsystem noch weiter erhöhen.

5.5. Parallelsystem

Nicht als Konkurrenzsystem sondern als Parallelsystem für die verbleibenden etwa 5% des Weltfernmeldeverkehrs muß das "INTERSPUTNIK"-Fernmeldesatellitensystem einiger sozialistischer Staaten unter Führung der UdSSR gewertet werden, da INTELSAT hier nicht die Möglichkeit hat, seine Dienste anzubieten. Über einige[60] Umlaufsatelliten vom Typ "Molnya" mit extrem exzentrischer Umlaufbahn[61] werden mindestens[62] 35 Bodenstationen miteinander verbunden, die teilweise auch Farbfernsehsendungen nach dem französischen System "SECAM" übertragen können[63].

6. Nomenklatur

6.1. Die "Radio Regulations" der ITU

Seit Gründung der "International Telecommunication Union" (ITU)[64] und erstmaligen Formulierung der "Radio Regulations", die einen integralen Bestandteil der "International Telecommunication Convention" (ITC) von Montreux, 1965[66], bilden, sind die in den Radio Regu-

---

[60] Nach dem UNO-Dokument A/AC. 105/L. 60/Add. 3 wurden 1970 insgesamt 5, nach A/AC. 105/Inf. 243, 25. Jan. 1972, wurden im November und Dezember 1971 zwei Molnya-Satelliten gestartet; gemessen an der regen Satellitentätigkeit der UdSSR sind aber nicht nur 7, sondern wahrscheinlich mindestens 10 Molnya-Satelliten in Betrieb.

[61] Apogäum i. d. R. zwischen 39 175 und 39 600 km; Perigäum zwischen 435 und 490 km; Umlaufzeit zwischen 11h45' und 11h52'; Bahnneigung zum Äquator ca. 65°.

[62] Vgl. "Tenth Report by the ITU of Telecommunication and the peaceful Uses of Outer Space", ITU-Booklet, No. 8, Genf 1971, S. 107.

[63] a. a. O., S. 108.

[64] Vgl. unten Teil B, Kap. 5, IV, Ziff. 1.1.

[65] 1906 Berlin; bis 31. Dez. 1972 gültig in der Fassung von 1968, geändert durch die "World Administrative Conference for Space Telecommunications, Genf 1971", ab 1. Jan. 1973 gültig i. d. F. der "Final Acts, Genf 1971", vgl. unten Teil B, Kap. 3, IV, Ziff. 1.3.4.

[66] Unterzeichnerzahl 1965 129 Staaten.

lations (RR) benützten Definitionen für alle Fernmeldefragen gebräuchlich. Die vorliegende Arbeit verwendet deshalb trotz des allgemeinen Vorbehaltes[67], der die definierten Begriffe ausdrücklich nur für die Zwecke der Radio Regulations für verbindlich erklärt, durchgängig die "RR"-Begriffe[68]. Dies dient der Einheitlichkeit und Übersichtlichkeit und soll den Übergang von urheber- und nachbarrechtlichen zu fernmeldetechnischen Begriffen erleichtern. Wo wie beim Rundfunkbegriff Zweifel auftreten, werden die Begriffe ausführlich diskutiert. Im folgenden werden, da die Radio Regulations nicht jedem Leser zugänglich sind, ihre für diese Arbeit wichtigsten Definitionen (in der Fassung der "Final Acts, 1971") wiedergegeben.

6.2. *Begriffe*

Das Wort, das uns im folgenden am häufigsten begegnen wird, ist das englisch-amerikanische "telecommunications", bzw. "communications", das im Amerikanischen meist als plurale-tantum Verwendung findet. Eine treffende deutsche Übersetzung hierfür gibt es nicht[69]. "Fernmeldewesen" trifft zwar einen Teil des Bedeutungsinhalts, ist aber nicht umfassend genug. Der Anglizismus "Kommunikation" ist daher für unsere Zwecke am besten geeignet.

RR 1–1,2 Telecommunication (Telekommunikation [Fernmeldewesen])
ist jede Übertragung, Sendung, oder Empfang von Zeichen, Signalen, Geschriebenem, Bildern und Tönen oder Nachrichten in jeglicher Form durch Draht, Radio, visuelle oder andere elektromagnetische Systeme.

RR 1–2,7 Radiowellen
sind elektromagnetische Wellen von einer Frequenz unter 3000 Gigahertz (GHz), die sich ohne künstliche Mittel im Raum ausdehnen.

RR 1–2,8 Radio
ist ein allgemeiner Begriff für den Gebrauch von Radiowellen.

RR 1–2,9 Radiokommunikation
ist Telekommunikation mittels Radiowellen.

RR 1–2,15 Telemetrie
ist der Gebrauch der Telekommunikation zur automatischen Anzeige oder Aufzeichnung des Meßergebnisses in Entfernung zum Meßinstrument.

---

[67] Radio Regulations, Artikel 1 – Seite 1, Absatz 1, abgekürzt RR 1 – 1, 1.

[68] Es werden die vom Verfasser stammenden deutschen Übersetzungen verwendet.

[69] Vgl. Langenscheidts Handwörterbuch Englisch-Deutsch, Messinger – Rüdenberg, 12°, 1969, Berlin, München, Zürich, S. 127.

RR 1–3,16 Radiotelemetrie
ist Telemetrie mittels Radiowellen.

RR 1–3,20 Faksimile
ist ein Telekommunikationssystem zur Übertragung fixierter Bilder mit oder ohne chromatischen Zwischentönen zur Erreichung ihrer dauerhaften Reproduktion.

RR 1–3,21 Station
ist/sind ein oder mehrere Sender oder Empfänger oder eine Kombination von Sendern und Empfängern einschließlich der Zusatzausrüstung, die an einem Ort nötig ist, um einen Radiokommunikationsdienst zu betreiben. Jede Station muß durch den Dienst[70], in dem sie dauernd oder vorübergehend arbeitet, klassifiziert sein.

RR 1–ADD Weltraumstation
21A, Spa 2[71] ist eine Station, die sich auf einem Körper befindet, der außerhalb des größeren Teils der Erdatmosphäre
– ist,
– sein soll oder
– gewesen ist.

RR 1–ADD Bodenstation
21A, Spa 2 ist eine Station, die entweder auf der Erdoberfläche oder innerhalb des größeren Teiles der Erdatmosphäre zur Kommunikation dienen
soll:
– mit einer oder mehreren Weltraumstationen oder
– mit einer oder mehreren Stationen derselben Art,
– mit einem oder mehreren Passivsatelliten oder anderen Körpern im Weltraum.

RR 1–ADD Weltraumkommunikation
21C Spa 2 ist jede Art von Radiokommunikation, die den Gebrauch einer oder mehrerer Weltraumstationen oder den Gebrauch eines oder mehrerer Passivsatelliten oder anderer Körper im Weltraum beinhaltet.

---

[70] Die RR unterscheiden eine ganze Reihe von "Diensten", z. B. Fester Dienst (RR 1–3, 22), Rundfunkdienst (RR 1–4, 28), Beweglicher Dienst (RR 1–4, 30), Aeronautischer beweglicher Dienst (RR 1–4, 33), Maritimer beweglicher Dienst (RR 1–4, 36), Radionavigationsdienst (RR 1–4, 49), Radioortungsdienst (RR 1–6, 55), Radioastronomiedienst (RR 1–7, 75), u.v.a. Das Besondere an dieser Einteilung ist, daß in jeder der drei von der ITU festgelegten "Regionen" der Erdkugel (Vgl. unten Teil B, Kap. 3, IV, Ziff. 1.2) bzw. des Weltraums, ein jeder Dienst durch jeweils ihm zugeordnete Stationen betrieben wird. Die in Art. 5–7 der RR vorgenommene Frequenzvergabe erfolgt gleichsam dreifach mit festgelegten Bezeichnungen für die Dienste (Allocation), Regionen (Allotment) und Stationen (Assignment). Wegen der Einzelheiten hierzu vgl. unten Teil B, Kap. 3, IV, Ziff. 1.2.

[71] Die Zitierung bedeutet: Ergänzung (ADD) zu Art. 1, Absatz 21, lfd. Buchstabe A, durch die "2. Weltraumkonferenz" (Spa 2), gemäß den Final Acts 1971.

RR 1 ADD Irdische Radiokommunikation (1)
21D Spa2 ist jede Radiokommunikation, die nicht Weltraumradiokommunikation oder Radioastronomie darstellt,

(1) RR 1 ADD 21D. 1. Spa2 Soweit nichts anderes festgestellt wird, bezieht sich in diesen Regulations jeder Radiokommunikationsdienst auf irdische Radiokommunikation.

RR 1–4,28 Broadcasting Service (Rundfunkdienst)
ist ein Radiokommunikationsdienst, in dem die Übertragungen zum direkten Empfang durch die Öffentlichkeit bestimmt sind. Dieser Dienst kann Hör-, Fernsehfunk oder andere Arten von Übertragungen einschließen[72] [73].

RR 1–4,29 Rundfunkstation
ist eine Station im Rundfunkdienst.

RR 1 MOD[74] Weltraumsystem
84AF Spa2 ist jede Gruppe zusammenarbeitender Boden- und/oder Weltraumstationen, die sich für bestimmte Zwecke der Weltraumradiokommunikation bedienen.

RR 1 ADD Satellitensystem
84AFA Spa2 ist ein Weltraumsystem, das einen oder mehrere künstliche Erdsatelliten verwendet.

RR 1 ADD Satellitennetz
84AFB Spa2 ist ein Satellitensystem, oder der Teil eines Satellitensystems, das aus nur einem Satelliten und den mit ihm zusammenarbeitenden Bodenstationen besteht.

RR 1 MOD Rundfunk-Satellitendienst
84AP Spa2 ist ein Radiokommunikationsdienst, in dem die Signale, die von Weltraumstationen übertragen oder weiterübertragen werden, zum direkten (das umschließt Individual- und Gemeinschaftsempfang = RR 1 ADD 84AP. 1 Spa2) Empfang durch die Öffentlichkeit bestimmt sind.

RR 1 ADD Individualempfang im Rundfunksatellitendienst ist der Empfang
84APA Spa2 der Ausstrahlungen von einer Weltraumstation im Rundfunk-Satel-

---

[72] Inhaltlich entspricht damit RR 1–4, 28 dem Art. 3 (f) des Internationalen Abkommens über den Schutz der ausübenden Künstler, der Hersteller von Tonträgern und der Sendeunternehmen vom 26. Oktober 1961, BGBl. II, 1965, S. 1244 ("Romabkommen von 1961"), soweit Hör- und Fernsehfunksendungen gemeint sind. Die RR enthält aber darüber hinaus noch eine dem "Romabkommen von 1961" fremde dritte, generalklauselartige Art von Übertragungen. Dem unglücklich formulierten (Art. 3 (f) Romabkommen) und nicht verbindlichen (Art. 33 a. a. O.) Wort "Funksendung" des Romabkommens wird in dieser Arbeit der Begriff Rundfunksendung, der dem amtlichen englischen Text eher entspricht, vorgezogen; vgl. Langenscheidt a. a. O., S. 87.

[73] In Übereinstimmung mit den RR wird im folgenden "broadcasting" stets als "Rundfunk" wiedergegeben.

[74] Die Abkürzung MOD Spa2 bedeutet Änderung (MODifikation) durch die "2. Weltraumkonferenz" gem. den Final Acts 1971.

litendienst durch einfache häusliche Einrichtungen und insbesondere solchen, die eine kleine Antenne haben.

RR 1 ADD 84APB Spa2 Gemeinschaftsempfang im Rundfunksatellitendienst ist der Empfang der Ausstrahlungen von einer Weltraumstation im Rundfunksatellitendienst mit Empfangsausrüstungen, die in manchen Fällen umfänglich sein und eine größere Antenne haben können, und der bestimmt ist für
- einen Teil der Öffentlichkeit an einem Ort oder
- durch ein Verteilersystem, das ein begrenztes Gebiet versorgt.

RR 1 ADD 84ASA Spa2 Erderkundungssatellitendienst
ist ein Radiokommunikationsdienst, zwischen Boden- und einer oder mehreren Weltraumstationen, in denen
- Informationen über die Eigenschaften der Erde und ihrer Naturerscheinungen durch Instrumente in Erdsatelliten gesammelt werden;
- ähnliche Informationen über in der Luft schwebende oder bodengebundene Plattformen gesammelt werden;
- solche Informationen innerhalb des betreffenden Systems an Bodenstationen verteilt werden können.

RR 1 MOD 84AT Spa2 Wettersatellitendienst
ist ein Erkundungssatellitendienst für meteorologische Zwecke.

RR 1 ADD 84ATD Spa2 Weltraumforschungsdienst
ist ein Radiokommunikationsdienst, in dem Raumfahrzeuge oder andere Objekte im Weltraum für wissenschaftliche oder technologische Forschungszwecke benützt werden.

RR 1 ADD 84BA Spa2 Tiefer Weltraum ist
der Weltraum in Entfernungen von der Erde, die dem Abstand Erde—Mond etwa gleich oder größer sind.

RR 1 MOD 84BAA Spa2 Raumfahrzeug
ist ein von Menschen hergestelltes Gefährt, das zur Fahrt jenseits des größeren Teils der Atmosphäre bestimmt ist.

RR 1 ADD 84BAA Spa2 Satellit(1)
ist ein Körper, der um einen Körper größerer Masse rotiert und der in erster Linie und dauernd von der Anziehungskraft des anderen Körpers bestimmte Bewegungen beschreibt.

(1) RR 1 ADD 84BAB1Spa2: Ein so definierter Körper, der die Sonne umkreist, wird Planet oder Planetoid genannt.

RR 1 ADD 84BAC Spa2 Aktivsatellit
ist ein Erdsatellit, der eine Station trägt, die Radiokommunikationssignale übertragen oder weiterübertragen soll.

RR 1 ADD 84BAD Spa2 Passivsatellit
ist ein Erdsatellit, der Radiokommunikationssignale durch Reflexion übertragen soll.

Im folgenden werden die Begriffe Umlaufbahn, Apogäum, Perigäum, Bahnneigung und Umlaufdauer festgelegt, die für unsere Arbeit nicht von ausschlaggebender Bedeutung sind und sich auch leicht aus sich selbst heraus verstehen. Nicht übergehen sollten wir jedoch die häufig wiederkehrenden Begriffe Geosynchron- und Geostationärsatellit.

RR 1 ADD 84BFA Spa2	Geosynchronsatellit ist ein Erdsatellit, dessen Umlaufdauer[75] derjenigen der Erde um ihre Achse gleicht.
RR 1 MOD 84BG Spa2	Geostationärsatellit ist ein Erdsatellit, dessen kreisförmige Umlaufbahn[76] auf der Ebene des Erdäquators liegt und der sich mit gleicher Richtung und gleicher Umlaufdauer mit der Erddrehung um die Polachse der Erde dreht. Die Umlaufbahn, auf der ein Satellit stationiert werden muß, um ein Geostationärsatellit zu sein, heißt "geostationäre Satellitenumlaufbahn"[77].

Dies sind die wichtigsten Begriffe der Radio Regulations, die zum eindeutigen Verständnis dieser Arbeit nötig sind. Im übrigen wird auf die Radio Regulations i. d. F. von 1971 (Final Acts 1971 Genf) verwiesen. Da sich diese Arbeit nahezu ausschließlich auf englisch- und französischsprachiges Material stützt, sei noch der Hinweis gegeben, daß die Begriffe "Übertragen" (Weiterübertragen) und "Senden" (Weitersenden) in Übereinstimmung mit den Radio Regulations durchgehend auf die englischen Begriffe to transmit (to retransmit) und to broadcast (to rebroadcast) zurückgehen. Das bedeutet, daß Übertragen jegliche Ausstrahlung von Radiowellen meint, Senden aber nur das Ausstrahlen von Rundfunksendungen.

II. Fernsehsatelliten

1. Begriffsabgrenzung

1.1. Klärung und Trennung

Die Beschäftigung mit den Radio Regulations zeigt uns also, daß es "den Fernsehsatelliten" oder "das Satellitenfernsehen" im Jahr 1972

---

[75] Definition in RR 1 MOD 84BD Spa2.

[76] Definition in RR 1 MOD 84BB Spa2.

[77] Die Umlaufhöhe der geostationären INTELSAT IV-Satelliten beträgt 22 300 Meilen, das sind etwa 41 300 km, also ungefähr das Dreieinzehntelfache des Erddurchmessers am Äquator.

noch nicht gibt. Vom Begrifflichen her müßten wir mit den Radio Regulations (RR 1–4,28; RR 1 MOD 84 AP) genauer von "Rundfunksatelliten" sprechen, da sie unter dem Oberbegriff "Rundfunk" Hör- und Fernsehfunk vereinigen, den Begriff "Fernsehsatellit" aber nicht als besondere Unterart einführen[78].

Tatsächlich sind Fernsehübertragungen via Satellit uns zur Selbstverständlichkeit geworden; was also hat es mit derartigen Übertragungen von Tagesereignissen und Sportveranstaltungen mit internationalem Interesse auf sich? Sind dies etwa keine "Fernsehsatellitensendungen?"

Die bis zum 31. Dez. 1972 gültige Fassung der RR kannte die Begriffe "Communication Satellite Service" (RR 1–9,84 AG Spa), Communication Satellite Earth Station (RR 1–10,84 AH Spa) und Communication Satellite Space Station (RR 1–10,84 AI Spa). Mit Wirkung vom 1. Jan. 1973 hat die "2. Weltraumkonferenz" der ITU durch die Final Acts 1971 diese Begriffe gestrichen.

Nach der bisherigen Terminologie konnte man sagen, diese Fernsehübertragungen seien im "Fernmelde- (Communication) Satellitendienst ausgestrahlt worden. Dies stimmt auch 1973 noch insofern, als sich für die gestrichene Bezeichnung "Fernmeldesatellitendienst" (die z. B. das weltweite INTESAT-System treffend gekennzeichnet hat) kein gleichwertiger Begriff finden läßt, der die vielfältigen Dienstleistungen der "Fernmeldesatelliten"-Systeme ebenso zutreffend umschreibt; Systeme wie INTELSAT und INTERSPUTNIK bleiben der Sache nach Fernmeldesysteme.

Die "2. Weltraumkonferenz" der ITU zerlegte diesen Begriff in seine Bestandteile. Zur begrifflichen Bestimmung der Einzelfunktionen der einzelnen gebräuchlichen "Fernmeldesatellitentypen" muß man sich nunmehr aus den vorhandenen Grundbegriffen[79] nach den jeweiligen Gegebenheiten den passenden Funktionsbegriff zusammenbauen. In den meisten Fällen[80] wird die Begriffssynthese ergeben, daß unsere Fernsehübertragung gem. RR 1 MOD 84AG Spa 2 im "Fest-Satelliten-

---

[78] Fernsehen wird definiert als "Ein Telekommunikationssystem, zur Übertragung vergänglicher Bilder von festen oder bewegten Objekten", RR 1–3, 19.

[79] Satellitensystem (RR 1 ADD 84 AFA Spa2), Satellitennetz (RR ADD 84 AFB Spa2), Satellitenglied (RR 1 ADD 84 AFC Spa2), Vielfach-Satellitenglied (RR 1 ADD 84 AFD Spa2), Fest-Satellitendienst (RR 1 MOD 84 AG Spa2), Mobil-, Mobil-Aernonautisch-, Mobil-Maritim- und Land-Mobil-Satellitendienst (RR 1 84 AGA - 84 AGD Spa2).

[80] Immer dann wenn INTELSAT- oder INTERSPUTNIK-Systeme über feste Bodenfunkstationen und Satelliten tätig werden.

dienst“[81] stattfindet. Der Unterschied zum “Rundfunksatellitendienst“ (RR 1 MOD 84AP Spa2) besteht in folgendem:

Der Rundfunksatellitendienst strahlt Sendungen aus, die stets zum direkten Empfang durch die Öffentlichkeit – sei es Individual- oder Gemeinschaftsempfang – geeignet und bestimmt sind (RR 1 ADD84 AP, 84 AP. 1, 84 APA, 84 APB Spa2).

Er benötigt nicht, wie der Festsatellitendienst, eine große Bodenfunkstation mit 80–100 Fuß großen Empfangsantennen und Frequenzumsetzern, die das Fernsehsignal aus dem Gigahertz in den VHF- und UHF-Bereich umformen, verstärken und anschließend über die üblichen Fernsehsendeantennen zum Direktempfang durch die Öffentlichkeit ausstrahlen.

Vielmehr nimmt die für den “Rundfunksatelliten“-Empfang geeignete Gemeinschafts- oder Heimempfangsanlage das Signal mit einer kleinen Antenne auf, setzt es mit einem relativ einfachen Konverter um, um es ohne Zwischenschaltung von Fernsehsendeantennen gleich in das Gemeinschafts- oder Heimempfangsgerät einzuspeisen. Solche Empfangsgeräte zu relativ günstigen Preisen werden augenblicklich entwickelt. Sie benötigen jedoch eine sehr viel größere Sendeenergie als die bisher in Dienst befindlichen kommerziellen Satellitentypen leisten könnten.

Für den Begriff “Rundfunksatelliten“ kommt es auf die subjektive Bestimmung zum direkten Empfang durch die Öffentlichkeit allein nicht an: Ohne die objektive Eignung zum direkten Empfang durch die Öffentlichkeit vermag die subjektive Bestimmung die Übertragung im Fest-Satellitendienst nicht zu einer im Rundfunksatellitendienst zu machen!

Dieses objektive Definitionselement wird zwar nicht ausdrücklich erwähnt; es wird aber, wie andere Definitionen der Radio Regulations zeigen, als selbstverständlich vorausgesetzt:

Die Definitionen in Art. 1 der RR sind stets so angelegt, daß sich auch ohne ausdrückliche Erwähnung aus jeder “Dienst“- und “Stations“-Definition objektive Eignung und subjektive Zweckbestimmung ablesen lassen. Eine strenge Systematik, um die vorausgesetzte Eignung und Bestimmung auszudrücken wurde dabei nicht beachtet:

- *“Fixed Service:* (RR 1–3,22)
  A service of radiocommunication between specified points.“
- *“Fixed Station* (RR 1–3,23)
  A station in the fixed service.“
- *“Aeronautical fixed service* (RR 1–3,24)
  A fixed service intendend for the transmission of information.“

[81] Festsatellitendienst ist ein Radiokommunikationsdienst, – zwischen Bodenfunkstationen an bestimmten festen Punkten, wenn ein oder mehrere Satelliten benützt werden, – (RR 1 MOD 84 AG Spa2).

Die in diesen drei Beispielen verwendeten Präpositionen "between", "in" und "for" haben denknotwendig die objektive Eignung zur Voraussetzung.

Aus dem Weglassen von "intended" bzw. einem entsprechenden Hinweis auf die subjektive Zweckbestimmung in den ersten beiden Definitionen folgt, daß der Gebrauch von "intended" im dritten Beispiel eher zufällig erfolgte. Die subjektive Zweckbestimmung jedes Dienstes und jeder Station ergibt sich schon allein daraus, daß sie im Rahmen der jeweiligen Definition eingerichtet und betrieben werden. Eines ausdrücklichen Hinweises bedürfte es weder in RR 1–3,24 noch in RR 1–4,28.

Rundfunk setzt nach den Radio Regulations also zweierlei voraus:

- Objektiv muß die Ausstrahlung technisch zum direkten Empfang durch die Öffentlichkeit geeignet sein;
- subjektiv muß die Ausstrahlung zum direkten Empfang beabsichtigt sein.
- Fehlt es objektiv etwa an entsprechenden Frequenzzuweisungen durch die ITU oder an geeigneten Empfangsgeräten, so reicht die subjektive Zweckbestimmung nicht aus.

1.2. Punkt-zu-Punkt-Satelliten, Verteiler-, "Direkt-Satelliten"-Systeme

Neben diesen Direktheitsbegriff der Rundfunkdefinition hat das mehr technisch orientierte Schrifttum in anderem Zusammenhang einen weiteren Unmittelbarkeitsbegriff gestellt, indem es

- Punkt-zu-Punkt-,
- Verteiler- und
- Direktsatellitensysteme

unterscheidet. Diese nicht mit den Radio Regulations übereinstimmende Unterscheidung hat folgende Bedeutung[82]:

- Punkt-zu-Punkt-Satellitensysteme (Typ INTELSAT) können trotz "multiple access" immer nur eine Sende- mit einer Bodenempfangsstation verbinden; Die Bodenfunkstationen sind sehr aufwendig und in der Regel in jedem Staat nur einmal vorhanden.
- Verteilersatellitensysteme erreichen zusätzlich eine Vielzahl kleinerer örtlicher Empfangsstationen, von denen das Signal in das jeweilige örtliche Einzugsgebiet ausgestrahlt wird (Binnen- und Regionalsatelliten-Prinzip; Beispiel Canada)[83].
- Direktsatellitensysteme im engeren Sinne bieten theoretisch einer einzigen Sendestation mit nur drei angeschlossenen geostationären Satelliten die Möglichkeit, direkt in jedes nicht verstärkte Fernsehempfangsgerät zu senden und damit etwa 90% der fernsehenden Weltbevölkerung zu erreichen, ohne daß eine national-zentrale oder regionale Zwischenempfangsstation für Signalempfang-, -umformung, -verstärkung und -weitergabe nötig wäre.

---

[82] Vgl. O. Rydbeck und E. W. Ploman "Broadcasting in the space age", EBU-Monograph, No. 5, Legal and Administrative Service, Genf 1969, S. 3.

[83] Vgl. Teil B, Kap. 3, II, Ziff. 7, Canada.

– Direktsatellitensysteme im weiteren Sinne sind nach dieser Unterscheidung die schon erwähnten Rundfunksatellitensysteme für Gruppen- oder Individualempfang in verstärkte Gruppen/Heim-Empfangsgeräte.

Die UNO rechnet mit dem Einsatz von Gemeinschaftsempfangssystemen (indisch-amerikanisches SITE-Projekt) bis etwa 1973/74; mit Systemen für den Empfang durch verstärkte Heimempfangsanlagen bis etwa 1975; mit Systemen für den Empfang durch nicht verstärkte Heimempfänger nach 1985[84]. Pläne dafür sind noch nicht bekannt.

Nun werden "Direkt-Satellitensysteme" im Schrifttum[85] stets "Direkt-Rundfunk-Satelliten-Systeme" genannt, weil in dieser Nutzungsmöglichkeit ihr kommunikatorischer Hauptzweck gesehen wird. Die UNO hat einen Unterausschuß des "Committee on the Peaceful Uses of Outer Space" (COPUOS) sogar "Working Group on Direct Broadcast Satellites" benannt, obwohl die Radio Regulations diesen Begriff nicht (bzw. nicht mehr) kennen. Auch hier schaffen die Final Acts 1971 definitorische Klarheit. Bisher konnte nicht gänzlich ausgeschlossen werden, daß die Wendung "direct reception by the general public" in der Definition von "Broadcasting Service" (RR 1–4,28) auch den Empfang von via Punkt-zu-Punkt- oder Verteilersatellitensystemen ausgestrahlten Übertragungen beinhaltete, wenn man für den Begriff "direct reception" lediglich auf die Absicht der Ursprungsanstalt abstellte, den Sendeinhalt letztlich dem Publikum zukommen zu lassen. Die Final Acts von 1971 beseitigen diese Zweifel: Danach ist "direct reception" nur diejenige Empfangsart, die ohne Zwischenschaltung von zentralen oder regionalen Bodenempfangsstationen auskommt:

> Aus dem Zusammenhang von RR 1 MOD 84 AP, AP. 1, APA und APB Spa2 folgt, daß der Begriff "Direkt-Rundfunk-Satellitendienst" = "Direct Broadcasting-Satellite Service" gemäß den Radio Regulations überdefiniert ist. *Der Rundfunksatellit ist qua Rundfunkdefinition ein Direktsatellit.* Einen anderen Direktsatelliten für nicht spezifisch rundfunktechnische Zwecke kennen bislang weder Forschung noch kommerzielle Praxis, noch die Radio Regulations in Art. 1.

Gleichwohl wird im Schrifttum häufig vom "Direkt-Rundfunk-Satelliten" in Abgrenzung zum Fernmeldesatelliten und dessen viefältigen Funktionen (Telegraphie, Telephonie, Telex, Faksimile, Daten-, Hör- und Fernsehfunkübertragungen in – der Öffentlichkeit nicht zugänglicher –

---

[84] Vgl. Das UNO-Dokument der "Working Group on Direct Broadcast Satellites", A/AC. 105/83 vom 25. Mai 1970, das dem Verfasser auf Anfrage vom 18. Feb. am 19. März 1971 freundlicherweise zur Verfügung gestellt wurde, S. 4.

[85] Vgl. statt aller Rydbeck und Ploman a. a. O., S. 3.

Punkt-zu-Punkt-Satelliten-Systemen als Vorstufe zur Rundfunkübertragung) gesprochen.

Korrekt wäre nach den Radio Regulations die Aufgliederung des "Direktempfangs" in „Individual-" bzw. "Gemeinschaftsempfang", RR 1 ADD 84 APA, APB, Spa2.

1.3. Der Übertragungsvorgang

Alle in den Jahren 1971–73 stattfindenden Fernsehübertragungen[86] sind solche in kommerziellen Fest-Satelliten-Diensten, die (bis zur Fertigstellung des canadischen Binnensatellitensystems) im Punkt-zu-Punkt-Satellitensystem stattfinden.

Dabei können wir entweder "live" oder "zeitversetzt" Zeuge des Geschehens (hier: Sportveranstaltung von internationalem Interesse) werden.

- Bei der live-Übertragung wird das Geschehen von der elektronischen Kamera aufgenommen; als elektronisches Signal geht es über den "Ü-Wagen" zunächst zur Sendezentrale, von dort an die Bodenfunkstation und zum Satelliten, wird dort verstärkt, zur Erde zurückgestrahlt, von den angeschlossenen Bodenempfangsstationen aufgefangen, umgeformt, verstärkt, an die Sendeanstalten weitergeleitet und erst von dort aus an die Öffentlichkeit zum Heimempfang ausgestrahlt.
- Im zweiten Fall kommt das Geschehen zeitversetzt auf unseren Bildschirm. Es wurde dann zeitversetzt als elektromagnetische Aufzeichnung über den Satelliten gegeben und und nach Weitergabe noch einmal zeitversetzt von der Fernsehanstalt in ein bestimmtes Programm (hier Sportprogramm) eingebaut oder live über den Satelliten gegeben, von der Fernsehanstalt in voller Länge vorübergehend aufgezeichnet und zeitversetzt vollständig oder auszugweise ausgestrahlt.

1.4. Fazit

Als Fazit der bisherigen Erörterungen wollen wir für alle Fälle, in denen es um "Direkt-Rundfunk-Satelliten" im engeren und weiteren Sinne geht, in Übereinstimmung mit den Radio Regulations nur mehr von "Rundfunksatelliten" für Gemeinschafts- und Individualempfang sprechen und uns dabei bewußt sein, daß Punkt-zu-Punkt- und Verteiler-Satelliten nicht darunter fallen. *Die gegenwärtig gebräuchlichen kom-*

---

[86] Nur solche konnten untersucht werden, da Schrifttum über militärische und Forschungssatelliten, die nicht für kommerzielle Zwecke entwickelt werden, nicht zur Verfügung stand.

merziellen Fernmeldesatelliten- und die geplanten Binnen- und Regionalsatellitensysteme müssen also als Gegenstand der urheber- und leistungsschutzrechtlichen Betrachtungen ausscheiden[87]. Das einzige für unsere praktischen Überlegungen in Frage kommende Rundfunksatellitensystem ist das indisch-amerikanische SITE-Projekt.

2. Bedeutung und Aufgabe

2.1. Statistiken

Das oben in I. 1.2. gewählte Beispiel zur Erläuterung des Übertragungsvorganges entstammt dem Sport. Ein Beispiel aus dem aktuellen Tagesgeschehen, etwa eine live-Übertragung vom Mondausflug einer Apollo-Mannschaft oder vom China-Besuch des amerikanischen Präsidenten, wäre ebenso repräsentativ für die derzeit häufigsten TV-Programmübertragungen via Satelliten. Beim Vergleich einschlägiger Statistiken fällt sogleich ins Auge, daß Sportereignisse und "hot news" von weltweitem Interesse den größten Anteil internationaler und damit auch satellitenübertragener Programme ausmachen[88] [89].

---

[87] Dieser Schluß ist von großer theoretischer und praktischer Bedeutung. An dieser Stelle wird er nur aus den RR-Definitionen gezogen. In Teil C der Arbeit wird er aus den geltenden Urheber- und Nachbarrechtskonventionen begründet.

[88] Vgl. Statistik der EUROVISIONS-Mitglieder und assoziierten Fernsehanstalten in EBU-Review, Vol. XXIII, No. 3 (Programme, Administration, Law), Mai 1972, S. 1/2, 36–38: Im Jahr 1971 wurden 662 EUROVISIONS-Programme produziert, die am Sendeort insgesamt 1097 h 45' dauerten. Dabei entfiel auf 1: Sport – 77,8%; 2: Aktualitäten – 12,2%; 3: Unterhaltung – 5,7%; 4: Religiöses – 2,6%; 5: Musik, Jazz – 0,9%; 6: Folklore – 0,6%; 7: Schauspiel, Oper, Ballett – 0,2%. (Beachte: diese Statistik schlüsselt nicht nach Satelliten- und Richtfunkübertragung auf. Innerhalb Europas ist Satellitenübertragung nicht gebräuchlich; wohl aber zwischen Eurovisionsmitgliedern und assoziierten überseeischen Mitgliedern.)

[89] Vgl. Annual Report on Activities and Accomplishments under the Communications Act of 1962, 31. Dez. 71 – 1. Jan. 1972, White House, Washington D. C., 5. Apr. 1972, S. 8–10, der dem Verf. auf Anfrage vom 21. Juni am 27. Juni 1972 freundlicherweise von COMSAT zur Verfügung gestellt wurde. Danach machen Fernsehübertragungen im INTELSAT-System mit 3563 "Half-circuit hours" für Übertragung und Empfang im Jahr 1971 lediglich 2% aller INTELSAT-Dienstleistungen aus. Eine Bezugnahme zwischen beiden Statistiken ist ausgeschlossen, weil:
a) die EBU-Statistik nicht nach Richtfunk- und Satellitenübertragungen aufgeschlüsselt ist; b) die Summe der Dienstleistungen bei EUROVISION und INTELSAT sich aus verschiedenen nicht vergleichbaren Posten zusammensetzt (hie Rundfunkübertragungen, hie Telephonie, Telegraphie, Daten, Fak-

Kulturelle Programme fehlen also so gut wie vollständig. Das bedeutet, die gegenwärtig gebräuchlichen Punkt-zu-Punkt-Satelliten- und künftigen Verteiler-Satelliten-Systeme wären — abgesehen davon, daß sie keine Rundfunksatelliten im Sinne der Radio Regulations sind, (vgl. oben 1.3.) — auch gemessen am augenblicklichen Programminhalt im Jahr 1971 urheber- und nachbarrechtlich kaum in Erscheinung getreten[90].

Der Grund für dieses erstaunliche Verhältnis zwischen Sport und Aktualität einerseits und Kunst und Kultur andererseits wird darin gesehen, daß die Sport- und Neuigkeitsübertragungen einen hohen Aktualitätswert haben; sie sind in ihrer Einmaligkeit unwiederholbar; sie beziehen ihre Attraktionen gerade aus der Spannung, der Sensation des Augenblicks, aus dem Wunsch von Millionen, einem Ereignis mit offenem Ausgang als Augenzeuge beizuwohnen. Diesem Bedürfnis kommt gerade bei Sportübertragungen die live-Sendung entgegen. Wird der Ausgang des Ereignisses auf andere Weise (Hörfunk) vorher bekannt, so verliert die zeitversetzt gesendete Ampex-Aufzeichnung schlagartig an Reiz.

Hierbei geht die Faszination nicht vom Träger des Mediums, vom Satelliten, sondern vom Medium selbst, dem Fernsehen und dem dargestellten Geschehen aus: Mit zunehmendem Gebrauch, etwa der Übertragung der Fußballweltmeisterschaft 1970 aus Mexiko und der Übertragung der Olympischen Spiele aus Sapporo und München 1972 wird uns die Satellitentechnik ebenso zur Selbstverständlichkeit wie die herkömmliche Fernsehtechnik selbst. Die Global-Übertragungstechnik als solche wird auf die Dauer keine größere Anziehungskraft ausüben als etwa die EUROVISIONS- und Farbfernsehtechnik; der Reiz, mit der Welt verbunden zu sein, wird ebenso abflauen wie das Gefühl, gesamteuropäisch fernzusehen und Interesse wird nur noch der Programminhalt ausüben.

---

simile und Rundfunk); c) die INTELSAT-Statistik mit der "half-circuit-hour" eine variable Größe einführt: Ein half-circuit ist — kurz gesagt — die kleinste Kanalmenge, die zur Übertragung eines Telephongesprächs zwischen Satellit und Bodenstation nötig ist; sie nimmt ab mit zunehmender Größe der Empfangsantenne.

[90] Punkt-zu-Punkt- und Verteilersatelliten eignen sich also aus zwei Gründen nicht sonderlich dazu, um Urheberrechtsfragen zu diskutieren: Zum einen arbeiten sie nicht im Rundfunksatellitendienst; die Anwendbarkeit internationaler einschlägiger Konventionen ist daher mehr als fraglich. Zum anderen und abgesehen vom ersten Kriterium, sind sie vom urheberrechtlich relevanten Programmaufkommen her tatsächlich wenig geeignet, Beispiele zu liefern.

Daher wird sich das Verhältnis der in der EUROVISIONS-Statistik aufgeführten Programmarten durch die Satellitentechnik – jedenfalls in Europa – kaum wesentlich ändern: Neben dem weitverbreiteten Desinteresse an künstlerischen und kulturellen Programminhalten bewirkt deren beliebige Reproduzierbarkeit auf Schallplatte, Film und Bühne sowie ihr allgemein bekannter Ausgang, daß sie kaum je die Popularität von live übertragenen Sportveranstaltungen erreichen können.

2.2. Aufgabe

Die bedeutendste Aufgabe für Forschung und Praxis in der Zukunft ist die Entwicklung des Rundfunksatelliten in Form von Binnen- und Regionalsystemen. Wie kein anderes Kommunikationsmittel kann der Rundfunksatellit gesteuert von einer nationalen oder regionalen Zentrale die drängendsten Probleme der Kommunikation, die freie, ungehinderte Verbreitung von Nachrichten und Informationen, den kulturellen Austausch, die Erziehung, Aus-, Fort- und Weiterbildung, sowie spezifische Probleme der Entwicklungsländer wie Bodenkultur, Hygiene, Bevölkerungsplanung usw. lösen helfen.

Ein Bildungsfernsehen via Rundfunksatellit ist wie kein zweites Medium aus kostentechnischen und pädagogischen Gründen zum Einsatz in fernmeldetechnisch unterversorgten Gebieten prädestiniert; dies sind

– Gebiete, deren Erschließung mit herkömmlichen Kommunikationstechniken ausgeschlossen ist, z. B. Wüsten, Steppen, Sumpfgebiete, Gebirgslandschaften, schwach besiedelte, schwach strukturierte Gebiete weitab von städtischen Ansiedelungen. Hierzu gehören weite Teile Indiens, Australiens, Indonesiens, Alaskas, Canadas, Südamerikas und Afrikas.

  Für Entwicklungsländer, die die herkömmlichen Fernmeldenetze noch nicht errichten konnten, ist besonders günstig, daß das Überspringen einer "Fernmeldestufe" (Kabel- und Richtfunktechniken) auf die Satellitenebene für sie billiger ist als der Aufbau normaler Fernmeldesysteme.

  Erziehungswissenschaftlich schlägt zu Buche, daß audiovisuelle Lernhilfen generell besser geeignet sind, die Aufmerksamkeit des Lernenden zu bin-

---

[91] (a) für 1969: UNESCO Meeting of Governmental Experts on International Arrangements in the Space Communication Field, Paris 2.–9. Dez. 1969, Dokumente COM/SPACE/3–6 mit Schlußbericht COM/MD/15, Paris, 6. Feb. 1970;
UNO, Committee on the Peaceful Uses of Outer Space (COPUOS) Report of the Working Group on Direct Broadcasting Satellites, 2nd Session, UNO-Dokument, A/AC. 105/66, 12. Aug. 1969.
(b) für 1970: UNO/COPUOS, Report of the Working Group on Direct Broadcasting Satellites on its 3rd Session, UNO-Dokument A/AC. 105/83, 25.

den, als dies der Lehrer schaffen könnte; zentrale Programmplanung, -produktion, -ausstrahlung ermöglichen die Berücksichtigung modernster Lehrmethoden für den gesamten Empfangsbereich; so hängen Unterrichtserfolge weniger als bisher von Geschick und Fertigkeit der Ausbilder ab.
Bildungsfernsehen kann durch gezielten Einsatz von Gruppenempfangsgeräten genau bestimmte Bevölkerungsteile erreichen, z. B. sprachliche, kulturelle, religiöse Minoritäten und dort spezifische Bildungs-, Aufklärungs- und Unterhaltungsprogramme liefern.
Satellitenübertragene Fernsehprogramme können schließlich in weit größerem Umfang als herkömmliche Fernsehsysteme die Ziele der UNESCO verwirklichen helfen — kultureller Austausch zwischen den Völkern, Verständnis fremder Kulturen, Bereitschaft zu Frieden und Verständigung unter den Völkern.

Dies ist nur ein kleiner Teil der Aufgaben und Möglichkeiten von Rundfunksatelliten auf Binnen- und Regionalebene. In dieser Arbeit Vollständigkeit anzustreben, ist nicht möglich; eine umfassende Darstellung aller Aspekte des Rundfunksatellitenwesens auf politischem, kulturellem und sozialem, kommerziellem, rechtlichem und programminhaltlichem Gebiet bietet das UNO- und UNESCO-Schrifttum, auf das hiermit verwiesen wird[91].

3. Geplante Systeme

Soweit nicht schon bisher auf künftige Rundfunksatellitensysteme hingewiesen wurde, werden die einzelnen Vorhaben, soweit sie bekannt sind, in den Berichten der UNO-Mitglieder (Teil B, Kap. 3 II.) erwähnt.

Mai 1970 mit Unterberichten A/AC. 105/WG 3/C. R. P./1,2, L. 1, sowie UNO/COPUOS Report of the Committee on the Peaceful Uses of Outer Space, Official Records: 25th Session, Supplement No. 20 (A/8020), 1970.

(c) für 1971: UNO/COPUOS, Report of the First Committee, 26th Session, UNO-Dokument, A/8528, 23rd Nov. 1971 und UNO/COPUOS, Report of the Committee on the Peaceful Uses of Outer Space, Official Records. 26th Session, Supplement No. 20 (A/8420), 1971.

(d) Weiter liegen dem Verfasser Untersuchungsberichte der UNESCO zur Prüfung der finanziellen und technischen Voraussetzungen für nationale Binnensatellitendienste vor.
- Preparatory study of a pilot project in the use of satellite communication for national development purposes in India, UNESCO-Dokument, COM/WS/51, 5. Feb. 1968, 13 000/41. 3311.
- Cassirer and Wigren: Alaska, Implications of Satellite Communication for Education, UNESCO/FR/PP/Consultants Serial No. 2198/BMS RD/ MC, Paris, Nov. 1970.

(e) Allgemeines weiteres Schrifttum wird im Literaturverzeichnis aufgeführt.

(f) Alle Dokumente wurden dem Verfasser auf Anfrage vom UNO-Generalsekretariat, New York, vom UNO-Information Office, Genf, bzw. vom UNESCO Department for the Free Flow of Information and International Exchange, Paris, freundlicherweise zur Verfügung gestellt.

Kapitel 2: Technische, völkerrechtliche und international-privatrechtliche Probleme der Rundfunksatelliten

I. Allgemeines

1. Supranationalität der Probleme

Das 1. Kapitel hat bereits gezeigt, daß alle mit dem Rundfunksatellitenwesen zusammenhängenden Probleme – seien sie nun technischer, völkerrechtlicher oder international-rechtlicher Natur – supranational sein müssen. Dies ist eine notwendige Konsequenz der Ausbreitungscharakteristik von Radiowellen:

> Radiowellen im Gigahertzbereich von einem Geostationärsatelliten ausgestrahlt, beschreiben eine Kegelform; wegen der meist nördlich oder südlich des Äquators befindlichen Lage der Empfangsstationen kann das Empfangsgebiet für diesen Kegel keine kreisrunde Basis, sondern nur einen ovalförmigen Kegelschnitt beschreiben; ob nun kreisrund oder oval – in jedem Fall steht fest, daß Radiowellen nicht vor den Landesgrenzen halt machen: So könnten die allein für Indien bestimmten Rundfunkprogramme des Projekts "SITE" auch in Pakistan und Ceylon, die Sendungen des alaskischen Rundfunksatellitenvorhabens auch in Canada und die vom künftigen "Telesat Canada" in Alaska verfolgt werden.

An dieser physikalischen Tatsache läßt sich vorerst nichts ändern; sie ist auch kein spezifisch satellitentechnisches Problem. Schon die herkömmlichen Rundfunksysteme müssen besonders bei längs den Landesgrenzen aufgestellten Rundfunksendern mit der Erscheinung des "spill over", des unbeabsichtigten Übergreifens von Radiowellen auf benachbartes Staatsgebiet, fertig werden. Der Gebrauch von Binnen-, Regional- und Globalrundfunkausstrahlungen jedoch macht das spill over zu einem weltweiten Problem.

2. Supranationalität der Lösungen

Das technische Beispiel des spill over zeigt, daß alle mit dem Rundfunksatellitenwesen verknüpften Probleme in Zukunft nicht allein auf bilateraler Ebene gelöst werden können: Gesetzt den Fall, irgendwann in der Zukunft gäbe es überall Gruppen- und Individualfernsehempfangsgeräte für den Rundfunksatellitendienst, so könnte jede beliebige, geeignete Sendestation jedes beliebige Programm an jeden gewünschten Ort der Erde, gezielt oder gestreut, ohne Genehmigung, ja sogar gegen den Willen des Empfangslandes ausstrahlen. Umgekehrt können ohne Genehmigung und gegen den Willen der Ausgangssendeanstalt Programme von dazu nicht befugten Stationen aufgefangen, aufgezeichnet und zum unerlaubten Empfang durch die Öffentlichkeit weitergesendet werden, ohne daß die Ausgangsanstalt dies verhindern könnte.

Ohne hier die politische Frage der eindeutig feindseligen Propaganda aufzuwerfen, bergen diese technischen Möglichkeiten unendlich viel Konfliktstoff auf den Gebieten der Frequenzzuweisung, des Völkerrechts und des internationalen Privatrechts.

Da jeder Staat, der sich künftig die Vorteile des Rundfunksatellitenwesens zunutze machen will, der Gefahr des Mißbrauchs seines Systems durch andere Staaten ausgeliefert ist, muß ihm an einer Kontrolle des Rundfunksatellitenwesens in jeder Hinsicht gelegen sein. Effiziente Kontrolle aber können nur multilaterale Abkommen schaffen, die so angelegt sind, daß alle Staaten ihnen beitreten können. Sinnvoll werden derartige Abkommen überdies erst dann, wenn sie ganz allgemein den Gebrauch von Forschungs- und angewandten Sateliten regeln und sich nicht lediglich auf eine Unterart angewandter Satelliten, auf Rundfunksatelliten, beschränken. Erst dann nämlich, wenn der Gebrauch und Betrieb aller Satellitenarten international verbindlich geregelt ist, kann möglichem Mißbrauch mit Aussicht auf Erfolg gesteuert werden.

II. Technische Probleme

1. Technisch entwickelte und technisch weniger entwickelte Staaten

Satellitengetragene Weltraumforschung ist ein unmittelbares Produkt der Raketentechnik. Diese wiederum wurde nach dem Zweiten Weltkrieg zumeist aus den Verteidigungshaushalten der beiden Großmächte und nicht zuletzt zur Entwicklung von Interkontinentalraketen für den Transport von Massenvernichtungswaffen finanziert. Der interkontinentale Transport solcher Waffen unter weitestgehender Umgehung der gegnerischen Frühwarn- und Abwehrsysteme und der Gebrauch von Satelliten zu friedlichen Zwecken haben eine gemeinsame Voraussetzung: Sie benötigen Raketen zur Überwindung der Erdanziehungskraft.

Staaten wie die UdSSR und die USA, die schon sehr frühzeitig viel Geld und Ingenieursgeist in die Raketenentwicklung steckten, sicherten sich gegenüber allen anderen Staaten einen vieljährigen Vorsprung in Grundlagenwissen und Technologie. Die nächst den USA und der UdSSR für Raketenentwicklungen in Frage kommenden europäischen Industriestaaten waren nach 1945 vorwiegend mit der Reorganisation und dem Wiederaufbau ihrer Volkswirtschaften befaßt; dabei genossen andere Entwicklungen als der Raketenbau Vorrang. Agrarstaaten und Staaten der Dritten Welt, die oft erst nach 1945 autonom wurden, fehlte ohnedies Industrie und Grundlagenwissen.

Der in Teil B, Kap. 3, II. wiedergegebene Stand der Weltraumforschung in den Staaten spiegelt daher neben dem politischen Prestigestreben in erster Linie wissenschaftliches Interesse und technologische und wirtschaftliche Potenz wider.

2. Garantie des freien Zugangs zum Weltraum — "Überfüllung" von Parkumlaufbahnen

2.1. Freier Zugang

Fehlt den Staaten – aus welchen Gründen auch immer – die Möglichkeit, sich aktiv mit der Weltraumforschung und -nutzung zu befassen, so befürchten ihre Regierungen, für dauernd von der Weltraumforschung ausgeschlossen zu bleiben. Die industrielle Minderentwicklung eines Staates droht damit in eine allgemeine Diskriminierung zu münden, welche wiederum neue Abhängigkeit von höher industrialisierten, Weltraumforschung betreibenden Staaten erzeugt: Ergebnisse und Vorteile wissenschaftlicher Erforschung und praktischer Nutzung des Weltraums könnten den schwächer entwickelten Staaten möglicherweise vorenthalten oder nur gegen Lizenzgebühren zugänglich gemacht werden. Der Anspruch auf freien unbehinderten Zugang und auf freie, gleichberechtigte, nichtdiskriminierende Erforschung und Nutzung des Weltraums zum Vorteil aller Nationen ist die logisch konsequente Forderung aller technisch noch unterentwickelten Völker für künftige eigene Weltraumaktivität und jetzige Teilhabe an den Früchten fremder Forschung.

2.2. Parkumlaufbahnüberfüllung

Nur ein Unterfall des Problems "freier Zugang" ist das der "Überfüllung" günstiger "Parkplätze" für Geostationärsatelliten. Wie die Erörterungen im 1. Kapitel zeigen, tendiert die Entwicklung von "Fernmelde"- und Rundfunksatelliten dahin, mit möglichst wenig geostationären Satelliten möglichst weite Gebiete zu erreichen. Aus der Verteilung der Erd- und Wassermassen auf der Erdkugel und aus der Besiedelung der Kontinente folgt, daß für jedes vorstellbare Satellitensystem — gleich, ob global, national oder regional — nur wenige Positionen über dem Äquator optimal geeignet sind[1]. Befürchtet werden muß dabei jedoch nicht die Kollision von Satelliten im All, sondern die Erschöpfung geeigneter Sendefrequenzen aus dem Frequenzspektrum.

3. Begrenztheit des Frequenzspektrums

Satellitenkommunikation kann — jedenfalls vorerst — nur im SHF- und EHF-Band, d.h., grundsätzlich nur im Gigahertzbereich stattfinden[2]. Die Final Acts 1971 haben zwar die Anzahl der seit 1963 für die Satellitendienste zur Verfügung stehenden Frequenzen erheblich vergrößert, doch ist die beliebige Vermehrung von Frequenzen ausgeschlossen. Die auf eine bestimmte Parkumlaufbahnposition konkretisierte Forderung auf freien Zugang zum Weltraum müßte bereits dann scheitern, wenn bestimmte Mindestabstände zwischen den Satelliten, die zur Einhaltung eines ungestörten Funkbetriebes nötig sind, unterschritten werden müßten.

4. Harmful interference[3]

Wird eine Satellitenstation[4] entgegen einer oder ohne jegliche Frequenzzuteilung durch die ITU betrieben, so kann dadurch der Funkkontakt anderer, vorschriftsmäßig betriebener Stationen erheblich be-

---

[1] Die oben in Teil A, Kap. 1, I, Ziff. 5.2. erwähnte Stationierung der INTELSAT-Satelliten macht dies deutlich: INTELSAT IV-F2: 24,5° w. L.; INTELSAT IV-F3 (Reserve): 25° w. L.; INTELSAT IV-F3: 19° w. L.; INTELSAT III-F6: 19,5° w. L. über dem Äquator. Es stehen also hier vier Satelliten auf engstem Raum (5 Längengrade) beieinander, um den atlantischen Bereich zu versorgen. Andere Positionen wären für diesen Zweck nicht mehr optimal geeignet.

[2] Vgl. oben Teil A, Kap. 1, I, Ziff. 4.1.

[3] Definition: Art. 48 ITC und RR Art. 12, 15; harmful interference ist die anhaltende sende- und empfangstechnische Störung eines Dienstes durch einen anderen oder durch eine Station des gleichen Dienstes.

[4] Harmful interference ist selbstverständlich nicht auf Satellitendienste und -stationen beschränkt.

einträchtigt oder unterbrochen werden, etwa dann, wenn eine von der ITU schon anderweitig zugeteilte Frequenz benutzt wird. Gleichgültig, ob harmful interference zufällig oder absichtlich erzeugt wird, so gesellt sich zu der Grundsatzfrage, ob die Parteien überhaupt eine Behebung der Störung versuchen wollen[5], stets die Frage, wie sie technisch beseitigt werden kann. Die Frage könnte dann akut werden, wenn die geeigneten Frequenzen erschöpft, neue Übertragungstechniken noch nicht entwickelt sind, und gleichzeitig eine nicht zu befriedigende Frequenznachfrage besteht.

5. Schäden durch Satellitenbetrieb

Technisch kann es nie völlig ausgeschlossen werden, daß durch Start, Betrieb und Landung von Satelliten und anderen Raumkörpern Schäden an Personen und Sachen verursacht werden. Dabei wird nicht primär an die Kollision von Raumfahrzeugen im All gedacht; die Hauptgefahr liegt vielmehr bei Fehlstarts und Not- oder mißglückten Landeversuchen von Raumkörpern. Die fehlgestartete Rakete kann, bevor sie den Anziehungsbereich der Erde verlassen hat, zur Erde zurückstürzen, das landende Raumfahrzeug kann, abweichend vom Flugplan, das vorgesehene Zielgebiet verfehlen; in beiden Fällen sind Sach- und Personenschäden denkbar. Sie lassen sich auch bei sorgfältigster Auswahl von Start- und Landegebiet nicht vermeiden. Wegen des internationalen Bezugs solcher Schäden tut eine multilaterale Kontrolle dieses Risikos not.

III. Völkerrechtliche Lösungen

1. Allgemeines

Die oben in II angeschnittenen Probleme bedürfen internationalrechtlicher Lösungen. Die Praxis hat ergeben, daß völkerrechtliche Verträge, die von spezialisierten UNO-Ausschüssen entworfen werden, die größte Aussicht auf breite Annahme durch möglichst viele Staaten haben[6].

Start und Landung von Raumkörpern werfen ständig neue Probleme auf, die daraus resultieren, daß bei Abschuß und Wiedereintritt in die Erdatmosphäre Sach- und Personenschäden in anderen Staaten ent-

---

[5] Die Art. 48 ITC und RR 15 enthalten eine Verfahrensregelung.

[6] Vgl. unten Teil B, Kap. 3, III, Ziffern 1, 2, 5.

stehen können. Es liegt daher auf der Hand, daß der Zugang zum und die Erforschung und Nutzung des Weltraums bestimmten international anerkannten Rechtsgrundsätzen unterliegen müssen."

2. UNO-Resolutionen und Völkerrechtsverträge

Ohne der Darstellung in Teil B, Kap. 3, III, Ziffern 1 und 2 vorzugreifen, kann schon an dieser Stelle erwähnt werden, daß die UNO durch eine Anzahl von Resolutionen und völkerrechtlichen Verträgen die geschilderten Probleme angegangen hat.

(a) Freier Zugang

Der freie Zugang aller Staaten zum Weltraum und zu den Himmelskörpern, seine gleichberechtigte und nichtdiskriminierende Nutzung und die Nutzbarmachung der Weltraumforschung zugunsten aller Staaten wurde neben anderem durch den UNO-"Weltraumvertrag" garantiert[7]. Er führt die UNO-Resolution No. 1962 (XIII) vom Dezember 1963 fort, indem er zusätzlich zu den dort niedergelegten Grundsätzen das Verbot der Stationierung von Massenvernichtungsmitteln in Erdumlaufbahnen und im Weltraum enthält[8].

(b) Haftungsabkommen[9]

Nachdem nunmehr nach über siebenjährigen Verhandlungen im Rechtsausschuß von COPUOS[10] Einigkeit auch über das anzuwendende Recht und die Art und Weise der Schadensfeststellung erzielt werden konnte, scheint der UNO-"Weltraumhaftungsvertrag", der Schäden, die durch den Betrieb von Satelliten entstehen, regulieren soll, unterzeichnungsreif zu sein[11] [12].

3. ITU-Tätigkeit

Die Arbeit der ITU wird unten noch ausführlich erörtert[13]. Die verschiedenen ITU- und UNO-Resolutionen, die schließlich zur Einberufung der ITU-"World Administrative Radio Conference For Space Telecom-

---

[7] Vgl. unten Teil B, Kap. 3, III, Ziff. 2.1. Der Wortlaut der Konvention findet sich im Anhang zur UNO-Resolution No. 2222 (XXI) vom 19. Dez. 1966.

[8] UNO-Dok. A/AC. 105/C. 1/L. 34, S. 6.

[9] Teil B, Kap. 3, III, Ziff. 2.3.

[10] Committee on the Peaceful Uses of Outer Space.

[11] Über die Verabschiedung durch die Vollversammlung liegen dem Verfasser noch keine Unterlagen vor.

[12] UNO-Dok. A/RES./2777/XXVI, 8. Feb. 1972.

[13] Vgl. Teil B, Kap. 3, IV, Ziff. 1.5.

munications" führten, haben durch deren erfolgreiche Arbeit (Final Acts, 1971, Genf) an Aktualität verloren.

Die Final Acts 1971 bringen alles das an Definitionen, Frequenzzuweisungen, technischen Normen und Formvorschriften, was vorausgegangene Resolutionen und Empfehlungen vorgeschlagen hatten. Ein weiteres Eingehen auf die der Konferenz vorausgegangenen Resolutionen und Empfehlungen sowie den Inhalt der Final Acts 1971 würde den Rahmen dieser Arbeit sprengen.

Dieser Unterabschnitt, der die Notwendigkeit völkerrechtlicher Lösungen für technische Probleme aufzeigen soll, darf ein geglücktes Beispiel hierfür nicht unterschlagen: Die für uns wichtigsten aus einer Reihe der von der "World Administrative Radio Conference..." verabschiedeten Resolutionen[14] befassen sich nämlich mit den Problemen des "freien Zugangs", der "Begrenztheit des Frequenzspektrums" und der harmful interference wie sie oben in II, Ziff. 2–4, aufgezeigt wurden.

a) Res. Spa 2–1, die sich mit dem gleichen Recht aller Staaten auf Zuteilung von Sendefrequenzen für Satellitendienste und auf ungehinderten Zugang zu geostationären Umlaufbahnen befaßt, (und diese Rechte als durch den "UNO-Weltraumvertrag" gegeben voraussetzt), löst das Problem der Begrenztheit des Frequenzspektrums (das als ein beschränkt vorhandenes Naturgut angesehen wird), indem sie festlegt, daß:
   a.1. Die Frequenzzuteilung für Weltraumradiokommunikationsdienste und deren Registrierung bei der ITU kein dauerndes Vorrecht für Staaten oder Gruppen von Staaten (z. B. INTELSAT oder INTERSPUTNIK) sowie kein Hindernis für die Errichtung neuer Weltraumsysteme durch neu hinzukommende Staaten schafft.
   a.2. Demgemäß alle bereits Weltraumkommunikation betreibenden Staaten und Staatengruppen alle Maßnahmen treffen müssen, um neu hinzukommenden Staaten oder Staatengruppen den Gebrauch von Weltraumsystemen zu ermöglichen.

b) Res. Spa 2–2 und Spa 2–3 befassen sich mit dem Unstand, daß die Frequenzbänder, die für Rundfunksatellitendienste vorgesehen sind, vor der Inbetriebnahme bereits von anderen Diensten (wegen der Frequenzknappheit) benützt werden müssen und deshalb vor Inbetriebnahme von Rundfunksatellitendiensten zur Vermeidung von harmful interference Absprachen zwischen der ITU und allen Beteiligten getroffen werden müssen[15].

Für die in II beispielhaft aufgezählten Probleme hat sich also das Prinzip, Probleme nach Möglichkeit auf UNO-Ebene, bzw. auf Ebene spezialisierter UNO-Organisationen wie der ITU zu lösen, durchgesetzt. Dies ist sicherlich auf zwei Gründe zurückzuführen:

---

[14] Die Konferenz verabschiedete 8 Resolutionen und 15 Empfehlungen. Vgl. Final Acts 1971, S. 311–350.

[15] Die Regelung in Res. Spa. 2–3 geht dabei sehr breit auf alle technischen und formellen Einzelheiten ein.

Einmal können rein technische Fragen wie die des spill over und der harmful interference leichter als urheber- und nachbarrechtliche Fragen von ideologischem Ballast befreit und allein von ihrer physikalischen Seite her angegangen und gelöst werden.

Ohne Rücksicht auf Staatsform und Ideologie hat jeder Staat Interesse daran, unabhängig von möglichen Programminhalten, seine Staatsgrenzen weitgehend vor spill over zu schützen, seine Rundfunksatellitensysteme vor Störung und Mißbrauch durch harmful interference freizuhalten und sich eine "Option" auf Frequenzen und Umlaufbahnen für geostationäre Rundfunksatellitendienste zu sichern.

Zum anderen steht für die Lösung aller fernmelde- und speziell frequenztechnischen Probleme eine gut funktionierende international geachtete und von nahezu allen Staaten der Welt getragene Organisation bereit, die ITU.

Eine vergleichbare Einmütigkeit so vieler Staaten wie bei der Lösung der technischen Probleme konnte bei den urheber- und nachbarrechtlichen Fragen nicht erwartet werden!

IV. International-privatrechtliche Probleme

1. Urheberrechtlich geschützte satellitenübertragene Fernsehprogramme

Oben in Kap. 1 wurden unter anderem die Begriffe "Rundfunkdienst" und "Rundfunksatellitendienst" aus den Radio Regulations heraus definiert[16]. Es wurde dargestellt, daß es "den Fernsehsatelliten" gar nicht gibt, daß und warum der Terminus "Fernmeldesatellit" an den Radio Regulations gemessen untechnisch ist und daß der selbst im UNO-Schrifttum so genannte "Direkt-Rundfunk-Satellit" im Gegensatz zu "Punkt-zu-Punkt"- und "Verteiler-Satellit" nach den Begriffen der RR überdefiniert ist. Diese leicht verwirrende Begriffsvielfalt hat aus Gründen der Klarheit und der Übersichtlichkeit dazu geführt, für diese Arbeit an den Begriffen der Radio Regulations festzuhalten.

Ohne den Kern des Teil C der Arbeit vorweg zu behandeln, kann aber schon hier festgestellt werden, daß das Vorhaben, gleichbleibende Begriffe zu gebrauchen, dort scheitern muß, wo schon vorhandene internationale Konventionen gleichlautenden Begriffen einen anderen Inhalt gegeben haben:

---

[16] RR 1–4, 28 und RR 1 MOD 84 AP Spa 2.

Ausgangspunkt und sedes materiae aller bisher geführten Diskussionen und Verhandlungen sind

a) Beim Schutz der ausübenden Künstler, der Hersteller von Tonträgern und der Sendeunternehmen
   - die Definition der Funksendung und der Weitersendung in Art. 3 (f) und (g) des Internationalen Abkommens zum Schutz der ausübenden Künstler, der Hersteller von Tonträgern und der Sendeunternehmen vom 26. Okt. 1961, BGBl. II 1965, S. 1244, (im folgenden kurz "Romabkommen" genannt) und

b) beim Schutz der Urheber
   - der Begriff der Rundfunksendung in Art. 11 bis der "Berner Übereinkunft zum Schutz von Werken der Literatur und Kunst", vom 9. Sept. 1886, (der bis auf die Aufnahme des Weitersendungsbegriffs durch die Stockholmer Fassung 1967 seit der Brüsseler Fassung von 1948 unverändert in die Pariser Fassung von 1971 einging) sowie
   - der Begriff der Rundfunksendung in Art. IV bis des Welturheberrechtsabkommens von 1952 in der Fassung der Pariser Revisionskonferenz 1971.

Für die drei genannten Konventionen bestehen, ebenso wie auch für auf rein europäischer Basis abgeschlossene Verträge[17], Probleme.
Ihre Lösung beantwortet die Fragen

- ob programmtragende Satellitensignale als "Rundfunk"- oder als "Weitersendung" im Sinn dieser Konventionen angesehen werden dürfen und
- ob sie als solche Urheber- und Leistungsschutz genießen.

Hält man nach dieser Prüfung die vorhandenen Konventionen für anwendbar, so muß die weitere Frage beantwortet werden,

- welches vorhandene bzw. neu zu schaffende internationalprivatrechtliche Instrument programmtragenden Satellitensignalen nicht nur regionalen, sondern weltweiten Urheber- und Leistungsschutz gewährleistet.

Diese drei Problemkreise lassen sich folgendermaßen untergliedern:

1. Umfaßt der Begriff Rundfunksendung (Funksendung) grundsätzlich auch programmtragende Satellitensignale?
2. Steckt in dem Rundfunkbegriff der genannten Abkommen ebenso wie im Rundfunkbegriff der Radio Regulations ein objektives und ein subjektives Definitionselement?

[17] Z. B. das sog. "Europäische Fernsehabkommen" vom 22. Juni 1960 mit "Protokoll" hierzu vom 22. Jan. 1965 und das sog. "Europäische Piratensenderabkommen" vom 22. Jan. 1965.

2.1. Müssen die programmtragenden Satellitensignale objektiv (von der allgemeinen Empfangbarkeit der Satellitensendefrequenz her) zum Empfang durch die Öffentlichket geeignet und subjektiv (von der Zweckbestimmung der Ursprungsanstalt her) zum Empfang durch die Öffentlichkeit bestimmt sein?

2.2. Geht etwa das objektive dem subjektiven Element vor?

2.2.1. Würde auch die Zweckbestimmung zum lediglich indirekten Empfang durch die Öffentlichkeit (nach vorherigem Auffangen und Umformen des Signals durch eine zentrale Bodenempfangsstation, Weiterleiten und anschließender Ausstrahlung durch eine Fernsehanstalt an die Öffentlichkeit) ausreichen, um auch die programmtragenden Signale der "Punkt-zu-Punkt"- und "Verteiler"-Satelliten dem Schutz dieser Konventionen zu unterstellen?

2.2.2. Oder fordert ein etwaiger Vorrang des objektiven Definitionselementes nicht vielmehr, daß nur die Zweckbestimmung zum direkten Empfang durch die Öffentlichkeit ausreicht, daß also nur die Signale echter Rundfunksatelliten i. S. der RR ("Direkt-Rundfunk-Satelliten") nach diesen Konventionen geschützt werden?

2.3. Genössen die prorammtragenden Signale von "Punkt-zu-Punkt"- und "Verteiler"-Satelliten wie sie heute in Betrieb sind, wegen der Prämisse in 2.2. etwa gar keinen Schutz?

2.3.1. Oder dürfte etwa – wie einige Schriftsteller meinen – das programmtragende Satellitensignal dann geschützt werden, wenn es am Bestimmungsort als "Weitersendung" i. S. von Art. 11 bis Berner Übereinkunft, Art. 3 (g)/13 (a) Romabkommen behandelt wird, wenn es also durch die Bodenempfangsstation im (für die Öffentlichkeit derzeit objektiv noch unzugänglichen) Gigahertzbereich aufgefangen, umgeformt und zur endgültigen Publikumsausstrahlung an eine Fernsehanstalt weitergegeben wird – am Ursprungsort aber gleichzeitig als Rundfunksendung (d. h. für die Öffentlichkeit objektiv empfangbar) ausgestrahlt wird?

2.3.2. Entfällt bei dieser Konstruktion (2.3.1.) wie die gleichen Schriftsteller meinen, nicht logischerweise ein Weitersendungsschutz dann, wenn es an einer gleichzeitigen öffentlichen Ausstrahlung vom Ursprungsort fehlt?

2.4. Oder ist die gesamte Konstruktion des Weitersendungsschutzes nicht deshalb irrig, weil die Parallelsendung am Ursprungsort dem Satellitensignal als solchem nicht die Qualität einer "Weitersendung" d. h. einer objektiv allgemein empfangbaren Sendung verleihen kann?

3. Reichen die Unterzeichnerzahlen dieser Konventionen überhaupt aus, um einen lückenlosen, also weltweiten Urheber- und Nachbarrechtsschutz zu gewährleisten?

3.1. Oder müssen nicht etwa ganz neue Wege zur Schaffung eines internationalen Instruments zum Schutz nicht nur urheber- und nachbarrechtlich relevanter Programme, sondern – viel allgemeiner – aller satellitenübertragener Programminhalte beschritten werden?

Allein schon dieser kurze Problemaufriß zeigt, daß es nicht ohne weiteres möglich ist, einheitliche, dem Sinn und Bedeutungsgehalt der

Radio Regulations und der einschlägigen internationalen Konventionen gerecht werdende Begriffe zu verwenden, die allein den Juristen in die Lage setzen könnten, wirksame Urheber- und Nachbarschutznormen zu konzipieren.

2. Mögliche Sendeinhalte – "Programme"

In Kap. 1, II, Ziff. 2.1. wurde schon erläutert, wie gering der Anteil urheber- und nachbarrechtlich (abgesehen vom Senderecht der Fernsehanstalten!) relevanter satellitenübertragener Fernsehprogramme innerhalb der EUROVISION einerseits und innerhalb von INTELSAT andererseits ist. Innerhalb der Eurovision[18] machen urheberrechtlich relevante Sendungen 1,7% – nimmt man die Sparte "Unterhaltung" mit hinzu –, 6,9% aus. Innerhalb Europas werden diese Programme aber nicht über Satellit ausgestrahlt.

Demgegenüber beträgt der Fernsehanteil aller Dienstleistungen von INTELSAT, die zu über 90% von EUROVISIONS-Ländern in Anspruch genommen werden, im Jahr 1971 lediglich 2%. In Europa ist das satellitenübertragene urheberrechtlich relevante Programmaufkommen augenblicklich also noch sehr gering.

Der Schutz des Urhebers für die Rundfunkaufführung seiner Werke wird nach der gemeinsamen Revision des WUA und der RBÜ 1971 in Paris unabhängig vom Romabkommen nunmehr auch durch Art. IV bis WUA (Paris) gesichert; doch abgesehen vom geringen urheberrechtlich relevanten satellitenübertragenen Programmaufkommen fehlt auch dem kombinierten Schutz durch Art. 11 bis RBÜ (Paris) und Art. IV bis WUA (Paris) die dringend notwendige Universalität.

Würde man einmal ohne Vorprüfung des "Funksendungs"- und Weitersendungsbegriffs die Anwendbarkeit des Art. 13 Romabkommen auf die von INTELSAT getätigten Fernsehübertragungen unterstellen, so genössen die Ursprungsanstalten immer nur dann Schutz, wenn die Voraussetzungen des Art. 6 Romabkommen erfüllt wären. Dadurch würden zwar alle – auch urheberrechtlich nicht relevanten – Programme via Satellit Schutz genießen; dieser Schutz wäre aber mehr zufällig als sinnvoll von der Mitgliedschaft im Romabkommen abhängig.

Der Schutz der Urheber- und Nachbarrechte sollte nach alledem nicht von der Zufälligkeit abhängen, ob der Sendeinhalt über ein "Punkt-zu-

[18] Nahezu alle Mitglieder und assoziierten Mitglieder der EUROVISION außer den INTERVISIONS-Staaten sind auch INTELSAT-Mitglieder.

Punkt"-"Verteiler"- oder Rundfunksatellitensystem übertragen wird, da der Mißbrauch des Sendesignals bei jedem dieser Systeme denkbar ist. Er sollte auch nicht von einem Rundfunkbegriff und in ihm enthaltenen objektiven und subjektiven Kriterien abhängen, sofern sie vor dem Satellitenzeitalter geprägt und ohne Rücksicht auf dessen radiotechnische Möglichkeiten formuliert worden sind. Ob man aber deshalb die "Satellitenübertragung" ausdrücklich[19] in die zitierten Artikel der drei Konventionen aufnehmen und deren weltweite Annahme verstärkt proklamieren sollte, oder ob eine völlig neue Konvention geschaffen werden muß[20], die speziell den Schutz von programmtragenden Satellitensignalen bezweckt, ist strittig.

Auf den ersten Blick mag es einleuchten, allein die "programmtragenden Satellitensignale" ohne Rücksicht auf deren urheberrechtlichen Inhalt zugunsten der Sendeanstalten zu schützen. Je größer aber die Unterzeichnerzahl einer solchen Konvention in aller Welt würde, desto geringer würde die weitere Annahme des WUA, der RBÜ und des Romabkommens, auch wenn eine solche neue Konvention zum Ausdruck brächte, daß sie die Anwendbarkeit schon vorhandener Konventionen nicht infrage stellen wollte. Denn in all' jenen Staaten, die zwar eine derartige neue Konvention, nicht aber das WUA und die RBÜ unterzeichnet hätten, wäre der Urheber stets auf einen Vertrag mit den nationalen Sendeanstalten zur Wahrung seiner Rechte angewiesen.

Damit würden die Urheber in erhebliche Abhängigkeit zu den Sendeanstalten geraten; ein Übergewicht des Nachbarrechtsschutzes zugunsten lediglich eines von mehreren Nachbarrechtsträgern über die Urheber wäre die Folge; das Gleichgewicht innerhalb des Romabkommens unter den einzelnen Nachbarrechtsträgern wäre gestört. Ein wichtiger Teil internationalen Kulturaustausches – satellitenübertragene Fernsehprogramme – würde nicht mehr dazu benutzt werden können, noch abseits stehenden Staaten die allgemein wünschenswerte Unter-

---

[19] Kaminsteins Generalbericht zur Revision des WUA Paris 1971 erwähnt die Satellitenübertragung als eine mögliche Art der Rundfunkübertragung in den Erläuterungen zu den Ausnahmen beim Übersetzungsrecht zugunsten von Entwicklungsstaaten, (Art. V ter) eher beiläufig und ausdrücklich nicht in Bezug auf das Senderecht des Art. IV bis WUA! Vgl. Generalbericht zur Pariser Revisionskonferenz des WUA, UNESCO-Dok. INLA/UCC, 44, Paris, 29. Nov. 1971, S. 15, 16.

[20] Die UNESCO hat zusammen mit der WIPO 1971 in Lausanne und 1972 in Paris Konferenzen veranstaltet, deren Ziel es war, eine möglichst einfache Konvention zum Schutz aller programmtragenden Satellitensignale zu entwerfen. Einzelheiten hierzu in Teil C.

zeichnung von WUA, RBÜ und Romabkommen nahezulegen. Ihnen würde mit einiger Wahrscheinlichkeit die Unterzeichnung der neuen Konvention ausreichen, da sie sodann die Urheber auf den Abschluß von Verträgen mit den Sendeanstalten verweisen könnten.

Ob diese – hier nur skizzierte – Rechtslage auf das Verhältnis der verschiedenen Programmarten innerhalb von EUROVISION und INTELSAT einen maßgeblichen Einfluß ausübt, kann gegenwärtig noch nicht gesagt werden. Auf jeden Fall aber läge der unbestreitbare Wert einer neuen Konvention darin, daß sie den Sendeanstalten in aller Welt Schutz ihrer "programmtragenden Satellitensignale", das bedeutet, Schutz aller ihrer Satellitenübertragungen, unabhängig vom Sendeinhalt, böte. Die Bestandteile des Begriffs "programmtragendes Satellitensignal" sind bereits in dem Konventionsentwurf enthalten, den die beiden oben erwähnten Konferenzen erarbeitet haben[21].

3. Künftiger Hauptfall

Der Hauptzweck des bisher ersten und demnächst (1974/75) dienstbereiten Rundfunksatellitendienstes (indisches SITE-Projekt) dient der Ausbildung. Soweit daher Bildungsfernsehprogramme im Rundfunksatellitendienst urheberrechtlich relevantes Material enthalten, bieten sie auf breiter Basis Raum für urheberrechtliche Streitigkeiten, die sich durch mangelnde Mitgliedschaft in schon vorhandenen einschlägigen Konventionen und die besondere Lage der Entwicklungsstaaten auf urheberrechtlichem Gebiet nur komplizieren können.

4. Verletzte Rechte

(a) Urheberrecht

Die Satellitentechnik als solche bringt keine qualitative Änderung der Verletzungstatbestände für die Urheberrechte wie sie etwa durch die RBÜ und das WUA geschützt werden. Sie wirft aber die entscheidende Frage auf, ob auch die von Nicht-Rundfunksatelliten ("Punkt-zu-Punkt"- und "Verteiler-Satelliten") ausgestrahlten Sendungen unter den Rundfunkbegriff dieser Konventionen fallen.

(b) Nachbarrechte

Auch die Nachbarrechte, wie sie etwa das Romabkommen aufzählt, werden durch satellitenübertragene Fernsehprogramme qualitativ nicht an-

---

[21] Vgl. Dokumente UNESCO/WIPO/SAT/22, 30. Apr. 1971 und UNESCO/WIPO/SAT 2/14, vom 15. Juni 1972.

ders verletzt als durch herkömmliche. Vor dem Rechtsschutz aber steht die Anwendbarkeit der Norm in mitgliedschaftlicher, räumlicher und begrifflicher Hinsicht.

(c) Senderecht

Auf der Hand liegt jedoch, daß bei jeglichem unerlaubten Empfang, beim "Schwarzsehen", beim unerlaubten Auffangen, Aufzeichnen und Weitersenden das Senderecht der Fernsehanstalten, so wie es das Romabkommen garantiert, als erstes in Frage gestellt ist.

Nimmt man die schon erwähnte[22] Eurovisionsstatistik der EBU zur Hand, so wird deutlich, daß die Rechte der Sendeunternehmen von allen Nachbarrechten quantitativ am stärksten betroffen sind. Sportprogramme und Aktualitäten, die nicht nur in der EUROVISION, sondern gerade auch in INTELSAT[23] die Masse der Fernsehübertragungen ausmachen, berühren nicht die Nachbarrechte ausübender Künstler und der Phonogrammhersteller so wie sie etwa im Romabkommen fixiert sind, sondern in der Regel nur die Rechte der Fernsehanstalten. Die bisher noch nicht international geregelten Rechte der Nachrichtenagenturen und Sportveranstalter mögen hier vorerst ausgeklammert bleiben.

V. Problemzusammenhang – Supranationale Lösungen

1. Interdependenz

Die bisherige Darstellung sollte deutlich machen, daß alle hier beispielhaft aufgeführten Probleme – seien sie volkswirtschaftlicher, wissenschaftlicher oder technologischer Natur – eng miteinander zusammenhängen. Von ihrer Lösung hängt die Fähigkeit der Staaten ab, den Weltraum durch Satelliten zu erforschen und zu nutzen.

2. Supranationalität urheber- und nachbarrechtlicher Fragen

Würde man die Konferenztätigkeit der UNO und UNESCO als Maßstab anlegen, so ergäbe sich, daß urheber- und nachbarrechtliche Fragen diese Behörden erst neuerdings beschäftigen. Grundsätzlichere Fragen wie die drei "Weltraumabkommen" – der "Weltraumvertrag", das "Weltraumbeistandsabkommen" und der "Weltraumhaftungsvertrag" – hatten den Vorrang.

Demgegenüber ist der internationale Urheber- und Nachbarrechts-

---

[22] Vgl. oben Teil A, Kap. 1, II, Ziff. 2.1.

[23] Vgl. COMSAT, Annual Report to the Congress, 1971, Washington, D.C., 1971, S. 7, der dem Verfasser freundlicherweise von COMSAT überlassen wurde.

schutz nicht originär mit der Satellitentechnik verbunden. Weil der Urheber- und Nachbarrechtsschutz mit den bereits vorhandenen internationalen Konventionen eine lange Tradition verkörpert, ist seine Anpassung an das Satellitenzeitalter besonders schwierig: Anders als bei den "Weltraumabkommen" ist eine internationale Rechtsetzung hier umständlicher, da die Tradition einen langen Schatten auf die Unvoreingenommenheit zur Formulierung gänzlich neuer Konventionen wirft.

3. Ziel der Arbeit: Problemzusammenschau

Alle bisher erwähnten Probleme hängen zusammen. Die Radiotechnik ist das Glied, das technische Fragen der Satellitenkommunikation mit international-privatrechtlichen Problemen satellitenübertragener Rundfunksendungen verbindet.

Satellitenkommunikation als technisches Phänomen einerseits und satellitenübertragene Rundfunkprogramme als internationales urheber-/nachbarrechtliches Problem andererseits sind von globaler Bedeutung und deshalb gleichermaßen wichtig, um eingehend betrachtet zu werden.

Das Ziel dieser Arbeit ist deshalb, auf beide Komplexe ausführlich einzugehen und sie einander gegenüberzustellen.

Teil B: Entwicklung des Fernmeldesatellitenwesens und seiner Kontrolle

Kapitel 3: Die Tätigkeit der UNO-Mitgliedsstaaten, der UNO, sowie der UNO-Unterorganisationen auf dem Gebiet der Raumforschung und Raumnutzung

I. Einleitung

1. Technologische Lücke

Die Erforschung und Nutzung des Weltraums durch die UNO-Mitgliedsstaaten spiegelt deren wissenschaftliches Interesse, wirtschaftliches Potential und nicht zuletzt politisches Prestigestreben wider.

Deutlich wird dies besonders bei Vorhaben von Entwicklungsländern, die – verglichen mit den Weltraumbudgets entwickelter Staaten – überproportional hohe Aufwendungen machen, um mit der raschen technologischen Entwicklung Schritt zu halten. Doch verfehlen die Entwicklungsländer dieses Ziel oftmals deswegen, weil ihnen eine eigene Weltraumforschung wirtschaftlich und technisch unmöglich ist und sie auf die Hilfestellung erfahrenerer Staaten angewiesen sind. Erst wenn der größere Partner die für die Anwendung durch das Entwicklungsland gewünschte Weltraumtechnik erfolgreich entwickelt und erprobt hat, kann sie dem Entwicklungsland zur Verfügung gestellt werden.

So treibt das entwicklungsbedürftige Land oft selbst gar keine Grundlagenforschung, – die allein den technischen Vorsprung aufholen könnte – sondern nur angewandte Forschung; sein technologischer Rückstand läßt sich daher ausdrücken als die Differenz im Grundlagenwissen zwischen Entwicklungsland und Auftragnehmer.

Nur ein Beispiel von vielen mag das indisch-amerikanische "SITE"-Projekt zur Installierung eines Direkt-Satellitensystems in Indien sein[1].

---

[1] Zu den vertraglichen Abmachungen im einzelnen vgl. unten Nr. 13 Indien. – Das technische Know-how bei der Erprobung des in Aussicht genommenen ATS-F-Satelliten ("Applications Technology Satellite"), seiner technischen Systeme und der Bodenstation in Ahmedabad, Indien, kommt in erster Linie dem Auftragnehmer, der NASA, zu.

2. Prohibitive Kosten

Eine wirklich umfassende Erforschung und Nutzung des Weltraums mit bemannten Raumflügen, Monderforschung, Raumsondeneinsatz zu anderen Planeten, Erderforschungs- und angewandten Satelliten[2] betreiben nur die USA und die UdSSR. Alle anderen Nationen müssen sich an den durch die beiden Großen gesetzten Maßstäben messen lassen.

Angesichts der ungeheuren Kosten dieser Tätigkeit beschränkt sich der Ehrgeiz der übrigen Staaten auf vergleichsweise unbedeutende Vorhaben wie die Konstruktion von Raketen, die zum Transport von leichten Erdsatelliten geeignet sind. Um unnötige Doppelplanungen und -entwicklungen auszuschließen, und um ihre finanziellen Anstrengungen zu konzentrieren, wirken verschiedene Staaten hierbei zusammen[3].

Die Gründung multinationaler Organisationen erfolgte aus der Erkenntnis, daß eigenständige nationale Weltraumforschung außerhalb der USA und UdSSR heute keine Ergebnisse mehr zeitigen kann, die nicht schon durch diese beiden Mächte erreicht worden wären. So hat nach Überzeugung der an ESRO und ELDO beteiligten europäischen Staaten die Weltraumforschung mit dem großen Nachholbedarf gegenüber den USA und der UdSSR in Europa nur dann Sinn, wenn die Kosten gemeinsam getragen und die Ergebnisse allen Beteiligten zugänglich gemacht werden[4].

3. Statistischer Überblick

Die volkswirtschaftliche Bedeutung angewandter Erdsatelliten (Fernmelde-, Wetter-, Erdbeobachtungssatelliten) haben alle UNO-Mitglieder erkannt und dementsprechend im UNO-"Weltraumvertrag" vom 19. Dezember 1966, UNO-Vollversammlung 2222 (XXI), Art. I (2) den Grundsatz des freien Zugangs zum und der freien, friedlichen Nutzung des Weltraums proklamiert. Aus dem Wunsch, nicht von den Staaten, die über angewandte Erdsatelliten verfügen, politisch und volkswirtschaftlich abhängig zu bleiben, folgt daher der Zwang zu eigener Raumforschung, zur Entwicklung von Raketen und Satelliten, die geeignet sind, solche Abhängigkeiten wenn schon nicht zu beseitigen, so doch zu lockern.

---

[2] Wetter-, Geodäsie-, Fernmeldesatelliten.

[3] Z. B. in Europa in den Organisationen ESRO und ELDO, (European Launcher Development Organisation und European Space Research Organisation). Zu den zwischenstaatlichen Organisationen vgl. auch im einzelnen unten Kapitel 4.

[4] United Nations General Assembly, Doc. A/AC. 105/C. 1/L. 34, S. 407.

Um einen Überblick zu gewinnen, wie weit in den einzelnen UNO-Mitgliedsstaaten die Raumforschung gediehen ist, wird im folgenden der Versuch unternommen, die Weltraumforschung und -nutzung durch die UNO-Mitgliedsstaaten nach dem Stand vom Dezember 1970 wiederzugeben.

Auf Anfrage des UNO-Generalsekretariats vom 28. Januar 1971 legten 38 Mitgliedsstaaten Berichte vor, die unter der Überschrift "Review of national and co-operative international space activities for the calendar year 1970" zusammengefaßt wurden[5]. Die UNO-Sammlung übernimmt die Berichte unverändert[6]. Ihre Verteilung ist nur begrenzt[7].

Eine finanzielle und quantitative Analyse läßt diese Sammlung nicht zu[8]. Sie gibt daher nur diejenigen Angaben wieder, die eine Tätigkeit in einem der rubrizierten Gebiete erkennen lassen[9] bzw. bestätigen.

---

[5] United Nations General Assembly Doc. A/AC. 105/L. 60 mit Doc. A/AC. 105/L. 60, Add. 1–5; Distribution limited; Original English; Doc. No. 71–07432.

[6] Die Richtigkeit der Angaben kann daher weder von der UNO noch vom Verfasser garantiert werden; vgl. auch "Note by the Secretariat", A/AC. 105/L. 60.

[7] Sie wurde dem Verfasser auf Anfrage vom 23. März 1972 durch das UNO-Information Office, Genf, unter dem 17. April und 21. April 1972 freundlicherweise zur Verfügung gestellt.

[8] Kaum einer der Mitgliedsstaaten hat im Staatshaushalt ein Einzelbudget, aus dem alle nationalen Forschungsinstitute finanziert würden, die irgendwie mit Weltraumforschung und -nutzung befaßt sind; auch machen nicht alle Mitgliedsstaaten ausreichende quantitative Angaben über ihre Forschungsvorhaben.

[9] Insbesondere einige sozialistische Staaten wie z. B. Ungarn (A/AC 105/L. 60 Add. 3, S. 3) sagen nicht expressis verbis, ob sie Bodenfunkstationen für Fernmeldesatelliten schon unterhalten oder lediglich erst planen.

1) Nationale WR-Forsch.-Behörde zentral/nicht zentral	2) Bemannter Raumflug	3) Eigenständige Mondforschung	4) Beteiligung an fremder Mondforschung	5) Eigene nationale Forschungs-Satelliten	6) Beteiligung an multinationaler Satellitenforschung	7) Eigene Nutzsatelliten (außer Fernmeldesatelliten)	8) Beteiligung an multinationalen Nutzsatelliten (außer Fernmeldesatelliten)	9) Eigene WR-Sonden	10) Bahnverfolgungs- und Telemetrieeinrichtung auf Hoheitsgebiet	11) Eigene Fernmeldesatelliten	12) Beteiligung an fremden Fernmeldesatelliten-Systemen	a) INTELSAT	b) INTERSPUTNIK	13) Planung für nationale Direkt-Rundfunksatelliten
+	–	–	–	–	–	–	–	–	–	–	+	+	–	+
–	–	–	+	+	+	–	+	–	+	–	+	+	–	+
–	–	–	+	–	+	–	+	–	–	–	+	+	–	–
–	–	–	–	–	–	–	–	–	–	–	–	–	–	–
–	–	–	–	–	–	–	–	–	–	–	+	+	–	+
+	–	–	–	–	+	–	+	–	+	–	–	–	–	–
+	–	–	–	+	–	–	+	–	+	–	+	+	–	+
+	–	–	–	–	+	–	+	–	+	–	–	–	–	–
–	–	–	–	–	–	–	+	–	–	–	–	–	–	–
+	–	–	+	–	–	–	+	–	+	–	–	–	–	–
+	–	–	–	+	+	+	+	–	+	–	+	+	–	–
–	–	–	–	–	–	–	–	–	–	–	+	+	–	–
+	–	–	+	–	+	–	+	–	+	–	+	+	–	+
–	–	–	–	–	–	–	–	–	–	–	+	+	–	+
–	–	–	–	–	–	–	–	–	–	–	+	+	–	–
+	–	–	–	–	+	–	+	–	–	–	+	+	–	–
+	–	–	–	–	+	–	–	–	+	–	+	+	–	–
–	–	–	–	–	+	–	+	–	–	–	+	+	–	–
–	–	–	–	–	–	–	+	–	–	–	–	–	–	–
–	–	–	–	–	–	–	+	–	+	–	+	+	–	–
–	–	–	–	–	–	–	+	–	–	–	+	+	–	–
+	–	–	–	–	–	–	+	–	–	–	+	+	–	–
+	–	–	–	–	–	–	+	–	+	–	+	–	+	–
–	–	–	–	+	–	–	–	–	–	–	+	+	–	–
+	–	–	–	–	+	–	–	–	+	–	+	+	–	–
+	–	–	–	–	+	–	–	–	+	–	+	+	–	–
–	–	–	–	–	+	–	+	–	+	–	+	+	–	–
+	–	–	–	–	+	–	+	–	+	–	+	+	–	–
+	–	–	–	–	+	–	+	–	+	–	+	–	+	–
+	–	–	–	–	–	–	+	–	+	–	+	+	–	–
+	–	–	–	–	–	–	+	–	+	–	–	–	–	–
+	–	–	+	+	–	–	–	–	+	–	+	+	–	–
–	–	–	–	–	+	–	+	–	+	–	+	+	–	–
–	–	–	–	–	–	–	–	–	–	–	+	+	–	–
–	–	–	–	–	+	–	+	–	+	–	+	–	+	–
–	–	–	+	+	+	–	–	–	+	–	+	+	–	–
+	+	+	–	+	+	+	+	+	+	+	+	+	–	+
+	+	+	–	+	+	+	+	+	+	+	+	–	+	–
–	–	–	+	+	+	–	+	+	+	–	+	+	–	–

[10] Da die Bundesrepublik nicht UNO-Mitglied ist, konnten die Angaben zu Ziff. 39 nicht dem UNO-Dokument A/AC. 105/L. 60 entnommen werden; sie stammen aus der ITU-Broschüre "Tenth report by the international telecommunication union on telecommunication and the peaceful uses of outer space", Genf 1970, S. 94–97.

14) Eigene Höhenraketenforschung	15) Mitgliedschaft in ITU	A)[11] Mitgliedschaft in "RBÜ" (Stand 1. Jan. 1967)	B)[11] Mitgliedschaft im WUA (Stand 1. Jan. 1967)	C)[11] Mitgliedschaft im „Romabkommen 1961" (Stand 1. 1. 67)	Mitglied im Europ. Fernsehsenderabkommen (Stand 1. Jan. 1971)	D)[11] mit Protokoll	E)[11] Mitglied im Europ. Piratensenderabkommen (Stand 1. Jan. 71)	F)[11] Teilnahme an "Lausanne-Konferenz" 1971	G)[11] Teilnahme an "Paris-Konferenz" 1972	
+	+	—	+	—	—	—	—	—	+	1. Argentinien
+	+	—	—	—	—	—	—	+	+	2. Australien
—	+	+	+	—	+	+	+	+	+	3. Belgien
—	+	—	—	—	—	—	—	—	—	4. Bolivien
—	+	+	+	+	—	—	—	+	—	5. Brasilien
—	+	—	—	—	—	—	—	—	—	6. Bulgarien
+	+	+	+	—	—	—	—	+	+	7. Canada
+	+	+	+	+	—	—	—	—	—	8. CSSR
—	—	—	—	—	—	—	—	—	—	9. Fiji
—	+	+	+	—	—	—	—	+	+	10. Finnland
+	+	+	+	—	+	+	+	+	+	11. Frankreich
—	+	+	+	—	—	—	—	+	+	12. Griechenland
+	+	+	+	—	—	—	—	+	+	13. Indien
—	+	—	—	—	—	—	—	—	—	14. Iran
—	+	+	+	—	+	—	+	—	+	15. Irland
+	+	+	+	—	+	—	+	+	+	16. Italien
+	+	+	+	—	—	—	—	+	+	17. Japan
—	+	—	+	—	—	—	—	+	+	18. Kenya
—	+	+	—	—	—	—	—	—	—	19. Madegassische Republik
—	+	—	—	—	—	—	—	—	—	20. Malaysia
—	+	+	—	+	—	—	—	—	—	21. Marokko
+	+	—	+	—	—	—	—	+	+	22. Mexiko
—	+	—	—	—	—	—	—	—	—	23. Mongolische Volksrepublik
+	+	+	—	—	+	—	+	+	+	24. Niederlande
+	+	+	+	—	—	—	—	—	—	25. Neu Seeland
+	+	+	+	—	+	+	+	—	+	26. Norwegen
+	+	+	+	—	—	—	—	+	+	27. Österreich
+	+	+	+	—	—	—	—	—	—	28. Pakistan
+	+	—	—	—	—	—	—	—	—	29. Polen
—	+	+	+	—	—	—	—	—	—	30. Portugal
+	+	+	—	—	—	—	—	—	—	31. Rumänien
+	+	+	+	—	—	—	—	+	+	32. Spanien
+	+	+	+	+	+	+	—	+	+	33. Schweden
—	+	+	—	—	—	—	—	+	—	34. Thailand
—	+	+	—	—	—	—	—	—	+	35. Ungarn
+	+	+	+	+	+	+	+	+	+	36. Vereinigtes Königreich
+	+	—	+	—	—	—	—	+	+	37. USA
+	+	—	—	—	—	—	—	+	—	38. UdSSR
—	+	+	+	+	+	+	+	+	+	39. Bundesrep. Deutschland[10]

[11] Die Angaben in Buchstaben A)—G) sind insofern unvollständig, als von den Mitglieds- und Teilnehmerländern nur die aufgeführt sind, die gleichzeitig zum UNO-Dokument A/AC.105/L. 60, mit Add. 1—5 beigetragen haben.

Die Angaben über die Mitgliedschaft in INTELSAT und den Unterhalt und Betrieb von Bodenfunkstationen entstammen nicht den UNO-Unterlagen, sondern gehen auf COMSAT-Dokumente zurück[12]. Angaben über Bodenfunkstationen im INTERSPUTNIK-System sind unvollständig[13]. Soweit vorhanden, gründen sie sich auf die UNO-Sammlung.

Die vorliegende statistische Übersicht selbst ist bisher von keiner dem Verfasser bekannten Seite durchgeführt worden. Zum Vergleich des Engagements der Staaten auf den Gebieten der Weltraumforschung und -nutzung einerseits und den Bemühungen auf dem Gebiet des internationalen Urheberrechtsschutzes andererseits wird ein Überblick über die Mitgliedschaft bei der "Berner Übereinkunft zum Schutz von Werken der Literatur und Kunst" und beim Welturheberrechtsabkommen gegeben[14].

4. Sinn der Einzeldarstellung

Der ausschließlich juristisch orientierte Leser mag den Wert der folgenden Darstellung der nationalen Weltraumforschung in Zweifel ziehen, enthält sie doch offenkundig keinerlei urheberrechtlich relevante Bezüge.

Der Verfasser möchte diesem Einwand, der gegen den gesamten ersten Teil seiner Arbeit gerichtet werden könnte, entgegentreten:
Wer das Verhalten der Staaten und Staatengruppen, etwa auf den internationalen diplomatischen Konferenzen von Paris zur Revision des Welturheberrechtsabkommens und der Revidierten Berner Übereinkunft 1971 beurteilen will, sollte die ideologischen, wirtschaftlichen, finanziellen und auch emotionalen Motive der Einzelstaaten berücksichtigen. Wenn er darüber hinaus auch etwas über mögliche Interessen-

---

[12] COMSAT (= Communications Satellite Corporation) "The World's Earth Stations for Satellite Communications", Fact Sheet, Dec. 1970; und: COMSAT, Annual Report to the President and the Congress, (Stand 31. März 1971), die dem Verfasser auf Anfragen vom 12. März, 23. August 1971 und 25. Februar 1972 unter dem 23. März, 1. September 1971 und 23. März 1972 freundlicherweise von COMSAT zur Verfügung gestellt wurden.

[13] Trotz Anfragen des Verfassers vom 23. März und 16. Mai 1972 an das Justizministerium der UdSSR und die Akademie der Wissenschaften der DDR konnte hierüber kein Ergebnis ermittelt werden.

[14] Stand: 1. Juni 1967. Dabei wurde im Rahmen dieser Übersicht nicht nach der RBÜ-Mitgliedschaft zu den verschiedenen Akten von Paris, Berlin, Rom, Brüssel, Stockholm, unterschieden. Auch konnten die Ergebnisse der gemeinsamen Pariser Revisionskonferenzen 1971 für die Mitgliedschaft im WUA und in der Berner Union noch nicht berücksichtigt werden.

konflikte in der Person der Sprecher einzelner Staaten[15] erfährt, so versteht er den jeweiligen urheberrechtlichen Standort des Einzelstaates vielleicht etwas besser!

Nun spielte aber der Urheberschutz von Werken der Ausbildung und Erziehung auf den Pariser Revisionskonferenzen 1971 eine der Hauptrollen für die Entwicklungsländer: Natürlicherweise halten sie es für diskriminierend, wenn ihnen qua Urheberschutz dieser Werke die Überwindung des Bildungsgefälles zu den entwickelten Staaten noch "erschwert" werden soll. In dem Augenblick nämlich, in dem sie vielleicht mit Entwicklungshilfe der entwickelten Staaten ein Satellitenbildungsfernsehen einzurichten beginnen[16], muß aus ihrer Sicht der Urheberschutz der geplanten Sendeinhalte entweder ihren Wünschen gemäß geregelt sein, oder er ist für sie völlig uninteressant.

Vor diesem Hintergrund – Ergebnis der Pariser Revisionskonferenzen einerseits und Errichtung von Bildungssatellitenfernsehsystemen andererseits – sollten die folgenden Informationen aufgenommen werden, die überdies bisher noch nicht in dieser Form veröffentlicht wurden.

II. Die Tätigkeit der UNO-Mitgliedsstaaten auf dem Gebiet der Weltraumforschung und -nutzung

1. Argentinien

Argentinien erhält für sein Höhenforschungsraketengelände in Mar Chiquita Unterstützung durch die UNO[17]. Die technischen, wirtschaftlichen und pädagogischen Aspekte für ein Bildungsfernsehen per Satellit wurden analysiert[18]. Das Land ist über die Empresa Nacional de Telecomunicaciones (ENTEL) mit einer Investitionsquote von 1,402% und einer Benutzungsquote von 1,84% Mitglied in INTELSAT[19] und unterhält die Bodenfunkstation "Balcarce No. 1" für die Atlantische Region[20] im INTELSAT-Konsortium.

---

[15] Vgl. die etwas mokanten Bemerkungen von Roger Fernay: "Paris ou les aventures d'un Package deal", RIDA, LXX, Okt. 1971, S. 2 ff. (28/29) zur Person von Georges Straschnov, der bei verschiedenen Konferenzen gleichzeitig als Vertreter der Europäischen Rundfunkunion (EBU) und Kenias auftritt und auftrat.

[16] Vgl. z. B. das Indische "SITE"-Projekt (Satellite Instructional Television Experiment), unten bei Indien, Nr. 13 und weitere Projekte der UNESCO, im Tätigkeitsbericht über die UNESCO.

[17] UNO-Vollversammlung, Doc. A/AC. 105/L. 60, S. 4.

[18] a. a. O., S. 17.

[19] COMSAT: Annual Report to the President and the Congress, S. 101 (1970).

[20] a. a. O., S. 99.

2. Australien

Australien hat vom Startgelände Woomera aus am 29. November 1967 den Erdsatelliten WRESAT 1 gestartet und empfängt von diesem verschiedene wissenschaftliche Daten[21]. Es macht regen Gebrauch vom amerikanischen Wettersatellitensystem NOAA[22] und prüft die Möglichkeiten für einen australischen Binnen-Fernmelde-Satelliten[23]. Über die "Overseas Telecommunications Commission (Australia)" ist es Mitglied in INTELSAT mit einer Investitionsquote von 2,372% und einer Benutzungsquote von 2,46%[24]. An das INTELSAT-System ist das Land durch die Bodenfunkstationen Carnarvon No. 1 and No. 2, Moree, für die Pazifische und Ceduna für die Indische Region angeschlossen[25]. Australien ist mit eigenen Experimenten an der Apollo-Mondforschung beteiligt[26], betreibt Höhenraketenforschung[27], und stellt der European Launcher Development Organisation (ELDO) und Großbritannien das Startgelände Woomera zur Verfügung[28].

Die Bahnverfolgungssatelliten in Honeysuckle Creek und Tidbinilla (Capital Territory) dienen der INTELSAT-Satellitenjustierung über dem Äquator und den Apollomissionen. Ohne ihr Mitwirken wäre die Rückkehr des havarierten Raumschiffes Apollo 13 gescheitert[29].

3. Belgien

Belgien betreibt im Rahmen von ESRO (European Space Research Organisation) Satellitenforschung und ist in dieser Organisation auch an Höhenforschungsraketenstarts beteiligt. Es benutzt regelmäßig APT-Bilder[30] zur Wettervorhersage und hat Mondgesteinsproben untersucht[31]. Belgien ist über die Régie des Télégraphes et des Téléphones

---

21 A/AC. 105/L. 60, S. 23.
22 a. a. O., S. 25.
23 a. a. O., S. 26.
24 COMSAT, Annual Report . . . a. a. O., S. 100.
25 COMSAT, Annual Report . . . a. a. O., S. 100.
26 A/AC. 105/L. 60, S. 29.
27 a. a. O., S. 30/31.
28 a. a. O., S. 36/37.
29 a. a. O., S. 35.
30 APT = Automatic Picture Transmission, eine Bilderübertragungseinrichtung, welche allen Staaten zum Gebrauch offen steht und auf den amerikanischen Wettersatelliten vom Typ TIROS und ITOS der NOAA (National Oceanographic and Atmospheric Agency), vormals ESSA, installiert ist, a. a. O., S. 219/220.
31 a. a. O., S. 39.

mit einem Investitionskapital von 0,949% und einer Benutzungsquote von 0,94% an INTELSAT beteiligt[32].

4. Bolivien

Die bolivianische Weltraumforschung beschränkt sich auf Erforschung der Atmosphäre ohne Höhenforschungsraketen oder -ballons[32].

5. Brasilien

Brasilien bearbeitet verschieden Projekte zur Erforschung der Atmosphäre[34] und ist auch an multinationaler Höhenraketenforschung beteiligt[35]. Bedeutsam sind seine Pläne zur Errichtung eines nationalen Bildungs-Direkt-Satelliten-Fernsehens[36]. Ähnlich wie in Indien soll durch ein Pilotprojekt im Gebiet von Rio Grande do Norte vorab das System getestet werden. Dies geschieht nach dem von der NASA vorzunehmenden Start eines ATS-F-Satelliten im Jahr 1973[37]. Brasilien ist über die Empresa Brasileira de Telecomunicaciones (EMBRATEL)[38] mit einer Investitionsquote von 1,402% und einer Nutzungsquote von 1,68% an INTELSAT beteiligt[39]. Es betreibt in Tangua eine Bodenfunkstation für den Atlantischen Bereich[40].

6. Bulgarien

Bulgarien ist Mitglied von INTERKOSMOS[41] und betreibt in diesem Rahmen Weltraumforschung gemeinsam mit den sozialistischen Staaten[42]. Darunter fällt die Beteiligung an einigen INTERKOSMOS-Satelli-

---

32 COMSAT, Annual Report ... a. a. O., S. 101
33 A/AC. 105/L. 60, S. 42.
34 a. a. O., S. 47–51.
35 a. a. O., S. 52.
36 Projekt "SACI", a. a. O., S. 53.
37 a. a. O., S. 54.
38 COMSAT, The World's Earth Stations ... a. a. O., S. 3.
39 COMSAT, Annual Report ... a. a. O., S. 101.
40 COMSAT, Annual Report ... a. a. O., S. 99.
41 Die Weltraumforschung der UdSSR liegt in den Händen der Akademie der Wissenschaften nebst ihren Unterorganisationen. Zur Koordination der Grundlagenforschung und des internationalen Kontakts unterhält die Akademie ein Komitee zur Erforschung und Nutzung des Weltraums und einen Rat zur internationalen Zusammenarbeit bei der Erforschung und Nutzung des Weltraums; letzterer heißt INTERKOSMOS.
42 A/AC. 105/L. 60, S. 91.

tenexperimenten[43], Telemetrie[44] und Wetterbeobachtung durch Satellitenphotos[45].

7. Canada

Canada hat mit Hilfe der NASA eigene Erdsatelliten vom Typ Alouette I und II und ISIS gestartet[46], betreibt Bahnverfolgungsstationen für seine Satelliten[47], sowie Höhenraketenforschung. Canada bedient sich des APT-Satellitenbilderdienstes der USA[48] zur Meteorologie und der amerikanischen ERTS-Satelliten[49]-ergebnisse zur Auffindung von Bodenschätzen, Wasservorkommen, Beobachtung der Eisgrenze, Kartographie, Luftverschmutzung usw.[50]. Die Vorarbeiten für ein Binnensatellitensystem[51] in Canada sind abgeschlossen[52]. Ende 1972 wird die NASA für die "Telesat Canada"-Gesellschaft einen geostationären Erdsatelliten über dem Äquator etwa auf der Länge von Winnipeg stationieren; seine Sendeantennen werden das gesamte canadische Staatsgebiet erreichen. Er dient dem canadischen Fernmeldewesen, soweit dies wegen der großen Entfernungen in Canada noch nicht durch Kabelsysteme errichtet ist, sowie dem Rundfunk- und Fernsehwesen. Auf letzterem Gebiet soll der Satellit hauptsächlich zwei Aufgaben erfüllen:

- Auf herkömmliche Weise nicht zu erreichende Gebiete mit Fernsehsendungen zu versorgen[53], sowie
- überregionale Programme, die aufgrund der sechs canadischen Zeitzonen nicht zeitgleich ausgestrahlt werden können, von den überregionalen Sendezentralen in Toronto für das englischsprachige und Montréal für das französischsprachige Canada aus aufzufangen und an jeweils eine in den

---

[43] A/AC. 105/L. 60, S. 91.
[44] a. a. O., S. 91 und 93.
[45] a. a. O., S. 94.
[46] a. a. O., S. 95.
[47] a. a. O., S. 96.
[48] Vgl. oben Fußnote 30.
[49] NASA Earth Resource Technology Satellite.
[50] a. a. O., S. 99.
[51] Zu unterscheiden sind weltweite, regionale und Binnensatellitensysteme. So ist INTELSAT gemäß Gründungsabkommen weltweit, die geplanten australischen, brasilianischen, indischen und canadischen Fernmelde-Satelliten-Systeme dienen dem innerstaatlichen Gebrauch. Regionalsysteme sind z. B. geplant für West-Europa, Nordafrika, die Philippinische Inselwelt.
[52] a. a. O., S. 98, Projekt "Anik" (Anik ist das Eskimowort für Bruder).
[53] Fernsehsendungen werden im UHF-Bereich und im VHF-Bereich ausgestrahl. In diesem Wellenlängenbereich beträgt die Reichweite eines Senders maximal ca. 100 km. Ohne Richtfunkbrücken und Gemeinschaftsantennen mit angeschlossenem Kabelfernsehnetz können abgelegene Gebiete nicht versorgt werden.

einzelnen Zeitzonen gelegene Bodenstation weiterzuleiten[54], von wo sie anschließend zeitversetzt und mit lokalen Beiträgen angereichert auf herkömmliche Weise ausgestrahlt werden.

Während die sechs genannten Bodenstationen[55] auch untereinander und mit den Sendezentralen per Satellit verkehren können, sind für die nördlichen canadischen Gebiete noch 25 ausschließlich zum Empfang (TVRO)[56] geeignete Stationen geplant[57]. Canada ist über die „Canadian Overseas Telecommunications Corporation" mit einem Investitionsanteil von 3,234% und einer Nutzungsquote von 3,15% an INTELSAT beteiligt[58] und unterhält für den Atlantischen Bereich eine Bodenfunkstation mit zwei Antennen, "Mill Village No. 1 and No. 2"[59, 60].

8. CSSR

Die CSSR nimmt im Rahmen von INTERKOSMOS an der Weltraumforschung der sozialistischen Staaten teil[61, 62]. In diesem Rahmen treibt sie Höhenraketenforschung, untersucht die Sonne und die Atmosphäre und war an Experimenten der INTERKOSMOS 3 und 4-Satelliten beteiligt. Für geodätische Messungen durch amerikanische und sowjetische Forschungssatelliten setzt die CSSR Telemetrie- und Bahnverfolgungshilfsmittel ein[63]. Sie bedient sich der Wolkenphotographie der amerikanischen Wettersatelliten[64].

9. Fiji

Die Fiji-Inseln bedienen sich der amerikanischen Wettersatelliten-Photographie. Im übrigen bestehen keine Forschungsinteressen[65].

---

[54] Edmonton, Regina, Winnipeg, Montréal, Halifax, St. John's.

[55] Vgl. Fußnote 54.

[56] Television Receive-Only.

[57] Für das Gesamtprojekt "Anik" vgl. den Aufsatz von C. A. Siocos, "Utilization of Domestic Satellites in the Networks of the CBC", in: Journal of the SMPTE, Vol. 81, Feb. 1972, S. 93–96, der dem Verfasser auf Anfrage vom 23. März 1972 am 5. April 1972 von der CBC freundlicherweise zur Verfügung gestellt wurde.

[58] COMSAT, Annual Report ... a. a. O., S. 101.

[59] COMSAT, The World's Earth Stations ... a. a. O., S. 3/4.

[60] Eine Anlage für den Pazifischen Bereich wird 1972 in Lake Cowichan in Betrieb genommen werden: COMSAT, Annual Report ... a. a. O., S. 100.

[61] Vgl. Bulgarien, oben Nr. 6.

[62] A/AC. 105/L. 60, S. 102.

[63] A/AC. 105/L. 60, S. 106.

[64] a. a. O., S. 110.

[65] a. a. O., S. 112.

10. Finnland

Finnland plant den Einsatz von Höhenforschungsraketen[66], hat eine Bahnverfolgungsantenne entwickelt[67], betreibt Bahnverfolgungs- und Telemetriestationen[68], bedient sich der amerikanischen Wettersatellitenphotographie[69] und hat Mondgesteinsproben der Apollo-12-Mission analysiert[70]. Finnland ist noch nicht Mitglied bei INTELSAT, plant aber zusammen mit Dänemark, Norwegen und Schweden die Errichtung einer gemeinsamen Bodenfunkstation in Tanum, Schweden, bis Oktober 1971[71] [72] für den Atlantischen Bereich.

11. Frankreich

Frankreich leistet einen erheblichen Beitrag zur Weltraumforschung durch Entwicklung von Weltraumraketen, Satelliten, sowie durch bi- und multilaterale Zusammenarbeit[73]. Das Abschußgelände in Französisch-Guayana wurde 1970 fertiggestellt[74]. Von hier aus startet Frankreich sowohl eigene Raketen[75] mit eigenen Forschungssatelliten[76], als auch die Europa-II-Raketen der ELDO mit einem deutschen Forschungssatelliten[77].

Das französische Bahnverfolgungs- und Telemetriesystem[78] dient sowohl den eigenen[79], als auch den Satelliten der USA[80], Canadas[81], der Bundesrepublik[82] und der ESRO[83]. Mit dem Projekt EOLE[84] soll der Schritt vom reinen Forschungs- zum angewandten Satelliten vollzogen werden. Im Jahr 1973 soll die deutsch-französische Gemeinschaftsent-

---

[66] a. a. O., S. 113.
[67] "ELSA" = Electronic Lobe Switching Antenna, a. a. O., S. 113.
[68] a. a. O., S. 117.
[69] a. a. O., S. 114.
[70] a. a. O., S. 115.
[71] COMSAT, Annual Report ... a. a. O., S. 102.
[72] a. a. O., S. 102.
[73] A/AC. 105/L. 60, Add. 5.
[74] a. a. O., S. 2.
[75] A/AC. 105/L. 60, Add. 5, S. 2: "Diamant-B".
[76] "EOLE", D-2A; a. a. O., S. 2.
[77] "DIAL", a. a. O., S. 2.
[78] a. a. O., S. 2.
[79] a. a. O., S. 2.
[80] Für Wettersatelliten NIMBUS, ITOS, a. a. O., S. 2.
[81] Alouette, ISIS, a. a. O., S. 2.
[82] "DIAL", a. a. O., S. 2.
[83] ESRO-I, -II, HEOS-A1, a. a. O., S. 3.
[84] Abschuß für August 1971 geplant, Einsatz im Wetterdienst.

wicklung "Symphonie", ein Fernmeldesatellit für den europäischen Bereich, gestartet werden[85]. Frankreichs Weltraumindustrie spielt in Europa eine einflußreiche Rolle[86]. Über das Postministerium ist Frankreich mit einer Investitionsquote von 5,261% und einer Nutzungsquote von 2,39% an INTELSAT beteiligt[87]. Zwei Antennen der Bodenfunkstation Pleumeur-Bodou stellen die Verbindung für den Atlantischen Bereich her[88].

12. Griechenland

Griechenland ist über die "Helenic Telecommunications Organisation" mit einer Investitionsquote von 0,093% und einer Nutzungsquote von 0,74% an INTELSAT beteiligt[89] und unterhält eine Bodenfunkstation für den Atlantischen Bereich in Thermopylae[90]. Griechenland erwägt die Möglichkeiten für die Errichtung einer zweiten Bodenfunkstation für den Indischen Bereich[91].

13. Indien

Indien betreibt eine ausgedehnte Höhenraketenforschung[92], die gleichzeitig Ausbildungszwecken dient. Indien wird das erste Land sein, in dem ein Binnen-Direkt-Rundfunksatellit zum Einsatz gelangen wird:

Im Jahre 1969 unterzeichneten die indische Atomenergiebehörde und die NASA ein Abkommen[93] [94] für ein Satellite Instructional Television

[85] a. a. O., S. 6.
[86] a.a.O., S. 9/10.
[87] COMSAT, Annual Report ... a. a. O., S. 102.
[88] a. a. O., S. 99.
[89] a. a. O., S. 102.
[90] a. a. O., S. 99.
[91] A/AC. 105/L. 60, S. 121.
[92] A/AC. 105/L. 60, S. 124–127; 136–139.
[93] Memorandum of Understanding between the Department of Atomic Energy of the Government of India and the National Aeronautics and Space Administration (NASA) vom 18. Sept. 1969. Vorausgegangen war eine Untersuchung der Voraussetzungen für ein indisches Satellitensystem durch die UNESCO 1967 (Vgl. UNESCO COM/WS/51, 5. Feb. 1968, 13 000/41.3311, "Preparatory study of a pilot project in the use of satellite communication for national development purposes in India", die dem Verfasser auf Anfrage vom 2. März am 12. April 1972 freundlicherweise von der UNESCO überlassen wurde.
[94] Der Wortlaut des Abkommens wurde dem Verfasser vom Department auf Anfrage vom 31. März 1971 unter dem 28. Mai 1971 freundlicherweise überlassen. Auf eine weitere Anfrage vom 23. März wurde ihm unter dem 12. April 1972 mitgeteilt, daß sich der Zeitplan etwas verschieben könnte, je nachdem, wie die Satellitentests verlaufen. Der Satellit ATS-F soll Mitte 1973

Experiment ("SITE"). – Das indische Fernmeldenetz ist ähnlich wie das in Australien und Canada nur ungenügend ausgebaut. Zu der Schwierigkeit, die großen Entfernungen zu entlegenen Siedlungen fernmeldetechnisch zu überbrücken, kommt der allgemein niedrige Entwicklungsstand des Landes in seiner Infrastruktur und den Problemen der Ernährung, Erziehung und Ausbildung großer Teile der ländlichen Bevölkerung. Mit Hilfe eines Direkt-Satelliten in geostationärer Position über dem Äquator werden durch das Projekt "SITE" 5000 der entlegensten indischen Dörfer mit Gemeinschaftsfernsehgeräten ausgerüstet[95], um zentral ausgestrahlte, vom Satelliten – ohne Zwischenschaltung einer Bodenstation, die das Signal umformen und erneut verstärken müßte[96], direkt an die 5000 Geräte gesendete Bildungsprogramme zu empfangen.

Die Programme sollen von der zentralen Bodenstation Ahmedabad etwa vier Stunden lang täglich ausgestrahlt werden[97]. Die Verstärkung und Ausstrahlung der Signale an die Empfangsgeräte geschieht durch einen verbesserten amerikanischen ATS-F-Satelliten, der nach Abschluß der Versuche allein von indischen Behörden und Ingenieuren betrieben werden soll[98]. Schwerpunkte des Programms sollen die allgemeine Verbesserung landwirtschaftlicher Methoden, die Hebung des Bildungsniveaus und verstärkte Information zur Geburtenkontrolle sein. Die Aufnahme eines normalen Sendebetriebs soll ein Jahr nach Start des Satelliten, also etwa 1974, erfolgen[99].
Indien ist mit einer Investitionsquote von 0,467% an INTELSAT betei-

---

von der NASA über dem Äquator installiert werden, um nach den anschließenden Testreihen auf der Länge von Madras (80° ö. L.) über Indien stationiert zu werden. Von diesem Zeitpunkt an wird er ausschließlich von Indien aus bedient.

[95] A/AC. 105/L. 60, S. 131.

[96] Satellitenfernsehsendungen werden im Gigahertz-Bereich (Band 10 und 11) zum Satelliten hin und von diesem zurück zur Erde gestrahlt. Dabei nimmt die Bodenfunkstation bei herkömmlichen Verteilersatellitensystemen wie INTELSAT Typ II–IV sowohl eine Signalumformung in den VHF oder UHF-Bereich (Band 8 und 9) vor, für den die herkömmlichen Fernsehempfangsgeräte ausgelegt sind, als auch eine Signalverstärkung bevor das Signal weitergesendet wird. – Beim Direktsatelliten entfällt dank dessen höherer Eigenverstärkerleistung das Erfordernis der Signalverstärkung. Das Signal kann daher mit einer einfachen 10-Fuß-Kleinmaschenantenne empfangen werden und wird danach lediglich mit einem Endkonverter umgeformt.

[97] A/AC. 105/L. 60, S. 130.

[98] a. a. O., S. 130.

[99] a. a. O., S. 131, sowie Brief vom 12. April 1972 an den Verfasser, oben Fußnote 94.

ligt[100]. Eine Nutzung des Systems ist erst möglich, wenn die Bodenfunkstationen in Arvi und Dehradun 1971 bzw. 1972 in Dienst gestellt sein werden[101].

14. Iran[102]

Nach dem Bericht in A/AC. 105/L. 60, S. 142 plant der Iran mit Hilfe eines modifizierten INTELSAT-IV-Systems ein umfassendes Bildungsfernsehen zu installieren. Eine Direktsatelliten-Empfangsantenne für den dörflichen Fernsehempfang wurde konstruiert. Ein Zeitplan existiert nicht. Der Iran ist über das Ministerium für Post-, Telephon- und Telegraphenwesen mit einer Investitionsquote von 0,248% und einer Nutzungsquote von 0,44% Mitglied in INTELSAT und unterhält in Asadabad eine Bodenfunkstation für den Atlantischen Bereich[103]; für den Indischen Bereich soll am gleichen Ort 1973 eine weitere Antenne in Betrieb genommen werden[104].

15. Irland

Irland betreibt keinerlei Weltraumforschung, ausgenommen einige kleinere bodengebundene Untersuchungen[105]. Irland ist Mitglied in INTELSAT über die An Roinn Poist Agus Telegrafa mit einer Investitionsquote von 0,302% und einem Nutzungsanteil von 0,28%[106]; für den Gebrauch des Systems ist Irland auf die britischen Bodenfunkstationen in Goonhilly Downs angewiesen.

16. Italien

Italien ist u. a. Mitglied in ELDO und ESRO, jedoch selbst nicht an der Entwicklung der Europa-III-Rakete beteiligt[107]. Auf bi- und multinatio-

---

[100] COMSAT, Annual Report . . . a. a. O., S. 102.
[101] a. a. O., S. 100.
[102] Der Iran hat für den Berichtszeitraum (1970) zwei sehr gegensätzliche Berichte vorgelegt, die nicht aufeinander Bezug nehmen, nämlich A/AC. 105/L. 60, S. 140 und A/AC. 105/L. 60 Add. 2, S. 12/13. Während letzterer – obwohl doch offensichtlich später eingegangen, – die Passivität des Iran auf dem Gebiet der Weltraumforschung darlegt, wartet der erstere mit sehr beachtlichen Direkt-Satellitenplänen auf, die jedoch bisher, anders als die canadischen und indischen an keiner anderen dem Verfasser bekannten Stelle veröffentlicht worden sind.
[103] COMSAT, Annual Report . . . a. a. O., S. 103, 99.
[104] a. a. O., S. 100.
[105] A/AC.105/L. 60, Add. 4, S. 2.
[106] COMSAT, Annual Report . . . a. a. O., S. 103.
[107] A/AC. 105/L. 60 Add. 1, S. 14 und 12.

naler Ebene ist Italien aktiv an der Entwicklung von Erdsatelliten und der Ausrichtung mehrerer satellitengebundener Experimente beteiligt. So ist der italienische Forschungssatellit "San Marco"[108] von Kenia aus mit Hilfe der NASA gestartet worden; im Rahmen von ELDO entwickelt Italien einen geostationären Fernmeldesatelliten, Projekt "Sirio", dessen Start 1972 durch die NASA erfolgen soll, sowie mehrere Experimente für europäische und amerikanische Forschungssatelliten[109]. Italien betreibt Höhenraketenforschung[110] und ist über die Societá Telespacio mit einer Investitionsquote von 1,898% und einer Nutzungsquote von 2,95% an INTELSAT beteiligt[111]; die Bodenfunkstation für dieses System in Fucino hat je eine Antenne für den Atlantischen und Indischen Bereich[112].

17. Japan

Japan hat erfolgreich eigene weltraumtaugliche Raketen und Forschungssatelliten ("Osumi") entwickelt und gestartet[113]. Es ist dabei, verschiedene Projekte für angewandte Forschungssatelliten[114] und experimentelle Nachrichtensatelliten[115] zu verwirklichen, verfügt über drei Bahnverfolgungsstationen[116] und unternimmt Höhenforschungsraketenversuche. Zusammen mit der NASA wurden Versuche mit den Satelliten ATS-I und III unternommen[117]. Japan ist über die Kokusai Denshin Denwa Company Ltd. mit einer Investitionsquote von 1,725% und einer Nutzungsquote von 4,90% Mitglied in INTELSAT[118] und betreibt die Bodenfunkstationen Ibariki No. 1 und No. 2[119] für den Pazifischen Bereich und Yamaguchi für den Indischen Bereich[120].

---

[108] a. a. O., S. 15/16, 18.
[109] a. a. O., S. 18.
[110] a. a. O., S. 16/17/18.
[111] COMSAT, Annual Report . . . a. a. O., S. 103.
[112] a. a. O., S. 99, Fucino No. 1, Atlantik, soll 1972 durch eine neue Antenne ersetzt werden.
[113] A/AC. 105/L. 60, S. 148/149.
[114] Ionosphären-Radio-Messungen; Wetter, Geodäsie, Navigation, a. a. O., S. 150/151.
[115] a. a. O., S. 150.
[116] a. a. O., S. 152.
[117] Dabei ging es um die Erprobung von multiple access (Mehrfach-Zugangsschaltungen) für Fernmeldesatelliten, a. a. O., S. 154/155.
[118] COMSAT, Annual Report . . . a. a. O., S. 103.
[119] No. 3 ist geplant für 1971, a. a. O., S. 100.
[120] a. a. O., S. 100.

18. Kenia

Kenia stellte das Startgelände für den Start des italienischen "San Marco"-Satelliten mit Hilfe der NASA[121] zur Verfügung[122] und steuerte selbst eines der Experimente für den Forschungssatelliten "San Marco B" bei[123]. Kenia bedient sich täglich der Wolkenphotos amerikanischer Wettersatelliten und ist zusammen mit Tansania und Uganda über die East African External Telecommunications Company Ltd. mit einer Investitionsquote von 0,049% und einer Nutzungsquote von 0,55% an INTELSAT beteiligt[124]. Die gemeinsame Bodenfunkstation aller drei Staaten steht auf dem Mt. Margaret Longonot in Kenia und dient dem Indischen Bereich[125].

19. Madegassische Republik

Der Zweizeilentext in A/AC. 105/L. 60[126] kann ungekürzt wiedergegeben werden: "In Verbindung mit einem meteorologischen Anwendungsprogramm arbeitet eine automatische Bildübertragungsstation[127] seit 1967 in Tananarive."

20. Malaysia

Der APT-Empfang amerikanischer Wettersatellitenphotos ist für die Früherkennung tropischer Wirbelstürme und des Monsunregens für Malaysia unentbehrlich geworden[128]. Malaysia ist über das Telecommunications Department der Regierung mit einer Investitionsquote von 0,238% und einem Nutzungsanteil von 0,18% Mitglied in INTELSAT[129] und betreibt eine Bodenfunkstation in Kuantam[130] für den Indischen Bereich.

21. Marokko

Marokko bedient sich des APT-Bilderdienstes der amerikanischen Wet-

[121] Vgl. Italien oben Nr. 16, a. a. O., S. 15, 16, 18.
[122] A/AC. 105/L. 60, Add. 2, S. 15.
[123] a. a. O., S. 15.
[124] COMSAT, Annual Report . . . a. a. O., S. 103.
[125] a. a. O., S. 100 und COMSAT: The World's Earth Stations . . . a. a. O., S. 9.
[126] S. 156
[127] "APT".
[128] A/AC. 105/L. 60, S. 156/157.
[129] COMSAT, Annual Report . . . a. a. O., S. 104.
[130] a. a O., S. 100.

tersatelliten[131] und ist über seine Regierung mit einem Investitionsanteil von 0,287% und einer Benutzungsquote von 0,14% Mitglied in INTELSAT[132]. Die Bodenfunkstation bedient den Atlantischen Bereich von Sehouls aus[133].

22. Mexiko

Im Berichtszeitraum hat Mexiko zwei weitere APT-Stationen für Wettersatellitenphotos der amerikanischen Wettersatelliten in Dienst gestellt[134]. Die so verbesserte Wetterforschung wird zusätzlich durch Höhenforschungsraketen[135] gefördert. Zur Erforschung von Erdölvorkommen hat Mexiko zusammen mit der NASA ein "remote-sensing"-Programm durchgeführt[136]. Die mexikanische Regierung ist über das Department of Communications and Transportations mit einer Investitionsquote von 1,459% und einer Nutzungsquote von 0,58% an INTELSAT beteiligt[137]. Die dem Atlantischen Bereich dienende Bodenfunkstation steht in Tulancingo[138].

23. Mongolische Volksrepublik

Die Mongolische Volksrepublik empfängt Wettersatellitendaten, besitzt für diese Satelliten Bahnverfolgungs- und Telemetriestationen[139] und ist am sowjetrussischen Fernmeldesatellitensystem MOLNYA/ORBITA durch die Bodenfunkstation in Ulan Bator beteiligt[140]. Sie ist Mitglied im sozialistischen INTERKOSMOS-Weltraumforschungsverband[141].

24. Niederlande

Die Niederlande planen für 1974 mit Hilfe der NASA den Start ihres ANS- (= Astronomical Netherlands Satellite) -Forschungssatelliten[142].

---

131 A/AC. 105/L. 60, Add. 3, S. 5.
132 COMSAT, Annual Report ... a. a. O., S. 104.
133 a. a. O., S. 99.
134 A/AC. 105/L. 60, Add. 4, S. 3.
135 a. a. O., S. 3.
136 a. a. O., S. 5: Dabei überflog der Satellit die Gebiete von San José de las Rusias und Cuatra Ciénegas, übermittelte ferngemessene Daten über die geologische Beschaffenheit des überflogenen Gebietes und fotografierte es.
137 COMSAT, Annual Report ... a. a. O., S. 104.
138 a. a. O., S. 99.
139 A/AC. 105/L. 60, S. 158.
140 a. a. O., S. 159.
141 a. a. O., S. 159.
142 a. a. O., S. 160.

Durch ihre Mitgliedschaft in ESRO sind die Niederlande an Höhenforschungsraketenstarts[143], durch ihre Mitgliedschaft in ELDO an der Herstellung elektronischer Ausrüstung für die dritten Stufen der Europa-I und -II-Raketen beteiligt[144]. Durch ihre Regierung sind die Niederlande mit einer Investitionsquote von 0,863% und einem Benutzungsanteil von 0,60% an INTELSAT beteiligt[145]. 1973 soll für den Atlantischen Bereich die Bodenfunkstation Burum in Dienst gestellt werden[146].

25. Neu-Seeland

Neu-Seeland verfügt über drei Bahnverfolgungsstationen und Telemetrieeinrichtungen, über die es Daten verschiedener geostationärer und Umlaufsatelliten anderer Staaten empfängt und für geophysikalische und geodätische Zwecke auswertet[147]. Neu-Seeland betreibt zusammen mit anderen Staaten Höhenraketenforschung[148] und ist über seinen Postmaster General mit einer Investitionsquote von 0,404% und einem Benutzungsanteil von 0,12% an INTELSAT beteiligt[149]. Die Bodenstation Warkworth für den Pazifischen Bereich soll 1971 fertiggestellt sein[150].

26. Norwegen

Norwegen war 1968 bzw. 1969 mit drei Experimenten an den ESRO-1A und ESRO-1B-Satelliten beteiligt[151]. Zum Empfang der Daten des canadischen Satelliten ISIS[152] wurde in Tromsö eine Bahnverfolgungs- und Telemetrie-Bodenstation errichtet, eine weitere in Spitzbergen. Beide dienen auch den ESRO-1A, ESRO-II und dem deutschen AZUR-Satelliten[153]. Norwegen betreibt Höhenforschungsraketen in Zusammenarbeit mit anderen Staaten[154] und ist über die Telegrafstyret mit einem Investitionsanteil von 0,345% und einer Benutzungsquote von 0,21% Mit-

---

143 a. a. O., S. 162.
144 a. a. O., S. 164.
145 COMSAT, Annual Report ... a. a. O., S. 104.
146 a. a. O., S. 99.
147 A/AC. 105/L. 60, S. 166.
148 A/AC. 105/L. 60, S. 166.
149 COMSAT, Annual Report ... a. a. O., S. 104.
150 a. a. O., S. 100.
151 A/AC. 105/L. 60, Add. 1, S. 2.
152 Vgl. oben Fußnote 47.
153 A/AC. 105/L. 60, Add. 1, S. 5.
154 a. a. O., S. 3.

glied in INTELSAT[155]. Gemeinsam mit Dänemark, Finnland und Schweden wird Norwegen ab 1971 die schwedische Bodenstation Tanum für den Atlantischen Bereich benützen[156].

27. Österreich

Österreich betreibt zusammen mit anderen Staaten Ballon- und Höhenraketenforschung[157], bedient sich des amerikanischen Wettersatellitenbilderdienstes APT[158] und übernimmt über seine Bahnverfolgungs- und Telemetriestationen zahlreiche geodätische Angaben amerikanischer Satelliten[159]. Österreich ist über die Generaldirektion für Post- und Telegraphenverwaltung mit einer Investitionsquote von 0,173% und einem Benutzungsanteil von 0,18% Mitglied in INTELSAT[160]. Österreich hat keine eigene Bodenfunkstation.

28. Pakistan

Pakistan führt eine beträchtliche Anzahl von Höhenraketenforschungsstarts durch, um die meteorologischen Verhältnisse in verschiedenen Schichten der Atmosphäre zu erkunden[161]. Es bedient sich des APT-Bilderdienstes[162] und hat von der NASA Bahnverfolgungs- und Telemetrieeinrichtungen zur Sammlung satellitengemessener geodätischer Daten überlassen bekommen[163]. Pakistan ist über seine Regierung mit einem Investitionsanteil von 0,234% Mitglied in INTELSAT[164]. Eine Satellitennutzung fand bisher nicht statt. 1971 sollen die Bodenfunkstationen Chittagong Hill Tracts für West-Pakistan und Karachi für das ehemalige Ost-Pakistan, jetzt Bangla-Desh, fertiggestellt sein[165].

29. Polen

Polen plant ein radiospektrographisches Experiment für einen Sonnenforschungssatelliten der INTERKOSMOS-Reihe[166], die von der UdSSR

155 COMSAT, Annual Report ... a. a. O., S. 104.
156 a. a. O., S. 99 und COMSAT: The World's Earth Stations ... a. a. O., S. 13.
157 A/AC. 105/L. 60, Add. 2, S. 3/4.
158 a. a. O., S. 5.
159 a. a. O., S. 5.
160 COMSAT, Annual Report ... a. a. O., S. 101.
161 A/AC. 105/L. 60, S. 168–170.
162 a. a. O., S. 170.
163 a. a. O., S. 170.
164 COMSAT, Annual Report ... a. a. O., S. 104.
165 COMSAT, The World's Earth Stations ... a. a. O., S. 11.
166 A/AC. 105/L. 60, Add. 3, S. 6.

gestartet werden. Es bedient sich der APT-Bilder der amerikanischen Wettersatelliten[167], hat 62 Höhenforschungsraketen gestartet[168] und entwickelt im Rahmen von INTERKOSMOS Bahnverfolgungs- und Telemetrieeinrichtungen[169]. Die organisatorischen Vorarbeiten für das INTERSPUTNIK-Fernmeldesatelliten-System der sozialistischen Staaten sind von Polen weitergeführt worden; technische Probleme für die Bodenfunkstationen müssen noch gelöst werden[170].

30. Portugal

Portugal bedient sich sowohl für das Mutterland als auch für seine überseeischen Gebiete Mozambique, Angola und die Kapverdischen Inseln der Bilder des amerikanischen APT-Wettersatellitendienstes[171]. Eine Bahnverfolgungs- und Telemetrieanlage ist in Bau, weitere sind geplant[172]. Über die Administraçâo Geral dos Correios, Telégrafos e Teléfones ist Portugal mit einer Investitionsquote von 0,345% und einem Nutzungsanteil von 0,02% Mitglied in INTELSAT[173], besitzt jedoch keine eigene Bodenfunkstation.

31. Rumänien

Wegen der meteorologisch sehr interessanten Lage Rumäniens[174] wird mit Höhenforschungsraketen das Wetter erkundet. Rumänien bedient sich deshalb des APT-Wettersatellitenbilderdienstes[175] und sammelt über eigene Bahnverfolgungs- und Telemetriestationen geophysikalische und geodätische Daten von fremden Forschungssatelliten[176].

32. Spanien

Spanien arbeitet an der Entwicklung eines sehr kleinen eigenen For-

---

[167] a. a. O., S. 6/7.
[168] a. a. O., S. 7.
[169] a. a. O., S. 7.
[170] A/AC. 105/L. 60, Add. 3, S. 7.
[171] A/AC. 105/L. 60, S. 173.
[172] a. a. O., S. 174.
[173] COMSAT, Annual Report . . . a. a. O., S. 105.
[174] In Rumänien treffen regelmäßig Hochdruckgebiete vom Atlantik und von Sibirien mit solchen vom östlichen und westlichen Mittelmeer aufeinander, a. a. O., S. 177.
[175] a. a. O., S. 178.
[176] a. a. O., S. 178.

schungssatelliten[177], startet [178] eigene und fremde Höhenforschungsraketen in beträchtlicher Anzahl und hat erfolgreich eigene Höhenforschungsraketen entwickelt[179]. Spanien hat Mondgestein der Apollo-11- und 12-Missionen analysiert[180]. Drei Bahnverfolgungs- und Telemetriestationen[181] dienen der NASA unter anderem auch für die Apollo-Flugbahnkontrolle. Über seine Regierung ist Spanien mit einem Investitionsanteil von 0,949% und einer Benutzungsquote von 1,80% Mitglied in INTELSAT[182]. Es betreibt die Bodenfunkstationen Buitrago No. 1, Maspalomas (Canarische Inseln) und Aguimes[183] (Canarische Inseln) für den Atlantischen und Buitrago No. 2 für den Indischen Bereich[184].

33. Schweden

Schweden war mit einem Experiment am ESRO-Ia-Satelliten beteiligt (1970) und plant in diesem Rahmen zwei weitere[185]; ein eigener Forschungssatellit wird geplant[186]. Schweden bedient sich des APT-Bilderdienstes der amerikanischen Wettersatelliten[187] und startet vom Startgelände Kiruna aus, das auch für ESRO-Zwecke benutzt wird, Höhenforschungsraketen[188]. Für diese Zwecke stehen Bahnverfolgungs- und Telemetriestationen zur Verfügung[189]. Über die Kungl. Telestyrelsen ist Schweden mit einer Investitionsquote von 0,604% und einem Benutzungsanteil von 0,16% Mitglied in INTELSAT[190] und betreibt zusammen mit Norwegen, Dänemark und Finnland ab 1971 die Bodenfunkstation Tanum/Schweden für den Atlantischen Bereich[191].

34. Thailand

Thailand ist über seine Regierung mit einer Investitionsquote von

---

177 a. a. O., S. 181.
178 a. a. O., S. 181/182.
179 a. a. O., S. 183.
180 A/AC. 105/L. 60,S. 184.
181 in Robledo de Chavela, auf Gran Canaria und bei Las Palmas, a. a. O., S. 185.
182 COMSAT, Annual Report . . . a. a. O., S. 105.
183 Die bisherige Antenne wird 1971 durch eine neue ersetzt, COMSAT: The World's Earth Stations . . . a. a. O., S. 13.
184 a. a. O., S. 13.
185 A/AC. 105/L. 60, S. 188.
186 a. a. O., S. 188.
187 a. a. O., S. 188.
188 a. a. O., S. 189.
189 a. a. O., S. 190.
190 COMSAT: Report to the President (= "Annual Report . . .") a. a. O., S. 105.
191 a. a. O., S. 99 und COMSAT: The World's Earth Stations, S. 13.

0,095% und einem Benutzungsanteil von 1,04% Mitglied in INTELSAT[192]. Es betreibt in Sri Racha zwei Antennen für den Pazifischen und Indischen Bereich[193]. Über sonstige weltraumbezogene Tätigkeiten liegen keine Angaben vor[194].

35. Ungarn

Im Rahmen von INTERKOSMOS betreibt Ungarn Bahnverfolgungs- und Telemetrieuntersuchungen sowie Wetterforschung, die unter anderem auf den von sowjetischen Erdsatelliten ermittelten Daten beruhen[195]. Ungarn bemüht sich um die Lösung der Probleme, die vor Errichtung einer Bodenfunkstation im INTERSPUTNIK-Fernmeldesatelliten-System zu bewältigen sind[196].

36. Vereinigtes Königreich

Großbritannien betreibt eigenständige Weltraumforschung und ist an Gemeinschaftsprojekten zusammen mit der NASA und ESRO/ELDO beteiligt. Ein britischer Forschungssatellit (Ariel III), der 1967 mit einer NASA-Rakete gestartet wurde, hat bis Ende 1969 zuverlässig gearbeitet. Weitere Satelliten dieses Typs sollen 1971 und 1973 gestartet werden[197]. Zusammen mit der NASA ist der Start eines geostationären Sonnenobservatoriums-Satelliten bis 1974/75 vorgesehen[198]; an den bisherigen vier ESRO-Satelliten war Großbritannien mit 16 Experimenten beteiligt[199]. Mondgestein von den Apollo-11 und -12-Missionen[200] wurde analysiert. Großbritannien hat eine eigene weltraumtaugliche Rakete (Black Arrow) entwickelt und damit kleine Erdsatelliten des Typs X3 gestartet[201]; es betreibt Höhenraketenforschung allein und mit ausländischen Partnern zusammen[202], errichtet für andere Staaten Fernmeldesatelliten-Bodenfunkstationen[203], führt zur Bedienung derselben

---

[192] COMSAT: Annual Report ... a. a. O., S. 105.
[193] COMSAT: The World's Earth Stations ... a. a. O., S. 14.
[194] a/AC. 105/L. 60, S. 192.
[195] A/AC. 105/L. 60, Add. 3, S. 2/3.
[196] a. a. O., S. 3.
[197] A/AC. 105/L. 60, S. 194.
[198] a. a. O., S. 195.
[199] a. a. O., S. 195.
[200] a. a. O., S. 195.
[201] A/AC. 105/L. 60, S. 200.
[202] a. a. O., S. 198/199.
[203] a. a. O., S. 196.

Ausbildungslehrgänge durch[204] und plant zusammen mit anderen europäischen Staaten den Einsatz eines europäischen Fernmeldesatelliten[205]. Großbritannien verfügt über Bahnverfolgungs- und Telemetrieeinrichtungen[206] und ist über die Post Office Corporation mit einem Investitionsanteil von 7,245% und einer Benutzungsquote von 9,52% an INTELSAT beteiligt[207] und betreibt in Goonhilly Downs je eine Antenne für den Atlantischen und Indischen Bereich[208] [209].

37. Vereinigte Staaten von Amerika

Die gesamte nichtmilitärische Weltraumforschung der USA liegt in Händen der 1958 durch den "National Aeronautics and Space Act" gegründeten" National Aeronautics and Space Administration (NASA)[210].
Das mit Gründung von Präsident Kennedy proklamierte Hauptziel der NASA, bis zum Ende der sechziger Jahre einen Menschen auf dem Mond zu landen und sicher wieder zur Erde zurückzubringen, wurde im Rahmen des Apollo-Projekts durch die Landung der Apollo-11-Besatzung am 21. Juli 1969 erreicht und durch die Mannschaften von Apollo-12, Apollo-14 (Februar 1971), Apollo-15 (Juli 1971), Apollo-16 (April 1972), Apollo-17 (Dezember 1972) erfolgreich wiederholt[211].

Apollo-17 war die auf längere Zeit hinaus letzte bemannte Mondmission der USA. Die schon bezahlten, ursprünglich geplanten Missionen Apollo-18 und -19 wurden aus Geldmangel gestrichen[212].

Die Erforschung des Mondes durch das Apollo-Programm brachte eine Fülle neuer Erkenntnisse über die physikalischen und chemischen

---

[204] a. a. O., S. 197.
[205] a. a. O., S. 197.
[206] a. a. O., S. 200.
[207] COMSAT: The World's Earth Stations ... a. a. O., S. 14/15. COMSAT: Annual Report ... a. a. O., S. 106.
[208] COMSAT: The World's Earth Stations ... a. a. O., S. 14/15.
[209] Eine dritte Antenne soll 1972 für den Atlantischen Bereich in Betrieb genommen werden, a. a. O., S. 15, bzw. S. 99.
[210] A/AC. 105/L. 60, S. 205.
[211] Apollo-13 erlitt nach erfolgreichem Start vom 11. April 1970 am dritten Tag auf dem Flug zum Mond Schiffbruch, da die Entzündung telefonisolierter Drähte im Sauerstofftank diesen zur Explosion brachte. Den Astronauten Lovell, Mattingly und Haise gelang es jedoch, die Landefähre so herzurichten, daß sie in ihr den Flug um den Mond und zur Erde zurück gesund über-

Eigenschaften des Mondes, seine mögliche Entstehung und sein Alter[213]. Dies wird nunmehr auf 4,5 Mrd. Jahre geschätzt, während die Erde wahrscheinlich nicht älter als 3,5 Mrd. Jahre ist[214]. Experimente mit Seismometern[215], Magnetometern[216], Sonnenwindspektrometern[217] und Sonnenwindsegeln[218], gaben und geben zum Teil noch heute[219] Auskunft über Erschütterungen des Mondes durch Mondbeben und Meteoriteneinschläge, das Magnetfeld des Mondes und Eigenschaften und Zusammensetzung des "Sonnenwindes". Ein Laser-Reflektor gestattet es, die Entfernung zwischen Erde und Mond bis auf 30,5 cm genau zu messen[220] [221].

Nach dem Apollo-Programm beginnt Anfang 1973 das "Skylab-Programm[222]:

Skylab ist ein Weltraumlaboratorium von 36 m Länge, das aus einer zu einem wissenschaftlichen Labor ausgebauten Saturn-IVB-Raketenstufe und einer modifizierten Apollo-Kapsel als Kommandoteil besteht. Skylab wird mit einer Saturn-V-Rakete unbemannt in eine Umlaufbahn von ca. 435 km um die Erde geschossen. Am folgenden Tag betritt die mit einer Saturn-IB + Apollo-Kapsel gestartete 3-köpfige Mannschaft das Skylab und verbleibt 28 Tage dort. Untersucht wird in erster Linie die Fähigkeit des menschlichen Körpers, in der Schwerelosigkeit zu leben und zu arbeiten und seine Re-adaption an die irdischen Bedingungen nach der Rückkehr. Auf die erste folgen nacheinander zwei weitere Mannschaften, die jeweils bis zu 56 Tagen in der Station bleiben sollen und dort, stärker als die erste Besatzung, Forschungsaufgaben durchführen[223]. Dazu gehören Erdbeobachtungen mit Fernmeßgeräten[224], Sonnen- und Sternenastronomie, weltraumphysikalische und biologi-

---

[213] a. a. O., S. 208–211.
[214] a. a. O., S. 208/209.
[215] a. a. O., S. 209.
[216] a. a. O., S. 209.
[217] a. a. O., S. 210.
[218] a. a. O., S. 210.
[219] Seismometer, Laser-Reflektor vgl. Fußnote 220.
[220] a. a. O., S. 211.
[221] Die Ergebnisse der Apollo 14, 15, 16, 17-Experimente sind hier noch nicht berücksichtigt.
[222] A/AC. 105/L. 60, S. 211.
[223] a. a. O., S. 211.
[224] "Earth Resources Experiment Package" (EREP): Untersucht werden Geologie, Geographie, Wasserhaushalt, Ackerbau, Forstwesen, Ozeanographie und das Wetter auf der Erde, a. a. O., S. 212.

sche Experimente und die Untersuchung des Materialverhaltens im luftleeren, schwerelosen Raum[225].

Auf dem Gebiet der bemannten Raumfahrt planen die USA weiterhin:

- das "Space Shuttle" und das
- "Space Tug".

Das "Space Shuttle" ist ein Raumfahrzeug, das 100 Mal oder öfter zum Transport von Gütern und Menschen in den Weltraum und zurück starten und nach Erledigung des Auftrags wie ein Flugzeug landen können soll. Es soll ausgediente Erdsatelliten "einsammeln", Monteure zu defekten Satelliten transportieren und Personal und Nachschub zu Raumstationen bringen[226].

Anfang Januar 1972 wurde die Entwicklung des "Space Shuttle" von der US-Regierung bewilligt[227].

Das "Space Tug" ist eine Pendelfähre, die vom Space Shuttle in den Weltraum gebracht dort verschiedene Manöver ausführen soll, wie den Transport von Nutzlasten auf bestimmte Umlaufbahnen, Abschuß von Weltraumsonden in den tiefen Weltraum usw. Die Planungen begannen 1970[228].

Neben der bemannten Weltraumforschung betreibt die USA eine nahezu unübersehbare Fülle von wissenschaftlichen (Erkundungs- und Beobachtungs-) und angewandten (Wetter-, Geodäsie-, Bodenschatzerkundungs- und Fernmelde-)Forschungs- und Technologie-Satelliten[229].

- Erkundungssatelliten sind kleine wissenschaftliche Satelliten, die je nach ihrem Zweck mit verschiedenen Geräten ausgestattet sind. Sie starten unter der allgemeinen Bezeichnung "Explorer". Das Explorer-Programm ist bis 1975 geplant[230].

- Beobachtungssatelliten sind wissenschaftliche Satelliten mit bislang drei verschiedenen Zielen:

---

[225] a. a. O., S. 212. Vgl. hierzu auch die ausführliche Darstellung von Christian Köster in "Nürnberger Nachrichten", Wochenmagazin, vom 15./16. April 1972, S. 3: "Eine kleine Insel im All".

[226] a. a. O., S. 212.

[227] Köster, a. a. O., S. 3.

[228] A/AC. 105/L. 60, S. 213.

[229] a. a. O., S. 214—224.

[230] 1970 wurde ein Satellit vom Typ "Explorer" gestartet. Forschungsgegenstand sind z. B.: Ionosphäre, Mikrometeoriten, atmosphärische Physik, Teilchen und Felder, Sonnenphysik, Aeronomie, a. a. O., S. 214.

a) "OAO-2"[231], Astronomische Beobachtung;
b) "OGO-5" und "OGO-6"[232] Geophysikalische Beobachtung;
c) "OSO"[233] Sonnenbeobachtung.

Die Satelliten der Serien "OAO", "OGO" und "OSO" sind tri-axial stabilisiert und können sehr präzise auf das gewünschte Beobachtungsfeld justiert werden[234].

Zu den angewandten Satelliten gehört in erster Linie der Fernmeldesatellit:

– Das unter Führung der USA entwickelte weltweite Fernmeldesatellitensystem "INTELSAT" versorgt mit – im Prinzip – lediglich drei geostationär über dem Atlantischen, Indischen und Pazifischen Ozean installierten Satelliten und den Bodenfunkstationen der Mitgliedsstaaten ca. 90% der Erdoberfläche mit Kommunikationsleistungen für Telefonie, Telegrafie, Telex-, Daten- und Faksimileübertragungen, Hör- und Fernsehfunksendungen. Die am 1. Januar 1972 beteiligten 83 Mitgliedsstaaten repräsentieren etwa 90–95% des internationalen Fernmeldeverkehrs[235].

Die überragende Bedeutung von Fernmeldesatelliten erkannte die UNO-Vollversammlung, die schon im Dezember 1959 das "Committee on the Peaceful Uses of Outer Space" (COPUOS) eingesetzt[236] und dessen Ziele[237] in einer Resolution[238] bekräftigt hatte, bereits sehr frühzeitig und unterstrich in dieser Resolution, daß die Kommunikation über Fernmeldesatelliten allen Staaten so bald als möglich auf einer nicht-diskriminierenden, weltweiten Basis ermöglicht werden sollte[239]. Dieses Prinzip sollten alle an einem internationalen Fernmeldesatellitensystem beteiligten Staaten ständig

---

[231] "Orbiting Astronomical Observatories": gestartet Dez. 1968; dient der Beobachtung solcher radioaktiver Strahlung, die wegen der Atmosphären-Absorption nicht auf der Erde beobachtet werden kann.

[232] Gestartet 1968, bzw. 1969; "Orbiting Geophysical Observatories"; Serie ausgelaufen.

[233] "Orbiting Solar Observatories"; "OSO-5 und -6" gestartet Januar und August 1969; Programm bis 1976; dient der durch die Erdatmosphäre ungehinderten Sonnenbeobachtung.

[234] A/AC. 105/L. 60, S. 215.

[235] Über die geschichtliche Entwicklung vgl. im einzelnen unten Kapitel 5, "Von der Kabel- zur Satellitenkommunikation".

[236] UNO General Assembly Doc. A/AC. 105/C. 1/L. 34, Distribution Limited, S. 4.

[237] a. a. O., unter anderem:
(1) Unterstützung für eine dauernde Weitererforschung des Weltraums im Rahmen des Geophysikalischen Jahres;
(2) Organisation des wechselseitigen Austausches und der Verbreitung von Informationen über Weltraumforschung;
(3) Ermutigung und Unterstützung nationaler Weltraumforschungsprogramme, sowie Studium der rechtlichen Probleme bei Erforschung und Nutzung des Weltraums.

[238] UNO-Resolution No. 1721 (XVI).

[239] A/AC. 105/C. 1/L. 34, S. 11, Absatz 28.

vor Augen haben[240]. Es wurde auch bei der Gründung des weltweiten Fernmeldesatellitensystems "INTELSAT" in den Präambeln zum "Vorläufigen" und zum "Endgültigen INTELSAT-Abkommen"[241] [242] ausdrücklich berücksichtigt.

Auf die juristischen, organisatorischen, finanziellen und technischen Aspekte des Fernmeldesatellitenwesens wird im Rahmen dieses Kapitels – das ausschließlich einen nach Staaten aufgeschlüsselten Tätigkeitsbericht beinhaltet – nicht eingegangen.

Die zweite Gruppe angewandter Erdsatelliten stellen die Wettersatelliten dar:

- Der amerikanische Wettersatellitendienst unterhält eine Reihe von Satelliten, die, mit optischen und telemetrischen Systemen ausgestattet, auf einer angenäherten Nord-Süd-Polbahn die Erde an jedem Punkt mehrmals täglich überfliegen und den interessierten nationalen Wetterdiensten Meßdaten und Wolkenphotos zur Wetterbeurteilung übermitteln, (APT-Dienst)[243]. Wettersatelliten vom Typ NIMBUS stehen als reine Forschungs- und Entwicklungssatelliten der Öffentlichkeit nicht zur Verfügung[244], während die Satelliten der Typenreihen NOAA[245], ESSA-8 und -9, sowie TIROS und ITOS alle interessierten Wetterdienste informieren[246].

"ATS"-Satelliten[247] sind die dritte Gruppe angewandter Erdsatelliten:

- Sie erproben das allen Satellitentypen und -zwecken gleiche Instrumentarium[248].
- Geodätische Satelliten, wie zum Beispiel GEOS-1[249], PAGEOS-1[250] und GEOS-2[251] dienen der genauen Vermessung und Kartographierung der ge-

---

240 a. a. O., S. 11, Absatz 29; UNO-Vollversammlung, Res. No. 2601 (XXIV).
241 BGBl. 1965 II, S. 1499 ff., bzw. noch nicht veröffentlicht.
242 Resumed Plenipotentiary Conference on Definitive Arrangements for the International Telecommunications Satellite Consortium, Washington, D. C., Doc. 232, das dem Verfasser auf Anfrage vom 20. September 1971 am 18. Oktober 1971 freundlicherweise vom US-State Department zur Verfügung gestellt wurde.
243 A/AC. 105/L. 60, S. 217, "Automatic Picture Transmission".
244 a. a. O., S. 217–219.
245 "National Oceanic and Atmospheric Agency's National Operational Meteorological Satellite System", früher "ESSA", jetzt NOAA abgekürzt, a. a. O., S. 219.
246 a. a. O., S. 217.
247 "Aplikations Technology Satellites", a. a. O., S. 220.
248 So wird "ATS-F" 1973 das Systeminstrumentarium des Indisch-Amerikanischen "SITE"-(Direkt-Satelliten-Bildungsfernsehen)-Programms erproben, a. a. O., S. 130.
249 Start: 1965, "aktiv".
250 Start: 1966, "passiv", noch im Dienst.
251 Start: 1968, "aktiv", noch im Dienst.

samten Erdoberfläche, sowie einer neuartigen, auf den Mittelpunkt der Erdmasse bezogenen dreidimensionalen Bestimmung jedes beliebigen Punktes auf der Erdoberfläche mit einer Genauigkeit von ± 10 m[252].

- Nach über 50 vorbereitenden Satelliteneinsätzen wurde der endgültige Auftrag für den Bau eines international zugänglichen "Earth Resources Technology"-Satelliten (ERTS) vergeben[253]. Dieses System wird den Beteiligten genaue über Fernsensoren ermittelte Angaben über die Eisgrenzen, den Wasserhaushalt, den Zustand von Acker- und Weideflächen, von Waldgebieten, das Auftreten von Schädlingen, das Vorkommen von Bodenschätzen, den Umfang von Erdbebenzerstörungen, Art und Ausmaß von Luftverschmutzungen usw. ermöglichen und somit volkswirtschaftlich wichtige, langfristige Prognosen in diesen Bereichen ermöglichen.
  In umfassender Weise wurden die UNO, ihre Unterorganisationen und Mitgliedsstaaten hierüber von den USA informiert und zu einer Vielzahl von Tagungen, Konferenzen, Schulungs- und Ausbildungslehrgängen eingeladen[254].

Die dritte große Gruppe von Satelliten schließlich[255] dient der Kontrolle und Bestätigung von Satellitenexperimenten[256].

- In diese Gruppe werden die Experimente der Satelliten SERT-2[257], OFO-1[258] und RM-1[259] eingereiht.

Die USA planen weiterhin den Start von Weltraumsonden zu anderen Planeten:

- Dazu gehören die "Mariner"-Sonden für den Vorbeiflug, bzw. die Umkreisung des Mars[260] (1971);
- die "Viking"-Sonde für die Umkreisung und Landung auf dem Mars[261] (1975);
- Die Sonden "Pionier-F und -G" für die Erforschung des Asteroidengürtels jenseits der Marsumlaufbahn und des Jupiter (1972, 1973).

Die NASA betreibt nationale und internationale Höhenraketenforschung[262].

Für ihre bemannten Raumflug-, Satelliten- und Weltraumsondenprogramme verfügen die USA über 20 elektronische und optische Bahn-

---

252 A/AC. 105/L. 60, S. 221.
253 Start: ERTS-A: 1972; ERTS-B: 1973.
254 A/AC. 105/L. 60, S. 243/244.
255 "Research and Technology Development Satellites".
256 a. a. O., S. 222–224.
257 a. a. O., S. 222, "Space Electric Rocket Test".
258 a. a. O., S. 223, "Orbiting Frog Otolith".
259 a. a. O., S. 223, "Radiation Meteoroid".
260 a. a. O., S. 224.
261 a. a. O., S. 224.
262 a. a. O., S. 225.

verfolgungs-, Datenübermittlungs- und Kommando und Kommunikationsstationen in den USA und 13 überseeischen Ländern[263].

Durch das Angebot internationaler Kooperation ermöglichen die USA allen interessierten Staaten die Teilhabe an den Erfolgen ihrer aufwendigen Weltraumforschung. – Allein 1970 wurden mit Partnern in 19 Staaten Kooperationsverträge abgeschlossen[264]; hier sind insbesondere zu nennen Verträge zwischen NASA und ESRO/ELDO zum Abschuß von ESRO-Satelliten[265], zwischen NASA und "Telesat Canada"[266] zum Start des canadischen Binnen-Fernmeldesatelliten und für ausländische Starts von NASA-eigenen Satelliten durch Italien in Kenia[267].

Die Teilnahme anderer Staaten an amerikanischen bemannten Raumflug-, Mondforschungs, und Satellitenexperimenten wurde jeweils bei den betroffenen Staaten aufgezählt. Erwähnenswert sind noch die bilateralen Bemühungen zwischen den USA und der UdSSR für ein einheitliches Dockingsystem an Raumfahrzeugen[268]; dadurch sollen gemeinsame Forschungsaufgaben mit verschiedenen Raumfahrzeugtypen und Rettungsaktionen für den Notfall ermöglicht werden.

Ein Binnen-Direkt-Bildungssatelliten-System für den Bundesstaat Alaska soll die dort gegebenen, höchst unzulänglichen fernmeldetechnischen Gegebenheiten[269] (ähnlich wie in Canada[270] und Indien[271]) beseitigen. Ein solches System wurde von einer Kommission der UNESCO[272], die Alaska vom 17. August bis 8. September 1970 bereiste, empfohlen.

– Nach Meinung der UNESCO-Kommission ist ein Binnen-Satellitensystem, das alle Fernmeldedienste und Hörfunk- und Fernsehfunkprogramme anbietet, die einzige Chance, die eingeborene Eskimo-Bevölkerung aus ihrer

[263] A/AC 105/L. 60, S. 227.
[264] a. a. O., S. 229–233.
[265] A/AC. 105/C. 1/L. 34, Absätze 468–473 (= S. 112–113).
[266] A/AC. 105/L. 60, S. 98 und S. 234.
[267] A/AC. 105/L. 60, Add. 1, S. 15/16, 18 und A/AC. 105/L. 60, S. 234.
[268] A/AC. 105/L. 60, S. 246.
[269] Fehlen irdischer Kommunikationsnetze, bergiges Gelände, rauhes Klima, dünne Besiedelung.
[270] A/AC. 105/L. 60, S. 98 ff.
[271] a. a. O., S. 129 ff.
[272] Cassirer und Wigren: "Alaska, Implications of Satellite Communication for Education", August, September 1970; UNESCO-Serial No. 2198/BMS. RD/MC, Paris, Nov. 1970, Distribution Limited. Das Dokument wurde dem Verfasser auf Anfrage vom 2. März am 12. April 1972 vom UNESCO Department for the Free Flow of Information and International Exchange freundlicherweise zur Verfügung gestellt.

räumlichen, wirtschaftlichen, sprachlichen und soziologischen Isolierung herauszuführen[273]. Wegen der geringen Wirtschaftskraft Alaskas, die teure Bodenfunkstationen verbietet, riet die Kommission vom Gebrauch eines von Alaska vorgeschlagenen ATS-1-Satelliten ab und empfahl den ATS-F- oder ATS-G-Satelliten mit höherer Eigenverstärkerleistung[274]. Mit der Verwirklichung des Vorhabens kann nicht vor 1974 gerechnet werden, da erst dann die Testreihen des ersten – für Indien geplanten – ATS-F-Satelliten beendet sein sollen[275].

38. Union der Sozialistischen Sowjetrepubliken

Im Rahmen der Akademie der Wissenschaften wird die sowjetische Weltraumforschung hauptsächlich von zwei Unterorganisationen der Akademie getragen. Dies sind

- die Kommission zum Studium und zur Nutzung des Weltraums; sie unterstützt die Akademie und koordiniert die Grundlagenforschung;
- der Rat für internationale Zusammenarbeit beim Studium und bei der Nutzung des Weltraums (INTERKOSMOS); er schafft die Verbindungen zu den Raumforschungsorganisationen im Ausland[276 277].

Bisher hat die UdSSR noch kein bemanntes Fahrzeug zum Mond geschickt. Dies liegt daran, daß die UdSSR dieses Ziel im Augenblick auch gar nicht anstrebt; daß sie ferner noch keine der amerikanischen "Saturn-V" vergleichbare Rakete zur Verfügung hat, die in der Lage wäre, das Raumschiff mit einer Masse von rund 50 000 kg[278] aus dem Anziehungsbereich der Erde zu schießen und daß sie letztlich seit je die vollautomatische der halbautomatisch-bemannten Weltraumforschung der USA vorgezogen hat. Diese Haltung wird im Bericht der UdSSR erneut bestätigt.

- Das Raumschiff Sojus-9 umkreiste vom 1. bis zum 19. Juni 1970 mit zwei Mann Besatzung die Erde[279]. Seine Zwecke waren:
  (1) Untersuchung der medizinischen und biologischen Auswirkungen eines Langzeitfluges auf den menschlichen Körper;
  (2) Untersuchung aller Systeme und Instrumente des Raumschiffes auf ihre Tauglichkeit;

---

[273] Cassirer und Wigren a. a. O.
[274] a. a. O., S. 3.
[275] A/AC. 105/L. 60, S. 131.
[276] A/AC. 105/L.60, Add. 3, S. 9.
[277] Die Organisation INTERKOSMOS beschränkt sich allerdings auf die sozialistischen Staaten.
[278] Vgl. A/AC. 105/L. 60, S. 206.
[279] A/AC. 105/L. 60, Add. 3, S. 9.

(3) Experimente zur Navigation im Weltraum und zum Wiedereintritt in die Erdatmosphäre;
(4) Physikalische Beobachtungen im erdnahen Weltraum;
(5) Beobachtungen der Erde in geologischer und meteorologischer Hinsicht; und anderes mehr.

Zur Monderforschung startete die UdSSR die automatischen Geräte Luna-16 und Luna-17.

— Luna-16 besteht aus vier Systemkomponenten: Der Startrakete, dem Mondabstiegs- und Landeteil, der Mondaufstiegsstufe, dem Erd-Rückkehrteil[280]. Am 20. September 1970 landete Luna-16 weich im Gebiet des mare fecunditatis. Mit einem Gesteinsbohrer wurde ein 35 cm tiefes Loch in der Mondoberfläche niedergebracht und das gewonnene Gestein in den Erdrückkehrteil verladen[281]. Am 21. September 1970 begann der Rückstart zur Erde; für die Heimreise war keine Kurskorrektur mehr nötig; die Landung des Erdrückkehrteils erfolgte glücklich im Zielgebiet[282].

Um dem Manko zu begegnen, daß die Gesteinsauswahl durch Luna-16 notwendig zufällig sein müßte, wurde mit Luna-17 am 17. November 1970 das Mondmobil Lunochod I weich auf dem Mond gelandet:

— Lunochod I besteht aus zwei Systemkomponenten: Einem von der Erde aus über Fernsehkameras steuerbaren achträdrigen Mondfahrzeug und einem darauf installierten Laboratorium, das nach den Wünschen der Bodenkontrollstation gezielt bestimmte Gesteinsproben auflesen und in mechanischer, physikalischer und chemischer Hinsicht untersuchen kann[283].

Mit Lunochod gelang eine technologische Aufgabe, die sicherlich mehr Zukunft als die bemannte Erkundung fremder Himmelskörper hat. Während die amerikanische Mondforschung mit Apollo-17 aus Kostengründen auf Jahrzehnte hinaus beendet sein wird[284], können Lunochod-Fahrzeuge mit relativ geringem Kostenaufwand jederzeit wieder auf dem Mond gelandet und die dabei gewonnenen Erfahrungen für automatische Forschungslaboratorien etwa auf Mars und Venus verwendet werden.

Die am 8. Oktober 1970 gestartete "Sonde-8" machte Photographien von Erde und Mond, umkreiste den Mond, machte dabei physikalische Messungen und landete weich im Indischen Ozean[285].

Die Raumsonde "Venus-7" wurde am 17. August 1970 gestartet, landete

---

280 a. a. O., S. 12.
281 a. a. O., S. 12.
282 a. a. O., S. 13.
283 A/AC 105./L. 60, Add. 3, S. 13/14.
284 A/AC. 105/L. 60, S. 206.
285 A/AC. 105/L. 60, Add. 3, S. 15.

am 15. Dezember 1970[286] weich auf der Venus, maß während des Flugs die Sonnenstrahlung[287] und während der Landung die Temperatur, die Dichte und den Druck der Venusatmosphäre[288].

Mit dem Start von nicht weniger als 72 wissenschaftlichen Satelliten vom Typ "Kosmos" setzte die UdSSR die Erforschung des erdnahen und erdfernen Weltraums fort[289 290].

In Zusammenarbeit mit den in INTERKOSMOS zusammengeschlossenen Staaten wurden die Satelliten INTERKOSMOS-3 und -4 gestartet[291]. Die UdSSR betreibt umfassende Experimente mit Höhenforschungs-[292] und geophysikalischen[293] Raketen.

Das Wettersatelliten-System der UdSSR, das auch anderen Staaten zur Verfügung steht, wurde 1970 um vier weitere Satelliten vom Typ "Meteor" erweitert[294].

Schließlich wurde auch in der UdSSR der Versuch unternommen, ein Telekommunkations-Satelliten-System zu errichten:

- Dieses Fernmeldesatellitensystem ist prinzipiell vom INTELSAT-System zu unterscheiden, da es sich nicht geostationärer, sondern umlaufender Satelliten vom Typ MOLNYA bedient. Die fünf im Jahr 1970 gestarteten MOLNYA-1-Satelliten haben eine stark exzentrische Umlaufbahn, so daß sie für den größten Teil ihrer knapp 12-stündigen Umlaufzeit[295] über dem Gebiet zwischen Moskau und Ostsibirien[296] zur Verfügung stehen.
- Die Bodenstationen in diesem System gehören dem "ORBITA"-Netz an, von dem bis 1970 sieben Stationen in Dienst gestellt wurden[297].
- Die Arbeit am internationalen Satelliten-Fernmelde-System "INTERSPUT-

---

286 a. a. O., S. 39.

287 Gleichzeitig maß Lunochod-I die Sonnenstrahlung, so daß Vergleichswerte ermöglicht wurden.

288 Danach beträgt die Temperatur 475° (± 20°) C, der atmosphärische Druck 90 (± 15) atü und die Dichte ist 60mal größer als die der Erdatmosphäre, a. a. O., S. 17.

289 a. a. O., S. 17–19.

290 Über alle Einzelheiten vgl. die Aufstellung a. a. O., S. 37–42.

291 a. a. O., S. 19–20.

292 A/AC. 105/L. 60, Add. 3, S. 20/21.

293 a. a. O., S. 22–23.

294 a. a. O., S. 24–25.

295 a. a. O., S. 37, 39, 40, 42: MOLNYA-1, 19. 2. 70, 11h 43'; MOLNYA-1, 26. 6. 70, 11h 45'; MOLNYA-1, 29. 9 70, 11h 46'; MOLNYA-1, 27. 11. 70, 11h 47'; MOLNYA-1, 25. 12. 70, 11h 52'.

296 Bahnneigungswinkel zum Äquator zwischen 65° und 65,5°, a. a. O., S. 37, 39, 40, 42.

297 a. a. O., S. 24: Ocha, Zeya, Urai, Sovetskaja, Gavan, Bilibino, Ulan Bator.

NIK", das die sozialistischen Staaten untereinander fernmeldetechnisch verbinden soll, wurde "fortgesetzt"[298].

Die Sowjetunion betreibt weltraummedizinische und -biologische Forschungen[299], verfügt über elektronische und optische Bahnverfolgungs- und Telemetrieanlagen[300], stattet interessierte Staaten mit solchen Anlagen aus[301] und beteiligt sich damit an internationaler Geodäsieforschung[302]. Schließlich tauscht sie ständig wissenschaftliche Erkenntnisse mit anderen Staaten – sowohl sozialistischen als auch westlichen – aus und ermöglicht ihnen die Teilnahme an ihrer Weltraumforschung durch eigene und gemeinschaftliche satelliten- und bodengebundene Forschungsaufgaben und Experimente[303].

39. Bundesrepublik Deutschland

Die Bundesrepublik verfügt in Raisting bei München über zwei von der Deutschen Bundespost betriebene Bodenfunkstationen für das INTELSAT-System. Je eine der beiden Antennenanlagen bedient den Atlantischen bzw. den Pazifischen Bereich. Raisting No. 3 soll rechtzeitig für die Übertragung der Olympischen Sommerspiele 1972 fertiggestellt sein[304 305].

Die Arbeiten am französisch-deutschen Nachrichtensatelliten "Symphonie" sind 1970 so weit gediehen, daß 1971 die Lieferaufträge vergeben werden konnten.

Die BRD startete 1970 verschiedene Erdsatelliten:

– Der am 8. November 1969 gestartete Erdsatellit Aurora – ein Forschungssatellit – arbeitete bis Juni 1970 fehlerfrei.
– Mit einer französischen Diamant-B-Rakete wurde im März 1970 der Satellit Dial in eine stark elliptische Umlaufbahn geschossen.

---

298 INTELSAT hat am 1. Januar 1972 83 Mitglieder.
299 A/AC. 105/L. 60, Add. 3, S. 27–30.
300 a. a. O., S. 30.
301 a. a. O., S. 31.
302 a. a. O., S. 32/33.
303 A/AC. 105/L. 60, Add. 3, S. 33–36.
304 Da die Bundesrepublik nicht UNO-Mitglied ist, entstammen die Angaben nicht dem in Fußnote 303 zitierten Dokument, sondern der ITU-Broschüre No. 8: "Tenth report by the international telecommunication union on telecommunication and the peaceful uses of outer space", Genf 1970, welche dem Verfasser auf Anfrage vom 25. Februar am 17. März 1972 freundlicherweise von der ITU überlassen wurde.
305 "The World's Earth Stations ..." a. a. O., S. 6.

– 1972 soll mit Hilfe einr NASA-Rakete ein weiterer deutscher Forschungssatellit, Aeros, gestartet werden.
– Schließlich werden noch in Zusammenarbeit mit den USA zwei Sonnenforschungssonden entwickelt.

III. Die Tätigkeit der UNO auf dem Gebiet der Weltraumforschung und -nutzung

1. Einleitung

Schon im frühesten Stadium der satellitengetragenen Weltraumforschung erkannte die UNO-Vollversammlung Bedeutung und Nutzen von angewandten und Forschungssatelliten. Um alle Mitgliedsstaaten an den Früchten der Raumfahrt teilhaben zu lassen, rief sie im Jahr 1959 das "Komitee zur friedlichen Nutzung des Weltraums"[306] ins Leben[307]. Das Komitee wurde gegründet, um auf dem Gebiet der friedlichen Nutzung des Weltraums einerseits die internationale Zusammenarbeit zu fördern und andererseits solche Programme zur Nutzung des Weltraums zu studieren, die unter der Schirmherrschaft der UNO möglich sind[308]. Dazu gehören unter anderem:

– Die dauernde Unterstützung der im Rahmen des "Geophysikalischen Jahres" durchgeführten Forschungen;
– Organisierung des wechselseitigen Austausches und der Verbreitung von Informationen über die Weltraumforschung;
– Ermutigung nationaler Weltraumforschungsprogramme und Gewährung jeder nur möglichen Unterstützung für ihre Verwirklichung;
– Studium der Rechtspobleme, die die Erforschung und Nutzung des Weltraums mit sich bringen[309].

Im folgenden Jahr (1960) wurde die Mitgliederzahl des Komitees von ursprünglich 24 durch UNO-Vollversammlungs-Resolution No. 1721 (XVI) auf 28 erhöht[310] [311]. Vorsitzender des Komitees war 1970 der österrei-

---

306 "Committee on the Peaceful Uses of Outer Space" = COPUOS, im folgenden kurz "Komitee" oder COPUOS bezeichnet.

307 UNO-Vollversammlung, Doc. A/AC. 105/C. 1/L. 34, 29. April 1971/71-08574, Distribution Limited. (Das Dokument wurde dem Verfasser auf Anfrage vom 23. März am 17./21. April 1972 vom UNO-Information Office, Genf, freundlicherweise zur Verfügung gestellt); a. a. O., S. 4, Absatz 1.

308 a. a. O., S. 4, Abs. 1a.

309 a. a. O., S. 4, Abs. 1a und 1b.

310 A/AC. 105/C. 1/L. 34, S. 4, Absatz 2.

311 a. a. O., S. 5, Absatz 3: Mitglieder in der Reihenfolge des Englischen Alphabets sind:

chische UNO-Botschafter und spätere vierte Generalsekretär, Kurt Waldheim.

Das Komitee setzte zwei Unterausschüsse ein, den einen für wissenschaftliche und technische Aspekte, den anderen für Rechtsfragen[312 313]. Darin ist jedes Mitgliedsland des Komitees mit einem Repräsentanten vertreten. Zusätzlich wurden vom Komitee zwei Arbeitsgruppen berufen, die eine über Navigations-, die andere über Direkt-Rundfunk-Satelliten[314].

Das Komitee bewältigt zusammen mit seinen beiden Unterausschüssen und Arbeitsgruppen den bedeutendsten Teil der von UNO-Organen geleisteten Arbeit auf dem Gebiet der Weltraumforschung und -nutzung, für die eine typische UNO-Zuständigkeit besteht[315].

2. Die Arbeit auf juristischem Gebiet[316]

Die wichtigsten, vom Legal Sub-Committee vorbereiteten Erfolge der Arbeit des Komitees auf rechtlichem Gebiet sind der Abschluß zweier Verträge:

- "Der Vertrag über die Grundsätze für die Betätigung der Staaten auf dem Gebiet der Erforschung und Nutzung des Weltraums, einschließlich des Mondes und anderer Himmelskörper"[317] und

---

1. Albanien,
2. Argentinien,
3. Australien,
4. Österreich,
5. Belgien,
6. Brasilien,
7. Bulgarien,
8. Canada,
9. Tschad,
10. CSSR,
11. Frankreich,
12. Ungarn,
13. Indien,
14. Iran,
15. Italien,
16. Japan,
17. Libanon,
18. Mexiko,
19. Mongolische Volksrepublik,
20. Marokko,
21. Polen,
22. Rumänien,
23. Sierra Leone,
24. Schweden,
25. UdSSR,
26. VAR,
27. United Kingdom,
28. USA.

312 "Scientific and Technical Sub-Committee"; "Legal Sub-Committee".

313 a. a. O., S. 5, Absatz 5.

314 a. a. O., S. 5, Absatz 6.

315 Typische UNO-Zuständigkeiten: Internationale Zusammenarbeit zu fördern; Informationsaustausch zu organisieren; allgemein interessierende Projekte zu unterstützen; mit dem Weltraum zusammenhängende Rechtsfragen zu erörtern.

316 Stand: 1. Mai 1971.

317 Treaty on Principles Governing the Activities of States in the Exploration and Use of Outer Space, including the Moon and other Celestial Bodies, (im folgenden kurz "Weltraumvertrag" genannt), Anhang zur UNO-Vollversammlungs-Resolution No. 2222 (XXI), 19. Dezember 1966, 1499. Vollsitzung;

– "Das Abkommen zur Rettung von Astronauten, der Rückkehr von Astronauten und der Rückkehr von in den Weltraum beförderten Objekten"[318].

2.1. Der "Weltraumvertrag"

Der Weltraumvertrag umfaßt XVII Artikel. Art. I bekräftigt den Grundsatz, daß jegliche Weltraumforschung dem Interesse der ganzen Menschheit und dem Wohle aller Staaten dienen soll (Art. I (1)), und daß der Weltraum und die Himmelskörper allen Staaten zum gleichberechtigten Nutzen offenstehen (Art. I (2)). Der Weltraum und die Himmelskörper unterliegen keinerlei nationalen Hoheitsrechten und Aneignungsansprüchen (Art. II); die Weltraumforschung unterliegt dem Internationalen Recht, einschließlich der UN-Charta (Art III). Die Grundsätze des "Beistandsabkommens" und des "Haftungsabkommens"[319] sind bereits in den Artikeln V, VI und VII enthalten. Danach verpflichten sich die Mitgliedsländer, in Not geratene Astronauten zu retten und notgelandete Raumfahrzeuge jederzeit und überall zu bergen und unverzüglich herauszugeben (Art. V); Art. VI begründet die internationale Verantwortlichkeit der Mitgliedsstaaten für jegliche von ihrem Hoheitsgebiet ausgeübte Weltraumtätigkeit und damit (Art. VII), die Schadensersatzpflicht[320] gegenüber anderen Mitgliedsstaaten, die durch diese Tätigkeit irgendwie geschädigt wurden. Art. VIII bestätigt, daß Satelliten und Raumschiffe nicht etwa herrenloses Gut sind, sondern daß die Hoheitsgewalt und das Eigentum an ihnen nach dem Start während ihres Aufenthalts im Weltraum erhalten bleiben. Die im Anschluß an die Apollo-11, -12, -13, -14, -15 zu beobachtenden Quarantänemaßnahmen beruhten auf der aus Art. IX folgenden Pflicht, Erdoberfläche und -atmosphäre nicht zu verseuchen.

Neben all diesen Vorschriften, die sich ohne weiteres aus dem übergeordneten Grundsatz der "friedlichen Nutzung des Weltraums" herleiten lassen, ist Art. IV wegen seiner Auswirkung auf die Sicherung des Weltfriedens die wichtigste Vertragsvorschrift:

---

zur Unterzeichnung aufgelegt durch die UdSSR, Großbritannien und die USA am 27. Januar 1967, in Kraft getreten am 10. Oktober 1967; A/AC. 105/C. 1/ L. 34, S. 5/6.

318 "Agreement on the Rescue of Astronauts and the Return of Objects, Launched into Outer Space"; Anhang zur UNO-Vollversammlung-Resolution v. 19. Dez. 1967, No. 2345 (XXII) a. a. O., S. 6, im folgenden kurz "Beistandsabkommen" genannt.

319 Vgl. unten Buchstabe 2.3.

320 Vgl. unten Buchstabe 2.3.

– Sie verbietet die Stationierung von Atom- und anderen Massenvernichtungswaffen im Weltraum auf Satelliten und anderen Himmelskörpern, sowie jegliche militärische Nutzung des Weltraums.

2.2. *Das "Beistandsabkommen"*

Das Beistandsabkommen präzisiert die in Art. V des Weltraumvertrags niedergelegten Grundsätze, um eine rasche, wirkungsvolle Rettung in Gefahr geratener Astronauten und die unverzügliche Rückgabe außerhalb des vorgesehenen Zielgebiets gelandeter Raumfahrzeuge sicherzustellen.

2.3. *Das "Weltraumhaftungsabkommen"*[321]

Auf anderen Gebieten war die Arbeit des Komitees bisher nur teilweise, bzw. noch gar nicht von Erfolg gekrönt. Besondere Schwierigkeiten bereitete die Arbeit am Entwurf eines Weltraumhaftungsabkommens[322]. Dieses Abkommen gedieh 1970 nach sieben Verhandlungsjahren lediglich bis zur Verabschiedung einer Präambel und 13 Artikeln[323]. Sie betrafen im wesentlichen den Anwendungsbereich (Art. II und III) und Ausnahmen (Art. III, VI, VII), gesamtschuldnerische Haftung (Art. V), Klageerhebung (Art. IX, X) und Rechtsmittel (Art. XI).

Ungeklärt blieben demgegenüber die Fragen nach dem anzuwendenden Recht (und der Feststellung der Anspruchshöhe[324]).

---

[321] Vgl. A/AC. 105/C. 1/L.34, S. 6/7: Sein Zweck ist es, Schäden, die im Gefolge von Start, Betrieb, Landung oder Havarie von Raumfahrzeugen dritten Personen auf der Erde, in der Luft, oder im Weltraum entstehen, zu regulieren. – Das Problem wurde erstmalig in der zweiten Sitzung des Legal Sub-Committee 1963 erörtert; in wenigstens vier Resolutionen, nämlich 2222 (XXI) = Weltraumvertrags-Resolution, 2345 (XXII), 2345 B (XXIII), 2601 B (XXIV), verlangte die UNO-Vollversammlung die endgültige Verabschiedung des Vertragsentwurfs; jedoch konnte sich das Komitee bisher nicht dazu durchringen.

[322] "Draft Convention on International Liability for Damage Caused by Space Objects."

[323] a. a. O., S. 6 und "Report of the Committee on the Peaceful Uses of Outer Space", in: UNO, General Assembly, Official Records, 25th Session, Supplement No. 20 (A/8020), S. 29–32, das dem Verfasser auf Anfrage vom 2. März am 12. April 1972 vom UNESCO Department for the Free Flow of Information and International Exchange, Paris, freundlicherweise zur Verfügung gestellt wurde.

[324] A/AC. 105/C. 1/L.34, S. 6/7.

Nachdem die 25. Vollversammlung das Komitee erneut zu einer endgültigen Verabschiedung des Vertragsentwurfs unter Berücksichtigung des Grundsatzes der vollständigen Entschädigung und der schnellen Schadensfeststellung gedrängt hatte[325], legte es der 26. Vollversammlung den endgültigen Entwurf vor[326].

Nach Art. XII des Entwurfs muß der Gläubiger so gestellt werden, als sei das schädigende Ereignis nicht eingetreten[327]. Sollte dem Anspruch nicht – wie vorgesehen[328] – auf diplomatischem Wege abgeholfen werden können, so wird eine Schiedskommission eingesetzt[329], welche unter Beachtung des internationalen Rechts[330] über Anspruchsgrund und -höhe bindend entscheidet[331], bzw. einen Schiedsspruch mit empfehlendem Charakter erläßt[332] [333].

Schließlich soll sich der Unterausschuß, nachdem der Haftungsvertrag vollendet ist[334], mit solchen Rechtsproblemen befassen, die sich gemäß den von der Vollversammlung zur Kenntnis genommenen[335] Berichten des "Unterausschusses für Direktsatelliten"[336] zu den Fragen der Weltraumkommunikation stellen[337] [338].

---

[325] Resolution 2733 B (XXV), A/AC. 105/C. 1/L. 34, S. 6/7, (7).
[326] Wie Fußnote 323, jedoch 26th Session, Supplement No. 20 (A/8420), S. 8–15.
[327] a. a. O., S. 11.
[328] Art. IX, a. a. O., S. 10.
[328] Art. IX, a. a. O., S. 11.
[329] Art. XIV, a. a. O., S. 12.
[330] Art. XIX, a. a. O., S. 13 (Art. XIX, Ziff. 1).
[331] Art. XIX, Ziff. 2, falls die Parteien Bindungswirkung vereinbart haben; a. a. O., S. 13.
[332] Art. XIX, Ziff. 2, a. a. O., S. 13.
[333] Der Entwurf wurde mit UNO-Vollversammlungs-Resolution No. A/RES/27777 (XXVI) am 29. 11. 1971 angenommen.
[334] A/AC. 105/C. 1/L.34, S. 7, Absatz 13.
[335] UNO-Vollversammlungs-Resolution No. 2733 A (XXV).
[336] Vgl. die beiden vom Komitee eingesetzten Unterausschüsse und Arbeitsgruppen, oben S. 40.
[337] Mit Bezugnahme auf die dritte Sitzung des Arbeitsausschusses vom 11.–21. Mai 1970 und den dabei erstellten Bericht 70–12005, A/AC. 105/83, Distribution Limited, (welcher dem Verfasser auf Anfrage vom 18. Februar am 19. März 1971 von der UNO Outer Space Affairs Division, New York, freundlicherweise zur Verfügung gestellt wurde) fordert die in Fußnote 335 genannte Resolution das Legal Sub-Committee auf, zu prüfen, welche schon vorhandenen internationalen Rechtsinstrumente, wie z. B. die UNO-Charta, der "Weltraumvertrag", die ITU-Convention und die Radio Regulations, auf das Phänomen Satellitenkommunikation anwendbar sind.

3. Wissenschaftliche und technische Arbeit

Die wissenschaftliche und technische Arbeit des Komitees umfaßte im wesentlichen Empfehlungen für den internationalen Informationsaustausch, Ermutigungen zu internationaler Zusammenarbeit auf dem Gebiet angewandter Weltraumtechnik, Errichtung internationaler Höhenraketenforschungsbasen unter Schirmherrschaft der UNO, sowie Lehrgänge und Ausbildung in Weltraumtechniken.

Ergebnis der Bemühungen um verstärkten Informationsaustausch sind unter anderem die dem Verfasser vorliegenden Berichte:

- "Review of national and co-operative international space programmes"[339] und
- "Review of activities and resources of the United Nations, the Specialized Agencies and other competent bodies"[340].

Ein weiteres überzeugendes Beispiel für breiten Informationsfluß auch in die Entwicklungsländer brachte die großangelegte

- UNO-Weltraumkonferenz vom 14.–27. August 1968, Wien,

deren Konferenz- und Forschungsbeiträge sämtlich in einem zweibändigen, viersprachigen Werk veröffentlicht wurden[341]. Schließlich unterhält die UNO Outer Space Affairs Division

- eine umfangreiche Spezialbibliothek[342].

Was die Unterstützung internationaler Programme[343] durch die UNO angeht, so wurde diese jeweils in den Berichten der Einzelstaaten hervorgehoben. Erwähnt zu werden verdienen an dieser Stelle die Vollversammlungs-Resolutionen

- No. 1721 (XVI) und
- No. 2601 (XXIV),

wonach die Satellitenkommunikation so bald wie möglich allen Völ-

---

338 Zu der dem Legal Sub-Committee aufgegebenen Frage nach der anwendbaren Rechtsnorm wird in Teil C der Arbeit eingegangen werden.

339 UNO Doc. A/AC. 105/L. 60, mit Add. 1–5, für 1970.

340 UNO Doc. A/AC./C. 1/L. 34 für 1970.

341 "Space Exploration and Applications", A/Conf. 34/2. Vol. I und II, UNO-Publications, Sales-No. EFRS 69 I 16 Vol. I und Vol. II; beide Bände wurden dem Verfasser auf Bitte vom 25. März 1971 unentgeltlich zur Verfügung gestellt durch: UNO-Information Service, Genf.

342 Wie Fußnote 340, a. a. O., S. 9, Absatz 22.

343 Vgl. die Aufzählung der Programme a. a. O., S. 10, Absatz 25.

kern auf einer weltweiten, nichtdiskriminierenden Basis ermöglicht werden sollte; die Resolution 2601 (XXIV) erinnerte alle an INTELSAT beteiligten Staaten noch einmal an diesen Grundsatz[344]. Geist und Inhalt des "Vorläufigen" und des "Endgültigen INTELSAT-Abkommens" wurden entscheidend von den Grundsätzen dieser beiden Resolutionen geprägt[345].

4. Errichtung der "Working Group on Direct Broadcast Satellites"

4.1. Einsetzung

Um für das Komitee die Fragen der Direkt-Rundfunk-Satellitenübertragungen zu bearbeiten, setzte das Komitee mit der Resolution 2453 B (XXIII)[346] die Working Group on Direct Broadcast Satellites ein.

4.2. Tätigkeit

Im ersten[347] ihrer drei bisher veröffentlichten Berichte[348] stellt die Working Group fest,

- daß Direktsatellitensendungen (das sind ohne Zwischenschaltung einer Verstärker-Bodenstation unmittelbar ins Heimempfangsgerät ausgestrahlte Hör- und Fernsehfunksendungen) bis etwa 1975 für Gemeinschaftsempfangsgeräte und ab 1985 für Einzelempfangsgeräte technisch möglich sein werden[349].

Der zweite Bericht[350] befaßt sich mit den sozialen, kulturellen, rechtlichen und sonstigen Folgen von Direktsatellitensystemen und der dritte, vorläufig letzte Bericht[351] erörtert unter anderem die Auswirkungen des

---

[344] A/AC. 105/C. 1/L. 34, S. 11, Absatz 28.

[345] Vgl. die Präambel im BGBl. 1965 II, S. 1499 ff. = "Vorläufiges Abkommen" und Resumed Plenipotentiary Conference on Definitive Arrangements for the International Telecommunications Satellite Consortium, Washington D. C., Doc. 232, May 21, 1971, Preamble.

[346] "Report of the Working Group on Direct Broadcast Satellites on its third Session", A/AC. 105/83, S. 2, Absatz 1.

[347] UNO-Vollversammlungsdokument A/AC. 105/51 mit Add. 1–3.

[348] Die Einzelheiten dieser Berichte können hier vernachlässigt werden.

[349] A/AC. 105/C. 1/L. 34, S. 12, Absatz 32.

[350] A/AC. 105/66 mit Corrigendum 1 und 2.

[351] A/AC. 105/83.

Gebrauchs von Direktsatellitensystemen im Bildungsbereich und spricht einige Entschließungen und Empfehlungen aus[352] [353].

Durch internationale Ausbildungseinrichtungen zur Erlernung von Weltraumtechniken gibt die UNO – hauptsächlich durch von ihr geförderte nationale Schulungseinrichtungen[354] – insbesondere auch Angehörigen von Entwicklungsstaaten Gelegenheit, die Beherrschung bodengebundener Weltraumanlagen zu erlernen[355].

Durch die Outer Space Affairs Division werden beim Generalsekretariat unter dem Symbol "A/AC. 105/Inf." die Starts sämtlicher Raumkörper, soweit die Mitglieder hierüber freiwillig Auskunft geben, registriert. Die UdSSR, die USA, Italien, Frankreich, Japan und Australien liefern diesem Dienst regelmäßig neue Informationen[356] [357] [358].

Schließlich wurden zur gemeinnützigen Speicherung der Daten von Beobachtungssatelliten durch das Internationale Geophysikalische Jahr die drei Welt-Daten-Zentren A, B, C (World Data Centres A, B, C) in den USA, der UdSSR, West-Europa, Japan und Australien errichtet[359], welche rasche und zuverlässige Information aller Mitglieder beispielsweise über die von Geodäsie-Satelliten ermittelten Daten geben können. Die zukünftige Arbeit des Komitees wird darin bestehen, verstärkt nach angewandten Techniken speziell auf dem Gebiet der Satellitenkommunikation für das Bildungswesen, die Meteorologie, die Bodenschatz-Fern-Erkundung und die Erdbeobachtung zu suchen[360].

5. Das Sekretariat der Vereinten Nationen

Um die ihm von der UN-Charta, sowie durch Empfehlungen und Resolutionen der Vollversammlung zugewiesenen Aufgaben erfüllen zu können, steht dem UNO-Generalsekretär das Sekretariat zur Seite.

---

352 Wie Fußnote 349; a. a. O., S. 12, Absatz 33–35.
353 Die Einzelheiten der Berichte werden an anderer Stelle behandelt.
354 Wie z. B. in Indien und Argentinien.
355 Wie Fußnote 349; a. a. O., S. 13–17.
356 Wie Fußnote 349; a. a. O., S. 18, Absatz 58.
357 Allgemein werden Angaben gemacht über: Namen des Raumkörpers, Startgewicht, Aufgabe, Bahnneigung, Apogäum, Perigäum und Umlaufzeit.
358 Ein Vorschlag Frankreichs, die Angaben zur Pflichtaufgabe für alle Mitglieder zu erklären, konnte nicht verwirklicht werden; wie Fußnote 349; a. a. O., S. 19.
359 A für USA, B für UdSSR, C für West-Europa, Japan, Australien; A/AC. 105/C. 1/L. 34, S. 20, Absatz 66.
360 a. a. O., S. 20.

5.1. *Outer Space Affairs Division*

Im Rahmen der "Abteilung für politische Angelegenheiten und Fragen des Sicherheitsrats" des Sekretariats stellt die "Outer Space Affairs Division" diejenige Unterabteilung dar, die für den Generalsekretär die diesem vom Komitee zugewiesenen Aufgaben erfüllt. Der Generalsekretär handelt also in Fragen der Weltraumforschung und -nutzung durch die Outer Space Affairs Division; diese ist Exekutivorgan des Komitees, seiner beiden Unterausschüsse und Arbeitsgruppen[361].

5.2. *Tätigkeit der Outer Space Affairs Division*

Das bisher bedeutendste, durch die "Outer Space Affairs Division" geplante und durchgeführte Vorhaben der UNO war die schon erwähnte[362] Wiener Weltraumkonferenz 1968. Sie befaßte sich in über 200 Beiträgen mit dem Stand der angewandten Weltraumforschung. Bedeutung und Erfolg der Konferenz lagen darin, daß nach gerade 10 Jahren Weltraumforschung sich schon eine Reihe von Anwendungsmöglichkeiten zeigte, und die Bereitschaft der Weltraumforschung treibenden Staaten zur Zusammenarbeit mit den Entwicklungsstaaten zum Wohle aller Menschen zusammenzuarbeiten, zuzunehmen begann[363].

Die Outer Space Affairs Division nimmt weiter folgende Aufgaben wahr:

- Entgegennahme solcher Informationen, die die Vertragsstaaten des "Weltraumvertrags" und des "Beistandsabkommens" vertragsgemäß dem Sekretariat zuzuleiten haben[364].
- Sammlung von Satellitenstartdaten[365].

Für die Zukunft wird die Arbeit des Komitees sich noch mehr auf angewandte Weltraumforschung konzentrieren, da der Outer Space Affairs Division als seinem Exekutivorgan ein hauptamtlicher Vertreter bewilligt wurde[366]. Seine Aufgabe ist es, die Zusammenarbeit für die angewandte Weltraumforschung innerhalb der Mitgliedsstaaten und UNO-Unterorganisationen zu koordinieren[367].

---

[361] A/AC. 105/C. 1/L 34, S. 21/22, Absatz 74–77.
[362] Vgl. Fußnote 341.
[363] Wie Fußnote 361; a. a. O., S. 23.
[364] a. a. O., S. 24, Absatz 82.
[365] a. a. O., S. 25, Absatz 84.
[366] a. a. O., S. 25, Absatz 85.
[367] Für das Jahr 1971 plant er vor allem Konferenzen, auf denen die Teilnehmer in die Auswertung der Daten von "Remote Sensing Satellites" einge-

Schließlich hält die Outer Space Affairs Division für das Komitee entsprechend der UNO-Vollversammlungs-Resolution No. 1721 (XVI)[368] Verbindung mit allen an der Weltraumforschung beteiligten und interessierten Körperschaften innerhalb und außerhalb der UNO[369].

5.3. Weitere Unterabteilungen im Sekretariat

Neben der Outer Space Affairs Division sind im Sekretariat noch andere Abteilungen mit Problemen der Weltraumforschung befaßt. Ihre verdienstvolle Tätigkeit hier im einzelnen aufzuzählen, würde den Rahmen dieser Arbeit sprengen. Es möge daher genügen, ohne den Anspruch auf Vollständigkeit erheben zu wollen, kurz noch folgende Abteilungen zu erwähnen:

- Das Office for Science and Technology befaßt sich mit all' den Fragen, bei denen Wissenschaft und Technologie auch zum Nutzen der Entwicklungsstaaten eingesetzt werden können[370], insbesondere interessiert es daher der Einsatz aller Arten von angewandten Satelliten.
- Die Resources and Transport Division beschäftigt sich unter anderem mit Kartographie, Geologie sowie mit allen mit See- und Bodenschätzen zuzusammenhängenden Fragen[371]. Ihre besondere Aufmerksamkeit gilt der kartographischen Erfassung von durch "Remote Sensing Satellites" aufgefundenen Bodenschätzen, Wasservorkommen, usw.[372].

6. United Nations Development Programme (UNDP)

Neben dem UN-Sekretariat, seinen Abteilungen und Unterabteilungen beschäftigt sich auch das UNDP unmittelbar mit der Anwendung von Satellitentechniken für vier verschiedene Bereiche, nämlich:

- Wetter- und Insektenplagen-Voraussagen,
- Bildungshör- und Fernsehfunk,
- Bodenschatzbeobachtung
- Fernmeldewesen.

---

wiesen werden sollen, vgl. Report of the Committee on the Peaceful Uses of Outer Space, 25th Session, No. 20 (A/8020), 1970, S. 19 ff.

368 "Dies geschieht unter Zuhilfenahme aller Möglichkeiten des Sekretariats."

369 A/AC. 105/C. 1/L. 34, S. 26, Absatz 88, 89.

370 a. a. O., S. 28 ff.

371 a. a. O., S. 30.

372 a. a. O., S. 31.

6.1. Fernmeldewesen

Auf dem Gebiet des Fernmeldewesens gewährt das UNDP in Zusammenarbeit mit der ITU finanzielle und personelle Unterstützung, um Entwicklungsstaaten die Entscheidung für die Errichtung von Fernmeldebodenfunkstationen zu ermöglichen und Personal dafür auszubilden[373].

6.2. Bildungsfernsehen

Einen großen finanziellen Beitrag leistet das UNDP besonders für das indische Satelliten-Erziehungs-Fernsehprojekt "SITE"[374].

7. Koordinationsreferat

Um die Arbeit aller oben in 1.–6. aufgezählten UN-Behörden sinnvoll zu koordinieren, hat der Generalsekretär eine aus Mitgliedern aller dieser Behörden zusammengesetzte Arbeitsgruppe einberufen, die von Fall zu Fall tagt.

IV. Die Tätigkeit der UNO-Unterorganisationen auf dem Gebiet der Weltraumforschung und Weltraumnutzung

Im folgenden wird die weltraumbezogene Tätigkeit der drei auf diesem Gebiet am meisten betroffenen Behörden erörtert,

- der "International Telecommunication Union" (ITU)
- der "World Meteorological Organization" (WMO),
- der "United Nations Educational, Scientific and Cultural Organization" (UNESCO).

Auf die Darstellung der sicherlich ebenso interessanten Tätigkeit

- der "Food and Agriculture Organization" (FAO),
- der "World Health Organization" (WHO),

---

[373] A/AC. 105/C. 1/L. 34, S. 38; insbesondere wurde das indische Ausbildungsprojekt Ahmedabad unterstützt. Vgl. auch oben Teil B, Kap. 3, II, Nr. 13.

[374] Teil B, Kap. 3, II, Ziff. 13, Indien.

[375] Erfunden von Claude Chappe, 1791 in Frankreich: die kreisförmig angeordneten Buchstaben werden von einem Zeiger in der Reihenfolge der Botschaft angezeigt und von Turm zu Turm über Fernrohr abgelesen und weitergeleitet; vgl. z. B.: "ITU, a hundred years of international co-operation, 1865–1965", S. 2, das dem Verfasser auf Anfrage vom 23. März am 12. April 1972 von der ITU freundlicherweise überlassen wurde.

– der "International Civil Aviation Organisation" (ICAO),
– der "Inter-Governmental Maritime Consultative Organization" (IMCO) und
– der "International Atomic Energy Agency" (IAEA)

muß in dieser Arbeit verzichtet werden.

1. Die International Telecommunication Union, ITU

1.1. Geschichtsabriß

Der Wunsch zu raumüberwindender Kommunikation ist so alt wie die Kulturgeschichte.

Über das geschriebene, per Boten übermittelte Wort drängte der Mensch zu rascherer Mitteilung, bediente sich – wie der Römer – des Feuerzeichens über ein weitverzweigtes Netz von exponiert stehenden Nachrichtentürmen, des Küstenfeuers, des Rauchzeichens und der Trommel, um über große Strecken seine Gedanken mitzuteilen und erfand schließlich das System "Sémaphore"[375].

Diese Kommunikationssysteme beruhten darauf, daß die Nachricht in Hör- oder Sichtweite des weiterleitenden Teilelementes standen. Die Überwindung des – in der Beschränkung dieser Nachrichtentechnik auf die Reichweite der Sinneswahrnehmung liegenden – Mangels gelang erst durch die Entwicklung des Telegraphen durch Samuel Morse im Jahr 1837.

In der Folgezeit setzte in Europa ein Wildwuchs an Telegraphennetzen ein. Um ihn zu bändigen, den grenzüberschreitenden Telegraphenverkehr zu vereinheitlichen und einheitliche Tarife zu beschließen, berief Napoleon III. für 1865 eine Konferenz von 20 europäischen Staaten zur Gründung der "Internationalen Telegraphen Union", dem Vorläufer der ITU, ein[376]. Von ihrer Gründung ab vollzog die Union jede Neuerung auf kommunikationstechnischem Gebiet mit und lenkte sie in geordnete Bahnen. 1868 gab sie sich ein ständiges Generalsekretariat[377], 1885 regelte sie den – nach der von A. G. Bell 1876 erfundenen Telephonie entstandenen – Fernsprechverkehr auf internationaler Ebene[378] und 1906 verabschiedete sie in Berlin die ersten internationalen "Radio

---

[376] a. a. O., S. 7.
[377] a. a. O., S. 9.
[378] a. a. O., S. 12.

Regulations"[379], um das inzwischen entstandene Rundfunkwesen in den Griff zu bekommen. Dieses nach dem Ersten Weltkrieg in weitem Umfang aufkommende neue Medium gab der 1932 formell in "International Telecommunication Union" umbenannten Organisation ihre bis heute wichtigste Aufgabe, nämlich

- die Verteilung von Sendefrequenzen aus dem eng begrenzten Frequenzspektrum für die verschiedenen Zwecke, Kontinente, Seegebiete, Lufträume und Staaten.

Diskutierte man 1865 bei Gründung der Organisation in Paris lediglich über Jules Vernes' neuestes Buch "Die Reise zum Mond" als einen phantasievollen Bestseller, so wurde 1963, knapp 100 Jahre später, die bemannte und unbemannte Raumfahrt zu einem aktuellen Gesprächsthema für die Mitglieder der ITU: Auf einer eigens zu diesem Zweck einberufenen Konferenz beschloß die ITU eine Neuverteilung der für Weltraumforschung und -nutzung nötigen Sendefrequenzen.

Nach den nachrichtentechnischen Entwicklungen, die der Zweite Weltkrieg brachte, mußte sich die ITU strukturell und in den Radio Regulations modernisieren: 1947 wurde sie, 82-jährig, eine UNO-Sonderorganisation; durch Struktur und Aufgabe unterscheidet sie sich aber in wesentlichen Punkten von anderen UNO-Unterorganisationen.

1.2. Aufgaben der ITU

Die Arbeit der ITU stützt sich auf die "International Telecommunication Convention" (ITC, Internationales Fernmeldeabkommen), Montreux, November 1965, in Kraft seit dem 1. Januar 1967 mit LIII Artikeln sowie auf die als Anhang zur ITC erschienenen "Radio Regulations", welche für die Unterzeichnerstaaten[380] auf über 700 Seiten alle technischen Einzelheiten des Gebrauchs von Radiowellen, Telegraphie und Telephonie zu allen denkbaren Zwecken auf internationaler Basis verbindlich regeln[381] [382].

---

379 a. a. O., S. 15.

380 Die Unterzeichnerzahl betrug im Jahr 1965: 129.

381 Die bisherigen, ab 1959 geltenden Radio Regulations wurden inzwischen viermal geändert, nämlich:
(1) 1963 in Genf durch die "Space Conference";
(2) 1966 in Genf durch die "Aeronautical Conference";
(3) 1967 in Genf durch die "Maritime Conference" und
(4) 1971 in Genf durch die "Space Telecommunications Conference".

382 Der Verfasser dankt der ITU für die großzügige unentgeltliche Überlassung

Zwecke[383] der ITU sind gemäß ihrer Konvention von 1965:

- a) "Einrichtung und Ausweitung internationaler Zusammenarbeit zur Verbesserung und zum vernünftigen Gebrauch aller Arten des Fernmeldewesens;
- b) Förderung und Entwicklung technischer Geräte und ihrer wirkungsvollsten Arbeitsweise im Hinblick auf die Verbesserung der Wirksamkeit von Fernmeldediensten, Verbesserung ihres Wirkungsgrades und – so weit wie möglich – Zurverfügungstellung für die Öffentlichkeit;
- c) Harmonisierung der Bestrebungen der Nationen zur Erreichung dieser gemeinsamen Ziele."

Zur Erreichung dieser Zwecke hat die ITU folgende Kompetenzen und Befugnisse[384]:

- a) "Ausübung der Frequenzverteilung (allocation)[385] aus dem Radiofrequenzspektrum und Registrierung von Frequenzzuteilungen (assignments)[386] um schädliche Frequenzinterferenzen (harmful interference)[386] zwischen Radiostationen verschiedener Länder zu vermeiden;
- b) Koordinierung der Bemühungen, die schädliche Frequenzinterferenz zwischen Radiostationen verschiedener Länder zu beseitigen und einen nützlichen Gebrauch vom Frequenzspektrum zu machen;
- c) Förderung der Zusammenarbeit zwischen Mitgliedern und Assoziierten

---

sämtlicher Textsammlungen,
- der "International Telecommunication Convention", 1965,
- den "Radio Regulations 1968" mit Appendices 25, 26, 27,
- den "Final Acts 1971", welche die Radio Regulations von 1968 auf den Stand von 1971 bringen.

383 ITC, Art. 4 (1) (a–c).

384 ITC, Art. 4 (2) (a–f).

385 Die Radio Regulations (amtl. Abkürzung: RR; zitiert wird in dieser Arbeit stets die Fassung von 1971!) unterscheiden in Resolution 6–1 (amtl. Abkürzung: RR Res. 6–1) genau in der Terminologie: Die einzelne Sendefrequenz wird danach gleichsam dreifach vergeben
(1) an den "Dienst" ("Fix"-, "Mobil"-, "Luftfahrt"-, Küstendienst etc.),
(2) an das Gebiet oder den Staat,
(3) an die Sendestation.
Dabei hat der Vorgang der Frequenzverteilung drei verschiedene in Englisch, Französisch und Spanisch festgelegte Bezeichnungen. Es heißen danach die Vergabe für
(1) den Dienst: Im Englischen: "allocation" (Verteilung),
(2) Gebiet/Staat: Im Englischen: "allotment" (Austeilung),
(3) Station: Im Englischen: "assignment" (Zuteilung).
In dieser Arbeit verwendet der Verfasser die (von ihm stammende, nicht amtliche, in Klammern gesetzte deutsche) Übersetzung.

386 "harmful interference" bezeichnet den physikalischen Vorgang, daß zwei oder mehr Sender sich auf gleicher oder ähnlicher Wellenlänge in einem bestimmten Gebiet so beeinflussen, daß keiner ungestört vom anderen empfangen werden kann.

Mitgliedern, im Hinblick darauf, daß möglichst niedrige Benutzungsgebühren zusammen mit einem wirkungsvollen Betrieb erreicht werden unter Berücksichtigung der Notwendigkeit, eine unabhängige Finanzverwaltung im Fernmeldeverkehr auf gesunder Basis beizubehalten;

– d) Förderung der Schaffung, Entwicklung und Verbesserung von Fernmeldeeinrichtungen und -netzen in neuen oder Entwicklungsstaaten durch alle ihr zur Verfügung stehenden Mittel, besonders durch ihre Teilnahme an den entsprechenden Programmen der Vereinten Nationen;

– e) Schaffung von lebenserhaltenden Maßnahmen durch Zusammenarbeit der Fernmeldedienste;

– f) Durchführung von Studien, Schaffung von Regeln, Annahme von Resolutionen, Formulierung von Empfehlungen und Meinungen, Sammlung und Veröffentlichung von das Fernmeldewesen betreffenden Informationen zum Wohle aller Mitglieder und Assoziierten Mitglieder."

1.3. Struktur der ITU

1.3.1. Die Vollversammlung (Plenipotentiary Conference)[387]

Die Vollversammlung ist das oberste Organ der ITU. Sie setzt sich aus den Delegierten der Mitglieds- und Assoziierten Mitgliedsstaaten zusammen, tagt in Abständen von fünf bis sechs Jahren, legt dabei die allgemeine Linie zur Erfüllung der Zwecke der ITU fest, revidiert – wenn nötig – die ITC und wählt die Mitglieder des Verwaltungsrates sowie den Generalsekretär.

1.3.2. Der Verwaltungsrat (Administrative Council)[388]

Der aus 29 Mitgliedern bestehende Verwaltungsrat tagt jährlich. Mit umfassenden Befugnissen ausgestattet, hat er die Aufgabe, die Durchführung aller ITC- und RR-Artikel sowie der Beschlüsse der Vollversammlung und anderer Unions-Konferenzen in die Wege zu leiten und die ständigen Organe der Union zu kontrollieren und zu überwachen.

1.3.3. Der Generalsekretär (Secretary General)[389]

Der Generalsekretär hat die typischen Aufgaben eines Generalsekretärs in einer multinationalen Behörde zu erledigen: Er überwacht die Verwaltungstätigkeit der ständigen Organe, vertritt die ITU nach außen

---

[387] ITC, Art. 5 (1) und Art. 6.
[388] ITC, Art. 5 (3) und Art. 9.
[389] ITC, Art. 10, 11, 12.

und hat dem Verwaltungsrat über alle Verwaltungs- und Finanzgeschäfte der ITU Rechenschaft zu geben. In seiner Tätigkeit wird er vom Generalsekretariat und vom Koordinationskomitee unterstützt.

1.3.4. Verwaltungskonferenzen (Administrative Conferences)[390]

Auf ordentlichen und außerordentlichen Welt- oder auf themen- oder regional begrenzten Verwaltungskonferenzen werden die Radio Regulations neu gefaßt. Die Abstände zwischen solchen Konferenzen schwanken zwischen drei und fünf Jahren. Die Vertretungsverhältnisse entsprechen denen in der Vollversammlung. Welche Mehrheiten zur Festlegung der einzelnen Tagesordnungspunkte erforderlich sind, bestimmt sich nach der Bedeutung der angestrebten Änderung der Radio Regulations. Die letzte derartige Konferenz war die "World Administrative Conference for Space Telecommunications" 1971 in Genf[391]. Auf ihr wurden mit Wirkung vom 1. Januar 1973[392] unter anderem die erstmals 1963 auf der "Space Conference"[393] erarbeiteten Definitionen für den Weltraum-Fernmeldeverkehr[394] den inzwischen gewandelten Verhältnissen angepaßt und neue Frequenzen für den "Weltraum-Dienst" vergeben.

1.3.5. Ständige Organe

Zur Erledigung ihrer laufenden Geschäfte hat die ITU neben Generalsekretär, Generalsekretariat und Koordinationskomitee schließlich noch drei äußerst wichtige ständige Organe:

- Das "International Frequency Registration Board", (IFRB)[395],
- Das "International Radio Consultative Committee", (CCIR)[396],
- Das "International Telegraph and Telephone Consultative Committee" (CCITT)[397].

---

390 ITC, Art. 7.
391 Einberufen gem. Empfehlung No. 632 des Administrative Council auf seiner 23. Sitzung 1968.
392 "Final Acts 1971" S. 2.
393 Radio Regulations 1968, S. 1.
394 Radio Regulations, 1968, Section II A, "Space Systems, Services and Stations".
395 ITC, Art. 13.
396 ITC, Art. 14.
397 ITC, Art. 14.

Das IFRB hat die Aufgabe, ein Register zu führen, das alle Frequenz-Zuteilungen an die Einzelstationen (assignments) ständig ausweist, sowie die Mitglieder und Organe in Fragen neuer Frequenz-Verteilungen hinsichtlich schädlicher Frequenzinterferenzen (harmful interference) zu beraten[398].

Die beiden "Consultative Committees" sollen Fragen der Technik und Bedienung erforschen und Empfehlungen hierzu veröffentlichen, insbesondere Entwicklungsstaaten bei der Errichtung von Fernmeldesystemen beraten[399].

1.4. Würdigung

Unter allen UNO-Behörden und spezialisierten UNO-Unterorganisationen stellt die ITU die einzige dar, die ständig, selbst und unmittelbar mit den technischen Fragen satellitenverstärkter Telekommunikation befaßt ist. Sie kontrolliert und bestimmt durch die Radio Regulations alle mit Sendefrequenzen zusammenhängenden technischen Charakteristika der Nachrichtenverbindungen zwischen Bodenkontroll- und Bodenfunkstationen einerseits und künstlichen Satelliten und Raumfahrzeugen andererseits.

Gegen die Wirksamkeit der Kontrolle durch die ITU werden oft die Art. 28 ITC und 15 RR ins Feld geführt[400].

- Diese beiden Vorschriften legen fest, daß im Falle schädlicher Frequenzinterferenz (harmful interference) oder bei anderen Streitigkeiten die Mitglieder ihre Differenzen entweder auf diplomatischem oder auf einem sonstigen, von beiden Beteiligten anerkannten Weg zur Schlichtung bilateraler Konflikte ausräumen sollen.

Die Hauptargumente gegen diese beiden Vorschriften lauten,

- daß sie keinerlei Vollstreckungsmaßnahmen bereithalten, um die Parteien zur Befolgung der für sie bindenden[401] Entscheidung des Schiedsgerichts zu zwingen und
- daß das vorhandene "Optional Additional Protocol"[402] zwar die Möglichkeit einer Zwangsvollstreckung bietet, ihm aber nur 47 Staaten[403] ohne die wichtigen Weltraummächte Frankreich, USA und UdSSR beigetreten sind.

---

398 ITC, Art. 13 (1) (a und b).

399 ITC, Art. 14 (1–3).

400 Statt aller anderen vgl. hierzu das grundlegende Werk von Delbert D. Smith: "International Telecommunication Control", 1969, A. W. Sijthoff – Leyden, S. 31–35.

401 ITC, Annex 3 (zu Art. 28) Absatz 10.

402 Vgl. Smith a. a. O., S. 32/33.

403 Mitglieder, vgl. Smith a. a. O., S. 33, Fußnote 65.

Die Wirksamkeit dieser beiden Artikel im Vergleich mit anderen international-privatrechtlichen und völkerrechtlichen Instrumenten wird in Teil C der Arbeit untersucht. *Festgehalten sei hier aber schon, daß die ITU immer nur die technische Korrektheit der Signalverbreitung, nicht aber den Sendeinhalt kontrolliert.* Der Sendeinhalt ist für die ITU nur so weit interessant, als für ihn das internationale Fernmeldegeheimnis[404] zu wahren ist.

1.5. Tätigkeit der ITU auf dem Gebiet des Weltraum-Fernmeldewesens

Ohne hochentwickelte Telekommunikationssysteme[405] wäre Weltraumforschung und -nutzung undenkbar: Da jedes bemannte und unbemannte Raumfahrzeug die Aufgabe hat, Nachrichten zur Erde zu übermitteln, Draht- und Kabelsysteme für diese Zwecke aber ausscheiden müssen, können nur drahtlose, elektromagnetische oder optische Systeme zum Einsatz kommen. Da die Satellitenforschung immer kompliziertere Fernmeldestrukturen entwickelte, nahm sich die ITU seit 1959 auch dieser ihr neu zugewachsenen Aufgabe an:

- 1959[406] wurden die ersten Frequenzen auf verschiedene "Weltraumdienste" verteilt und Bedienungsbedingungen geregelt[407].
- 1963[408] wurden die Radio Regulations nochmals erweitert und erstmalig – wenn auch auf "geteilter[409] Basis" – Frequenzen für Fernsehmelde-Satelliten-Dienste verteilt, sowie Frequenzen für Wettersatellitendienste, Radio-Navigationssatellitendienste, Kommando-, Telemetrie- und Bahnverfolgungsdienste vorgesehen[410].
- 1971 schließlich, auf der "World Administrative Conference for Space Telecommunications"[411] erfuhren die Radio Regulations in ihren die Weltraumdienste und -frequenzen betreffenden Teilen teilweise eine gründliche Än-

---

[404] ITC, Art. 35 (1).

[405] "Telecommunication" ist "jedes Übertragen, Senden oder Empfangen von Zeichen, Signalen, Schrift, Bildern, Tönen oder Nachricht jeglicher Natur über Draht, Radio, visuelle oder andere elektromagnetische Systeme", (= Radio Regulations Section I. General Terms [Amtl. Abk.: RR 1–1]). Die in den RR verwendeten Begriffsbestimmungen gelten nur für die Zwecke der RR, (RR 1 – Präambel).

[406] "World Administrative Radio Conference", Genf.

[407] UNO-Vollversammlungsdokument A/AC. 105/C. 1/L. 34, S. 45: Sie waren die ersten juristisch verbindlichen Vorschriften über Weltraumfragen.

[408] "Extraordinary Administrative Radio Conference", 7. Okt.–8. Nov. 1963, Genf.

[409] Frequenzen können auf "geteilter" oder "ausschließlicher" Basis vergeben werden; im ersteren Fall teilt ein anderer Dienst die vergebene Frequenz.

[410] A/AC. 105/C. 1/L. 34, S. 46/47.

[411] Genf, 1971.

derung, die, in der Fassung der "Final Acts 1971", vom 1. Januar 1973 an gültig ist. Darin werden praktisch alle bisher geltenden Weltraumkommunikations-Begriffe für "Stationen" und "Systeme" geändert; der Zunahme von geostationären und Direkt-Rundfunksatelliten wird auch bei der Frequenzvergabe Rechnung getragen[412].

Weltraumkommunikationstechnisch aktuelle und für die Frequenzvergabe wichtige Probleme löst die ITU durch Studiengruppen des International Radio Consultative Committee, (CCIR)[413]. Auf den Vorarbeiten dieser Studiengruppen fußen die Resolutionen und Empfehlungen der "Final Acts, 1971". Aus ihnen seien wegen ihrer großen Bedeutung die ersten drei Resolutionen[414] herausgegriffen und kurz dargestellt:

– a) Resolution No. Spa. 2–1[415] stellt in Übereinstimmung und in weiterer Ausfüllung des UNO-"Weltraumvertrags"[416] fest, daß alle Staaten das gleiche Recht auf den Betrieb von Satelliten in geostationärer Umlaufbahn und die Zuteilung geeigneter Frequenzen hierfür haben; daß aber diese Umlaufbahnen und die erforderlichen Frequenzen begrenzte natürliche Güter sind, die deshalb nur in wirtschaftlichster Weise genutzt werden dürfen; daß aus einer einmal vergebenen Frequenz für einen Staat oder eine Gruppe von Staaten (INTELSAT-Gruppe!) kein "Recht des Ersten" hergeleitet werden kann, sondern daß alle späteren Frequenzinteressenten von den vorhandenen Satellitenmächten die Ermöglichung des von ihnen geplanten neuen Systems mit allen zur Verfügung stehenden praktischen Mitteln fordern können.

---

412 Allein die "Final Acts, 1971" füllen mit den dazugehörigen Resolutionen und Empfehlungen 357 Seiten. Eine über die im Teil A vorgenommene Begriffsbestimmung hinausgehende Erörterung der ITU-Nomenklatur ist in dieser Arbeit aus Raumgründen nicht möglich.

413 So wurden z. B. für die 12. Vollversammlung des CCIR, September–Oktober 1969, Genf, folgende Problemkreise durch Studiengruppen vorgeprüft:
(1) Technische Merkmale, die den Gebrauch geostationärer Umlaufbahnen beeinflussen.
(2) Der Gebrauch des Frequenzspektrums über 10 GHz.
(3) Bildungssatellitensysteme und ihre Wirtschaftlichkeit besonders für Entwicklungsstaaten.
(4) Rückwirkungen der Weltraum-Telekommunikation auf den mobilen (Luft- und Seefahrt-)Dienst; vgl.: A/AC. 105/C. 1/L. 34, S. 52/53.

414 Die ITU-Resolutionen und -Empfehlungen tragen einheitlich die Bezeichnung "Spa 2–" und dahinter ihre laufende Nummer; dabei bezeichnet "Spa" wie überall in den Radio Regulations den Weltraum-Dienst (Space Service); die "2" hinter "Spa" weist auf die 2. Weltraumkonferenz seit 1963 hin.

415 "Relating to the Use of all Countries, with equal Rights, of Frequency Bands for Space Radio Communication Services" ITU, Final Acts, 1971, S. 311/312.

416 Art. I (2) UNO-Weltraumvertrag lautet: "Der Weltraum ... soll allen Staaten ohne irgendwelche Diskriminierung auf der Grundlage der Gleichheit und im Einklang mit dem Internationalen Recht, ... zur Erforschung und Nutzung offenstehen."

Die beiden folgenden Resolutionen konkretisieren die "praktischen Mittel", mit denen sich die bereits etablierten Satellitenmächte und die neu hinzukommenden Interessenten aufeinander abstimmen müssen, um unter anderem schädliche Frequenzinterferenzen (harmful interference) untereinander oder mit anderen, erdgebundenen Diensten zu vermeiden:

– b) Resolution No. Spa 2–2[417] löst das Problem von Frequenzinterferenzen zwischen Satelliten- und erdgebundenen Diensten, indem sie grundsätzlich eine Welt-, bzw. Regional-Verwaltungskonferenz[418] für das vom Satelliten bestrichene Gebiet fordert. Auf einer solchen Konferenz sollen alle möglicherweise durch den neuen Satellitendienst gestörten erdgebundenen Dienste teilnehmen und ein gemeinsames Abkommen schließen. Darin soll der Gebrauch aller betroffenen Frequenzen geregelt werden.

– c) Resolution No. Spa 2–3[419] sieht für den Fall, daß ein Satellitendienst vor einer solchen Verwaltungskonferenz in Betrieb genommen werden sollte, eine eingehende Prozedur vor, um schädliche Frequenzinterferenzen zwischen dem neuen Satellitendienst und schon registrierten Weltraumstationen und ergebundenen Diensten zu vermeiden, indem sie in jedem Fall aufgetretener Interferenz dem neuen Satellitendienst aufgibt, die Störung zu beseitigen[420].

1.6. Zusammenfassung

Die ITU hat seit Beginn des Satellitenzeitalters keine Gelegenheit versäumt, zu beweisen, daß sie allen nachrichtentechnischen Entwicklungen gewachsen ist und ihnen zu begegnen weiß, mag es sich nun um Fernmelde-, Geostationär-, Binnen-, Regional- oder Direkt-Rundfunksatelliten, um Radio-, Navigations-, Wetter- oder Bodenschatzbeobachtungssatelliten handeln. So eindeutig aber ihre völkerrechtliche Stel-

---

[417] "Relating to the Establishment of Agreements and Associated Plans for the Broadcasting-Satellite Service", ITU, Final Acts, 1971, S. 312/313.

[418] ITU, Art. 7.

[419] "Relating to the Bringing into Use of Space Stations in the Broadcasting Satellite Service", ITU, Final Acts, 1971, S. 313–320.

[420] Ein praktisches Beispiel mag die Aktualität dieser Resolution verdeutlichen: Das indische Bildungs-Satellitenprojekt "SITE" soll 1974 dienstbereit sein. Wenn bis dahin keine Welt- oder Regional-Verwaltungskonferenz gem. Resolution Spa 2–2 stattgefunden hat, muß die indische Regierung das komplizierte Koordinationsverfahren mit allen potentiell Betroffenen gem. Resolution Spa 2–3 durchführen. Würden z. B. die dort tätigen Dienste des "Indischen" oder "Pazifischen Bereichs" gestört, so könnte INTELSAT die Beseitigung der Störung verlangen; würden erdgebundene Dienste in den Nachbarstaaten Pakistan und Ceylon gestört, so könnten deren Regierungen die Beseitigung der Frequenzstörung von Indien verlangen.

lung ist, so umstritten ist die Frage, ob die ITU zur Kontrolle international-privater Rechte eingesetzt werden könnte und sollte[421].

2. Die "World Meteorological Organization", WMO

Die zweite der spezialisierten UNO-Organisationen, die im Rahmen unserer Darstellung Erwähnung findet, ist die WMO.

Bis zum Einsatz von "Wettersatelliten" waren längerfristige Wettervorhersagen unmöglich; die Meteorologie war darauf angewiesen, viele hundert Daten zusammenzutragen, um aus ihnen Schichtung, Geschwindigkeit, Temperatur, Umfang und Druck der Luftströmungen zu erschließen. Durch einfache und infrarote Satellitenphotographie kann heute jegliche Veränderung der Wolkenschichtung optisch mehrmals am Tag festgehalten werden. Plötzliche Wetteränderungen und anhaltende Großwetterlagen können sich auf diesem Weg rasch und zuverlässig voraussagen lassen.

So haben die Möglichkeiten der Wettersatelliten Struktur und Aufgabe der WMO nachhaltig beeinflußt.

2.1. Zwecke der WMO

Zweck der WMO ist es unter anderem[422]:

- die weltweite Zusammenarbeit bei der Errichtung von Wetterstationen zu fördern;
- die Errichtung und Bedienung von Systemen für den schnellen Austausch meteorologischer Daten zu fördern;
- zu Forschung und Ausbildung zu ermutigen.

2.2. Organe

2.2.1. Der "World Meteorological Congress"

Das oberste Organ der WMO ist der "World Meteorological Congress"[423]. Der Kongreß, in dem die Mitgliedsstaaten durch ihre Repräsentanten vertreten sind, tagt mindestens alle vier Jahre einmal. Er legt die Einzelheiten über Struktur und Funktion der WMO-Organe fest

[421] Zu dieser Frage vgl. den Teil C der Arbeit.
[422] A/AC. 105/C. 1/L. 34, S. 61.
[423] a. a. O., S. 61.

und setzt die "Gebietsvereinigungen" ("Regional Associations")[424] und "Technischen Kommissionen" ("Technical Commissions")[425] ein.

2.2.2. *Das "Exekutivkomitee"*

Das 24-köpfige[426] "Exekutivkomitee" tagt wenigstens einmal im Jahr zur Ausführung der Kongreßbeschlüsse[427].

2.2.3. *Die "Gebietsvereinigungen"*

Die sechs[428] "Gebietsvereinigungen" treffen sich so oft wie nötig, um die ihnen vom "Exekutivkomitee" zur Erledigung auf regionaler Ebene zugewiesenen Aufgaben zu behandeln[429].

2.2.4. *"Technische Kommissionen"*

Der Kongreß hat bislang acht aus Experten zusammengesetzte "Technische Kommissionen" eingesetzt, die neue Methoden und Verfahren erproben, um ihre Vorschläge und Ergebnisse dem "Exekutivkomitee" und dem "Kongreß" vorzulegen. Fünf dieser "Technischen Kommissionen" befassen sich mit Weltraumforschungsfragen[430].

2.2.5. *Der Generalsekretär*

Der Generalsekretär, der vom Generalsekretariat mit Sitz in Genf unterstützt wird, vertritt die WMO nach außen und handelt zwischen den Sitzungsperioden des Kongresses für die WMO auf dem Gebiet der Verwaltung und Forschung[431].

---

[424] a. a. O., S. 62, gegenwärtig sechs.
[425] a. a. O., S. 62, gegenwärtig acht.
[426] a. a. O., S. 61, 1 Präsident, 3 Vizepräsidenten, 6 Präsidenten der Regional- (Gebiets-)Vereinigungen, sowie 14 vom Kongreß gewählte Direktoren.
[427] a. a. O., S. 62.
[428] a. a. O., S. 62, für Afrika, Asien, Südamerika, Mittel- und Nordamerika, Südwestpazifik und Europa.
[429] a. a. O., S. 62.
[430] A/AC. 105/C. 1/L. 34, S. 62: Es sind dies die Kommissionen für synoptische Meteorologie, atmosphärische Wissenschaften, Klimatologie, Beobachtungsinstrumente und -methoden, Hydrometeorologie.
[431] a. a. O., S. 63.

2.2.6. *"Gemeinschaftliches Organisationskomitee"*

Gemeinsam mit dem ICSU[432] hat die WMO ein "gemeinschaftliches Organisationskomitee", "JOC"[433] für das weltweite Atmosphärenforschungsprogramm "GARP"[434] gegründet[435], das am Sitz der WMO durch den gemeinsamen Planungsstab "JPS"[436] unterstützt wird[437].

2.3. *Tätigkeit und Programme*

2.3.1. *"World Weather Watch" (WWW)-Programm*

Nach der Aufforderung durch die UNO-Vollversammlungs-Resolution No. 1721 (XVI) 1961, den Wert der Weltraumtechniken für die Wetterkunde zu prüfen, revidierte die WMO das gesamte Welt-Wetterkundesystem und entwickelte einen welteinheitlichen Plan zur Errichtung eines einzigen globalen Wetterdienstes, "World Weather Watch" (WWW)[438]. 1967 billigte der Fünfte Welt-Wetter-Kongreß in Genf den ursprünglichen WWW-Plan und das Durchführungsprogramm für den Zeitraum von 1968–1971[439].

2.3.2. *Planungsziel*

Aufgabe des WWW nach diesem Plan ist der Aufbau eines einzigen, aus den Wetterdiensten und -einrichtungen der Mitgliedsstaaten und internationaler Organisationen bestehenden Wetterdienstes, um allen Mitgliedern Daten zur angewandten und wissenschaftlichen Meteorologie zur Verfügung stellen zu können[440]. Zur Erreichung dieses Ziels bedient sich der WWW dreier wesentlicher Einrichtungen:

- eines weltweiten Beobachtungssystems,
- eines weltweiten Datenverarbeitungssystems und
- eines weltweiten Fernmeldesystems.

---

432 "International Council of Scientific Unions".
433 "Joint Organizing Committee".
434 "Global Atmospheric Research Programme".
435 a. a. O., S. 63.
436 "Joint Planning Staff".
437 Aufgabe von "GARP" ist die gemeinsame Erforschung der Atmosphäre, so wie sie die UNO-Resolution No. 1802 (XVII), 1962, den beiden Organisationen empfohlen hatte.
438 A/AC. 105/C. 1/L. 34, S. 63.
439 a. a. O., S. 63.
440 a. a. O., S. 64.

Die größten Fortschritte für die Wetterbeobachtung brachte der Einsatz von amerikanischen[441] und sowjetischen[442] Wettersatelliten, die Infrarot-Aufnahmetechnik und die weltweite Einführung des billigen, für jedes Mitgliedsland erschwinglichen amerikanischen "Automatic Picture Transmission"-Systems[443][444] seit 1966[445].

2.3.3. Der World Weather Watch-Plan für 1972–1975

Der Entwurf des WWW-Plans für 1972–1975 sieht eine noch eingehendere Satellitenbeobachtung der Erde als Komplement zur erdgebundenen Wetterbeobachtung vor: Einerseits sollen vier geostationäre Satelliten die Großwetterlage beobachten, andererseits sollen zwei bis drei Pol-Umlaufsatelliten die Erde in geringer Höhe täglich mehrmals umkreisen und Tag und Nacht Angaben über die Wolkenbildung, Schnee- und Eisdecke, Strahlungstemperatur von Wolken-, Land- und Wassermassen, das Auftreten, die Verteilung und das Verhalten von Kurz- und Langwellen an der Erdoberfläche und in der Atmosphäre, sowie vertikale Temperaturprofile und Luftfeuchtigkeit liefern[446].

2.3.4. Zusammenarbeit

Umfangreiche Kooperation mit anderen Instituten, insbesondere im Rahmen des GARP-Programms, sowie zahlreiche Veröffentlichungen runden die Arbeit der WMO ab[447].

3. United Nations Educational, Scientific and Cultural Organization, UNESCO

Die dritte und letzte spezialisierte UNO-Unterorganisation, deren Tätigkeit im Rahmen unserer Arbeit kurz dargestellt werden soll, ist die UNESCO.

---

441 a. a. O., S. 64. Zwei Typen: 1.: "TIROS" Operational Satellite System = "TOS"; 2.: Improved TIROS Operational Satellite System = "ITOS".

442 "METEOR", a. a. O., S. 64.

443 a. a. O., S. 65: Ende 1969 existierten mehr als 400 APT-Stationen; bis 1971 wollen zu den schon 52 Staaten, die 1969 APT-Stationen unterhalten, noch 54 weitere WMO-Mitglieder APT-Stationen eingerichtet haben.

444 Das APT-System ersetzt den zentralen Bildabruf durch eine einzige geeignete Bodenstation und die anschließende Weiterübertragung dadurch, daß jedes Wetteramt mit einer eigenen Bildabrufanlage ausgerüstet wird.

445 a. a. O., S. 65.

446 A/AC. 105/C. 1/L. 34, S. 66.

447 a. a. O., S. 67–72.

Hatte die Tätigkeit der bisher beschriebenen UNO- und UNO-Unterorganisationen völkerrechtlichen Charakter, so liegt die Bedeutung der UNESCO-Tätigkeit für unsere Arbeit darin, daß sie die Brücke von den technischen und organisatorischen zu den uns interessierenden Fragen des internationalen Urheberrechts schlägt: Auf Initiative der UNESCO und in Zusammenarbeit mit der World Intellectual Property Organization (WIPO) kamen die großen Konferenzen zustande, die den inhaltlichen Schutz von Satelliten-Rundfunkausstrahlungen[448] zum Gegenstand haben[449].

3.1. Aufgabe der UNESCO

Satzungsgemäß befaßt sich die UNESCO mit der "Förderung der freien Verbreitung von Meinungen in Wort und Bild"[450]. So hat die UNESCO-Vollversammlung seit 1960 eine ganze Reihe von Resolutionen verabschiedet, in denen sie den UNESCO-Organen die Untersuchung der Frage aufgibt, wie ein freierer Informationsfluß, weitere Bildungsexpansion und verstärkter kultureller Austausch insbesondere durch die neu sich anbietenden Kommunikationsmöglichkeiten der Satellitentechnik zum Nutzen hauptsächlich von Entwicklungsstaaten verwirklicht werden können[451].

3.2. Organe

Folgende Organe der UNESCO sind mit dieser Aufgabe befaßt:

- Das "Office for the Free Flow of Information and International Exchange"[452] beschäftigt sich mit dem UNESCO-Weltraum-Kommunikationsprogramm;
- Das "Office for International Norms and Legal Affairs" betreut internationale Abkommen;
- Das "Department of Mass Communication" und die "Division of Methods, Materials and Techniques" geben Beratung bei der Entwicklung von Bildungs-Satellitensystemen[453].

---

448 Der Begriff "Rundfunk" umfaßt in dieser Arbeit stets Hör- und Fernsehfunk.
449 Über Verlauf und Ergebnisse vgl. Teil C der Arbeit.
450 A/AC. 105/C. 1/L. 34, S. 73.
451 a. a. O., S. 73: So insbesondere die UNESCO-Resolution No. 4.13 (III) 1970.
452 Ein Amt im "Communication Sector" der UNESCO.
453 a. a. O., S. 73: Eine Unterorganisation im "Department of School and Higher Education".

3.3. Konferenztätigkeit

Von 1965 an organisierte die UNESCO teils allein, teils zusammen mit anderen internationalen Organisationen wichtige Konferenzen zu allen Fragen der Weltraum-Kommunikation:

- Dezember 1965: "Meeting of Experts on the Use of Space Communication by the Mass Media"[454];
- Januar 1968 "Meeting on Space Communication for Broadcasting"[455].
  Eine der von dieser Konferenz angenommenen Empfehlungen an die UNESCO ging dahin, *unter der Ägide der UNESCO eine Konvention zum Schutz von satelliten-übertragenen Fernsehsignalen in der Art zu schaffen, daß Aufzeichnung, Weitersendung und öffentlicher Gebrauch derart ausgestrahlter Übertragungen von der Genehmigung der Ursprungssendeanstalt abhängen sollen*[456]. Dabei sollte die UNESCO alle Schritte zur Vorbereitung und Annahme einer solchen Konvention unternehmen[457].
- Dezember 1969: "Meeting of Governmental Experts on International Arrangements in the Space Communication Field"[458].
  Auch diese Konferenz betonte die dringende Notwendigkeit eines internationalen Urheberrechtsabkommens zum Schutz satelliten-übertragener Rundfunksendungen.

Alle drei Konferenzen wurden als Expertenkonferenzen abgehalten, zu denen Fachleute von Regierungen und von beim Schutz der Urheber- und benachbarten Rechte betroffenen Verbänden geladen waren. Ohne das engagierte Eintreten eines Mannes, des Vertreters der "European Broadcasting Union" (EBU) – Georges Straschnov – wäre die Diskussion sicherlich noch nicht auf den heutigen Stand gediehen[459] [460].

---

[454] A/AC 105/C. 1/L. 34, S. 73.

[455] a. a. O., S. 74.

[456] Mit dieser Empfehlung wurde zum ersten Mal offiziell von einem UNO-Unterorgan auf den Problemkreis des Schutzes von Urheber- und benachbarten Rechten bei Satellitenübertragungen hingewiesen.

[457] a. a. O., S. 74.

[458] a. a. O., S. 74.

[459] Straschnov verfaßte für die o. a. Konferenz 1965 den Aufsatz "Some Legal Aspects of Television Transmission by Satellite", CS/1065.22/MC. 30 (WS), Konferenzdokument: UNESCO/Spacecom/7, 29. Okt. 1965; für die o. a. Konferenz 1969 den Aufsatz "Legal Protection of Television Broadcasts Transmitted via Satellite against their Use without the Permission of the Originating Organization", Konf.-Dok.: COM/SPACE/4, 22. August 1969, COM/CONF./3/3, sowie parallel dazu für die Weltraum-Sondernummer seiner Verbandszeitschrift den Aufsatz "Satellite Transmissions and the Berne Convention", EBU-Review, No. 118 B, Nov. 1969, S. 77 ff.

[460] Die ersten beiden in Fußnote 459 zitierten Aufsätze wurden dem Verfasser auf Anfrage vom 26. Januar am 3. März 1971 freundlicherweise von der UNESCO zur Verfügung gestellt.

Durch sein Wirken maßgeblich beeinflußt, hat sich die Fragestellung von der Anwendbarkeit schon vorhandener internationaler Abkommen[461] verlagert auf die Forderung nach einer neuen Internationalen Konvention, welche die Verletzung des Senderechts der Fernsehanstalten[462] (durch unerlaubtes Empfangen und Weitersenden satellitenübertragener Programme) nurmehr mit Mitteln des Strafrechts ahndet und gleichzeitig auf die klassischen Schutzinstrumente internationaler Urheberrechtsabkommen verzichtet, um eine möglichst weltweite Annahme der Konvention zu erreichen.

1971 und 1972 folgten drei weitere Konferenzen, bei denen sich die Diskussion schon so weit zugespitzt hatte, wie eben ausgeführt:

- 21.–30. April 1971, Lausanne, UNESCO/WIPO, "Committee of Governmental Experts in the Field of Copyright and the Protection of Performers, Producers of Phonograms and Broadcasting Organizations Raised by Transmissions via Satellite"[463].
- 5.–8. Oktober 1971, Paris, UNESCO, "Meeting of Experts on International Professional Arrangements for Space Broadcasting"[464].
- 9.–17. Mai 1972, Paris, UNESCO/WIPO, "Second Committee of Governmental Experts on Problems in the Field of Copyright and the Protection of Performers, Producers of Phonograms and Broadcasting Organizations Raised by Transmission via Satellite"[465] [466].

Wiederum beeinflußte Straschnov das Konferenzgeschehen im Sinne der von ihm angestrebten Konvention durch Aufsätze und Stellungnahmen[467] [468].

---

[461] Wie z. B. das Welturheberrechtsabkommen, die Revidierte Berner Übereinkunft, das "Romabkommen" von 1961.

[462] Einzig das Recht der Fernsehanstalten am "programmtragenden Fernsehsignal" sollte bei der Konferenz von 1969 nach Ansicht Straschnovs geschützt werden.

[463] Die Konferenzpapiere wurden dem Verfasser auf Anfrage vom 10. Juni am 2. August 1971 von der UNESCO freundlicherweise zur Verfügung gestellt (UNESCO/WIPO/SAT/INF/1–21).

[464] Der Konferenzbericht wurde dem Verfasser unter dem 21. Januar 1972 freundlicherweise von der UNESCO zur Verfügung gestellt (COM-71/CONF. 5/8).

[465] Die Konferenzpapiere wurden dem Verfasser auf Anfrage vom 23. Mai unter dem 15. Juni 1972 freundlicherweise von der UNESCO zur Verfügung gestellt (UNESCO/WIPO/SAT. 2/1-13).

[466] Nach dem Entschließungsentwurf UNESCO/WIPO/SAT. 2/13, Ziff. (3) und (4) soll eine dritte Expertenkonferenz im Jahr 1973 und eine diplomatische Konferenz, auf der eine Konvention verabschiedet werden soll, im Jahr 1974 abgehalten werden.

[467] nämlich: Lausanne-Konferenzdokument UNESCO/WIPO/SAT/8, "Study on the Problems Arising from Wireless and Television Broadcasts Transmitted by Space Satellites in Relation to the Protection of Broadcasting Organiza-

Planung und Vorbereitung von Konferenzen ist jedoch nicht die einzige wichtige Tätigkeit der UNESCO auf dem Gebiet der Weltraumforschung und -nutzung.

3.4. Studienreisen

Zusammengesetzte UNESCO/ITU-Expertengremien untersuchten in verschiedenen Ländern und Gebieten der Erde die Möglichkeiten für die Errichtung von Binnen-Satellitensystemen zum Zweck der Förderung nationaler Bildungsprogramme für Gegenden, in denen schlechtentwickelte herkömmliche Kommunikationssysteme mit einem mangelhaften Allgemeinbildungsniveau zusammentreffen[469].

- Das schon erwähnte indische "SITE"-Programm wird gemäß UNESCO-Vorschlägen vorangetrieben.

  Vom 18. November bis 7. Dezember 1967 bereiste eine UNESCO-Expertengruppe Indien. Ihr Bericht befaßt sich mit Kosten und Wirkungsgrad des Ausbaus herkömmlicher Kommunikationseinrichtungen zu Bildungszwecken im Vergleich zu Kosten und Wirkungsgrad bei Installierung eines geostationären Binnensatellitensystems.

  Danach würde ein Bildungsrundfunk (Hör- und Fernsehfunk) über herkömmliche Richtfunkbrücken für ganz Indien (Stand: 1967) 96 Mio. US-$, ein Synchronsatellitensystem mit dem gleichen Einzugsbereich, dagegen nur rund ein Drittel dieser Summe, nämlich 35,6 Mio. US-$ kosten[470].
- Vom 26. Mai bis 9. Juni 1968 wurde Brasilien aus dem gleichen Grunde bereist[471].
- In Zusammenarbeit mit der ITU und mit Mitteln des United Nations Development Program (UNDP), wurde die UNESCO nach Vorarbeiten von 1969 schließlich dazu bestimmt, eine Planungsstudie für ein südamerikanisches Satelliten-Bildungsfernsehen zu erstellen, an der die Länder Argentinien,

---

tions"; WIPO Lectures, Montreux 1971, S. 257 ff.: "Développements récents et perspectives d'avenir sur le plan international dans le domaine des Satellites de Communication." Ebenso dürfte die Stellungnahme der Regierung von Kenia, in UNESCO„WIPO/SAT/2.4./ Paris, 10. April 1972, seiner Feder entstammen, da er Kenia in Lausanne 1971 und in Paris 1972 als Repräsentant offiziell vertrat.

[468] Zu den Einzelheiten dieser Aufsätze vgl. den Teil C Arbeit.

[469] A/AC. 105/C. 1/L. 34, S. 75.

[470] "Preparatory study of a pilot project in the use of satellite communication for national development purpose in India", UNESCO, COM/WS 51/5. Februar 1968, 13 000/41.331, S. 16/17, das dem Verfasser auf Anfrage vom 2. März am 12. April 1972 freundlicherweise von der UNESCO zur Verfügung gestellt wurde.

[471] A/AC. 105/C. 1/L.34, S. 75/76.

Bolivien, Chile, Kolumbien, Equador, Paraguay, Peru und Venezuela beteiligt sind[472].

- Die UNESCO-Studie für ein Satellitenbildungsfernsehen in Alaska[473] beinhaltet zusammengefaßt folgende Punkte:
  (1) Satellitenkommunikation als Teil eines umfassenden Bildungssystems ist für Alaska nicht nur möglich, sondern notwendig wegen der spezifisch alaskischen Kommunikationsprobleme (zu wenig erdgebundene Fernmeldeeinrichtungen, Gebirgslandschaft, rauhes Klima, dünne Besiedelung).
  (2) Wird auf den Einsatz eines NASA ATS-1-Satelliten verzichtet und statt dessen ein NASA ATS-F oder -G-Satellit verwendet, so könnten die Kosten pro Bodenfunkstation statt 200.000 lediglich 1.000 US-$ betragen; dabei wüchse auch die Empfangsqualität.
  (3) Das Programm sollte vorproduziert und als Aufzeichnung ausgestrahlt werden.
- Im Dezember 1970 wurde von einer UNESCO/ITU-Kommission eine vorbereitende Studie für ein Bildungs-Satellitenfernsehen[474], auf Anfrage der Regierungen von Marokko, Algerien, VAR, Sudan, Kuwait, Irak und der Rundfunkunion der Arabischen Staaten erstellt.

Sinn all' dieser Studien ist es, die vorhandenen Systeme auf ihren Einsatz in einem Bildungsfernsehsystem zu überprüfen und den Kostenaufwand, den die Ausbauarbeiten an den vorhandenen Systemen verursachen würden, den geschätzten Kosten eines Satelliten-Kommunikationssystems für Bildungsaufgaben gegenüberzustellen[475].

3.5. Zusammenarbeit

UNESCO, ITU, WMO, sowie das UNO Committee on the Peaceful Uses of Outer Space (COPUOS) arbeiten eng zusammen; sie bereiten Konferenzen gemeinschaftlich vor, nehmen als Beobachter, Berater, Teilnehmer oder Mitveranstalter wechselseitig an ihren Konferenzen teil und sichern dadurch den Informationsfluß innerhalb der UNO-Sonderorganisationen und unter den Mitgliedsstaaten.

---

[472] a. a. O., S. 76.

[473] Cassirer und Wigren: "Alaska, Implications of Satellite Communication for Education", August–September 1970, UNESCO Serial No. 2198/BMS. RD/MC, Paris, Nov. 1970, S. 2/3. Das Dokument wurde dem Verfasser auf Anfrage vom 2. März am 12. April 1972 freundlicherweise von der UNESCO zur Verfügung gestellt.

[474] A/AC. 105/C. 1/L. 34, S. 76.

[475] A/AC. 105/C. 1/L. 34, S. 76.

Kapitel 4: Sonstige multinationale Raumforschung mit und ohne Regierungsbeteiligung – außerhalb von INTELSAT und INTERSPUTNIK

Im vorigen Kapitel wurde die Arbeit der Einzelstaaten, der UNO und der UNO-Unterorganisationen eingehend dargestellt; das fünfte Kapitel wird die Entwicklung von der Kabel- zur Satellitenkommunikation mit Gründung und Tätigkeit von COMSAT und INTELSAT nachzeichnen. Das vorliegende Kapitel will nun die Arbeit solcher Organisationen kurz vorstellen, die weder in das dritte noch das fünfte Kapitel passen, deren Arbeit aber nicht unterschlagen werden sollte.

I. European Space Launcher Development Oganisation (ELDO)

1. Gründung

In der Erkenntnis, daß der technologische Fortschritt untrennbar mit einer gesunden Raumforschung, Raumforschung aber ihrerseits mit der Fähigkeit, große Nutzlasten in den Weltraum schießen zu können, verbunden ist, gründeten sechs europäische Staaten mit Australien[1] mit Wirkung vom Februar 1964 die ELDO[2].

2. Ziel

Ziel der ELDO ist die Entwicklung und der Bau von weltraumtauglichen Raketen sowie praktischer, geeigneter Ausrüstungsgegenstände für Anwendungsprogramme[3].

3. Rechtsform

ELDO ist eine zwischenstaatliche Körperschaft mit eigener Rechtspersönlichkeit und Sitz in Neuilly-Sur-Seine bei Paris. Sie genießt beson-

---

[1] Unterzeichnerstaaten des ELDO-Abkommens: Australien, Belgien, Bundesrepublik Deutschland, Frankreich, Italien, Niederlande, Großbritannien. Die Konvention steht anderen Staaten zum Beitritt offen; Dänemark und die Schweiz genießen Beobachterstatus, UNO-Dokument: A/AC. 105/C. 1/L. 34, S. 101.

[2] a. a. O., S. 101.

[3] a. a. O., S. 101.

dere Privilegien und Immunitäten. Insbesondere braucht sie keine Steuern und beim grenzüberschreitenden Verkehr von Bauteilen der Raketen keine Zölle und Abgaben zu entrichten[4].

4. Tätigkeit

Hauptziele der ELDO sind die Entwicklung der "Europa-II"-Rakete, welche in der Lage sein soll, eine Nutzlast von 170 kg – in etwa das Gewicht für einen ersten europäischen Fernmeldesatelliten – in eine geostationäre Umlaufbahn zu schießen[5], sowie der Bau eines Startgeländes in Äquatornähe, in Französisch-Guayana.

Die vorhergegangene Entwicklung der "Europa-I"-Rakete war nur teilweise erfolgreich, weil bis zum Abschuß der letzten Rakete dieser Serie stets verschiedene Mängel ein völliges Gelingen verhinderten[6]. Bis 1979 soll "Europa III" entwickelt sein, die als Zwei-Stufen-Rakete Nutzlasten von 700 kg in geostationäre Umlaufbahnen schießen können soll[7] [8].

5. Finanzen

Das Gesamtfinanzvolumen für die laufenden Projekte betrug am 15. April 1969 626 Mio. US-$, die nach einem bestimmten Verteilerschlüssel auf die Mitgliedsstaaten umgelegt werden[9].

---

[4] a. a. O., S. 103.

[5] a. a. O., S. 104.

[6] Vgl. a. a. O., S. 104.

[7] Zum Vergleich: US-Raketen vom Typ Atlas Centaur, die zum Abschuß der INTELSAT-IV-Satelliten verwendet werden, können eine Nutzlast von mehr als 1.360 kg (= das Gewicht von INTELSAT-IV) in eine geostationäre Umlaufbahn schießen. COMSAT, Report to the President and the Congress, 1970, S. 42.

[8] Im Februar 1973 faßten die beteiligten Staaten den Beschluß, das Projekt einer Europäischen Gemeinschaftsraketenentwicklung endgültig aufzugeben. Damit hat sich der Hauptzweck der ELDO praktisch erledigt.

[9] A/AC. 105/C. 1/L. 34, S. 105:

Belgien:	4,5%,
Bundesrepublik Deutschland:	27,0%,
Frankreich:	25,0%,
Italien:	12,0%,
Niederlande:	4,5%,
Großbritannien:	27,0%

Australien erbrachte seinen Anteil durch die Stellung des Startgeländes in Woomera.

II. European Space Research Organisation (ESRO)

1. Gründung

ESRO wurde 1962 gegründet, um unter den europäischen Staaten die wissenschaftliche und technologische Zusammenarbeit bei der Raumforschung für friedliche Zwecke zu fördern[10].
Die ESRO-Konvention wurde von zehn Staaten unterzeichnet und ratifiziert[11] [12].

2. Ziele

ESRO betreibt Planung, Konstruktion und Bau von Erdsatelliten, die mit Hilfe fremder Startraketen (insbesondere von NASA und ELDO) in Umlaufbahnen geschossen werden sowie ausgedehnte Höhenraketenforschungen.

3. Satellitenprogramm

Vom Mai 1968 bis Oktober 1969 ließ ESRO erfolgreich vier Satelliten starten[13]. Von 1971–72 sollen drei weitere Satelliten gestartet werden[14]. Alle sieben Satelliten dienen der Raumforschung im engeren Sinne, d. h., sie haben keine der Allgemeinheit direkt zukommende Nutzfunktion wie angewandte Satelliten. Langfristig, für den Zeitraum zwischen 1980 und 1990, plant ESRO ein europäisches Fernmeldesatellitensystem mit Geostationärsatelliten[15] und in Zusammenarbeit mit der NASA Flugverkehrskontrollsatelliten zur Steuerung der Flugdichte über dem Nordatlantik[16].

4. Zusammenarbeit

ESRO und ELDO arbeiten eng miteinander und mit anderen internationalen und nationalen direkt oder indirekt mit Raumforschung befaßten Organisationen zusammen[17]. Diese Zusammenarbeit gilt ins-

---

[10] a. a. O., S. 109.
[11] a. a. O., S. 110: Unterzeichnet am 14. Juni 1962, in Kraft seit 20. März 1964.
[12] Mitglieder: Belgien, Dänemark, Frankreich, Bundesrepublik Deutschland, Italien, Niederlande, Spanien, Schweden, Schweiz, Großbritannien. 1970 hat Dänemark seinen Austritt für Ende 1971 angekündigt.
[13] ESRO-II (Iris); ESRO-I (Aurorae); HEOS-1; ESRO-Ib, a. a. O., S. 112.
[14] HEOS-A2; TD-1; ESRO-IV; a. a. O., S. 113.
[15] a. a. O., S. 114.
[16] a. a. O., S. 115.
[17] a. a. O., S. 107–109, 116/117.

besondere dem Austausch von Informationen und der Veröffentlichung der erarbeiteten Forschungsergebnisse.

III. European Conference on Satellite Communications (CETS)

CETS, eine Konferenz interessierter europäischer Staaten ohne eigene Rechtspersönlichkeit, diente als Diskussionsforum für die Vertretung der europäischen Interessen im künftigen Fernmeldesatellitengeschehen[18]. Nach Unterzeichnung des endgültigen INTELSAT-Abkommens am 20. August 1971 in Washington hat sich die Arbeit dieser Konferenz praktisch erschöpft.

IV. Nichtstaatliche, mit Raumforschung befaßte Organisationen

Zum Abschluß des Kapitels sei noch auf die Arbeit dreier bedeutender nichtstaatlicher Organisationen hingewiesen:

1. Der "International Council of Scientific Unions", ICSU

1.1. Gründung

Der International Council of Scientific Unions wurde 1931 als direkter Nachfolger des 1919 gegründeten Internationalen Forschungsrates ins Leben gerufen, um der internationalen wissenschaftlichen Gemeinde ein Organ zu geben, in dem sie die wissenschaftliche Zusammenarbeit für allgemein interessierende Probleme organisieren konnte[19]. Die Mitgliedschaft im Rat ist zweigleisig, wissenschaftlich und national. "Nationale Mitglieder" sind die nationalen Akademien der Wissenschaften oder deren Äquivalente[20]. Wissenschaftliche Mitglieder sind die nach Forschungsgebieten gegliederten internationalen wissenschaftlichen Vereinigungen[21].

1.2. Tätigkeit

Das Forschungsprogramm wird im wesentlichen durch die angeschlossenen Unterorganisationen der ICSU durchgeführt[22].

---

[18] a. a. O., S. 125.
[19] A/AC. 105/C. 1/L. 34, S. 127.
[20] a a. O., S. 127: 62 nationale Mitglieder und 1 assoziiertes Mitglied.
[21] a. a. O., S. 127: 16 Vereinigungen im Berichtszeitraum.
[22] a. a. O., S. 128–136: Diese Organisationen sind:

2. "Committee on Space Research (COSPAR) of the International Council of Scientific Unions"

2.1. Gründung

Das 1958 von International Council of Scientific Unions gegründete Committee on Space Research ist ein interdisziplinäres Organ, das die vom Internationalen Geophysikalischen Jahr (1957/58) begonnene Raketen- und Satellitenforschung weitertreiben soll[23].

2.2. Tätigkeit

Die Hauptarbeit wird in sieben Arbeitsausschüssen geleistet[24]. Auf Kontakt mit anderen Organisationen sowie Austausch und Veröffentlichungen wird großer Wert gelegt[25].

3. "International Astronautical Federation", IAF

Die International Astronautical Federation besteht aus drei Teilorganisationen, der "Federation"[26], der "International Academy of Astronautics", IAA[27], und dem "International Institute of Space Law", IISL[28].

---

1. Die International Astronomical Union, IAU;
2. Die International Union of Geodesy and Geophysics, IUGG;
3. Die International Union of Radio Science, URSI;
4. Das Scientific Committee on Antarctic Research, SCAR;
5. Die Inter-Union Commission on Frequency Allocation for Radio Astronomy and Space Science, IUCAF;
6. Die Inter-Union Commission on Radio Meteorology, IUCRM;
7. Die Federation of Astronomical and Geophysical Services, FAGS;
8. Die Inter-Union Commission on Solar-Terrestrial Physics, IUCSTP;
9. Das Global Atmosphere Research Program, GARP.

[23] A/AC. 105/C. 1/L. 34, S. 136.

[24] a. a. O., S. 139/140.
1. Bahnverfolgung, Telemetrie, Satellitendynamik.
2. Experimente im interplanetaren Raum und in der Magnetosphäre.
3. Auf astrophysikalische Probleme angewandte Weltraumtechniken.
4. Experimente in der oberen Atmosphäre.
5. Weltraumbiologie.
6. Anwendung von Weltraumtechniken auf Wetterkunde und Erdbeobachtung.
7. Weltraumprogramme zum Studium des Mondes und der Planeten.

[25] a. a. O., S. 141–144.

[26] a. a. O., S. 145.

[27] a. a. O., S. 149.

[28] a. a. O., S. 153.

3.1. Die "Federation"

Die Federation ist eine 1950 gegründete internationale Organisation, die sich aus 57 wissenschaftlichen Vereinigungen und Instituten aus 35 Staaten zusammensetzt, die alle an der Raketentechnik und der Entwicklung von Weltraumforschung interessiert sind[29]. Die Federation hält einmal im Jahr einen internationalen astronautischen Kongreß ab[30].

3.2. Die International Academy of Astronautics (IAA)

Die 1960 gegründete International Academy of Astronautics trifft alle zwei Jahre zur Zeit des Federations-Kongresses zusammen[31]. Sie plant und organisiert vielfältige raumwissenschaftliche Symposien und Tagungen[32].

3.3. Das International Institute of Space Law (IISL)

Die Mitglieder des 1960 gegründeten Instituts treffen sich einmal im Jahr auf dem Federation-Kongreß, um dabei ihr jährliches Kolloquium über Weltraumrechtsfragen zu halten[33]. Urheberrechtliche Fragen wurden dabei bislang noch nicht berührt[34].

Die Federation, die IAA und das IISL sind auf regen Informationsaustausch bedacht[35].

---

[29] A/AC. 105/C. 1/L. 34, S. 145.
[30] a. a. O., S. 146.
[31] a. a. O., S. 149.
[32] a. a. O., S. 151–153.
[33] a. a. O., S. 154.
[34] Die Tagesordnung für das 1971er Kolloquium sieht vor: Rechtsfragen infolge der Einrichtung von Raumlaboratorien; Mondlaboratorien; Rechtsfragen zum Schutz der Erdumgebung; Rechtsfragen hinsichtlich der Auffindung, Bewahrung und Entwicklung von Bodenschätzen durch Raumkörper.
[35] a. a. O., S. 148/149; 152/153; 155.

Kapitel 5: Von der Kabel- zur Satellitenkommunikation

Das bisher erste und einzige weltumspannende Fernmeldesatellitensystem INTELSAT[1] ist das Produkt einer typisch amerikanisch verlaufenen Entwicklung auf dem für europäische Maßstäbe nur schwer verständlichen amerikanischen Fernmeldesektor. Die technologische und legislative Bewältigung des Phänomens "Fernmeldesatellit" vollzog sich zuerst und richtungsweisend in den USA. – Eine vergleichbare Entwicklung fand in anderen Staaten nicht statt, zum einen, weil in allen übrigen Staaten die finanziellen und technologischen Voraussetzungen fehlten, zum anderen, weil sich für alle späteren INTELSAT-Mitglieder das juristische Problem auf die in den INTELSAT-Vertragsverhandlungen zu erzielenden Investitions- und Stimmrechtsquoten reduzierte. Eine nationale Diskussion über alle mit einem Fernmeldesatellitensystem zusammenhängenden Fragen wie in den USA fand sonst nirgendwo mehr statt. Aus diesem Grund wollen wir im fünften Kapitel unsere Aufmerksamkeit der inneramerikanischen Entwicklung widmen.

Vier Besonderheiten kennzeichnen die US-Entwicklung von der Kabel- zur Satellitenkommunikation:

1) Das Fernmeldewesen in den USA liegt in der Hand privater Unternehmen ("common carriers")[2].
2) Diese Grundstruktur wollten die vorhandenen common carriers aus handgreiflichen wirtschaftlichen Interessen unverändert auf die sich anbahnende Entwicklung im Fernmeldesatellitensystem übertragen.
3) Dieses Prinzip setzte sich im Laufe des Gesetzgebungsverfahrens zum Communications Satellite Act auch durch, indem, mit gewis-

[1] "International Telecommunications Satellite Organization".

[2] Der Terminus "common carriers" ist ein Amerikanismus, der sich einer kongenialen Übersetzung mangels einer vergleichbaren deutschen Institution entzieht. Der Verfasser übernimmt daher den amerikanischen Terminus i. S. von "öffentlich-rechtlich lizenzierten Trägern der Fernmeldeeinrichtungen" für Telegraphie, Telephonie, Hör- und Fernsehfunk, Gemeinschaftsantennenübertragung (Community Antennae Systems) und Kabelfernsehen. Vgl. hierzu auch die gesetzliche Definition im amerikanischen Communications Satellite Act of 1962, Sec. 103 (7), Public Law, 87–624. 87th Congress, H. R. 11040, August 31st, 1962, 76. Stat. 419.

sen Einschränkungen, die amerikanische Fernmeldesatellitengesellschaft COMSAT[3] die Rechtsform einer auf Gewinnnerzielung gerichteten privatrechtlichen "joint venture", eines Konsortiums, erhielt.

4) Wiederum als Konsortium, wenn auch mit teilweise völkerrechtlichem Charakter, wurde auf Grund des Gesetzgebungsauftrages im Communications Satellite Act unter amerikanischer Führung INTELSAT gegründet, wobei der COMSAT eine Doppelrolle zufiel: einerseits repräsentierte sie den amerikanischen Konsortialpartner mit über 50% Investitions- und Stimmanteilen, andererseits wirkte sie als Geschäftsführendes Organ von INTELSAT.

I. Die common carriers

1. Allgemeines

In der Bundesrepublik Deutschland übt die Deutsche Bundespost ein Monopol im, zur ausschließlichen Gesetzgebungskompetenz des Bundes gehörenden, Fernmeldewesen aus[4][5]. Dementsprechend betreibt die Bundespost z. B. Telegraphie-, Fernschreib-, Telephonie-, Hör- und Fernsehfunkdienste über ihre eigenen[6] Anschluß-, Verbindungs-, Verstärkungs-, Übertragungs-, Sende-, Relais-, Kabel- und Empfangseinrichtungen als Bundesverwaltung[7].

Im Gegensatz zu diesem in nahezu allen Staaten der Welt ähnlichen staatlichen Betrieb der Fernmeldeeinrichtungen hat sich in den USA ein anderes System entwickelt:

Gemäß dem Communications Act of 1934[8] betreibt der Bund nicht selbst die Fernmeldeeinrichtungen, sondern vergibt über die oberste Fernmeldebehörde, die "Federal Communications Commission", FCC, Lizenzen zum privaten Betrieb des Fernmeldewesens an die common carriers und kontrolliert und überwacht deren bestimmungsgemäßen Gebrauch. Die sehr weitgehenden Rechte der FCC gegenüber den common carriers betreffen z. B. das Recht auf Anschluß, die Gebühren-

---

3 "Communications Satellite Corporation".
4 Art. 73 Nr. 9 Grundgesetz.
5 § 1 Fernmeldeanlagengesetz vom 14. Jan. 1928.
6 § 3 Abs. (1) Postverwaltungsgesetz vom 24. Juli 1953, BGBl. III 900–1.
7 § 1 Abs. (1) Satz 1 Postverwaltungsgesetz a. a. O.
8 47 USC (47. US-Congress).

erhebung, Verbot von Preiskartellen, Rabatten und Nachlässen, Lizenzierung technischer Ausrüstungsgegenstände und Bewertung von Eigentum, Recht auf Vorlage des Jahresberichts, Einrichtung neuer Dienste, etc.[9] [10].

2. Telegraphie

Bis zum Zweiten Weltkrieg waren die Telegraphie- und Telephonieleitungen in den USA in den Händen einiger weniger common carriers. Ein Wettbewerb war jedenfalls im Telegraphendienst insofern ausgeschlossen, als die FCC neue Nachrichtenlinien nur dann genehmigte, wenn ein neuer oder ein zusätzlicher, von vorhandenen Leitungen nicht gedeckter, Bedarf entstanden war[11]. – Von dieser Lizenzvergabepolitik ging die FCC erst 1953 auf Grund eines Urteils des Supreme Court[12] ab. Nunmehr vergibt sie Lizenzen zwischen internationalen common carriers zum Betrieb konkurrierender Leitungen, wenn Wettbewerb vernünftig erscheint und Gewinn verspricht[13].

3. Telephonie

Nach dem Zweiten Weltkrieg stieg der Bedarf für die transatlantische Kommunikation so stark an, daß zu den vorhandenen Telegraphenleitungen nunmehr auch Telephonkabel Nordamerika und Europa miteinander verbanden: 1956 wurde das erste atlantische Telephonkabel zwi-

---

[9] Vgl. hierzu mit weiteren Beispielen: Asher H. Ende, "International Telecommunications; Dynamics of a rapidly Expanding Service", in Law and Contemporary Problems, Vol. 34 No. 2, Duke University Durham, S. 389 ff., S. 390/91.

[10] Die einzelnen common carriers sind nach Ende,
a) für Telegraphie: ITT World Communications Incorp., Press Wireless Inc., (beides indirekte Töchter der ITT), RCA Global Communications Inc., Western Union Inc.; zu diesen 4 Großen kommen noch 4 Kleine: Tropical Radio Telegraph Company, United States Liberia Radio Corp., Cable and Wireless/Western Union International Inc. and French Cable Company.
b) für die Telephonie: Die 48 zusammenhängenden Mutterlandstaaten werden hauptsächlich durch die American Telephone and Telegraph Company, "AT & T" versorgt; Hawaii durch die Hawaiian Telephone Company, Puerto Rico durch die All America Cables and Radio Inc., Guam durch die RCA Global Communications Inc., Alaska durch die Alaskan Communications System, eine nicht von der FCC kontrollierte Einheit der US Air Force.

[11] Ende a. a. O., S. 395.

[12] FCC v. RCA Communications Inc., 346, u. S. 86/1953, Ende a. a. O., S. 395.

[13] Ende a. a. O., S. 395.

schen Schottland und Neuschottland in Dienst gestellt[14], 1959 ein weiteres zwischen USA und Frankreich und 1963 ein drittes zwischen USA und Großbritannien[15]. Nun wurden in rascher Folge alle Weltmeere von Telephonkabeln durchzogen[16], denn das Unterseekabel wurde für die common carriers zum ganz großen Geschäft. – Auch das Britische Commonwealth verband seine weit auseinanderliegenden Dominions mit Telephonkabeln[17][18].

Die Folge der sprunghaft steigenden Sprechkanalkapazität und der größeren Unmittelbarkeit der Telephonie gegenüber der Telegraphie war ein rasch einsetzender Wettbewerb zwischen überseeischer Telephonie und Telegraphie, der zum Ruin der Telegraphie geführt hätte, wenn nicht die FCC mit der "TAT-4"-Entscheidung dem Konkurrenzkampf der common carriers ein Ende gesetzt hätte[19]. In dieser Entscheidung wurde zweierlei geregelt:

- Konkurrierende neue Kabel wurden nicht mehr zugelassen.
- Dem marktbeherrschenden Unternehmen "AT & T" wurde das Anbieten von alternierenden gleichzeitigen Sprech/Daten-Diensten verboten.

Damit war im Telegraphie- und Telephoniedienst die Wettbewerbsposition zur Zeit der TAT-4-Entscheidung eingefroren; neuer Wettbewerb war nur noch im Sprech/Daten-Channel-leasing möglich[20][21].

---

[14] Mit 36 Gesprächskanälen und in das Kabel eingebauten "repeatern" zur Signalverstärkung, Ende, a. a. O., S. 397.

[15] Ende, a. a. O., S. 397.

[16] Ende, a. a. O., S. 397:
1956: US-Mutterland – Alaska,
1957: Mutterland – Hawaii,
1960: Mutterland – Puerto Rico,
1964: Guam – Philippinen,
1964: Hawaii – Midway – Wake – Guam – Japan,
1964: US-Mutterland – Hawaii, 2. Kabel.

[17] Ende a. a. O., S. 397/398:
1961: Großbritannien – Canada,
1963 Canada – Hawaii – Neuseeland – Australien,
1965–67: Australien – Guam – Hongkong – Singapur.

[18] Die Sprechkanalkapazität wurde seit 1957 von 36 bis 1967 auf 138 gesteigert, Ende a. a. O., S. 398.

[19] Ende a. a. O., S. 399: American Telegraph and Telephone Co. 37 FCC 1151 (1964).

[20] Ende a. a. O., S. 399.

[21] "leased circuit facilities" bieten innerhalb der leasing-Periode eine stets dienstbereite Sprech-/Datenverbindung zwischen zwei festen Punkten; Ende a. a. O., S. 397.

Aufgrund dieser Kontrolltätigkeit der FCC ergab sich im Zeitpunkt der Gründung von COMSAT 1964 folgende Situation unter den in Frage kommenden Konsortienten: starker Wettbewerb auf dem heimischen Telegraphie- und Telephoniemarkt; gemeinsames Eigentum nach Benutzungsquoten an internationalen Kabelanlagen; bei der internationalen Telephonie eine starke Wachstumsrate (20% jährlich), noch stärkeres Wachstum beim "circuit leasing" (30% jährlich)[22].

An dieser Situation konnte der Gesetzgeber bei Schaffung des Communications Satellite Act von 1962 nicht vorübergehen; an ihr entzündete sich der Streit der Lobbyisten mit den Abgeordneten und Beamten der FCC.

II. Die Vorgeschichte des "Communications Satellite Act of 1962"

Der Verabschiedung des Communications Satellite Act of 1962 durch Senat und Repräsentantenhaus[23] und der Ausfertigung durch Präsident Kennedy am 31. August 1962 gingen im Jahre 1961 Stellungnahmen der Präsidenten Eisenhower und Kennedy[24], eine Untersuchung der FCC[25], ein Bericht einer von ihr ins Leben gerufenen ad hoc-Kommission[26], Senatshearings vor vier verschiedenen Senatsausschüssen[27] sowie im Jahre 1962 verschiedene Gesetzesvorlagen[28] und erneute Hearings vor Senats- und Repräsentantenhausausschüssen voraus.

---

[22] Ende a. a. O., S. 399.

[23] Communications Satellite Act of 1962, 87th Congress, H. R. 11040, August 31, 1962, 76 Stat. 419. Die Bezeichnung Communications Satellite Act of 1962 wird in Sec. 101 des Gesetzes festgelegt. Das Gesetz wurde in Sec. 303a geändert durch amendment vom 12. März 1969, 91st Congress S. 17, 76 Stat. 423.

[24] Sie betrafen die Feststellungen, daß die möglichst rasche Entwicklung eines Fernmeldesatellitensystems eine nationale Aufgabe sei; daß die USA das Privateigentum und den privaten Betrieb des Systems befürworteten; daß unter amerikanischer Führung ein weltweites Fernmeldesatellitensystem zum friedlichen Nutzen der ganzen Welt entstehen sollte und daß alle interessierten Staaten sich an der Errichtung des Systems beteiligen können sollten. Vgl. hierzu: Richard R. Colino: "INTELSAT: Doing Business in Outer Space", in: Columbia Journal of Transnational Law, Vol 6, 1967, S. 17–60 (S. 31).

[25] FCC Docket No. 14024 vom März 1961. Sie stellte eine Umfrage unter den internationalen common carriers darüber dar, wie diese am Fernmeldesatellitensystem beteiligt werden sollten, Colino, a. a. O., S. 31 und Alan E. Throop, Some Legal Facets of Satellite Communications, in: American University Law Review, Washington D. C., Vol. 17. Dec. 1967, S. 12 ff. (S. 14).

[26] Vom Oktober 1961, Throop a. a. O., S. 14.

[27] Die Hearings werden nach ihren Vorsitzenden auch Long-, Brooks-, Pastore-, Harris-Hearings bezeichnet. Colino, a. a. O., S. 31.

[28] Durch die Senatoren Kerr, Magnuson und Kerr und den Abgeordneten Miller

Das Gesetz ist das Ergebnis dreier konkurrierender Grundauffassungen[29]. Die erste Meinung lautete: Satellitenkommunikation ist erst durch die riesigen staatlichen Forschungsaufträge möglich geworden, die letztlich der Steuerzahler finanziert hat; daher soll die Regierung Eigentümer aller Fernmeldesatelliteneinrichtungen werden[30].

Die zweite Ansicht hieß: Auch der Fernmeldesatellit ist nichts anderes als ein "Funkturm im Himmel"; deshalb sollte er wie alle anderen Fernmeldeeinrichtungen auch von den schon vorhandenen internationalen common carriers nach einer geeigneten Regelung besessen und betrieben werden.

Die dritte Auffassung schließlich setzte sich durch: Danach sollte eine bürgerlich-rechtliche Corporation nach dem Recht des District of Columbia in Form eines Konsortiums gegründet werden; die common carriers sollten bis zur Hälfte des in Form von Aktienanteilen bestehenden Grundkapitals besitzen dürfen, die andere Hälfte sollte breitgestreut in kleinen Anteilen dem Publikum zum Erwerb bereitgestellt werden. Die Geschicke der Communications Satellite Corporation "COMSAT" sollte ein 15-köpfiges Direktorium lenken, das zu je 6 Direktoren aus Vertretern der common carriers und der übrigen Eigentümer sowie zu 3 Direktoren aus vom Präsidenten ernannten Personen bestehen sollte[31].

III. COMSAT und der Communications Satellite Act of 1962

1. Zwecke und Ziele des Gesetzes

Auf die kürzeste Formel gebracht lauten die Zwecke des Communications Satellite Act of 1962:

- Gründung eines privatwirtschaftlichen Unternehmens als Konsortium der schon vorhandenen common carriers[32], um zur Gewinnerwirtschaftung,

vom Repräsentantenhaus (S. 2650; S. 2814 und H. R. 10138), Colino a. a. O., S. 31/32. Über weitere Vorlagen und ihre Initiatoren vgl. Throop a. a. O., S. 15.

[29] Throop a. a. O., S. 14.

[30] Diese Auffassung leitet die Verfügungsgewalt nicht aus der traditionellen staatlichen Hoheitsaufgabe, sondern aus dem versteuerten Eigentum des Bürgers ab.

[31] Throop a. a. O., S. 15.

[32] COMSAT als "common carriers' common carrier", zu Deutsch etwa: "COMSAT als Fernmeldeträger der Fernmeldeunternehmer.

– möglichst preiswerte, weltweite Fernmeldeverbindungen via Satellit,
– unter Beteiligung aller interessierten Staaten, und
– zum Nutzen von entwickelten und Entwicklungsstaaten herzustellen.

Im einzelnen legt Sec, 102 a)–d) des Gesetzes folgendes fest[33]:

a) Der Kongreß erklärt hiermit, daß es die Politik der Vereinigten Staaten ist, in Verbindung und in Zusammenarbeit mit anderen Ländern so rasch als möglich ein kommerzielles Fernmeldesatellitensystem zu errichten, welches den öffentlichen Bedürfnissen und nationalen Zielen Rechnung trägt, den Fernmeldeanforderungen der Vereinigten Staaten und anderer Länder dient und zum Weltfrieden und zur Verständigung beiträgt.

b) Die neuen und erweiterten Fernmeldedienste sollen so schnell als möglich in Dienst gestellt und so schnell als praktisch durchführbar zu einem weltweiten Dienst ausgebaut werden. Zur Durchführung dieses Programms soll großes Augenmerk darauf gerichtet werden, daß diese Dienste wirtschaftlich schwächeren Ländern und Regionen ebenso zur Verfügung stehen wie entwickelten Staaten und Regionen; daß das elektromagnetische Frequenzspektrum effizient und wirtschaftlich ausgenützt und daß die Ergebnisse dieser neuen Technologie sich auf Qualität und Gebühren dieser Dienste niederschlagen.

c) Um diese Entwicklung zu fördern und um eine möglichst weitreichende Beteiligung des privaten Unternehmertums zu erreichen, soll gemäß einer angemessenen Regierungsregelung die amerikanische Beteiligung im weltweiten System in Form einer privatrechtlichen Gesellschaft ausgeübt werden. Es ist der Wunsch des Kongresses, daß alle lizenzierten Benützer nichtdiskriminierenden Zugang zum System haben; daß bei Beschaffung der Ausrüstung und Inanspruchnahme von Dienstleistungen für das System größtmöglicher Wettbewerb gewahrt wird; daß die durch dieses Gesetz geschaffene Gesellschaft so organisiert und geführt wird, daß der Wettbewerb beim öffentlichen Angebot von Fernmeldediensten erhalten bleibt und gestärkt wird und daß die Betätigung der durch dieses Gesetz geschaffenen Gesellschaft sowie der am Eigentum der Gesellschaft beteiligten natürlichen und juristischen Personen im Einklang mit den Anti-Trust-Gesetzen des Bundes steht.

d) Es ist nicht der Wunsch des Kongresses, durch dieses Gesetz den Gebrauch des Fernmeldesatellitensystems für solche Binnenfernmeldesatelli-

[33] Übersetzung vom Verfasser.

[34] Sec. 201 a) unter anderem:
Hilfe bei Planung und Entwicklung; Durchführung eines nationalen Programms zur Satellitensystementwicklung (Sec. 201 a) (1); laufende Berichtsveröffentlichungen über alle Stadien der Arbeit, (Sec. 201 a) (2); Aufsicht über die Beziehungen von COMSAT mit ausländischen Stellen, (Sec. 201 a) (4); Überwachung des effizienten Gebrauchs des elektromagnetischen Spektrums und der Vereinbarkeit des Systems mit in- und ausländischen Fernmeldeeinrichtungen, (Sec. 201 a) (7).

tensysteme auszuschließen, die sich in Übereinstimmung mit diesem Gesetz befinden, noch ist es seine Absicht, die Schaffung weiterer Fernmeldesatellitensysteme auszuschließen, sofern diese für besondere Regierungsaufgaben oder sonstige nationale Zwecke nötig werden..

Sec. 103 1)–10) bestimmt folgende Begriffe: Fernmeldesatellitensystem; Satellitenbodenstation; Fernmeldesatellit; verwandte Ausrüstung und Betriebsgegenstände; Forschung und Entwicklung; telecommunication; communications common carrier.

Diese Begriffe werden oben im Zusammenhang mit der ITU-Nomenklatur in Teil A, Kap. 1, I, Ziff. 6.1. erläutert.

Die drei letzten Absätze von Sec. 103 führen drei im Gesetz verwendete Abkürzungen ein, nämlich: "Corporation" für COMSAT, "Administration" für die NASA, und "Commission" für die FCC.

2. Vollzug

Der II. Titel des Gesetzes, Sec. 201, bestimmt, wie die Gesetzesziele zu erreichen sind:

So werden dem Präsidenten[34], der NASA[35], und der FCC[36], jeweils in ihrer Zuständigkeit bestimmte Aufgaben zugewiesen, die alle der koordinierten, reibungslosen Errichtung des Satellitensystems dienen.

---

[35] Sec. 201 b) unter anderem:
Beratung der FCC über die technischen Charakteristika des Systems, (201 b) (1); Zusammenarbeit mit COMSAT bei Forschung und Entwicklung, (Sec. 201 b) (2); Absprache mit COMSAT über die technischen Charakteristika, (Sec. 201 b) (4); Entgeltliche Durchführung von Satellitenstarts in der Phase der Forschung und Entwicklung, (Sec. 201 b) (3), sowie in der Phase der Indienststellung, (Sec. 201 b) (5).

[36] Sec. 201 c) unter anderem:
Wahrung des Wettbewerbs auch unter Berücksichtigung schwächerer Wettbewerber bei der Ausrüstung des Satellitensystems und der Bodenstationen und bei Inanspruchnahme von Dienstleistungen, (Sec. 201 c) (1); Wahrung des gleichberechtigten nichtdiskriminierenden Zugangs zum System für alle lizenzierten carriers, (Sec. 201 c) (2); Errichtung von Fernmeldeeinrichtungen zu bestimmten Orten im Ausland auf Weisung der Regierung durch Einflußnahme auf COMSAT und die carriers, (Sec. 201 c) (3); Prüfung der technischen Vereinbarkeit von Satellitensystem und Bodenstationen sowie deren Verbindung miteinander und mit den vorhandenen Fernmeldeeinrichtungen, (Sec. 201 c) (4); Überwachung der Gebührenfestsetzung, (Sec. 201 c) (5); Technische Genehmigung des Satellitensystems und der Bodenstationen, (Sec. 210 c) (6); Lizenzerteilung für Bau und Betrieb von Bodenstationen, (Sec. 201 c) (7).

3. Gründungsregeln

Der III. Titel des Gestzes regelt die organisatorischen und finanziellen Einzelheiten für die Gesellschaftsgründung sowie die Zwecke und Befugnisse der Gesellschaft.

3.1. Rechtsform

COMSAT ist nach Sec. 301 als eine "auf Gewinnerzielung gerichtete Satellitenfernmeldegesellschaft zu errichten", die weder Behörde noch Anstalt der US-Regierung ist. Sie untersteht den Vorschriften dieses Gesetzes und, soweit dies mit diesem Gesetz vereinbar ist, dem "District of Columbia Business Act" (68 Stat. 177 D. C., Code 29—901).

3.2. Anteilseigentum und Finanzierung

Gemäß Sec. 304 a) hat COMSAT das Recht, mit Stimmrecht[37] verbundene Aktienanteile auszugeben; diese sollen bei der ersten Emission einem Wert von höchsten 100 US-$ entsprechen und möglichst weit gestreut dem breiten Publikum angeboten werden.

Gemäß Sec. 304 b) (2) haben nur "authorized carriers"[38] das Recht, selbst, durch Tochter- oder Schwesterfirmen, direkt oder indirekt, Aktienanteile an COMSAT bis zu einem Anteil von maximal 50% zu erwerben oder zu besitzen. Zu keinem Zeitpunkt nach der ersten Emission darf der Gesamtanteil der Aktien aller "authorized carriers" am Gesamtkapital von COMSAT 50% übersteigen.

Gemäß Sec. 304 b) (3) darf zu keinem Zeitpunkt ein Aktieneigentümer, der nicht "authorized carrier" ist und auch kein Syndikat von Einzeleigentümern vertritt, mehr als 10% aller mit Stimmrecht verbundenen Anteile besitzen.

---

[37] Der Communications Satellite Act of 1962 unterscheidet in Sec. 304 a) und 304 c) zwischen Aktienanteilen im engeren Sinn, d. h. solchen, die mit dem Aktienstimmrecht verbunden sind, und sonstigen Kapitalanteilen, die die Gesellschaft in Form von nicht stimmberechtigten Wertpapieren (Schuldverschreibungen, Pfandbriefe und sonstige verbriefte Schuldanerkenntnisse) emittieren darf. Das Stimmrecht entspricht in etwa dem der §§ 133, 134 AktG vom 6. Sept. 1965, in der Fassung vom 28. Aug. 1969, BGBl. I, S. 1513.

[38] Der Begriff wird in Sec. 304 b) (1) definiert als ein common carrier, der auf Grund Beschlusses der FCC berechtigt ist, Anteile an COMSAT zu erwerben.

Sec. 304 d) schließlich verbietet es ausländischen Personen, mehr als 20% des Aktienkapitals zu halten[39] und

Sec. 304 f) sieht sogar die Möglichkeit der Zwangsübertragung von Aktien gegen angemessenen Preis von einem authorized carrier auf den darauf antragenden anderen durch die FCC vor, wenn dies im öffentlichen Interesse geboten erscheint.

3.3. Befugnisse

Sec. 305 a): "Um die Ziele zu erreichen und die Zwecke dieses Gesetzes auszuführen hat die Gesellschaft das Recht,

1. selbst oder in Zusammenarbeit mit ausländischen Regierungen oder Unternehmen ein kommerzielles Fernmeldesatellitensystem zu planen, zu beginnen, zu konstruieren, zu besitzen, zu leiten und zu bedienen;
2. den communications common carriers der Vereinigten Staaten und anderen lizenzierten Körperschaften des Aus- und Inlandes Fernmeldekanäle gegen Entgelt zur Verfügung zu stellen;
3. Satellitenbodenstationen zu besitzen und zu betreiben, wenn sie von der FCC gemäß Sec. 201 c) (7) genehmigt wurden."

3.4. Schlußbestimmungen

Von den in Titel IV enthaltenen Schlußbestimmungen sind noch zu erwähnen:

Sec. 401, wonach COMSAT selbst als common carrier i. S. des Communications Act von 1934[40] anzusehen ist und insofern den Vorschriften des Titels II und III jenes Gesetzes unterfällt; im übrigen aber und im Zweifelsfalle der Communications Satellite Act anzuwenden ist;

Sec. 402, wonach COMSAT das State Department von den Verhandlungen mit ausländischen Behörden zu unterrichten hat und das State Department COMSAT Hilfestellung zu gewähren hat;

Sec. 404 a), wonach der Präsident dem Kongreß in jedem Januar einen Jahresbericht vorzulegen hat;
Sec. 404 b), wonach COMSAT dem Präsidenten und dem Kongreß einen Jahresbericht vorzulegen hat[41];

---

[39] Vgl. Estep a. a. O., S. 243.
[40] 48 Stat. 1066, 47 USC 153, Sec. 3 h).
[41] Die Jahresberichte von 1969—1971 stellte COMSAT dem Verfasser auf An-

Sec. 404 c), wonach die FCC dem Kongreß jährlich einen Bericht über wettbewerbsfeindliche Vorkommnisse beim Fernmeldesatellitenprogramm, einen Bericht über FCC-Untersuchungen für neue legislative Maßnahmen, sowie einen Bewertungsbericht über die Finanzstruktur von COMSAT zuzuleiten hat.

4. Gründung von COMSAT

Entsprechend dem oben geschilderten gesetzgeberischen Auftrag wurde COMSAT nach dem Aktiengesellschaftsrecht des District of Columbia[42] am 1. Februar 1963 von den Gründern ins Leben gerufen[43]. Die Anfangsarbeiten gestalteten sich sehr schwierig. Ohne vom Kongreß mit einem eigenen Übergangsbudget versehen worden zu sein, mußten die Gründungsdirektoren zuerst einmal die Zwischenfinanzierung sichern und einen Mitarbeiterstab anwerben, ehe sie sich den vom Gesetz gestellten Aufgaben:

- Entwicklung eines technischen Programms für die Schaffung eines Fernmeldesatellitensystems,
- Ausstattung mit dem Gesellschaftskapital und Aufbau eines Instrumentariums für die gemäß Sec. 102 a) geforderte internationale Zusammenarbeit

widmen konnten[44].

Die technischen Studien zeigten, daß COMSAT ein Grundkapital von 200 Mio. US-Dollar benötigte. Dementsprechend wurden im Frühjahr 1964 10.000.000 Aktien zu je 20 US-$ aufgelegt und bis zum 11. Juni abgesetzt. Am 17. Sept. 1964 wurden die Gründungsdirektoren von den gemäß Sec. 303 a) bestimmten Direktoren abgelöst[45 46 47 48].

---

frage vom 12. 3. 71, 23. 8. 71, 25. 2. 72 und 9. 5. 72 unter dem 23. 3. 71, 1. 9. 71 und 23. 3. 72 freundlicherweise zur Verfügung.

[42] Sec. 301

[43] Sec. 302: Die "incorporators" – die Gründer – sind ein vom Präsidenten mit Zustimmung des Kongresses benanntes vorläufiges Direktorengremium, das bis zur ersten regulären Wahl des Direktoriums gemäß Sec. 303 alle zur Gesellschaftsgründung nötigen Handlungen durchführt. Throop, a. a. O., S. 15.

[44] Throop a. a. O., S. 15/16.

[45] Vgl. Throop, a. a. O., S. 16.

[46] Sec. 303 a), wonach die Wahl der je 6 Direktoren der Einzelaktionäre, der common carriers-Aktionäre und die Bestimmung der drei vom Präsidenten ernannten Direktoren geregelt wird, wurde durch Gesetz vom 12. März 1969 geändert (Public Law 91–3, 91st Congress, S. 17, Communications Satellite Act of 1962, amendment, 76. Stat. 423). – Die Änderung berücksichtigt den Fall, daß die gemäß Sec. 304 a) zum Erwerb durch die common car-

5. Tätigkeit

Vom Gründungsjahr an weist die Tätigkeit von COMSAT nur Erfolge auf: Innerhalb von 6 Jahren[49] gelang es ihr, vier dienstbereite geostationäre Satellitengenerationen[50] zu konzipieren, betriebsbereit zu installieren und deren Kapazität von 240 Telephonkanälen (= 1 TV-Kanal, INTELSAT I und II) über 1200 (= 4 TV-Kanäle, INTELSAT III) auf 5000–9000 (= 12 TV-Kanäle, INTELSAT IV) zu steigern, sowie durch ihre geostationären Satelliten über dem atlantischen, dem indischen und dem pazifischen Bereich zusammen mit über 70 Bodenstationen in mehr als 50 Staaten ca. 90% des gesamten internationalen Fernmeldeverkehrs abzuwickeln (Stand Januar 1972). Das Erstaunliche dabei ist, daß COMSAT diese Leistung nicht allein aus eigenen Mitteln finanzieren mußte, sondern daß es ihr durch die Gründung des internationalen Konsortiums INTELSAT[51] gelang, die nötigen Ausgaben auf die Konsortialpartner umzulegen.
Da, wie wir unten in Ziff. V noch sehen werden, die Ziele des Communi-

---

riers reserviert zu haltenden 50% des Aktienkapitals (z. B. im Fall einer Kapitalerhöhung oder, wie es 1967/68 als Anlaß der Gesetzesänderung geschah, daß einer der common carriers seine Anteile verkauft) noch nicht oder nicht mehr vollständig von den common carriers zu Eigentum besessen werden. – Um in diesem Fall die common carriers gegenüber den Einzelaktionären im Direktorengremium nicht überzurepräsentieren, müssen die Einzelaktionäre bei der Jahreshauptvesammlung jeweils einen weiteren Direktor zu ihren 6 Direktoren hinzuwählen und die common carriers je einen Direktor zurückziehen, bzw. weniger wählen, wenn die carriers weniger als 45, 40, 35, 25, 15, 8% der Anteile besitzen, damit stets gewährleistet ist, daß die Zahl der 12 Direktoren dem jeweiligen Verhältnis der Aktionäre, die sie repräsentieren, entspricht.

[47] Über die Einzelheiten, die zur Änderung der Sec. 303 a) führten, vgl. die Protokolle des Senatshearings vom 29. Jan. 1969, "Election of the Board of Directors of the Communications Satellite Corporation S. 17, vor dem Haushaltsausschuß des Senats, Serial 91–1. Anlaß zur Gesetzesänderung war der Verkauf eines Großteils der von der ITT als common carrier gehaltenen Aktien an Nicht-common carriers, wodurch der Gesamteigentumsanteil der common carriers an COMSAT von 50% auf 38% zurückging. Noch vor Verabschiedung der Gesetzesänderung verließen die 2 Direktoren, die den ITT-Anteil repräsentierten, das Direktorat.

[48] Das Direktorengremium erfüllt die Aufgaben von Aufsichtsrat und Vorstand, wenn man die Begriffe des Deutschen Aktiengesetzes anwenden wollte. Dem Recht des District of Columbia ist die strenge deutsche Unterteilung zwischen Kontroll- und Exekutivaufgaben bei Aufsichtsrat und Vorstand fremd.

[49] Von 1965–71.

[50] INTELSAT I–IV.

[51] "International Telecommunications Satellite Consortium".

cations Satellite Act von 1962 und des "Vorläufigen INTELSAT-Abkommens" von 1964 weitgehend identisch sind, ist auch die zweifache Rolle, die COMSAT in INTELSAT als Konsortialpartner mit Stimmenmehrheit und als Geschäftsführer spielt, weitgehend eine Doppelrolle: Als Geschäftsführer von INTELSAT verwirklicht COMSAT die gemeinsamen internationalen (von den USA inspirierten) Ziele aller Mitgliedsstaaten von INTELSAT, welche identisch sind mit denen, die COMSAT als Konsortialpartner in den USA kraft Gesetzes zu verwirklichen hat.

Wir werden noch erläutern, warum diese Konstruktion sehr bald die Kritik der INTELSAT-Partner herausfordern mußte[52]; ein wesentlicher Punkt dafür aber, das sei schon vorweggenommen, liegt darin, daß COMSAT zwar nicht als INTELSAT-Geschäftsführer, wohl aber als Konsortialpartner der Kontrolle der FCC[53] unterliegt, und die FCC von diesen Kontrollbefugnissen stets ohne Zögern Gebrauch gemacht hat.

IV. Kontrolle über COMSAT

Für alle technischen und wettbewerbsrechtlichen Kontrollzwecke gilt COMSAT der FCC gegenüber gemäß Sec. 401 des Communications Satellite Act von 1962 in Verbindung mit den Titeln II und III des Communications Act von 1934[54] als "common carrier". COMSAT muß also die gleichen technischen Prüf- und Genehmigungsverfahren und die gleichen tarif- und wettbewerbsrechtlichen Kontrollen dulden wie alle anderen common carriers auch. Da aber der Communications Satellite Act von 1962 als Spezialregelung dem allgemeineren Communications-Act von 1934 vorgeht[55], treffen COMSAT anders als die anderen common carriers noch zusätzlich die in Sec. 201 c) des Communications Satellite Act erwähnten Kontrollen der FCC. Auf Grund dieser Vollmacht hat die FCC bisher[56] in fünf Fällen regelnd und kontrollierend eingreifen müssen:

- Beim Eigentum an den Bodenstationen;
- bei konkurrierendem Kabel- und Satellitengebrauch;
- bei der Frage der lizenzierten Benutzer i. S. der Sec. 304;

[52] Throop, a. a. O., S. 23; unten in V.
[53] Communications Satellite Act, Sec. 201 c); oben III Abschnitt 2 und Throop, a. a. O., S. 19.
[54] 48 Stat. 1066, 47 USC 153, 48 Stat. 1070; Ante p. 64. 47 USC 201–222, 301–397.
[55] Sec. 401.
[56] Bis Herbst 1969: Vgl. Asher H. Ende, a. a. O., S. 389.

– bei der Herabsetzung der Tarife gemäß Sec. 102 b) in Verbindung mit Sec. 201 c) (2) und
– bei Fusionen.

1. Eigentum an Bodenfunkstationen

Gemäß Sec. 201 c) (7) war die FCC völlig frei in ihrer Entscheidung, wie sie die Genehmigungen für Planung, Errichtung, Betrieb und Eigentum der Bodenfunkstationen vergeben wollte[57].

Die FCC erteilte nun für die ersten drei Bodenfunkstationen[58] die Genehmigung ausschließlich an COMSAT als Alleineigentümer; die common carriers erhielten lediglich die Genehmigung, die Fernmeldeverbindungen zwischen der Bodenfunkstation und dem allgemeinen Fernmeldenetz herzustellen[59].

Nur 10 Monate nach dieser Entscheidung jedoch stellten COMSAT und einige common carriers konkurrierende Anträge für die Genehmigung von drei neuen Bodenfunkstationen in West-Virginia, Südkalifornien und Puerto Rico. Das Genehmigungsverfahren wurde zusätzlich durch einen Antrag auf Genehmigung eines neuen Unterseekabels erschwert, welches zwischen Florida und den Virgin Islands mit 720 Sprechkanälen durch die "AT&T" und eine ITT-Tochter der geplanten Bodenstation auf der Nachbarinsel Puerto Rico Konkurrenz machte. Die FCC, die in ihrer ersten Entscheidung von lediglich drei Bodenfunkstationen auf lange Sicht ausgegangen war, drohte von der raschen Entwicklung überrollt zu werden.

So hob sie nach einem Anhörungsverfahren ihre erste Entscheidung auf und teilte das Eigentum an den drei vorhandenen und den drei geplanten Bodenfunkstationen je zur Hälfte auf COMSAT und die internationalen common carriers auf, wobei COMSAT stets Geschäftsfüh-

---

[57] Sec. 201 c) (7) sieht vor, daß
– entweder COMSAT allein oder
– ein common carrier allein oder mehrere gemeinsam oder
– COMSAT mit einem oder mehreren common carriers die Genehmigung erhalten kann. Einzige Richtschnur für die Erteilung der Genehmigung ist das Gemeinwohl, die Eignung und die Notwendigkeit der Anlage.

[58] Im Nordosten, im Nordwesten des Mutterlandes und in Hawaii.

[59] Ende a. a. O., S. 402: Entscheidung der FCC: "Ownership and Operation of Earth Stations", 5 F. C. C. 2d 812 (1966).

[60] Ende a. a. O., S. 403.

[61] Zum Eigentumsverteilerschlüssel zwischen den einzelnen common carriers vgl. Ende a. a. O., S. 404.

rer der Station blieb[60 61]. Nach 1969 soll eine neue Regelung getroffen werden[62].

2. Konkurrierender Kabel- und Satellitengebrauch

Gleichzeitig mit der Frage nach dem Eigentumsverhältnis an den Bodenfunkstationen, entschied die FCC auch über die Zulassung miteinander konkurrierender Fernmeldeverbindungen zwischen den USA und dem Karibischen Bereich, d. h., der Bodenfunkstation für Puerto Rico und dem Unterseekabel von Florida zu den Virgin Islands[63]:

Da die FCC die Befürchtung von COMSAT teilte, daß die Kabeleigentümer zuerst die 720 Kabelkanäle und erst nach deren voller Auslastung die Satellitenkanäle anbieten würden und damit der Satellitendienst nicht voll ausgenützt werden könnte, verlangte sie, daß Kabel- und Satellitendienst stets in gleichem Umfang zu benutzen seien. Jeder Teileigentümer am Kabel mußte also ebensoviele Kanäle im Satellitendienst mieten wie er im Kabeldienst anbot. Weitergehender Bedarf war nach einem 50:50-Schlüssel über beide Systeme zu befriedigen[64].

Bei der Zulassung des von der "AT & T" beantragten Transatlantikkabels X "TAT 5" nach Portugal/Spanien im Herbst 1967 verfuhr die FCC ganz ähnlich.

Die Genehmigung wurde unter Bedingungen erteilt, die sicherstellen, daß den Satellitendiensten zu keiner Zeit Einbußen entstehen können[65].

3. Die "Authorized Users Inquiry"

Wie schon erwähnt, gewährt der Communications Satellite Act von 1962 in Sec. 305 a) (2) COMSAT das Recht,

---

[62] Die Anfrage des Verfassers vom 1. Juni 1972 bei der FCC ergab, daß die Eigentumslage seit Oktober 1969 noch nicht geändert wurde (Brief der FCC an den Verf. vom 23. Juni 1972).

[63] Ende a. a. O., S. 404/405, u. a.: Bedarf an zusätzlichen Fernmeldeverbindungen; Steigerungsraten in den einzelnen Diensten; günstiger Einfluß auf Gebühren; Überangebot an Fernmeldeverbindungen bei Genehmigung von Kabel- und Satelliteneinrichtungen.

[64] Ende a. a. O., S. 405.

[65] Ende a. a. O., S. 407: Das Kabel mußte bis spätestens 31. März 1971 vollendet sein. "AT & T" und die Miteigentümer verpflichteten sich, mit den europäischen Partnern zu vereinbaren, daß die volle Auslastung aller Satellitendienste (INTELSAT III, IV) gleichzeitig mit der von TAT 5 erreicht werden würde. "AT & T" und die amerikanischen Miteigentümer verpflichteten sich, mit ihren europäischen Partnern zu vereinbaren, daß die Gebühren für Telephonie und Kanalmiete ab Indienststellung um mindestens 25% gesenkt würden.

gegen Entgelt Fernmeldekanäle an die US communications common carriers und andere zugelassene aus- und inländische Benutzer zur Verfügung zu stellen.

Dieses Recht wird in Sec. 305 b) (4) noch näher spezifiziert: Danach hat COMSAT das Recht,

mit zugelassenen Benutzern ("authorized users") einschließlich der US-Regierung Verträge über Dienstleistungen im Fernmeldesatellitensystem abzuschließen.

Da in Sec. 305 anders als in Sec. 304 eine Definition für die "anderen zugelassenen Benutzer" fehlt, stellte sich die Frage, ob COMSAT direkt mit den Endabnehmern verhandeln oder nur durch Einschaltung der common carriers an diese liefern durfte[66] [67] [68].

Die FCC entschied hierzu grundsätzlich, daß COMSAT allein die common carriers beliefern, nicht aber direkt beim Endabnehmer anbieten dürfe; die fragliche Passage in Sec. 305 a) (2) sei so zu verstehen, daß die FCC derartige Verhandlungen von COMSAT mit anderen Körperschaften nur in Ausnahmefällen genehmigen würde, nämlich dann, wenn die common carriers außer Stande wären oder sich weigerten, bestimmte Dienste anzubieten, die COMSAT anzubieten hat[69].

4. Tarife, Gebühren

Durch das zunehmende Angebot internationaler Fernmeldeverbindungen durch Satelliten und Kabel einerseits und durch die von der FCC

---

[66] Ende a. a. O., S. 408.

[67] Ende a. a. O., S. 409: Im Hintergrund stand eine wettbewerblich bedeutende Grundsatzfrage: COMSAT besaß das gesetzliche Monopol für den Satellitendienst. Hätte COMSAT diesen Dienst zu den gleichen Gebühren an den Endabnehmer verkaufen können wie an die common carriers, die auf diese Dienstleistung durch COMSAT angewiesen sind, so wäre COMSAT konkurrenzlos gewesen! Darüber hinaus wollte COMSAT nur in der schnell expandierenden Sparte Mietkanaldienst (channel-leasing) anbieten; dies hätte die common carriers aber, da alle anderen Dienste, die diese auch noch anzubieten haben, weniger attraktiv sind, noch weiter ins Hintertreffen gebracht.

[68] Die Befürchtung, mit COMSAT nicht mehr konkurrieren zu können, wenn COMSAT selbst unmittelbar mit den Endabnehmern kontrahieren könnte, war möglicherweise einer der Gründe, warum die ITT einen Großteil ihrer als common carrier gehaltenen COMSAT-Aktien in den Jahren 1967/68 verkaufte, wodurch die Änderung der Sec. 303 a) des Communications Satellite Act of 1962 im Jahr 1969 in die Wege geleitet wurde; vgl. oben III, Abschnitt 4, und das dort zitierte Protokoll über das Senatshearing, S. 9/10.

[69] Ende a. a. O., S. 408.

überwachte gesetzliche Pflicht von COMSAT[70], die Tarife so gering wie möglich zu halten, andererseits, konnten trotz inflationärer Preissteigerungsraten auf allen sonstigen Dienstleistungsgebieten die Fernmeldetarife im internationalen Verkehr erheblich gesenkt werden[71].

5. Fusionen
Seit 1929 wurde eine Vielzahl von Studien und Kongreßhearings zu der Frage durchgeführt, ob die Fusion der internationalen amerikanischen common carriers gesetzlich erlaubt werden sollte. Bislang[72] wurde darüber jedoch noch keine Entscheidung getroffen[73].

V. International Telecommunications Satellite Corporation "INTELSAT"

1. Allgemeines

Das Ziel des Communications Satellite Act von 1962 ist die rasche Errichtung eines einzigen weltweiten kommerziellen Fernmeldesatellitensystems unter Beteiligung und in Zusammenarbeit mit anderen Ländern[74]. Eine der vornehmsten Aufgaben von COMSAT war daher, wie schon geschildert[75], die Schaffung des Instrumentariums für die internationale Zusammenarbeit.
Die Initiative für die Gründung von INTELSAT lag von Anfang an bei den USA. Es darf daher nicht verwundern, daß ihre im Communications Satellite Act von 1962 niedergelegten Grundsätze unverändert auf das weltweite System übertragen wurden. Andere Staaten hatten dem amerikanischen Konzept nichts entgegenzusetzen; sie mußten sich damit zufrieden geben, daß die amerikanischen Verhandlungspartner ihre Belange schon 1964 in wesentlichen Punkten recht diplomatisch berücksichtigt hatten. Bei aller berechtigten Kritik an der amerikanischen Stimmrechts- und Investitionsmajorität in INTELSAT sollte der Weitblick des amerikanischen Kongresses nicht gering geschätzt werden, der schon im Communications Satellite Act die von COMSAT zu beachtenden internationalen Grundsätze verankerte[76] [77].

---

[70] Sec. 102 b) und 201 c) (2).
[71] Vgl. die Tarifsenkungsbeispiele bei Ende a. a. O., S. 409–413.
[72] 1969, Ende a. a. O., S. 389.
[73] Über das Für und Wider vgl. Ende a. a. O., S. 414/15.
[74] Sec. 102 a) und b).
[75] Oben III. Ziffer 4.
[76] Diese Grundsätze sind: weltweites System; gleiche Berücksichtigung der Belange von Entwicklungs- und entwickelten Staaten; wirtschaftliche Ausnut-

Alle Schwächen und Nachteile, die sich aus dem "Vorläufigen INTELSAT-Abkommen" von 1964[78] im Laufe der Zeit ergaben, wurden bei Abschluß des "Endgültigen INTELSAT-Abkommens" 1971[79] weitgehend ausgemerzt.

2. Gründung

Als Ergebnis ausgedehnter Verhandlungen mit insgesamt elf Partnern (einschließlich der USA) aus Westeuropa (darunter auch die Bundesrepublik Deutschland), Canada, Japan und Australien, wurden am 20. August 1964 in Washington zwei inhaltlich zusammengehörige Abkommen unterzeichnet. Dies waren das schon genannte "Vorläufige Abkommen" und das sogenannte "Sonderabkommen"[80].

Das vorläufige Abkommen wurde von den Regierungen zur Begründung des Mitgliedschaftsverhältnisses unterzeichnet, das Sonderabkommen von den durch die Regierungen benannten nationalen Fernmeldeorganisationen, die das System betreiben sollen; für die Bundesrepublik die Deutsche Bundespost.

Waren die elf Staaten, die das Abkommen miteinander aushandelten, ausschließlich Industriestaaten, so kamen bei Erhöhung der Mitgliedszahl (bis Ende 1964 auf 19 und bis Januar 1972 auf 83) mehr und mehr Entwicklungsländer hinzu[81].

Das zwischen den Regierungen geschlossene vorläufige Abkommen beinhaltet keinerlei finanzielle Verpflichtungen; es schafft den struk-

---

zung des Frequenzspektrums; Nutzbarmachung aller Vorzüge aus Qualität und Gebühren des neuen Systems; Wettbewerb bei Beschaffung der Ausrüstung zugunsten der Öffentlichkeit; kein Ausschließlichkeitsanspruch des System gegenüber späteren Binnensystemen, Sec. 201 a) (5).

[77] Kontrolle bei internationalen Verhandlungen durch die Regierung, Sec. 201 a) (4); Gewährleistung internationaler Beteiligung, Sec. 201 a) (5); Beteiligung des Außenministeriums bei internationalen Verhandlungen, Sec. 402.

[78] "Übereinkommen zur Vorläufigen Regelung für ein Weltweites Kommerzielles Satelliten-Fernmeldesystem" BGBl. 1965 II, S. 1499 ff, im folgenden kurz "vorläufiges Abkommen" genannt.

[79] "Übereinkommen über die Internationale Fernmeldeorganisation INTELSAT". Die amtliche deutsche Übersetzung des Deutschen Auswärtigen Amtes ist noch nicht Bundesgesetz, (Stand Juni 1972).

[80] BGBl. 1965 II, S. 1511 ff.

[81] Vgl. zum Mitgliedsstand 1964: "Report on Activities and Accomplishments under the Communications Satellite Act. Message from the President of the United States, House Document No. 87, 15. Feb. 1965; 35-0110, S. 2; sowie die Informationsbroschüre des COMSAT Information Office (202) 554–6100, "Pocket Guide to the Global Satellite System", Januar 1972, S. 21.

turellen Rahmen für die gemeinsam zu errichtende Organisation, legt deren Aufgaben, Ziele und Befugnisse fest, regelt Mitgliedschaft und Gebrauch, sowie die Benennung des jeweiligen nationalen Fernmeldeträgers, der Mitglied des Sonderabkommens sein soll. Schließlich verpflichten sich die Mitglieder für sich, bzw. für ihre benannten Fernmeldeträger in einem Konsortium die nötigen Finanzmittel aufzubringen und das ungeteilte Eigentum am Weltraumsegment zu tragen[82].

Das Sonderabkommen regelt alle technischen und Verwaltungsdinge, die den Betrieb des Konsortiums "INTELSAT" regeln: Teilung der Betriebskosten und Einkünfte; Festsetzung der Benutzungsgebühren; Beschaffungsrichtlinien und -verfahren; Rechte an Erfindungen[83].

Das Interesse an den Einzelheiten dieser beiden Abkommen ist nach der Unterzeichnung des endgültigen Abkommens zurückgegangen. Die durch die erfolgreiche Praxis des vorläufigen Abkommens geschaffenen Fakten jedoch wirkten auf die Verhandlungen für das endgültige Abkommen nachhaltig ein, so daß wir uns den Einzelheiten der 1964er Regelung kurz zuwenden wollen.

3. Ziele und Aufgaben des vorläufigen Abkommens[84]

Die Präambel des Abkommens gibt die gleichen Ziele und Zwecke wieder, die schon in der UNO-Resolution No. 1721 (XVI) und in Sec. 102 des Communications Satellite Act niedergelegt sind, nämlich,

- allen Völkern der Welt so rasch als möglich ohne Diskriminierung ein weltweites Satelliten-Fernmeldesystem zur Verfügung zu stellen (UNO-Res. No. 1721 (XVI));

---

[82] Art. I b) (1), vorl. Abkommen; dies sind die technischen Teile des Systems: Satelliten, Bahnverfolgungs- und Kommandostationen, nicht aber die Bodenfunkstationen.

[83] Nicht aber Schutz von Urheber- und benachbarten Rechten, vgl.: Lee R. Marks, "Domestic Communications Satellites and International Co-operation" in American Society of International Law, Proceedings, Vol. 61, 1967, S. 36–49, (S. 46).

[84] Der Text beider Abkommen findet sich u. a. in dem von Erich Schulze herausgegebenen Bd. 45 der Schriftenreihe der "Intern. Ges. für Urheberrecht e. V.", Verlag Franz Vahlen, Berlin und Frankfurt/M., 1970, Anhang, S. 18 ff. Der Titel "Schutz vor Satelliten – Eine Studie zum Urheberrecht und den verwandten Schutzrechten" ist jedoch etwas unglücklich gewählt: Der "Schutz vor Satelliten" wird in dieser Arbeit lediglich auf 3½ Seiten (S. 14–17) behandelt, der Rest von 139 Seiten gibt, was nicht im Titel steht, Abkommenstexte wieder.

– zu diesem Zweck ein einziges, weltweites kommerzielles Satellitenfernmeldesystem zu schaffen[85], welches hohe Leistung mit Wirtschaftlichkeit verbindet und für rationelle Ausnutzung des Frequenzspektrums sorgt[86];
– das allen Staaten den Zugang zum System ermöglicht[87];
– das interessierten Staaten Kapitalbeteiligung[88] und damit auch Beteiligung an Planung, Entwicklung, Bau, Einrichtung, Unterhaltung, Betrieb und Eigentum des Systems ermöglicht.

In Art. I a[89] verpflichten sich die Unterzeichner zur Zusammenarbeit, um die in der Präambel aufgeführten Ziele zu verwirklichen. Diese Zusammenarbeit richtet sich nach einem dreistufigen Programm für eine Satellitenversuchs-, eine Versuchs- und Betriebs- und eine Betriebs- und Benutzungsphase.

Art. II begründet die Verpflichtung zur Unterzeichnung des Sonderabkommens durch die nationalen Fernmeldeträger, bzw. die Regierungen selbst, und Art. III statuiert den Grundsatz des ungeteilten Eigentums am "Weltraumsektor“ (oder -segment) aller Unterzeichner im Verhältnis ihrer Investitionsquoten.

Da die Bodenfunkstationen Eigentum der nationalen Fernmeldeträger sind, bedarf ihr Betrieb der vorherigen Genehmigung, Art. VIII.

Art. XI regelt den Rücktritt vom vorläufigen Abkommen und seine Folgen, Art. XII ermöglicht praktisch jedem Mitglied der ITU die Mitgliedschaft im System.

Gemäß Art. 14 des Sonderabkommens wurde ein Schieds-Zusatzabkommen ausgehandelt, das am 21. November 1966 in Kraft trat. Es regelt das Verfahren zur Beilegung aller möglichen Streitigkeiten zwischen den Parteien untereinander und zwischen einer oder mehreren Parteien und dem "Ausschuß[90] mit bindender Wirkung.

---

[85] Sec. 102 a) b).
[86] Sec. 102 b).
[87] Sec. 102 c).
[88] Sec. 102 a) in Verbindung mit Sec. 402.
[89] Die Artikel des vorläufigen Abkommens werden in römischen, die des Sonderabkommens in arabischen Ziffern gezählt.
[90] Zum Begriff vgl. unten.

4. Die Struktur von INTELSAT[91]

4.1. Organ

Im Gegensatz zum endgültigen INTELSAT-Abkommen[92] sieht das vorläufige Abkommen lediglich ein einziges Organ[93] für INTELSAT vor: Die in Art. I statuierte Zusammenarbeit führt in alleiniger Verantwortung der durch Art. IV a) eingesetzte Interimsausschuß[94] durch[95].
Die Rechenschaftspflicht dieses Ausschusses beginnt und endet mit der Erstattung eines Berichts und der Unterbreitung von Vorschlägen für ein endgültiges INTELSAT-Abkommen. Dieser Bericht ist gemäß Art. IX c) zum Gegenstand einer internationalen Konferenz zu machen, die über das endgültige Abkommen entscheidet[96].

4.2. Geschäftsführer

"Nach Maßgabe der allgemeinen Zielsetzung und ... besonderen Anweisungen des Ausschusses" handelt COMSAT als geschäftsführendes Organ von INTELSAT[97].

---

[91] Aus der vielfältigen Literatur vgl. insbesondere: E. Schulze a. a. O., S. 11–14; Allen E. Throop a. a. O., S. 17 ff.; Richard R. Colino a. a. O., S. 33 ff.; Christian Patermann, "INTELSAT – Neue Gesichtspunkte für die Struktur internationaler Organisationen", ZLW, Sonderdruck 1972, Nr. 1, S. 10 ff.; Presse- und Informationsamt der Bundesregierung, Aktuelle Beiträge zur Wirtschafts- und Finanzpolitik, Nr. 5 1972, 7. Jan. 1972: "Neue INTELSAT auf breiterer internationaler Basis als ihre Vorgängerin"; Delbert D. Smith, a. a. O., S. 145 ff. Bei Drucklegung nicht mehr berücksichtigt werden konnte die umfassende Abhandlung von Christoph-Friedrich von Braun "Die juristische Ausgestaltung eines internationalen Nachrichtensatellitensystems, dargestellt am Falle "Intelsat", herausgegeben von I. Seidl-Hohenveldern, Frankfurt/M. 1972.

[92] das im Sommer 1972 in Kraft treten soll: Presse- und Informationsamt a. a. O., S. 1.

[93] Abgesehen vom Unterausschuß für Finanzen, der wie andere Unterausschüsse bei Bedarf vom Ausschuß eingesetzt werden kann, Art. IV c).

[94] Interim Communications Satellite Committee, ICSC, im folgenden "Ausschuß" genannt.

[95] Diese Aufgaben reichen über Planung und Entwicklung, Bau, Einrichtung, Unterhaltung und Betrieb des Weltraumsegments und umfassen die durch das Sonderabkommen statuierten Pflichten, Art. IV a).

[96] Konferenzen für die Erneuerung des Abkommens von 1969–1971.

[97] Art. 5 c) und 9 b) Sonder-, und Art. V (14) vorl. Abkommen.

4.3. Zusammensetzung des Ausschusses

Mit der Stimmenverteilung im Ausschuß gelang den Vereinigten Staaten gleichsam ein "hat-trick" bei den INTELSAT-Verhandlungen. Die drei Treffer in dieser ununterbrochenen Reihe sind:

- Die grundsätzliche Übernahme des Communications Satellite Act – Konzepts in das vorläufige INTELSAT-Abkommen durch die Vertragsstaaten;
- das Akzeptieren von COMSAT durch die Vertragsstaaten als dominierendem Konsortialpartner und Geschäftsführer;
- und nunmehr die Stimmenverteilung im Ausschuß zugunsten von COMSAT.

Die komplizierten Vertretungs- und Stimmrechtsverhältnisse im Ausschuß stärken die amerikanischen Belange: Art. 3 des Sonderabkommens verpflichtet nämlich jeden Unterzeichner,

> "... einen seiner "Quote"[98] entsprechenden Hundertsatz zu den Kosten von Planung und Entwicklung, Bau und Errichtung des Weltraumsektors beizutragen."

Der durch Art. IV a) gebildete Ausschuß setzt sich aus je einem Vertreter derjenigen Staaten zusammen, deren Quote mindestens 1,5% beträgt. Staaten können sich zu dem Zweck, gemeinsam diese Quote zu erreichen, zusammenschließen und einen gemeinsamen Vertreter in den Ausschuß entsenden, Art. IV b). Anders aber als in internationalen

---

[98] Dabei ist "Quote" gemäß den gleichlautenden Definitionen der Art. IV f) und 1 c) "der in der Anlage des Sonderabkommens neben dem Namen des Unterzeichners angegebene Hundertsatz und zwar in der auf Grund des vorläufigen Abkommens und des Sonderabkommens jeweils gültigen Höhe". – Dieser Hundertsatz beruht auf dem vorausgeschätzten Satellitengebrauch durch die Unterzeichner. Die Quoten ändern sich bei jeder Veränderung im Mitgliedsbestand von INTELSAT: So werden bei Neueintritt eines Mitglieds alle vorhandenen Quoten zusammengezogen und um den Quotenanteil des Neulings gekürzt. Die Besonderheit dieser Regelung liegt darin, daß die Anfangsquote von COMSAT bei 61% liegt und durch Neubeitritte auch dann nicht unter 50,6% absinken darf, wenn dies rein rechnerisch zu geschehen hätte; vgl. "Report on Activities and Accomplishments" ... a. a. O., S. 3. Bezugsgröße für die Quote ist gemäß Art. IV a) die Summe von 200 Millionen US-Dollar, die als Kostenvoranschlag für die Planung, Entwicklung, Bau und Errichtung des Weltraumsektors errechnet wurde. – Die Bestimmung der "Neulingsquote" ist eine der 14 Entscheidungen, für die im Ausschuß eine qualifizierte Mehrheit erforderlich ist, Art. XII a) (2) in Verbindung mit Art. V c) (9). Zur qualifizierten Mehrheit im einzelnen vgl. unten, 5.4.3.2.

politischen Organen wie etwa der UNO und den spezialisierten UNO-Unterorganisationen gilt nicht das Prinzip "ein Mann – eine Stimme"; vielmehr besitzt jedes Ausschußmitglied genau die Anzahl von Stimmen als es Quotenanteile repräsentiert, Art. V a).

Da die Quote des US-Konsortialpartners, COMSAT, niemals unter 50,6% sinken darf, hat COMSAT im Ausschuß immer auch die absolute Stimmenmehrheit.

Um zu vermeiden, daß strittige Fragen durch Kampfabstimmung entschieden werden, bei denen COMSAT stets im Vorteil wäre, sind ihrer Alleinherrschaft durch drei Kautelen wirksame Grenzen gesetzt:

- Um beschlußfähig zu sein, müssen stets Vertreter mit zusammen 8,5 Stimmen über der Stimmenzahl des stimmstärksten Vertreters anwesend sein, Art. V b).
- Entscheidungen des Ausschusses sollen nach Möglichkeit stets einstimmig getroffen werden, Art. V c).
- Entscheidungen der 14 wichtigsten Problemkreise[99] dürfen mangels Einstimmigkeit nur mit einer Mehrheit von mindestens 12,5 Stimmen über der Stimmenzahl des stimmstärksten Vertreters getroffen werden, Art. V c)[100].

Daß es aber faktisch gar nicht erst zu Kampfabstimmungen kommt, liegt daran, daß COMSAT als der größte Konsortialpartner und Geschäftsführer einen derartigen technologischen Vorsprung repräsentiert, daß ihre Vorschläge zur Systemerrichtung stets konkurrenzlos sind; hinzu kommt der Umstand, daß COMSAT selbst eine auf Gewinnerzielung gerichtete Gesellschaft ist. Das bedeutet, daß sie selbst sich keinen Mißerfolg leisten kann, um nicht das Vertrauen ihrer Aktionäre zu verlieren, daß sie Kampfabstimmungen mit Rücksicht auf die Börse also meiden wird. Schließlich sind die internationalen COMSAT-Partner auch noch dadurch geschützt, daß die drei vom Präsidenten ernannten COMSAT-Direktoren stets die korrekte Berücksichtigung aller außenpolitischen Ziele des Communications Satellite Act und des vorläufigen

[99] Dies sind gemäß Art. V c) (1–14) unter anderem: Auswahl des Typs des Weltraumsektors; Erstellung allgemeiner technischer Zulassungsnormen für Bodenfunkstationen; Festsetzung der Haushaltspläne, der Gebührenhöhe; Genehmigung der "Quoten" bei Neubeitritten und verschiedene Beschlüsse betreffend das Sonderabkommen.

[100] Art. V c) verhindert daher praktisch, daß die USA via COMSAT zusammen mit einem einzelnen europäischen Partner einen anderen europäischen, den japanischen oder canadischen Partner ausspielen können.

Abkommens im außenpolitischen Interesse der USA wahren werden und endlich, daß COMSAT in technischen und wettbewerblichen Belangen der inneramerikanischen Kontrolle durch die FCC und die Anti-Trust-Behörden unterliegt[101].

4.4. Eignung der Struktur

Man kann die Stimmverteilung im Ausschuß als undemokratisch betrachten, da das Prinzip "ein Mann – eine Stimme" nicht gilt; man kann sie aber auch unter dem Blickwinkel geschäftspolitischer Effizienz bewerten.

Danach ist die Stimmverteilung nach der Kapitalbeteiligungsquote in allen multinationalen Arbeitsgemeinschaften und Konsortien durchaus üblich und bewährt. – Die Stimmverteilung im Ausschuß wäre mithin gerechtfertigt, wenn INTELSAT nichts weiter wäre als ein Konsortium.

Daß INTELSAT aber nicht nur quantitativ, sondern auch qualitativ mehr ist und mehr sein soll als ein Konsortium, zeigt schon der in der Präambel aufgeführte Zweck des Unternehmens: INTELSAT ist zwar ein kommerzielles Unternehmen, aber es ist im Gegensatz zu den üblichen Arbeitsgemeinschaften und Konsortien[102] auf Dauer angelegt. Auch wird die Konferenz, die das endgültige INTELSAT-Abkommen aushandeln soll, durch Art. IX b) ausdrücklich daran gehindert, die Grundsätze des vorläufigen Abkommens in den wichtigsten Punkten aufzugeben oder abzuändern, wozu auch die in der Präambel genannten Ziele gehören.

Ferner erfüllt INTELSAT die von der UNO-Vollversammlung gestellte

---

[101] Darin liegen zwar amerikanische Einflüsse auf die Belange nichtamerikanischer Fernmeldeträger. – Der Konsensus zwischen den Zielen der UNO-Resolution No.1721 (XVI), dem Communications Satellite Act und dem vorläufigen Abkommen verbietet es den USA jedoch, aus Prestigegründen ihr Gewicht in COMSAT entgegen diesen Zielen gegen die übrigen INTELSAT-Partner auszunützen.

[102] Die herkömmlichen Arbeitsgemeinschaften (etwa im Hoch- und Tiefbau) werden wie die Konsortien von Großbanken im internationalen Kreditwesen meist zur Erzielung eines einzigen vorübergehenden Zweckes gebildet –: Errichtung einer Großbrücke, Bau eines Alpentunnels, Kreditierung eines internationalen Großröhrenkaufs.
Sinn und Zweck der INTELSAT-Gründung sowie insbesondere die Bezugnahme auf die UNO-Res. No. 1721 (XVI) weisen darauf hin, daß INTELSAT im Gegensatz zu derartigen Arbeitsgemeinschaften und Konsortien auf Dauer angelegt ist.

Aufgabe, alle Völker auf gleichberechtigter Basis am Fernmeldesatellitenwesen teilhaben zu lassen, eine Aufgabe, die schon von der Tendenz her auf Dauer geplant ist.

Darüber hinaus aber erfüllt INTELSAT – qua COMSAT – die Ziele des Communications Satellite Act. INTELSAT ist also weit mehr geworden als nur ein Konsortium: Mit seinen 83[103] Mitgliedern wurde es zu einer "policy-making private corporation".

Diese Konstellation konnte die überwiegende Zahl der INTELSAT-Mitglieder auf die Dauer nicht befriedigen: Ihnen wurde zugemutet, einen völkerrechtlichen Vertrag (das vorläufige Abkommen) abzuschließen, um das von der UNO deklarierte Ziel der gemeinsamen, friedlichen Nutzung des Weltraums zu erreichen. Dieser Vertrag aber bot dem amerikanischen Mitglied ständig den Löwenanteil der Einkünfte und zusätzlich eine Geschäftsführervergütung, wodurch die rechtliche und tatsächliche Nichtgleichberechtigung aller Mitglieder deutlich unterstrichen wurde.

Das mit wachsender Mitgliederzahl zunehmend politischer werdende Ziel von INTELSAT erforderte auf lange Sicht ein Gremium, in welchem alle Mitglieder gleichberechtigt vertreten sind, und in dem das Stimmrecht nicht wie im Ausschuß von der Investitionsquote abhängt.

4.5. "Einziges, weltweites Satellitenfernmeldesystem"

Die Präambel des vorläufigen Abkommens spricht von dem "Wunsch, ein einziges, weltweites, kommerzielles Satelliten-Fernmeldesystem zu schaffen".

Dieser Wunsch geht – verkürzt gesagt – auf das Bestreben von COMSAT zurück, in und durch INTELSAT bei der fernmeldetechnischen Erschließung der Welt per Satellit technisch und wirtschaftlich konkurrenzlos zu bleiben. Nach Colino[104] wurde die Forderung nach dem "einzigen" weltweiten System nur deshalb nicht als Art. I c) in den Text des vorläufigen Abkommens aufgenommen, weil die USA den Versicherungen Frankreichs und anderer europäischer Staaten glaubten, kein Konkurrenzsystem errichten zu wollen.

Im Hinblick auf das endgültige INTELSAT-Abkommen wurde daher der Frage, ob dieser "Wunsch" nach dem "einzigen" System zu den unab-

---

[103] Stand: Januar 1972.

[104] a. a. O., S. 40, unter Bezugnahme auf die Konferenzunterlagen.

dingbaren Grundsätzen der endgültigen Vertragsverhandlungen im Sinne des Art. IX b) (1) zu rechnen sei oder nicht, breiter Raum gegeben[105].

Den geschäftlichen Interessen von COMSAT hätte es natürlich am ehesten entsprochen, jeglichen Satelliten-Fernmeldeverkehr in aller Welt über INTELSAT abzuwickeln. Da aber im Laufe der Zeit die verschiedensten Pläne und Studien für Binnensatellitensysteme herangereift waren, die ausschließlich den nationalen Fernmelde- bzw. Bildungs- und Erziehungsbedarf einzelner Nationen decken sollten, ohne auf den internationalen Fernmeldeverkehr Einfluß zu haben, wurde dadurch noch keine direkte Konkurrenz zu INTELSAT geschaffen. Die Bedenken der USA bei den endgültigen Vertragsverhandlungen aber richteten sich gegen die fernmeldetechnische Verbindung von Binnensatellitensystemen mehrerer Nationen und gegen die Schaffung von Regionalsystemen. Dadurch nämlich würde ein Teil des jetzt als Welt-Fernmeldeverkehr abgewickelten Verkehrs zum Regionalverkehr abgestuft und als Verlust bei INTELSAT anfallen. Die einzige zur Zeit der Vertragserneuerung vorhandene Konkurrenz zum "einzigen" System war das "MOLNYA/ORBITA"-System der sozialistischen Staaten unter Führung der UdSSR.

Das Ansinnen an die UdSSR sich bei INTELSAT unter Verzicht auf das eigene System "einzukaufen" und mit dem ihr zugewiesenen Stimmanteil einer Majorität westlicher Staaten unter Führung des Hauptkonkurrenten USA ausgeliefert zu sein, war von Anfang an zum Scheitern[106] verurteilt. Warum auch hätten die UdSSR auf das eigene System verzichten sollen!

Nachdem das endgültige INTELSAT-Abkommen das Konkurrenzverhältnis zwischen dem russischen und dem INTELSAT-System einerseits und zwischen neu entstehenden Binnen- und Regionalsystemen andererseits nicht gelöst hat, bleiben die amerikanischen Bedenken jedenfalls in zwei Punkten aktuell:

---

[105] Peter D. Trooboff "INTELSAT: Approaches to the Renegotiation", Harvard International Law Journal, Vol. 9, No. 1, Winter 1968, S. 1 ff. (57–64) und Delbert D. Smith, a. a. O., S. 153–160, sowie Colino, a. a. O., S. 40 ff.; alle mit vielen Einzelheiten.

[106] Einzelvorschläge für eine angemessene Beteiligung der UdSSR – die sämtlich nicht verwirklicht wurden – vgl. Smith a. a. O., S. 157, Trooboff, a. a O., S. 43 ff., insbesondere S. 45, Fußnote 138.

- Jeder Geostationärsatellit – gleichgültig zu welchem Zweck –, benötigt einen freien "Parkraum" über dem Äquator von ca. 10 Längengraden[107], um ohne Interferenzgefahr zugleich mit dem ihm nächstbenachbarten Satelliten auf ähnlicher Sendefrequenz betrieben werden zu können.
- Die unleugbaren Vorteile gemeinschaftlichen Planens, Entwickelns und Bedienens fallen weg, je mehr Systeme betrieben werden.

5. Das "Endgültige INTELSAT-Abkommen"[108] [109]

Mit der dritten und letzten "Resumed Plenipotentiary Conference on Definitive Arrangements for the International Telecommunications Satellite Consortium" vom 14. April bis 21. Mai 1971 in Washington gingen die Verhandlungen für ein endgültiges INTELSAT-Abkommen zu Ende. Vom 20. August 1971 ab, dem 7. Jahrestag des Inkrafttretens des vorläufigen Abkommens, wurde es zur Unterzeichnung aufgelegt.

Wie sein Vorläufer besteht auch das endgültige Abkommen aus einem "Regierungsübereinkommen", das von den 79 Vertragsstaaten, den "Parteien", unterzeichnet werden muß[110] und einem "Betriebsübereinkommen", das nicht nur von den Regierungen, sondern auch von den von ihnen benannten Fernmeldeorganisationen[111] unterzeichnet werden kann, den "Unterzeichnern"[112].

Das Regierungsübereinkommen enthält vier Anlagen über
- die Funktion des Generalsekretärs, Anlage A;
- die Funktion des Managers der Organisation, Anlage B;

---

[107] Nach Trooboff a. a. O., S. 46; da überdies nicht alle "Parkplätze" gleich begeehrt sind, könnten danach praktisch noch nicht einmal die 36 theoretisch stationierbaren Satelliten mit ähnlicher Frequenz plaziert werden. Es entstünde dann der Streit um die Garantie des Rechts auf freien Zugang und der freien, nichtdiskriminierenden Nutzung des Weltraums, das im UNO-Weltraumvertrag gewährleistet wird. Eine optimale Nutzung des "Parkraums" ist nur durch eine rationelle Ausnutzung des Frequenzspektrums und durch technischen Fortschritt bei der Bündelung der Sendewellen möglich.

[108] Nach der noch nicht veröffentlichten Übersetzung des Auswärtigen Amtes, die dem Verfasser auf Anfrage vom 16. März 1972 unter dem 28. März 1972 freundlicherweise zur Verfügung gestellt wurde: "Übereinkommen über die Internationale Fernmeldesatellitenorganisation INTELSAT" vom 20. August 1971.

[109] Vgl. Patermann a. a. O., S. 10 ff.

[110] Art. I f), I a).

[111] Art. I g), Art. 2.

[112] Wie die Vorläufer werden auch die endgültigen Übereinkommen mit römischen bzw. arabischen Ziffern gezählt.

– eine Prozeßordnung für ein Schiedgerichtsverfahren, Anlage C;
– Übergangsvorschriften, Anlage D.

Die Konferenz war an die vier unabänderlichen Grundsätze gebunden, welche das vorläufige Abkommen für das endgültige – unabhängig von dessen Form – aufgestellt hatte[113].

Nach wie vor betrifft das Regierungsabkommen die Rechte und Pflichten der Parteien, das Sonderabkommen die Rechte und Pflichten der Unterzeichner, also der Fernmeldeträger. Die wichtigsten Änderungen wollen wir im folgenden kurz beleuchten:

5.1. Zweck

Der Zweck von INTELSAT hat sich auch nach dem endgültigen Abkommen nicht gewandelt: Wie das vorläufige so nimmt auch das endgültige Abkommen Bezug auf die UNO-Resolution No. 1721 (XVI) und zusätzlich auf die im UNO-Weltraumvertrag niedergelegten Prinzipien sowie auf die Grundsätze des Communications Satellite Act, indem es den Wunsch ausdrückt, die Entwicklung des bereits geschaffenen weltweiten Satelliten-Fernmeldesystems "zu einem einzigen, weltweiten, kommerziellen Satellitenfernmeldesystem fortzuführen"[114].

Ebenso wie das vorläufige so enthält auch das endgültige Abkommen im Vertragstext selbst keine Bezugnahme mehr auf das umstrittene "einzige" System[115]. Hätte 1964 aber durchaus noch Besorgnis bestanden, daß ein Konkurrenzsystem auftaucht, so bestand diese Furcht 1971 sicherlich nicht mehr[116]. Der Abschied vom "einzigen" weltweiten, kommerziellen System dürfte den USA bei dem überwältigenden Erfolg ihrer INTELSAT-Satellitentypen kaum mehr schwer gefallen sein. Hinzu kommt, daß Art. III drei Klauseln aufgenommen hat, die es den Ver-

---

[113] Danach muß (müssen): Der Zweck des endgültigen Abkommens mit den in der Präambel des "vorläufigen" niedergelegten Grundsätzen übereinstimmen; das Abkommen allen ITU-Mitgliedern zum Beitritt offenstehen; Kapitaleinlagen der Unterzeichner geschützt werden; alle Vertragsparteien der endgültigen Regelung die Möglichkeit haben, an der allgemeinen Zielsetzung mitzuarbeiten, Art. IX b) (1–4).

[114] Präambel des endgültigen Abkommens, Abs. (3) und (4).

[115] Art. II a) spricht nunmehr vom Hauptzweck, Planung, Entwicklung, Bau und Errichtung, Betrieb und Unterhaltung des schon geschaffenen Weltraumsegments des weltweiten kommerziellen Systems fortführen.

[116] Dazu, wie eine Vertragspartei in vertragstreuer Weise ein Konkurrenzsystem errichten kann, vgl. unten Ziff. 5.6.

tragsparteien zwar nicht verbieten, aber doch faktisch erschweren, in vertragstreuer Weise ohne und außerhalb von INTELSAT einen unabhängigen Fernmeldesatellitendienst zu errichten[117].

5.2. Rechtsform

INTELSAT ist jetzt kein Konsortium mehr, sondern eine Corporation[118]. Sie wird gegründet durch Art. II a) S. 1 "unter voller Berücksichtigung der in der Präambel niedergelegten Grundsätze" als eine Gesellschaft mit Rechtspersönlichkeit, Art. IV a); ihre Rechtsfähigkeit beinhaltet die Fähigkeiten,

- Abkommen mit Staaten oder internationalen Organisationen zu schließen;
- Verträge zu schließen;
- Vermögenswerte zu erwerben und darüber zu verfügen;
- Prozeßpartei zu sein.

Wegen dieser Fähigkeiten sowie wegen der durch Art. XV c) gewährten Vorrechte, Befreiungen und Immunitäten für die höheren Bediensteten ist es sicher richtig, INTELSAT partielle Völkerrechtssubjektivität zu bescheinigen[119].

5.3. Struktur

INTELSAT hat nach Art. VI a) folgende Organe:

- die Versammlung der Vertragsparteien, (Art. VII);
- die Versammlung der Unterzeichner, (Art. VIII);
- den Gouverneursrat, (Art. X) und

---

[117] Gemäß Art. III a) stellt INTELSAT das Weltraumsegment für internationale öffentliche Fernmeldedienste zur Verfügung; darin besteht der "Hauptzweck". – Nebenher aber steht sie auch für nationale öffentliche Dienste, Art. III c) und für internationale oder nationale Sonderfernmeldedienste (Definition in Art. I (1), z. B. Navigation, Wetter-, Satellitenrundfunkdienste), bereit, Art. III d) und schließlich bietet sie auf Antrag die Installierung von Satelliten für nationale, internationale, öffentliche und Sonderfernmeldedienste an, Art. III e), also Binnen-, Regional- und Direktrundfunksatelliten.

[118] So auch Richard R. Colino: INTELSAT, A comparsion of the interim and definitive arrangements; in: EBU-Review Nr. 129 B, Sept. 1971, S. 49 ff. (50).

[119] So Patermann a. a. O., S. 12, unter Bezugnahme auf die Ausführungen von Berber zur Völkerrechtssubjektivität der UNO in LB des Völkerrechts, Bd. III, 1960, § 29, IV, S. 119.

– ein dem Gouverneursrat verantwortliches geschäftsführendes Organ, (Art. XI, XII)[120].

Zusätzlich wird von allen Organen die strenge Einhaltung der eigenen Kompetenzen sowie die Beachtung von Beschlüssen und Handlungen der anderen Organe gefordert, Art. VI b), c), VII b), VIII a), X b).

5.4. Organe

5.4.1. Versammlung der Vertragsparteien

Die Versammlung der Vertragsparteien besteht aus allen Parteien und ist das oberste politische Organ von INTELSAT, Art. VII a); in ihr haben, anders als im bisherigen "Ausschuß", alle Parteien gleiches Stimmrecht, Art. VII f) S. 2. Als das oberste Organ hat sie aber nur eine schwache Stellung[120a]. Sie darf sich im wesentlichen nur mit den langfristigen Zielen der Organisation beschäftigen und auch dies nur insoweit als es für die Parteien in ihrer Eigenschaft als souveräne Staaten von Interesse ist. Ihre Ergebnisse kann sie nur in Empfehlungen, Entschließungen und Ansichten vortragen, Art. VII b).

5.4.2. Versammlung der Unterzeichner

Die Unterzeichner sind in der Regel die Post- und Fernmeldebehörden der Parteien bzw. deren privatrechtliche organisierten Pendants. Das die Technik, den Betrieb und die Finanzierung, die Tarife, Benutzungsquoten und Investitionen regelnde Recht dieser Versammlung findet sich im "Betriebsabkommen", dessen Erläuterung hier zu sehr aufhalten würde.

Erwähnt werden sollte jedoch, daß die Grenze für das Grundkapital von INTELSAT von 200 Mio. auf 500 Mio. US-$ + 10% Bandbreite angehoben worden ist (Art. 5 Betriebsübereinkommen), daß sich die Inve-

---

[120] Nach dem vorläufigen Abkommen war der "Ausschuß" das einzige Organ von INTELSAT und COMSAT der Geschäftsführer des Unternehmens, Art. IV a), VIII. Gewaltenteilung wie nach dem endgültigen Abkommen zwischen einem politischen und einem wirtschaftlich zusammengesetzten Organ fand nicht statt.

[120a] Vgl. den Aufgabenkatalog in Art. VII c); (Ausnahmen: VII c) (3) in Verbindung mit XVII c) = Vertragsänderung; Ausweitung auf Sonderdienste: Art. 1l, Art.III d), e) (3), VII c) (4); Verhältnis zu souveränen Staaten und internationalen Organisationen, Art. VII c) und IX).

stitionsquoten also nunmehr auf die Summe von 500 Mio. US-$ beziehen.

5.4.3. Der Gouverneursrat

Das dritte Organ, der Gouverneursrat, ist auch das stärkste. Nach Aufgaben und Befugnissen entspricht er dem bisherigen Ausschuß.

5.4.3.1. Aufgaben, Befugnisse

Art. X a) räumt dem Gouverneursrat die Blankokompetenz für Planung, Entwicklung, Bau und Errichtung, Betrieb und Unterhaltung des Weltraumsegments sowie für alle sonstigen von INTELSAT unternommenen Tätigkeiten ein, die bisher der "Ausschuß" wahrgenommen hat (Art. IV a), V, VI, vorläufiges Abkommen). – Zum Kreis seiner Aufgaben gehört eine Fülle von in Art. X a) (1–27) einzeln aufgezählten Pflichten, die seine Allzuständigkeit noch unterstreicht[121]. Nach Art. X b) in Verbindung mit Art. VI b) und c) ist der Gouverneursrat zwar gehalten, die "Entschließungen, Empfehlungen und Ansichten der beiden Versammlungen gebührend zu berücksichtigen"[122]; er ist jedoch an deren Äußerungen nicht gebunden: Weicht er von solchen Empfehlungen und Entschließungen ab, so braucht er lediglich gemäß Art. X b) (2) eine Begründung für sein abweichendes Vorgehen zu liefern. Eine Bindung des Gouverneursrats als dem Exekutivorgan an die Wünsche des politischen "Hauptorgans", der Versammlung der Vertragsparteien, findet also nicht statt, wie dies sonst bei internationalen Körperschaften zu beobachten ist[123].

---

[121] Annahme von Plänen und Programmen, von Beschaffungsrichtlinien, von Haushaltsplänen; Annahme von Zielsetzungen und Verfahren für den Schutz von Erfindungen, nicht aber von Urheber- und benachbarten Rechten; Annahme technischer Normen und Zulassungsverfahren für Bodenfunkstationen, Festlegung des Zuteilungsmodus für die Weltraumsegmentkapazität, Gebührenfestsetzung, Vorlage des Jahresberichts, Ernennung und Entlassung eines Generalsekretärs, Richtlinien über Anzahl und Einstufung des Personals, Verkehr mit der ITU.

[122] Art. X b) (1).

[123] So ist etwa der ITU-Verwaltungsrat an Beschlüsse der Vollversammlung und der Verwaltungskonferenzen gebunden, Art. 5, 6, 7, 9 B (1) ITU Convention, 1965.

5.4.3.2. *Vertretung im Gouverneursrat*

Ein weiteres Beispiel dafür, daß INTELSAT auch nach der Reorganisation ein primär von wirtschaftlichen und nicht von politischen Interessen bestimmtes Wesen ist, bietet die komplizierte Sitz- und Stimmenzahlverteilung im Gouverneursrat.

Von Aufgaben und Befugnissen her wurde das Ausschußmodell des vorläufigen Abkommens unter der neuen Benennung „Gouverneursrat" praktisch beibehalten. Denn eine auf Gewinnerzielung angelegte Organisation darf ihre Entscheidungen in legitimer Weise mit dem bei jeder Entscheidung involvierten finanziellen Risiko verknüpfen. Sie darf eine proportionale Beziehung zwischen Investitionssumme und Stimmrecht herstellen.

Gemäß dieser Grundsatzentscheidung wurde auch im Gouverneursrat an der Verknüpfung von Investitionsquote mit Repräsentation und Stimmenzahl im Rat festgehalten. Geändert wurde gegenüber dem Ausschußmodell lediglich:

- die unhaltbar gewordene Mindestrepräsentation von COMSAT mit 50,6% aller Stimmen. Ein solches Vorrecht besteht nicht mehr. Die größte Stimmenzahl, die ein Gouverneur vertreten darf, wurde auf 40% festgesetzt, Art. IX g) (4). Würde COMSAT's Investitionsanteil ein höherer Stimmenanteil entsprechen, so würden die überschüssigen Stimmen anteilmäßig auf die übrigen Gouverneure verteilt. Damit entfällt das in der Vergangenheit denkbare COMSAT-Abstimmungsmonopol!
- die Zahl der Gouverneursratsmitglieder soll stets zwischen 20 und 22 liegen[124].
- zu den auch schon im Ausschußmodell bekannten zwei Vertreterarten[125] kommt eine dritte hinzu: Maximal fünf Vertreter, die aus

---

[124] Mit der Festlegung dieser Zahl wird, anders als nach dem vorläufigen Abkommen, auch die Möglichkeit eröffnet, daß eine Vertragspartei bei der jährlichen Neuberechnung der Investitionsquote die für eine Vertretung im Rat nötige Quote nicht mehr erreicht und dadurch seinen Sitz im Rat verliert. (Vgl. Richard R. Colino a. a. O., S. 51/52).

[125] 1. Mitglieder, die Unterzeichner mit einem bestimmten Mindestinvestitionsvolumen vertreten;
2. Mitglieder, die mehrere Staaten (welche ihre Investitionssummen vereinigt haben, um einen gemeinsamen Vertreter entsenden zu können), vertreten.

jeweils einer der drei von der ITU bezeichneten "Regionen" kommen[126], Art. IX a) (3); von ihnen vertritt jeder mindestens fünf solche Staaten, die weder nach der ersten noch nach der zweiten Möglichkeit vertreten sind.

Im übrigen ist das Prinzip beibehalten worden, daß die Vertretung im Gouverneursrat von der ständig neu festzusetzenden Investitionssumme, die jeder Unterzeichner zu leisten hat, abhängt, Art. IX b) c).

Die Stimmenzahl der einzelnen Gouverneure hängt dabei jedoch nicht direkt von der so bestimmten Investitionssumme ab, sondern von der theoretischen Benutzungsmenge, welche, auf drei bestimmte Benutzungsarten umgerechnet (Art. IX f) (1–3), dieser Investitionssumme entsprechen würde, Art. IX f) g)[127].

5.4.3.3. Beschlußfassung

Der Gouverneursrat ist beschlußfähig, wenn entweder die Mehrheit seiner Mitglieder, die $^2/_3$ der Stimmen vertreten müssen oder aber wenn alle Mitglieder minus drei anwesend sind, Art. IX i). Wie schon der Ausschuß[128] so bemüht sich auch der Gouverneursrat stets um einstimmige Beschlußfassung, Art. IX j). Kommt keine Einstimmigkeit zustande, so gilt:

- In Verfahrensfragen haben alle Gouverneure eine Stimme; es entscheidet die einfache Mehrheit, Art. IX j) (2).
- In allen materiellen Fragen ist die Zustimmung von mindestens vier Gouverneuren, die zusammen mindestens $^2/_3$ aller Stimmen

---

[126] Nach Art. 5, § 1 Radio Regulations (MOD Spa 2) 125–129, in der Fassung von 1971 ist die ganze Welt zum Zweck der Frequenzverteilung in drei Regionen aufgeteilt:
Region 1: Europa mit UdSSR, Afrika, Arabische Halbinsel, Türkei, Teile des Atlantischen und Indischen Ozeans;
Region 2: Nord, und Südamerika, Teile des Atlantischen und Pazifischen Ozeans;
Region 3: Asien, ausschl. der UdSSR, sowie Australien, Ozeanien und die nicht zu Region 1 oder 2 gehörenden Teile des Indischen und Pazifischen Ozeans.

[127] Dadurch wird die Stimmenzahl auf den jährlich neu errechneten Investitionsbetrag bezogen, umgerechnet auf drei Nutzungsarten: dies ist sicherer als eine Bindung an die ständig schwankende tatsächliche Benutzungsmenge, die zwischen den Investitionsbestimmungsterminen über und unter der festgesetzten Investitionssumme liegen kann.

repräsentieren müssen, nötig oder aber die Zustimmung aller Gouverneure minus drei, Art. IX j) (1)[129].

Seine Beschlüsse faßt der Gouverneursrat auf Tagungen, die nach Bedarf, mindestens jedoch viermal jährlich anberaumt werden, Art. IX n).

5.4.3.4. Geschäftsführendes Organ

Die laufenden Geschäfte von INTELSAT nimmt ein geschäftsführendes Organ wahr, Art. XI a). *"Geschäftsführendes Organ" ist für die ersten sechs Jahre ab Inkraftreten des endgültigen Abkommens COMSAT, Art. XI a).*

Dabei wird COMSAT aufgrund eines privatrechtlichen Übereinkommens "als Auftragnehmer aus dem Geschäftsführungsvertrag" tätig, Art. XII e) in Verbindung mit Art. XII a) (2). Die Grundsätze, welche der vom Gouverneursrat vorzubereitende Geschäftsführungsvertrag (Art. XII a) (2) beachten muß, sind in Anlage B des endgültigen Abkommens enthalten[130] [131].

COMSAT soll nicht auf unbestimmte Zeit hinaus geschäftsführendes Organ bleiben. Der Gouverneursrat erarbeitet deshalb[132] eine genaue Studie[133], die er – zusammen mit einem, seine Empfehlungen für die abschließende Organstruktur des geschäftsführenden Organs enthaltenden, Bericht – der Versammlung der Vertragsparteien vorlegt[134], welche über die endgültige Struktur zu beschließen hat[135].

---

[128] Art. V c) vorläufiges Abkommen.

[129] Mit dieser Vorschrift sind im Ergebnis für alle Sachfragen qualifizierte Mehrheiten nötig wie sie das vorläufige Abkommen nur für die 14 wichtigsten Fragen nach Art. V c) kannte.

[130] Dadurch wird die Kontinuität im Management gesichert.

[131] Derartige Richtlinien für einen privatrechtlichen Dienstvertrag in einem völkerrechtlichen Vertrag sind neu und nur aus dem Zweck von INTELSAT zu erklären, Patermann a. a. O., S. 19.

[132] Beginn: spätestens ein Jahr nach Inkrafttreten des endgültigen Abkommens, Art. XII f) in Verbindung mit Art. XII a) (3).

[133] Richtlinien in Art. XII f) (1–5).

[134] Vorlage spätestens vier Jahre nach Inkrafttreten des endgültigen Abkommens, Art. XII g).

[135] Beschluß spätestens fünf Jahre nach Inkrafttreten des endgültigen Abkommens, Art. XII h); Einzelheiten zu den beiden Geschäftsführungsphasen durch COMSAT und die Nachfolgeorganisation: Colino a. a. O., S. 52/53.

5.4.4.1. Generaldirektor

Dem endgültigen geschäftsführenden Organ steht ein Generaldirektor vor[136], der vom Gouverneursrat ernannt[137] und diesem direkt verantwortlich sein wird; er wird der höchste leitende Bedienstete von INTELSAT sein und sie nach außen vertreten[138]. Der Generaldirektor wird sein Amt ein Jahr vor Ablauf der sechsjährigen Übergangsgeschäftsführungsperiode durch COMSAT antreten, *spätestens aber am 31. Dezember 1976* [139].

5.4.4.2. Generalsekretär

Bis zum Amtsantritt des Generaldirektors vertritt ein sofort nach Inkrafttreten des endgültigen Abkommens vom Gouverneursrat zu ernennender[140] Generalsekretär INTELSAT nach außen[141].

Zu den Aufgaben des Generalsekretärs gehört es, die in Anlage A aufgeführten Dienstleistungen zu erbringen, (nicht aber die von COMSAT aufgrund des Geschäftsführungsvertrages zu versehenden (gemäß Anlage B) und dem Gouverneursrat über die Arbeit von COMSAT Bericht zu erstatten, ohne jedoch Aufsicht über COMSAT zu führen, Art. XII b), am Ende.

5.5. Eignung der Struktur

Da das endgültige Abkommen erst im Sommer 1972 in Kraft treten soll, läßt sich noch kein Erfahrungsbericht über die Eignung der neuen Organe und ihre Effizienz geben.

Den drei Haupteinwänden gegen die bisherige INTELSAT-Struktur[142] trägt das endgültige Abkommen jedoch Rechnung:

– Die Versammlung der Vertragsparteien wird jedenfalls nominell

---

136 Art. XI a).
137 Art. XI b) (3); die Ernennung erfolgt vorbehaltlich der Zustimmung der Versammlung der Vertragsparteien.
138 Art. XI b) (1).
139 Art. XII i).
140 Art. XII a) (1).
141 Art. XII b).
142 kein demokratisches Vertretungsorgan; absolute Mehrheit von COMSAT im Ausschuß; alleinige Geschäftsführung durch COMSAT.

als das "Hauptorgan" mit demokratischen Vertretungsverhältnissen eingeführt[143].

- Die absolute Stimmenmehrheit von COMSAT wird auf 40% zurückgeschraubt; aufgrund höherer Investitionen auf COMSAT entfallende Stimmen werden, wenn sie 40% übersteigen, den anderen Gouverneuren zugeschlagen[144].
- Nach sechsjähriger Übergangszeit wird für eine internationalisierte Geschäftsführung gesorgt[145].

5.6. "Einziges" System — Konkurrenzsystem

Auch im endgültigen Abkommen fand der amerikanische Wunsch nach dem garantiert konkurrenzlosen "einzigen, weltweiten, kommerziellen System" nur Eingang in die Präambel. Der Vertragstext selbst schweigt zu der Frage, wann und unter welchen Bedingungen Vertragsparteien Satelliten-, Binnen -oder Regionalfernmeldedienste errichten dürfen, die zwangsläufig einen Teil des bisher von INTELSAT abgewickelten internationalen Fernmeldeverkehrs übernehmen würden. – Art. III a)–e) jedoch verpflichtet alle Vertragsparteien zur gemeinsamen Erfüllung des Hauptzwecks von INTELSAT; dieser besteht darin,

- auf kommerzieller Grundlage in allen Gebieten der Welt das Weltraumsegment für internationale öffentliche Fernmeldedienste von hoher Qualität und Zuverlässigkeit bereitzustellen, Art. III a); dabei stehen bestimmte nationale öffentliche Fernmeldedienste den internationalen gleich, Art. III b) (1 und 2). Auch Binnen- und Regional-Fernmeldedienste, Navigations-, Wetter- und Direktrundfunksatelliten für nationale Zwecke sollen die INTELSAT-Mitglieder gemäß Art. III c), d), e) in erster Linie nach vertraglichen Abmachungen mit INTELSAT über das schon bestehende gemeinsame Weltraumsegment oder durch von INTELSAT zu errichtende neue Satelliten betreiben.

Colino[146] sieht im Verhalten der Bundesrepublik Deutschland und Frankreichs bei der Entwicklung des europäischen Regionalsatellitensystems "Symphonie" und Canadas bei der Entwicklung des canadischen Binnensatellitensystems "Telesat Canada" zwei Präzedenzfälle dafür, wie Vertragsparteien in vertragstreuer Weise Konkurrenzsysteme aufbauen

[143] Art. VI a) (1), VII.
[144] Art. IX g) (4).
[145] Art. XII a) (2), XII e), XII a) (3), XII f) g) h), XI.
[146] a. a. O., S. 56.

können. Nach Colinos Meinung sollten die Konkurrenten den Gouverneursrat konsultieren. Je nachdem, ob ein öffentliches Binnensystem[147], ein Sondersystem[148] oder ein internationales öffentliches System[149] geplant wird, erläßt der Gouverneursrat selbst oder die Versammlung der Vertragsparteien (in den beiden letzten Fallgruppen) eine rechtlich nicht bindende Empfehlung zu den Punkten:

- technische,
- betriebliche und
- wirtschaftliche (nur im letzten Fall) Vereinbarkeit des geplanten Konkurrenzsystems mit dem INTELSAT-System.

Wenn wir hier an der Nahtstelle zum Teil C der Arbeit ein Fazit ziehen wollen, so können wir festhalten: Die bemannte Raumforschung kommt und geht; die Fernmeldesatellitensysteme bleiben. Sie greifen in unser aller Leben ein und werfen durch die von ihnen übertragenen Programminhalte auch Fragen des transnationalen Urheberrechts- und Leistungsschutzes auf.

---

[147] Begriff: Art. I k), Art. III b) (2).
[148] Begriff: Art. I l).
[149] Begriff: Art. I k), Art. III a).

Teil C: Internationaler Urheber- und Leistungsschutz bei Satellitenübertragungen

Wie schon oben in Teil A hervorgehoben, kann der urheber- und leistungsrechtliche Schutz bei Satellitenübertragungen nicht isoliert gesehen werden. Fragestellungen der internationalen Telekommunikation und des Satellitenwesens sind ihrer Natur nach international; die durch Satellitenübertragungen aufgeworfenen Probleme sind es auch. Die urheber- und leistungsrechtlichen Probleme des Satellitengebrauchs dürfen aber nicht allein auf ihre international-privatrechtliche Komponente hin untersucht werden; vielmehr muß der Urheberrechtler sich stets der Einbindung seines Fachgebiets in den größeren Zusammenhang mit der durch die Radio Regulations geregelten internationalen Telekommunikation und der künftig zu erwartenden – im Wesentlichen politischen – Inhaltskontrolle via Rundfunk-("Direkt"-)Satellit übertragener Rundfunkprogramme bewußt sein.

Wo der Urheberrechtler neue Begriffe für Programm, Rundfunk- und Weitersendung verwendet, muß er wissen, daß die Radio Regulations auf dem Gebiet des internationalen Fernmeldewesens bereits international anerkannte Begriffe geschaffen haben; wo er Sendeanstalten, Urhebern und ausübenden Künstlern Gestattungs- und Verbietungsrechte einräumen will, muß er sich des übergeordneten Vorbehalts eines demnächst von der UNO zu verabschiedenden internationalen Abkommens über den Schutz unerwünschter Ausstrahlungen von „Direkt"-Satelliten bewußt sein.

Im Anschluß an die in Teil A enthaltenen Ausführungen hat nun Teil C die Aufgabe, eine Problemzusammenschau von der urheber- und leistungsschutzrechtlichen Seite her zu geben.

Kapitel 6: Urheber- und leistungsschutzrechtliche Entwicklung bis zum "Lausanne-Entwurf"

I. Tätigkeit internationaler Behörden und Organisationen

1. UNO

1.1. Allgemeines

Die UNO hat seit Anbruch des Weltraumzeitalters durch eine Fülle von Resolutionen und eine Anzahl von internationalen Konventionen wie den "Weltraumvertrag", das "Beistandsabkommen" und das "Weltraumhaftungsabkommen" die friedliche Erforschung und Nutzung des Weltraums in geregelte Bahnen gelenkt[1]. – Die Probleme des Satellitenrundfunks wurden von der UNO schon früh erkannt und erörtert; Nutzen und Vorteile speziell für die Entwicklungsländer führten zur Installierung des "Site"-Projekts in Indien und zu Untersuchungen für weitere Binnen-Satellitensysteme in anderen Staaten der Welt. Diese Entwicklung ist uns aus den Teilen A und B der Arbeit schon bekannt.

Neben der immer wieder geforderten Konvention über die Grundprinzipien des Rundfunksatellitenbetriebes[2] ("Direkt-Satellitenbetrieb"), mit der politisches Wohlverhalten bei "Direktsatelliten"-Übertragungen und eine vorherige Genehmigung des Programms durch die potentiellen

[1] Vgl. Teil B, Kap. 3, III, insbesondere Ziff. 5.1.

[2] Vgl. "Meeting of Governmental Experts on International Agreements in the Space Communication Field, Paris, 2.–9. Dez. 1969", Dokument COM/MD 15, S. 6. Hier werden acht Grundsätze für den Rundfunksatellitenbetrieb aufgestellt: 1. garantierte Nutzungsmöglichkeit für alle Staaten, 2. Verbot feindseliger Propaganda, 3. keine Einmischung in innere Angelegenheiten, 4. Rücksichtnahme auf Menschen-, Persönlichkeits-, Urheber- und Leistungsrechte, 5. Beachtung kulturellen, religiösen, philosophischen Gleichgewichts, 6. Verhinderung falscher und inkorrekter Information, 7. Werbesendungen nur nach vorheriger Absprache mit den Empfangsstaaten, 8. Kontrollmechanismus in den ITU-Bestimmungen.
Vgl. ferner: COPUOS-Tagung während der 25. UNO-Vollversammlung vom 1.–17. Sept. 1970, UNO Official Records, 25th Sess. Supplement No. 20 (A/8020) und schließlich einen UdSSR-Konventionsentwurf für die 27. Vollversammlung A/8771, vom 9. 8. 72, der dem Verfasser auf Anfrage vom 10. 8. 72 unter dem 14. 8. 72 freundlicherweise von der UNO zur Verfügung gestellt wurde. Der Entwurf formuliert im wesentlichen die oben genannten Prinzipien.

Empfängerstaaten bis hin zu aktiven Abwehrmaßnahmen gegen unerwünschte Programme[3] erreicht werden soll, nehmen sich die Urheber- und Leistungsschutzrechtsfragen auf diesem Gebiet recht bescheiden aus: Der mögliche Mißbrauch von Rundfunk-("Direkt"-)Satelliten zu Propagandazwecken ist eine so große Gefahr, daß sie die Staaten ganz empfindlich in ihren außen- und innenpolitischen Zielen stören kann. Ihr möglichst rasch und womöglich durch einen weltweiten Vertrag zu begegnen, erscheint den UNO-Mitgliedern dringlicher als der Schutz privatrechtlicher Interessen beim Übertragungsvorgang. – Gleichwohl hat die UNO den internationalen Urheber- und Leistungsschutz nicht übergangen:

1.2. Committee on the Peaceful Uses of Outer Space (COPUOS)

Das Committee on the Peaceful Uses of Outer Space wurde 1959 errichtet[4]; das Komitee und sein Unterausschuß "Working Group on Direct Broadcast Satellites"[5] haben selbst keine Exekutivorgane, sondern handeln durch die "Outer Space Affairs Division" beim UNO-Generalsekretariat[6].
Auf der 25. Vollversammlung nun nahm COPUOS den dritten und vorläufig letzten Bericht der Working Group entgegen[7].

2. Working Group on Direct Broadcast Satellites

In ihrem 2.[8] und 3.[9] Bericht äußerte die Working Group sehr klar formulierte Vorstellungen zur Lösung der urheber- und leistungsschutzrechtlichen Fragen: Die Working Group sei der Meinung, alle Fragen des internationalen Urheber- und Leistungsschutzes, insbesondere der Schutz der Rundfunkanstalten vor unerlaubtem Gebrauch ihrer durch Satellit ausgestrahlten Sendungen zur Weitersendung und zum öffentlichen Gebrauch sollten durch die dafür satzungsmäßig zuständige UNESCO auf ihrer Expertentagung vom 2.–9. Dezember 1969 vorran-

---

[3] Vgl. den UdSSR-Konventionsentwurf, A/8771, Art. IX Abs. (1) mit Begleitschreiben von Außenminister Gromyko.
[4] Vgl. Teil B, Kap. 3, III, Ziff. 1.
[5] Eingesetzt durch UNO-Resolution 2453 B (XXIII).
[6] Vgl. Teil B, Kap. 3, III, Ziff. 5.
[7] Report on the peaceful uses of Outer Space, 25th Sess. Suppl. No. 20 (A/8020), S. 11–13, Absätze 48–59.
[8] UNO-Dokument A/AC. 105/66, 12. Aug. 1969.
[9] UNO-Dokument A/AC. 105/83, 25. Mai 1970.

gig geprüft werden[10][11]; die UNESCO sollte fortfahren[12][13], den Gebrauch von Satellitenrundfunk für die Verbesserung von Erziehung und Ausbildung, Wissenschaft und Kultur zu fördern und in Beratung mit geeigneten Regierungs- und anderen Stellen ihre Anstrengungen auf die Lösung derjenigen Fragen zu konzentrieren, die in ihre Kompetenz fallen, wie z. B. der Schutz satellitenübertragener Signale sowie Vereinbarungen, die das Urheberrecht und die benachbarten Rechte im Zusammenhang mit der Rundfunksendung von Fernsehprogrammen via Satellit betreffen.

3. UNESCO

Unabhängig von den in den Berichten der Working Group on Direct Broadcast Satellites enthaltenen Anregungen hat die UNESCO den urheber- und leistungsrechtlichen Schutz bei Satellitenausstrahlungen angestrebt. Hierzu hat sie zusammen mit WIPO (= BIRPI) die schon erwähnten Tagungen und Konferenzen von 1965, 1968, 1969, 1971 (Lausanne) und 1972 (Paris) abgehalten[14].

3.1. Konferenzgegenstand

Die in Ziff. 3 genannten Expertentagungen und Konferenzen gingen von dem folgenden, auch von der "Working Group on Direct Broadcast Satellites" in ihren Berichten festgestellten Sachverhalt aus:

3.1.1. Die Satellitenkommunikation beansprucht einen stetig wachsenden Anteil in der internationalen Telekommunikation. Durch technische Fortschritte hauptsächlich im INTELSAT-System wachsen die Satellitenkapazitäten; durch neue INTELSAT-Mitglieder werden ständig weitere Staaten durch Bodenstationen mit dem INTELSAT-System verknüpft. Verschiedene Binnensatellitensysteme für Rundfunksatelliten ("Direkt"-Satelliten) sind in Planung, eines steht vor der Vollendung.

3.1.2. Der Anteil von Fernsehübertragungen im INTELSAT-System ist zwar – gemessen an den übrigen Dienstleistungen von INTELSAT –

---

[10] a. a. O., S. 8, Abs. 27–29, (zweiter Bericht).

[11] Vgl. zu dieser Tagung unten Ziff. 3.

[12] a. a. O., S. 16, Abs. 6, (dritter Bericht).

[13] Die Empfehlung beruht auf einem Vorschlag der Delegationen Schwedens und Canadas im Arbeitspapier A/AC. 105/WG 3/L. 1, vom 24. April 1970, S. 37/38.

[14] Vgl. Teil B, Kap. 3, IV, Ziff. 3.3. Konferenztätigkeit der UNESCO mit exakten Bezeichnungen.

prozentual äußerst gering[15], wächst aber stetig. Alle über Satellit übertragenen Fernsehprogramme können urheber- und leistungsrechtlich relevantes Material enthalten. Bei Punkt-zu-Punkt-Systemen wie INTELSAT sind Urheberrechte nur selten involviert, weil via INTELSAT-Satelliten hauptsächlich Sportereignisse und Agenturberichte gesendet werden[16]. Gleichwohl geben auch Sportveranstaltungen Raum für weltweite Urheberrechtsfragen, wenn – wie bei der Eröffnungsfeier zu den Spielen der XX. Olympiade in München 1972 zusammen mit dem Bild stundenlang Musik in alle Welt übertragen wird.

3.1.3. In Direktsystemen hingegen sollen künftig sehr viel mehr urheberrechtlich relevante Werke ausgestrahlt werden, um abgelegene Gebiete kommunikationstechnisch und bildungsmäßig zu erschließen.

3.1.4. Der Schutz des Urhebers wird in den meisten Fällen durch Vertrag mit den Ausgangsanstalten geregelt. Darin unterscheiden sich die Satelliten nicht von den herkömmlichen Ausstrahlungsweisen. *Hauptsächlich für die künftig verwendeten "Direkt"-Rundfunksatelliten fürchten nun die Rundfunkanstalten, sie könnten die Honorarforderungen der Urheber nicht mehr erfüllen, wenn sie ihnen das Empfangsgebiet der geplanten Ausstrahlung nicht räumlich-geographisch garantieren könnten*[17]. Zu einer derartigen Garantie aber wären sie nur fähig, wenn das "programmtragende Satellitensignal" zwischen der Ausstrahlung von der Ausgangsanstalt zum Satelliten und dem Empfang durch die rechtmäßige Bodenempfangsstation (bzw. den Heimempfänger) vor rechtswidriger Aneignung durch Dritte und anschließendem ungenehmigten Gebrauch geschützt würde[18 19].

---

[15] Vgl. Statistik in Teil A, Kap. 2, II, Ziff. 2.2. Anteil: 2%. Vgl. auch weiter unten Kap. 7, I, Ziff. 1.2.

[16] Vgl. oben Teil A, Kap. 2, II, Ziff. 2.2. "Statistik".

[17] Bei Punkt-zu-Punkt-Systemen kann die Ausgangsanstalt durch Auswahl der Verbreitungsanstalt Einfluß auf die geographische Verbreitung nehmen. Bei Rundfunk-("Direkt"-)Satelliten ist dies nicht möglich. Sie strahlen ohne Zwischenschaltung von Verbreitungsstationen ab.

[18] Straschnov, "Legal Protection of Television Broadcasts transmitted via Satellite against their use without Permission of the Originating Organisation", UNESCO Meeting of Governmental Experts on international Agreements in the Space Communication Field, 2.–9. Dez. 1969, Paris, COM/SPACE/4, Abschnitt 3/4. Ferner, ihm folgend, die Diskussionsmeinung der von der Tagung eingesetzten Arbeitsgruppe, a. a. O., COM/MD/15, S. 14.

[19] Hierin liegt der Ansatzpunkt und das wichtigste Argument der Rundfunkanstalten für den von ihnen erstrebten Signalschutz. – Mit der Durchschlagskraft dieses Arguments steht und fällt der Sinn des Schutzes "programmtragender Satellitensignale" in seiner heute angestrebten Form.

3.2. Einengung auf Signalschutz

3.2.1. Damit schaffen die Rundfunkanstalten ganz bewußt eine Abhängigkeit des Urheberschutzes vom Schutz ihres Satellitensignals: Ohne Schutz des Satellitensignals vor Piraterie keine Garantiezusage hinsichtlich des Verbreitungsgebietes an die Urheber! – Der Urheberschutz wird durch diesen Argumentationsgang ins zweite Glied gedrängt. Vorrangig muß nach Meinung der Rundfunkanstalten der "Signalschutz" zugunsten der Ausgangsanstalten auf internationaler Ebene geklärt werden.

3.2.2. Verfolgt man diese Argumentationslinie von der Paris- über die Lausanne-Konferenz zurück, so geht sie auf die Vertreter der Rundfunkanstalten und damit wiederum auf Straschnov zurück[20]; ihr schloß sich nach der Arbeitsgruppe die Mehrheit der Konferenzteilnehmer der Expertentagung von 1969 an[21].

3.2.3. Die Logik dieser Gedankenkette überzeugt; jedoch sollte die ihr zugrundeliegende Voraussetzung nicht ungeprüft bleiben: Trifft es tatsächlich überhaupt zu, daß das Satellitensignal zwischen Ausgangsanstalt, Satellit und Empfangsstation von Piraterie gefährdet ist? Bestehen überhaupt begründete Zweifel daran, daß die Ausgangsanstalten eine Verbreitungsgarantie geben können?[22] Diese Zweifel gelten hauptsächlich der Signalübertragung im Punkt-zu-Punkt-System, heute also ausschließlich dem INTELSAT-System. Der Grund dafür ist folgender:

Im Rundfunk-("Direkt"-)Satellitensystem wird das Signal nach dem Passieren des Satelliten sofort durch allgemeinübliche Heimempfangsgeräte, ohne Zwischenschaltung einer signalverstärkenden Bodensende-/empfangsstation empfangen. Deshalb kann die Satellitenausstrahlung durch Rundfunksatelliten als "Rundfunksendung" im Sinne des Romabkommens (Art. 3 f) angesehen werden. Der Schutz der *Rundfunksatellitenausstrahlung* ist im Gegensatz zur *Punkt-zu-Punkt-Satellitenausstrahlung* nicht streitig. Die bisherige Konzentration der Diskussion auf Punkt-zu-Punkt-Systeme hat daher zwei Gründe: Einmal ist dieses System das bislang einzig in Betrieb befindliche; zum anderen herrscht Streit über die Qualität des satellitenübertragenen Signals zwischen

---

[20] Straschnov in COM/SPACE/4, Absätze 3–7 und 9.

[21] COM/MD/15, S. 15 und 16.

[22] Vgl. hierzu Stewart in Lausanne-Konf.-Dok. UNESCO/WIPO/SAT/7 und englische Regierungsstellungnahmen in UNESCO/WIPO/SAT 2./4, S. 8/9 und UNESCO/WIPO/SAT 22, Abs. 11.

Ausgangs- und Empfangsanstalt als "Rundfunksendung" im Sinne von Art. 3 f) Romabkommen.

Aus praktischen Gründen erscheint es entgegen Straschnovs Argumentation fraglich, ob innerhalb des INTELSAT-Systems Mißbrauchsfälle vorkommen. Zum einen stehen die Bodenfunkstationen des Konsortiums unter staatlicher Aufsicht, bedürfen der Lizenzerteilung durch staatliche Stellen oder werden, wie in der Bundesrepublik Deutschland, durch die staatliche Fernmeldebehörde selbst betrieben. Wo der Staat daher selbst durch seine Organe den Mißbrauch zulassen würde, würde er auch kein Signalschutzabkommen anerkennen, geschweige denn, es ratifizieren. Der behauptete Vorzug der geplanten Signalschutz-Konvention, die Universalität, wird aber nicht erreicht, wenn gerade solche Staaten ihr fernbleiben. Demgegenüber kommt es auf die Mitgliedschaft der Staaten, die dem Mißbrauch ohnedies vorbeugen, gar nicht so sehr an. Zum anderen hätte der Signalmißbrauch unter den INTELSAT-Partnern neben diplomatischen Demarchen auch wirtschaftliche Konsequenzen auf INTELSAT-Ebene. Mißbrauch durch INTELSAT-unabhängige Stationen ist vorerst solange ausgeschlossen, als es keine derartigen Stationen gibt und sie neben der staatlichen Lizenzerteilung bei der Frequenzzuweisung auch eines erheblichen wissenschaftlichen, technischen und finanziellen Aufwandes bedürften. Satellitenbodenstationen errichtet man nicht so nebenbei wie einen Piratensender vor der Nordseeküste! — Diese praktischen Einwände machen die theoretische Bewältigung des Problems nicht überflüssig. *Doch bleibt die* von den Vertretern der Rundfunkanstalten und, ihnen folgend, der Mehrheit der Expertentagungsteilnehmer von 1969[23] und in der Resolution No. 2 des Ständigen Ausschusses der Berner Union[24] behauptete *Dringlichkeit einer Signalschutzkonvention fraglich!* Kein dem Verfasser zugängliches Dokument weist auch nur einen einzigen Pirateriefall nach[25].

3.2.4. Für die Expertentagungs- und Konferenzteilnehmer war nach der

---

[23] Vgl. a. a. O., COM/MD/15, S. 16.

[24] Konferenz vom 12.–15. Dez. 1969 in Paris. Res.Nr. 2, Ziffern 4 und 5.

[25] Dessen ungeachtet übernimmt die Präambel zur Lausanne-Fassung des "Konventionsentwurfs zum Verbot der unerlaubten Verbreitung programmtragender via Satellit mitgeteilter Signale" unter Buchstabe b) ungeprüft die Dringlichkeitsbehauptung (UNESCO/WIPO/SAT/22, ANNEX A), "... daß der Mangel weltweiten effektiven Rechtsschutzes eine ständig wachsende Gefahr darstellt ...".
Dieser Passus wird später unverändert in den Konventionsentwurf der Pariser Konferenz aufgenommen, UNESCO/WIPO/SAT. 2/14, ANNEX A Präambel, b).

geschilderten Einengung des zu schützenden Objekts – weg vom urheberrechtlichen Werkschutz und hin auf das programmtragende Satellitensignal – eine Schutzbeschneidung auf der Ebene des Leistungsschutzes die logische Konsequenz. – Nach Meinung Straschnovs[26] und – ihm folgend – auch nach Meinung der Expertentagung[27] würden ausübende Künstler und Phonogrammproduzenten ebenso wie die Urheber eine Gebietsgarantie für die Verbreitung der durch ihre Mitwirkung entstandenen via Satellit ausgestrahlten Programme fordern. Sollten die Ausgangsrundfunkanstalten zu einer derartigen Garantie nicht in der Lage sein, weil ihr Satellitensignal bis zum Empfang durch die berechtigte Bodenstation schutzlos dem Zugriff von Signalpiraten ausgesetzt ist, so würden die ausübenden Künstler wie die Urheber unerfüllbare Honorarforderungen stellen und damit praktisch Satellitenausstrahlungen unmöglich machen. Entsprechendes gelte für die Nachrichtenagenturen, Sportveranstalter, ja sogar Rundfunkanstalten im Falle von Programmaustausch in Entwicklungsländer.

Auch auf der leistungsschutzrechtlichen Seite wird das Problem daher auf den Signalschutz zugunsten der Rundfunkanstalten eingeengt. Daß diese Logik zwar in sich, nicht aber in ihrem Ansatzpunkt stimmt, haben wir schon dargestellt[28].

3.2.5. Urheber einerseits und ausübende Künstler andererseits sind deshalb nach dem heutigen Stand der Dinge gezwungen, auf dieser, nicht von ihnen stammenden Linie, den Schutz des "programmtragenden Satellitensignals" zugunsten der Ausgangsanstalten nolens volens mitzuverwirklichen.

3.3. Geprüfte Instrumente

Die drei Expertentagungen 1965, 1968, 1969 und die beiden Konferenzen 1971 und 1972 erörterten folgende zentrale Fragen:

- Gibt es ein internationales Instrument, das den weltweit nötigen Schutz des programmtragenden Satellitensignals gewährleistet?
- Wenn ja, hat dieses Instrument durch allgemeine Ratifikation schon weltweite Anerkennung gefunden?

---

[26] COM/SPACE/4 Absätze 5 (Künstler), 6 (Nachrichtenagenturen), 7 (Sportveranstalter), 9 (Rundfunkanstalten).
[27] Vgl. COM/MD/15, S. 14.
[28] Vgl. oben Ziff. 3.2.3.

- Eignet sich ein bereits vorhandenes Instrument zum Einbau neuer Schutzvorschriften?

  Wenn kein derartiges Instrument vorhanden ist –
- Muß ein neues internationales Abkommen geschaffen werden?
- Soll es die Mitglieder lediglich zur Schaffung innerstaatlichen Strafrechtsschutzes verpflichten?
- Soll es auch Urheber- und Leistungsschutzinteressen berücksichtigen?
- Darf es vorhandene Urheber- und Leistungsschutzkonventionen präjudizieren und deren weitere Ratifikation behindern?
- Soll ein neues Instrument ein Bindeglied zu schon vorhandenen beinhalten, etwa dergestalt, daß es als Protokoll zu existierenden Konventionen verabschiedet wird?

3.4. Einengung auf Leistungsschutzinstrumente

Mit der geschilderten Einengung der Diskussion auf den Schutz des programmtragenden Satellitensignals zugunsten der Ausgangsrundfunkanstalten – also auf einen im wesentlichen leistungsschutzrechtlichen Tatbestand – geht eine Einengung der von den Expertentagungen und Konferenzen geprüften Instrumente einher: Urheberrechtsabkommen wie die 1971 in Paris revidierten Welturheberrechtsabkommen und die Revidierte Berner Übereinkunft wurden nicht in die Prüfung mit einbezogen.

Geprüft wurden lediglich:

- Das Europäische Fernsehabkommen[29] mit Protokoll[30] und
- das "Romabkommen" von 1961.
- Die International Telecommunication Convention von 1965 (Art. 35).
- Die Radio Regulations der ITU (Art. 17) von 1971.
- Das INTELSAT-Statut.

Alle diese Instrumente wurden als für den angestrebten Zweck ungeeignet abgelehnt. So reduzierte sich die Fragestellung zwischen Lausanne- und Paris-Konferenz von einer

- strafrechtlichen Konvention hin auf eine
- Konvention, die auch privatrechtliche Interessen berücksichtigt.

[29] Vom 13. 9. 1960, European Treaty Series No. 34.
[30] Vom 2. 2. 1965, European Treaty Series No. 54.

4. Tagung des Regierungsvertreterausschusses des Romabkommens vom 10.–12. Dez. 1969

Auf dieser Tagung wurde inhaltlich noch einmal das wiederholt, was auf der UNESCO/WIPO-Expertentagung vom 2.–9. Dez. 1969 erörtert wurde[31].

Eine einheitliche Meinung für oder gegen die Anwendung eines vorhandenen Instruments bzw. für oder gegen die Schaffung einer neuen Konvention wurde nicht gefunden[32].

5. Sitzung des Ständigen Ausschusses der Berner Union vom 12.–15. Dez. 1969 in Paris

Auf dieser Sitzung nahm der Ständige Ausschuß der Berner Union den Bericht der UNESCO/WIPO-Expertentagung (2.–9. Dez. 1969) und den Bericht des Regierungsvertreterausschusses des Romabkommens (12.–15. Dez. 1969) zur Kenntnis[33]. Er verabschiedete folgende Resolution No. 2[34]:

Übertragungen durch Satelliten:

„... Der Ständige Ausschuß der Berner Union zum Schutze der Werke der Literatur und Kunst, der mit dem Regierungsvertreterausschuß des Welturheberrechtsabkommens tagte, ist

1. nach Prüfung des Berichts CP/XIV/9-IGC/X/9 über Hörfunk- und Fernsehfunkübertragungen via Satellit;
2. nach Entgegennahme der zu diesem Tagesordnungspunkt gemachten Stellungnahmen;
3. der Meinung, daß es gegenwärtig noch nicht möglich ist, eine endgültige Haltung zu den Schritten einzunehmen, die erforderlich sind, um Rechtsschutz für einen von der Ausgangsanstalt nicht genehmigten Gebrauch zu gewähren;
4. er empfiehlt die unverzügliche Gründung eines Regierungsexpertenausschusses durch UNESCO und BIRPI in Zusammenarbeit mit interessierten Behörden insbesondere ITU und ILO und
5. hofft, daß das Problem am besten noch vor Ende 1972 gelöst wird.“

---

[31] Vgl. den Konferenzbericht in BIRPI Copyright, 1970 No. 3, S. 44–48, Absatz 26–34.

[32] BIRPI Copyright, 1970, No. 3, S. 44–48, Absatz 34.

[33] BIRPI Copyright, 1970, No. 2, S. 21–29, Absätze 35–36.

[34] BIRPI Copyright, 1970, No. 2, S, 27.

6. Diskussionsstand bei der "Lausanne-Konferenz"

Für einen Teil der Delegierten der bisher genannten Tagungen hatte sich bis April 1971 zur Konferenz zum "Verbot der unerlaubten Verbreitung satellitenmitgeteilter programmtragender Signale" in Lausanne ihre Rechtsmeinung soweit gefestigt, daß sie für eine gänzlich neue Konvention plädierten.

6.1. Strafrechtliche Konvention

Durch Art. II und III des von der Lausanne-Konferenz verabschiedeten Konventionsentwurfs[35] sollten sich die Mitgliedsstaaten verpflichten, die unerlaubte Verbreitung programmtragender Satellitensignale durch Schaffung innerstaatlicher Gesetze zu verbieten und, im Fall der Überschreitung des Verbots, geeignete Maßnahmen zur Unterbindung und Bestrafung durchzuführen.

Aufgrund der Diskussion zwischen Lausanne- und Paris-Konferenz wurde jedoch von diesem Konzept einer Strafrechtskonvention – und der durch sie erhofften Einfachheit und Klarheit des Abkommens, die möglichst viele Staaten zum Beitritt ermutigen sollten – wieder abgegangen.

6.2. Privatrechtliche Konvention

Der Pariser Konventionsentwurf verlangt lediglich, daß die nicht genehmigte Verbreitung programmtragender Satellitensignale von den Vertragsstaaten für rechtswidrig erklärt wird; die Sanktionen werden den Mitgliedern freigestellt[36]. Sie können öffentlich-, straf- oder zivilrechtlicher Natur sein.

7. BIRPI Working Group on Copyright Problems of Satellite Communications, Genf, 14.–16. 10. 1968

Anders als die von UNESCO einberufenen Expertentagungen kommt die BIRPI-Arbeitsgruppe, wenn auch mit einigen Bedenken, zur grund-

---

[35] UNESCO/WIPO/SAT/22, Annex A.
[36] UNESCO/WIPO/SAT. 2/14, Annex A, Art. II (1), III (1).

sätzlichen Anwendbarkeit des Romabkommens auf das programmtragende Satellitensignal[37] [38].

Zu der — von dieser Tagung als einziger — geprüften Frage der Anwendbarkeit der "Revidierten Berner Übereinkunft" (im folgenden RBÜ) "zum Schutz der Urheberinteressen" gab es zwei Meinungen[39]. Einheitlich jedoch vertrat man die Ansicht, der Schutz der Urheberrechte sei im wesentlichen vertragsrechtlicher Natur. Da die von den Rundfunkanstalten zu erwerbenden Sendegenehmigungen entweder von den Urhebern oder, bei Zwangslizenzen, von den zuständigen Behörden erteilt würden, könnten die Urheberinteressen nicht generell durch eine Konvention geschützt werden[40].

Die Arbeitsgruppe empfahl entweder einen Vertrag, durch den die Mitglieder wie beim Europäischen Fernsehabkommen mit Protokoll[41] zum Beitritt zum Romabkommen verpflichtet würden oder eine Strafkonvention ohne Präjudizierung anderer existierender Schutzinstrumente[42].

II. Entwicklung im Schrifttum

Eine mit der UNESCO/WIPO-Tagungs- und Konferenztätigkeit vergleichbare eigenständige Entwicklung im urheber- und leistungsrechtlichen Schrifttum gibt es — zumal im deutschsprachigen Raum — kaum. Die Satellitenkontrolle als technisch-organisatorisches Problem des internationalen öffentlichen Rechts einerseits und die Revision des Welturheberrechtsabkommens (WUA) und der RBÜ 1971 andererseits haben ein lebhafteres Echo gefunden als unsere Problematik. Sei es, daß die Sprachbarrieren, sei es, daß die Mischung aus Satellitentechnik und internationalem Privatrecht abschrecken, unabhängig von den erwähnten Tagungen und Konferenzen entstandene Literatur ist selten. Das vorhandene Schrifttum wurde zumeist auf Anfrage von UNESCO zur Vorbereitung der beiden Konferenzen in Form von Stellungnahmen der Regierungen und interessierten Verbände geschaffen.

---

[37] "Schlußbericht", BIRPI-Dokument DA/27/7, vom 17. 10. 1968, Abschnitt 9.
[38] Zur materiellrechtlichen Prüfung vgl. das folgende Kapitel.
[39] BIRPI-Dokument DA/27/7 a. a. O., Abschnitt 21—24. Zur Anwendbarkeit der RBÜ vgl. unten Kap. 8.
[40] BIRPI-Dokument DA/27/7 a. a. O., Abschnitt 19/20.
[41] Art. 13 Europ. Fernsehabk. i. V. m. Art. 3 Protokoll.
[42] BIRPI-Dokument DA/27/7, a. a. O., Abschnitt 29.

Ohne die materiellrechtliche Diskussion vorwegzunehmen und die Verdienste anderer Autoren zu schmälern, kann aber schon hier festgestellt werden, daß die Arbeiten von Georges Straschnov, dem Justitiar der EBU und Sprecher Kenyas auf der Lausanne- und Paris-Konferenz, die frühzeitige Einengung des Problems auf den Schutz programmtragender Satellitensignale zugunsten der Ausgangsrundfunkanstalten maßgeblich beeinflußt haben[43].

[43] Vgl.

1. "Some Legal Aspects of Television Transmission by Satellite", UNESCO/COM/SPACE/7, 29. 10. 1965.
2. "Legal Protection of Satellite Broadcasts transmitted via Satellite against their Use without the Permission of the Originating Organisation", UNESCO/COM/SPACE/4, 22. 8. 1969.
3. Unter dem Pseudonym "G. S.": "Satellite Transmission and the Berne Convention", EBU, 118 B, Nov. 1969, S. 77 ff.
4. "Study on the Problems arising from the Wireless and Television Broadcasts Transmitted by Space Satellites in Relation to the Protection of Broadcasting Organisations Lausanne-Konferenzpapier, UNESCO/WIPO/SAT/8, 26. 2. 1971.
5. Wegen seiner Eigenschaft als Justitiar der EBU wahrscheinlich auch die EBU-Stellungnahme zur Paris-Konferenz: UNESCO/WIPO/SAT. 2/5 und ferner auch, wegen seiner gleichzeitigen Eigenschaft als Sprecher Kenyas die Stellungnahme Kenyas: UNESCO/WIPO/SAT. 2/4, die in den Argumenten völlig und der Form teilweise bis auf ganze Sätze der Stellungnahme der EBU entspricht.

Kapitel 7: Materiellrechtliche Prüfung vorhandener Schutzinstrumente

Vergegenwärtigen wir uns noch einmal den Vorgang der Satellitenübertragung im heute gebräuchlichen Punkt-zu-Punkt-System:

Eine Bodensende-/empfangsstation schickt ein programmtragendes Signal, das ihr von der "Ausgangsrundfunkanstalt" zugeleitet wurde nach Umformung und Verstärkung zum Satelliten. Der Satellit fängt das Signal auf, verstärkt es seinerseits und leitet es an die zum Empfang berechtigten Bodensende-/empfangsstationen. Dort wird das Signal wieder umgeformt, erneut verstärkt und an die zur Ausstrahlung an die Öffentlichkeit befugten Rundfunkanstalten (bzw. -gesellschaften) weitergeleitet.

Dieser Vorgang bildet die Übertragung im Punkt-zu-Punkt-System. Er kann sich beispielsweise zwischen Europa und Südamerika, zwischen der Bundesrepublik Deutschland und Brasilien über den Satelliten INTELSAT IV F-2 (Standort 0° Breite, 24,5° westliche Länge, "atlantischer Bereich") und durch die INTELSAT-Bodensende-/empfangsstationen Raisting am Ammersee und Tangua, Brasilien, abspielen. Beide Staaten gehören dem INTELSAT-System an. Die deutsche Station wird durch die Bundespost, die brasilianische durch den National Telecommunication Council betrieben.

Das übertragene Signal könnte etwa ein live- oder Aufzeichnungsprogramm von den Spielen der XX. Olympiade in München, 1972, sein, welches durch eine brasilianische Rundfunkanstalt (bzw. -gesellschaft) in Brasilien verbreitet werden soll. Die Genehmigung hat die brasilianische Anstalt vom Deutschen Olympiazentrum (DOZ) erhalten; in ihm gestalten die Arbeitsgemeinschaft der Rundfunkanstalten Deutschlands (ARD) und das Zweite Deutsche Fernsehen (ZDF) gemeinsam (d. h., in täglich wechselndem Rhythmus in jeweils eigener Verantwortung) sämtliche Rundfunkübertragungen von den Olympischen Spielen. Sie sind durch Vertrag mit dem Veranstalter der Spiele, dem Olympischen Komitee, dazu berechtigt, die Übertragung der sportlichen Ereignisse auf jede technisch mögliche Weise (d. h., auch via Satellit) vorzunehmen und anderen Rundfunkanstalten und -gesellschaften die Weitersendung zu gestatten.

Wo und auf welche Weise kann das Satellitensginal widerrechtlich aufgefangen werden? Welchen Schutz gibt es gegen Signalpiraterie für die Rundfunkanstalten, Urheber und ausübenden Künstler?

Signalpiraterie zwischen dem *geosynchronen* Satelliten INTELSAT IV F-2 und der Bodesende-/empfangsstation Raisting ist aus himmelsmechanischen Gründen durch einen *Umlaufsatelliten* ausgeschlossen; die erste mögliche Piraterieform kann daher nur durch einen ebenfalls in Synchronumlaufbahn befindlichen Satelliten stattfinden, der in räumlicher Nachbarchaft zum Satelliten INTELSAT IV F-2 steht indem dieser das nicht für ihn bestimmte Signal auffängt und dem Piraten auf der Erde zuleitet. Tatsächlich stehen in nächster Nähe von INTELSAT IV F-2 die INTELSAT-Satelliten II F-3 (0° Breite, 25° westlicher Länge), III F-6 (0° Breite, 20° westlicher Länge) und IV F-3 (0° Breite, 19° westlicher Länge); sie könnten radiotechnisch gesehen als Mittel der Piraterie eingesetzt werden. Allerdings gehören sie sämtlich zum INTELSAT-System, so daß ihr Mißbrauch aus praktischen Gründen sehr unwahrscheinlich ist.

Die in der Praxis wahrscheinlichere Form der Signalpiraterie spielt sich nicht im Weltraum, sondern am Erdboden ab. Wie wir aus dem Teil A der Arbeit schon wissen, erfaßt der Satellit bei der Ausstrahlung des von ihm empfangenen und verstärkten Signals etwa ein Drittel der Erdoberfläche: jede der in diesem Bereich liegenden Bodensende-/empfangsstationen kann das Signal verstärken und an eine Rundfunkanstalt (-gesellschaft) weiterleiten, gleichgültig, ob sie dazu berechtigt ist oder nicht und unabhängig davon, ob die jeweilige Rundfunkanstalt (-gesellschaft) zur Ausstrahlung des Programms an die Öffentlichkeit befugt ist oder nicht.

Konkret heißt dies, 24 Stationen im INTELSAT-System in Europa, Afrika, Süd- und Nordamerika können das von Raisting kommende Signal im "atlantischen Bereich" empfangen und, verstärkt und umgeformt, an Rundfunkanstalten (-gesellschaften) weiterleiten, nachdem es den Satelliten passiert hat[1]. Je nachdem wieviele Rundfunkanstalten (-gesellschaften) von den Bodensende-/empfangsstationen versorgt werden, steigt die Möglichkeit für rechtswidrige Ausstrahlungen an die Öffentlichkeit.

In praxi ist aber auch dieser zweiten Möglichkeit der Piraterie eine Reihe sicherer Riegel vorgeschoben. Teilweise wird den in Frage kom-

[1] COMSAT, Pocket Guide to the Global System, Jan. 1972, S. 12.

menden Bodensende-/empfangsstationen wegen anderer Kommunikationsverpflichtungen (Telephonie, Telegraphie, Telex, Datenübermittlung etc.) die nötige Kapazität fehlen, um Signalpiraterie an Fernsehprogrammen zu begehen; teilweise wird keine der in Frage kommenden Rundfunkanstalten (-gesellschaften) zur rechtswidrigen Ausstrahlung an die Öffentlichkeit bereit sein, weil sie wirtschaftliche oder diplomatische Konsequenzen befürchtet.

Im folgenden prüfen wir, welche Instrumente des internationalen Urheber-/Leistungsrechtsschutzes anwendbar sind, wenn der bislang theoretische Fall der Signalpiraterie im Punkt-zu-Punkt-System praktisch werden sollte. Dabei untersuchen wir verschiedene Leistungsschutzkonventionen, insbesondere das Romabkommen von 1961 (Kap. 7 I, II) und urheberrechtliche Konventionen, insbesondere die Revidierte Berner Übereinkunft (Kap. 8). Sodann wird der "Pariser Entwurf" diskutiert (Kap. 9).

Die Erörterung dieser Abkommen wird dadurch erschwert, daß die Konventionstexte in deutscher Sprache nicht verbindlich sind. Dort, wo wir deshalb nach der Eigenschaft der Satellitenausstrahlung bzw. der Rundfunkausstrahlung im Empfangsland des Satellitensignals als Rundfunksendung bzw. Weitersendung fragen, können wir nicht die amtliche deutsche Fassung der jeweiligen Abkommen zugrundelegen. Vielmehr müssen wir den verbindlichen englischen, bzw. französischen Text heranziehen. – Insbesondere die amtliche deutsche Fassung des Romabkommens zeigt gewisse durch die Übersetzung bedingte Unzulänglichkeiten bei den entscheidenden Begriffsbestimmungen, die es ratsam erscheinen lassen, allein mit den authentischen englischen Begriffen zu arbeiten und anschließend einige Verbesserungen für den deutschen Wortlaut vorzuschlagen (Kap. 7 I, Ziff. 2.3. ff.). Die dabei erarbeiteten Begriffe und Änderungsvorschläge betreffen allein die internationalen Konventionstexte, in denen sie verwendet werden. Insbesondere gelten sie nicht für das Urhebergesetz der Bundesrepublik Deutschland. "Rundfunksendung" und "Weitersendung" im Rahmen des Romabkommens (RA) und der Revidierten Berner Übereinkunft (RBÜ) sind allein drahtlose Kommunikationstechniken; leitungsgebundene Kommunikation wird – anders als durch § 20 des deutschen Urhebergesetzes – nicht durch diese Begriffe erfaßt. Die im deutschen Urhebergesetz gebrauchten Termini dürfen daher nicht mit den in den internationalen Konventionen verwendeten Begriffen gleichgesetzt werden. Entsprechendes gilt für den im Lausanne- und Paris-Entwurf verwendeten Ausdruck "la distribution", "distribution" – "Verbreitung" (Kap. 9).

Dieser Verbreitungsbegriff darf unter keinen Umständen mit dem in anderen internationalen Konventionen und dem in § 17 des deutschen Urhebergesetzes beschriebenen Verbreitungsbegriff gleichgesetzt werden. Im Zusammenhang mit dem Lausanne- und Paris-Entwurf wurde die Übersetzung von "distribution" mit "Verbreitung" deshalb gewählt, um jede unbewußte Gleichsetzung mit den bisher schon gebräuchlichen Begriffen für radiowellen- oder draht-/kabel-gebundene Kommunikationstechniken in vorhandenen Instrumenten zu vermeiden.

Neben dieser ersten Schwierigkeit der gleichzeitigen Behandlung gleichlautender Begriffe mit verschiedenen Inhalten und der Notwendigkeit, mit nicht wortgetreuen Übersetzungen zurechtkommen zu müssen, stellt sich der Darstellung noch ein zweites Hindernis: Die Begriffe "Programm", "Sendung", "Rundfunksendung" und „Weitersendung" sind international noch nicht eindeutig geklärt, obwohl sie Bestandteil verschiedener Abkommen sind. Es ist daher nicht möglich, die Satellitenausstrahlung unter einen vorgegebenen Rundfunksendungs- oder Weitersendungsbegriff zu subsumieren. Vielmehr müssen diese beiden Begriffe vorab geklärt werden.

Erst in jüngster Zeit wurde damit begonnen, die beiden Begriffe auf internationaler Ebene zu klären. Der Umstand, daß diese Abklärung ausschließlich im Zusammenhang mit der Satellitenübertragung sogenannter "programmtragender Signale" erfolgte, stellt uns vor ein drittes Problem: Die internationale Diskussion zu den beiden Begriffen war von Anfang an weniger akademisch zweck- und interessenfrei als vielmehr von den Ansichten und Interessen der an ihr beteiligten Autoren und der von ihnen vertretenen Verbände und Organisationen mitbestimmt. Einheitliche Begriffe lassen sich daher aus dieser Kontroverse nicht herauskristallisieren, so daß eine abstrakte Behandlung ohne Bezugnahme auf die an der Diskussion Beteiligten nicht recht sinnvoll erscheint.

Es wird deshalb hier versucht, aus der Not eine Tugend zu machen, indem die verschiedenen Ansichten einander gegenübergestellt werden. Dadurch soll einerseits die Interessenlage der jeweils zu Wort kommenden Autoren, andererseits die Entwicklung und Einengung der Diskussion über den Rundfunksendungs- und Weitersendungsbegriff auf die Konferenzen von Lausanne und Paris hin verdeutlicht werden.

Diese drei Probleme lassen es geraten erscheinen, die Darstellung stark zu untergliedern, damit jedem einzelnen Gedanken ein eigener

Gliederungspunkt zugeordnet werden kann. Sie allein ermöglicht trotz der Stoffülle einen klaren Überblick und eine präzise Rückverweisungstechnik.

Die Entwicklung der UNESCO-Tagungs- und Konferenztätigkeit zwingt uns schließlich aus praktischen Gründen dazu, die Prüfung der Leistungsschutzinstrumente voranzustellen. Da, wie schon erwähnt[2], die Qualität der Rundfunk("Direkt"-)Satellitensignale als Rundfunksendung unstreitig ist, erstrecken sich die Erörterungen dieses Kapitels auf die heute benutzten Punkt-zu-Punkt-Satellitensysteme.

I. Anwendbarkeit des "Romabkommens von 1961"

Das "Romabkommen vom 26. Oktober 1961 über den Schutz der ausübenden Künstler, der Hersteller von Tonträgern und der Sendeunternehmen" (im folgenden abgekürzt RA) hatte am 1. Juni 1972 13 Mitglieder[3]. Mitglied kann nur der Staat werden, der dem WUA oder der RBÜ angehört, Art. 23, 24 (2) RA.

1. Formelle Voraussetzungen der Anwendbarkeit

1.1. Art. 6 Romabkommen

Rundfunkanstalten genießen gemäß Art. 13 a) RA Schutz gegen unerlaubte Weitersendung, Aufzeichnung, Vervielfältigung und öffentliche Aufführung ihrer Rundfunksendungen. Voraussetzung ist, daß die schutzsuchende Rundfunkanstalt in einem anderen vertragschließenden Staat liegt (Art. 6 (1) a)) oder daß die Sendung von einem im Gebiet eines anderen vertragschließenden Staates gelegenen Sender ausgestrahlt worden ist (Art. 6 (1) b)). Dabei ist die Schutzbereichseinschränkung des Art. 6 (2), von der jeder Staat Gebrauch machen kann, zu beachten.

---

[2] Teil C, Kap. 6, I, Ziff. 3.2.3.

[3] Brasilien, Costa Rica, Dänemark, Bundesrepublik Deutschland, Ecuador, Fidschi, Großbritannien, Kongo, Mexiko, Niger, Paraguay, Schweden, CSSR, vgl. "WIPO, Allgemeine Informationen", Genf, 1972, S. 32.

1.2. Statistik

Vergleicht man die 13 Mitglieder des Romabkommens mit den 83 Mitgliedern des Punkt-zu-Punkt-Systems INTELSAT[4], so fällt auf, daß nur 8 RA-Mitglieder an INTELSAT beteiligt sind. Die CSSR, Fidschi, Kongo, Niger und Paraguay gehören nicht zu INTELSAT.

Der Anteil der RA-Mitglieder an allen von INTELSAT angebotenen Dienstleistungen betrug am 31. 12. 1970 insgesamt 15,63%[5]. Von allen Dienstleistungen der INTELSAT macht die Fernsehgesamtnutzung durch alle Mitgliedsstaaten 2% aus[6]. Vorausgesetzt, alle INTELSAT-Mitglieder würden das System zu genau 2% für Fernsehübertragungen nutzen, so hätten die RA-Mitglieder in INTELSAT einen Anteil von ca. 1/6, also von 0,3126% am Gesamtfernsehübertragungsaufkommen aller INTELSAT-Mitglieder. Würden wir — was wir aus schon bekannten Gründen nicht dürfen[7] — das Programmverhältnis der Eurovisionssendungen auf das der INTELSAT-Fernsehsendungen übertragen, so wären leistungsrechtlich relevant nur ca. 8%, also nur 10/125 aller INTELSAT- und lediglich 0,024% aller rein rechnerisch auf die RA-Mitglieder in INTELSAT entfallenden Fernsehübertragungen. Diese Zahl ist aber noch zu hoch, weil die großen Programmlieferanten und -empfänger USA und Canada mit ihrem TV-Nutzungsanteil in INTELSAT über dem Durchschnitt von 2% liegen.

Damit sinkt auch der leistungsrechtlich relevante Fernsehnutzungsanteil aller anderen — und somit auch der dem Romabkommen angehörigen — INTELSAT-Mitglieder unter 2% und entsprechend der leistungsrechtlich relevante Fernsehprogrammteil der Romabkommen-Mitglieder in INTELSAT unter die errechneten 0,024%. Es handelt sich bei diesem Ergebnis um einen Annäherungswert, dessen Richtung (kleiner als 1 Promille) jedoch stimmt. Nimmt man noch die Staatsgebietsgröße und die Bevölkerungsziffern zur Hand, so wird offenkundig, daß der Schutz durch das Romabkommen — unbeschadet seiner noch zu prüfenden Anwendbarkeit — eher zufällig als zuverlässig wäre! — Allein die hier (in Ziff. 1.2.) gemachten Ausführungen zeigen also schon, daß

---

[4] COMSAT, Pocket Guide to the Global System, 1. 1. 1972, S. 21, Kongo Kinshasa ist zwischen 1971 und 1972 in "Republik Zaire" umbenannt worden, a. a. O., S. 18.

[5] COMSAT Report to the President, 1. 1. 1971, S. 101 ff.

[6] Annual Report on Activities and Accomplishments under the Communications Satellite Act of 1962, White House, Washington, D. C., 1. 1. 1972, S. 8–10.

[7] Vgl. oben Teil A, Kap. 1, II, Ziff. 2.1., Fußnote 89.

das Romabkommen wegen seiner geringen Mitgliederzahl im INTELSAT-System nur von geringer Effizienz für den Schutz programmtragender Satellitensignale sein könnte.

2. Materielle Voraussetzungen der Anwendbarkeit des Romabkommens

2.1. Abgrenzung zum bloßen Signalschutz

Das Romabkommen bezweckt den Schutz künstlerischer und künstlerisch-technisch gestalteter Leistungen. Der ausübende Künstler soll gegen den Mißbrauch seiner darstellerischen Leistung, der Tonträgerhersteller und das Sendeunternehmen gegen den Mißbrauch ihrer technischen bzw. ihrer koordinierenden programmgestalterischen Tätigkeit entweder für einen Tonträger oder für ein Rundfunkprogramm abgesichert werden.

Für die Rundfunkanstalten stellt das Romabkommen auf die programmgestalterische Leistung ab; diese verdient Schutz, nicht jedoch das Fernmeldeunternehmen (in der Bundesrepublik die Bundespost), das das Programm in eine Folge elektrischer Signale umformt und über ihre Sendeantennen ausstrahlt. Der Schutz dieses bloßen elektrischen Signals wird durch die International Telecommunication Convention (im folgenden ITC) und die Radio Regulations der International Telecommunication Union (im folgenden ITU-RR) gewährleistet.

2.2. Schutz des Satellitensignals

Fall[8]: (im folgenden: "Beispiel 1" oder "Parallelsendungsfall"):

Das zweite Deutsche Fernsehen (ZDF) überträgt aus der Olympiaschwimmhalle in München die olympischen Schwimmwettkämpfe. – Diese Sendung wird auf vier verschiedene Weisen ausgestrahlt:

1. Im Inland, herkömmlich;
2. Über die "Eurovisions"-Kette an die angeschlossenen Eurovisionsmitglieder;
3. Über die "Intervisions"-Kette an die angeschlossenen Intervisionsmitglieder und
4. Über die Erdfunkstelle Raisting via Satellit INTELSAT IV F-2 (oder F-3) in den "atlantischen Bereich".

---

[8] Das Beispiel ist frei erfunden und theoretischer Natur; Mißbrauchsfälle sind bisher nicht bekannt.

Würde bei der zweiten oder dritten Ausstrahlungsart in diesem Beispiel eine Rundfunkanstalt im Eurovisions-[9], bzw. Intervisionsbereich[10] die Ausstrahlung ungenehmigt aufgefangen und an ihr eigenes Publikum weitergesendet haben, so läge, die Voraussetzungen des Art. 6 RA unterstellt, ein Fall der unerlaubten Weitersendung gem. Art. 13 a) RA vor: Das ZDF könnte also in Dänemark, Großbritannien und der CSSR[11] den innerstaatlichen Leistungsschutz zugunsten der Rundfunkanstalten in Anspruch nehmen.

Wie aber, wenn im vierten dieser Fälle das durch die brasilianische INTELSAT-Bodensende-/empfangsstation Tangua aufgefangene Satellitensignal durch eine vom ZDF nicht ermächtigte Rundfunkanstalt[12] (-gesellschaft) an ihr Publikum ausgestrahlt wird? Kann das ZDF hier den innerbrasilianischen Rechtsschutz wegen unerlaubter Weitersendung im Sinne des Art. 13 a) RA beanspruchen[13]?

2.3. Amtliche deutsche Fassung des Romabkommens

2.3.1. Ein Blick in die amtliche deutsche Fassung des Romabkommens scheint eine schnelle Lösung zu bringen: Es scheint die unerlaubte "Weitersendung" (durch die brasilianische Rundfunkanstalt an ihr Publikum) einer "Sendung" (Übertragung aus der Olympiaschwimmhalle) einer anderen Rundfunkanstalt (ZDF) vorzuliegen. Die Voraussetzungen des Art. 6 RA unterstellt, müßte das ZDF innerbrasilianischen Rechtsschutz erhalten. — Daß die Lösung dieses Falles jedoch nicht so einfach ist, zeigt seine Abwandlung:

Fall[14] abgewandelt: (im folgenden "Beispiel 2" oder "ausschließlicher Satellitensendungsfall").

> Das ZDF sendet einen zusammenfassenden Bericht der olympischen Tagesereignisse ausschließlich via Satellit, also ohne gleichzeitige Ausstrahlung durch Euro- und Intervision und im Inland. Wiederum wird das Signal durch die brasilianische INTELSAT-Station Tangua aufgefangen und durch eine dazu nicht berechtigte Rundfunkanstalt an ihr Publikum weitergegeben.

---

[9] Etwa in Dänemark oder Großbritannien.
[10] Etwa in der CSSR.
[11] Die genannten Staaten haben das Rom-Abkommen ratifiziert.
[12] Aus Gründen der Einfachheit und Übersichtlichkeit ist in dieser Arbeit mit Rundfunk*anstalt* stets auch die private, kommerzielle Sendegesellschaft gemeint.
[13] Brasilien hat das Rom-Abkommen ratifiziert.

Die Lösung beider Beispielsfälle hängt vom Verständnis der Begriffe "Funksendung", "Weitersendung" und "Sendung" ab, wie sie in der amtlichen deutschen Fassung des Romabkommens in Art. 3 f), g) und 13 a) verwendet werden.

2.3.2. Die für uns wichtigen Bestimmungen des Romabkommens haben folgenden Wortlaut:

Englisch (verbindlich)	*Deutsch*
	"... versteht man unter:
Art. 3 f):	Art. 3 f):
"Broadcasting means the transmission by wireless means for public reception of sounds or of images and sounds."	"Funksendung" die Ausstrahlung von Tönen oder von Bildern und Tönen mittels radioelektrischer Wellen zum Zweck des Empfangs durch die Öffentlichkeit."
Art. 3 g):	Art. 3 g):
"Rebroadcasting means the simultaneous broadcasting by one broadcasting organization of the broadcast of another broadcasting organization."	"Weitersendung" die gleichzeitige Ausstrahlung der Sendung eines Sendeunternehmens durch ein anderes Sendeunternehmen."

Da nur die englische (französische, spanische) Fassung maßgeblich ist (Art. 33 (1)) ist von dieser auszugehen[15].

2.3.3. Die "rebroadcasting"-Definition des Art. 3 g) verweist auf den "broadcasting"-Begriff des Art. 3 f). Eine entsprechende Rückverwei-

[14] Das Beispiel ist frei erfunden und theoretischer Natur.

[15] Methodologisch mag es anfechtbar sein, den deutschen Text lediglich mit einer der verbindlichen Fassungen zu vergleichen. Für die Richtigkeit der hier gewählten Methode sprechen jedoch einige gewichtige Gründe: 1. Untersucht werden soll nicht das Verhältnis zweier verbindlicher Fassungen untereinander, sondern das Verhältnis einer verbindlichen zu einer unverbindlichen Fassung. Sofern nun die deutsche Fassung von der englischen abweicht, muß sie notwendig auch von der spanischen und französischen Fassung abweichen, da diese drei untereinander gleich sind. – 2. Die inhaltlichen Unterschiede zwischen "Sendung", "Rundfunksendung" und "Weitersendung" bestehen nicht nur in der deutschen, sondern auch in den verbindlichen Fassungen. Deshalb gelten die im folgenden aufgefundenen Ergebnisse auch für die verbindlichen Fassungen. – 3. Die Richtigkeit der hier durchgeführten Analyse wird durch die Begriffsbestimmungen des unten erläuterten "Pariser Entwurfs" bestätigt.

sung fehlt dem deutschen Text. Um mit dem englischen Text zu korrespondieren, müßte Art. 3 g) im amtlichen deutschen Text heißen:

"Weitersendung" (ist) die gleichzeitige *Funksendung . . ."*

Der anstelle von *Funksendung* verwendete Begriff *Ausstrahlung* bewirkt demgegenüber, daß der deutsche Wortlaut des Art. 3 g) nicht mit dem verbindlichen englischen identisch ist. Im Gegensatz zum verbindlichen englischen Text benutzt die deutsche Fassung durch die Verwendung von *Ausstrahlung* einen Teil des Definitionsmaterials des Art. 3 f), nicht aber, wie die englische Fassung, den Definitionsgegenstand selbst!

2.3.4.1. Das Objekt von "simultaneous broadcasting" in Art. 3 g ist "the broadcast".

Aus der verbindlichen englischen Fassung des Art. 3 g) geht sowohl grammatikalisch als auch aus dem Bedeutungsgehalt hervor, daß "broadcasting" und "rebroadcasting" Tätigkeiten beschreiben, deren Objekt "the broadcast" ist.

Diese Tatsache müßte die amtliche deutsche Fassung von Art. 3 g) widerspiegeln, um mit dem englischen Wortlaut übereinzustimmen[16]. Unseren oben (Ziff. 2.3.3.), den Terminus Ausstrahlung betreffenden, Änderungsvorschlag unterstellt, würde die amtliche deutsche Fassung von Art. 3 g) nunmehr so lauten:

"Weitersendung" (ist) die gleichzeitige *Funksendung einer Sendung . . ."*

Das Pendant zum englischen "broadcast" wäre dann – grammatikalisch und vom Bedeutungsgehalt her – *Sendung.*

Wir können somit drei Begriffspaare gegenüberstellen, die ihrer Funktion nach im deutschen und englischen Wortlaut gleichwertig sind, nämlich:

"broadcasting" – "Funksendung"
"rebroadcasting" – "Weitersendung"
"broadcast" – "Sendung".

Untersucht werden muß nunmehr die Eignung des deutschen Begriffs "Funksendung" als Pendant zu "broadcasting" (Ziff. 2.3.4.2.), und so-

[16] So auch J. v. Ungern-Sternberg in GRUR Int. 1970, S. 303 ff., S. 304.

dann das Verhältnis von broadcast zu broadcasting (Ziff. 2.3.5.1.) und rebroadcasting (Ziff. 2.3.5.2.). Das für broadcast gefundene Ergebnis muß alsdann auf das deutsche Pendant Sendung passen.

2.3.4.2. Die Verwendung des Begriffs "Funksendung" im amtlichen deutschen Text heißt ohne Not Zweifel zu säen. Der schon erwähnte Begriff des "broadcasting service" im Sinne des Art. 1–4, 28 der Radio Regulations[17] weist, wie es der allgemeinübliche Sprachgebrauch für broadcasting in Art. 3 f) RA auch tut, auf das wesentliche Element der Zweckbestimmung zum öffentlichen Empfang hin. Das deutsche Wort "Rundfunksendung" erfüllt diese Aufgabe in gleicher Weise, ist also besser als "Funksendung" dafür geeignet, um als Pendant zu "broadcasting" zu dienen. – "Funksendung" läßt im Deutschen Assoziationen mit allen anderen in den Radio Regulations beschriebenen, nicht zum Empfang durch die Öffentlichkeit bestimmten Radioausstrahlungen zu, welche nach dem Wunsch der diplomatischen Konferenz zur Verabschiedung des Romabkommens gerade nicht vom Begriff "broadcasting" umfaßt werden sollten[18].

Für die amtliche deutsche Fassung von Art. 3 f) wird die Änderung von "Funksendung" in "Rundfunksendung" angeregt. Im folgenden wird anstelle von Funksendung im Sinne des Romabkommens stets der Begriff "Rundfunksendung" gebraucht, so daß unsere drei Begriffspaare nunmehr folgendermaßen lauten:

"broadcasting" – "Rundfunksendung"
"rebroadcasting" – "Weitersendung"
"broadcast" – "Sendung".

2.3.5.1. Das Romabkommen definiert den Begriff "broadcast" im Gegensatz zu broadcasting und rebroadcasting nicht. Die Väter des Romabkommens maßen dem Verhältnis von broadcast zu broadcasting offensichtlich keine große Bedeutung bei[19], so daß es sich sowohl im englischen wie auch im deutschen Sprachgebrauch eingebürgert hat, beide Begriffe teilweise synonym zu verwenden. Diese Gleichsetzung wird im Alltag zwar ohne Auswirkungen bleiben. Dort aber, wo wir, wie

---

[17] Teil A, Kap. 1, I, Ziff. 6.

[18] So auch Kaminstein im Generalbericht zum Romabkommen, ILO, UNESCO, BIRPI, CDR. Doc. No. 130, S. 6 im Zusammenhang mit der broadcasting-Definition.

[19] Vgl. Kaminstein a. a. O., ILO, UNESCO, BIRPI, Doc. No. 130, S. 6/7 sowie die Übersetzung hierzu von Peter in UFITA Bd. 40, S. 99 ff., hier S. 107/108, wo die beiden Begriffe nicht gegeneinander abgegrenzt werden.

bei der Satellitenübertragung, auf die Unterscheidung von Tätigkeit und Objekt angewiesen sind, benötigen wir auch die begriffliche Trennung.

Aus Art. 3 f) und g) folgt, daß eine ausdrückliche Begriffsbestimmung für broadcast nicht erforderlich ist, weil der Begriff broadcasting in Art. 3 f) den Begriff broadcast logisch voraussetzt.

Art. 3 g) RA bezeichnet "rebroadcasting" als "the simultaneous *broadcasting* of the broadcast...", verweist also eindeutig auf das in Art. 3 f) definierte broadcasting. Um nun aber nicht die gesamte broadcasting-Definition des Art. 3 f) zu wiederholen, faßt Art. 3 g) das in Art. 3 f) verwendete Definitionsmaterial für broadcasting ("... transmission ... of sounds or of images and sounds ...") zusammen mit dem einzigen Wort *broadcast.*

Zu Recht wird der Purist nun einwenden, dieses Rückgriffs auf das Definitionsmaterial des Art. 3 f) hätte es nicht bedurft, da der gleiche Zweck allein schon durch die Aufnahme des Begriffs broadcasting in Art. 3 g) erfüllt ist; das in Art. 3 f) definierte und durch Art. 3 g) aufgenommene broadcasting habe in Art. 3 g) keinen anderen Inhalt als in Art. 3 f); folglich könne man sich auch den Bezug auf das Definitionsmaterial des Art. 3 f) sparen.

Dieser Einwand sticht. Sowohl Art. 3 f) wie Art. 3 g) beinhalten beide den Begriff broadcast; beiden ist er logisch vorgeschaltet; beide setzen ihn gleichsam axiomatisch voraus. Systematisch betrachtet müßte broadcast vor broadcasting definiert werden, damit Art 3 f) den broadcast-Begriff ebenso aufnehmen kann, wie Art. 3 g) den broadcasting-Begriff.

Wir fassen zusammen:

Broadcast ist der Gegenstand der Tätigkeit broadcasting und damit auch von rebroadcasting. Systematisch müßte das Romabkommen den Begriff broadcast vor dem Begriff broadcasting definieren. Die Aufnahme von broadcast ist neben derjenigen von broadcasting in Art. 3 g) überflüssig.

2.3.5.2. Welche Funktion übt der Begriff broadcast in Art. 3 g) überhaupt aus, wenn er dort überflüssig ist?

Zwei Umstände kennzeichnen den Begriff rebroadcasting:

- es wird gleichzeitig mit dem broadcasting,
- aber durch eine andere Rundfunkanstalt (-gesellschaft) vorgenommen.

Beim "rebroadcasting" werden gleichzeitig aber unabhängig voneinander zwei inhaltlich identische Ausstrahlungen an die Öffentlichkeit durch zwei verschiedene Anstalten vorgenommen. Dabei hat "broadcast" in Art. 3 g) sprachlich allein die Funktion, auf die Identität der Tätigkeit der beiden Rundfunkanstalten hinzuweisen – beide senden das gleiche Programm, die gleiche "Sendung", – eine, wie sich aus der Aufnahme von broadcasting in Art. 3 g) ergibt, sprachlich überflüssige Funktion.

Für das dritte Begriffspaar "broadcast" – "Sendung" bedeutet dies: "broadcast" kann dann im Deutschen mit "Sendung" wiedergegeben werden, wenn man zwischen "Rundfunksendung" und "Sendung" das gleiche Verhältnis zugrundelegt wie zwischen broadcasting und broadcast.

2.3.6. Der Begriff "rebroadcasting" in Art. 13 a) RA unterliegt den gleichen Voraussetzungen wie der des Art. 3 g) RA. Das bedeutet, Art. 13 a) RA ist um die Wendung "of their broadcasts" zu weit gefaßt; das Verhältnis von broadcast zu rebroadcasting wird nämlich bereits in Art. 3 g) RA abschließend geregelt, so daß die Aufnahme des Begriffs broadcast in Art. 13 a) RA nur verwirrt.

Der Zusatz "of their broadcasts" wäre, wenn er die gesamte Definition des Art. 3 g) wiederholen wollte, unvollkommen, da er nicht wie Art. 3 g) auf die Tätigkeit des "Weitersendens" abhebt, sondern auf deren Objekt.

Falls mit *"their"* in *"their* broadcasts" auf die Rechtsinhaberschaft an der Sendung (broadcast) Bezug genommen werden sollte, wäre der Zusatz überflüssig, da sich ein Gestattungs/Verbietungsrecht wie Art. 13 a) RA es einräumt, allein auf eine Tätigkeit beziehen kann, nicht auf deren Objekt, also auf broadcasting nicht auf broadcast! – Andernfalls genössen viele Anstalten (Gesellschaften) keinen Schutz ihrer Rundfunksendungen – nämlich immer dann, wenn sie die Produktionen anderer Anstalten (Gesellschaften) nicht als ihre eigenen, sondern als fremde ausstrahlen (etwa bei der Übernahme von Eurovisionsprogrammen).

Art. 13 a) RA schützt also die Sendetätigkeit der Rundfunkanstalt (-gesellschaft) A vor unerlaubter, gleichzeitiger, identischer Tätigkeit der Rundfunkanstalt (-gesellschaft B, wobei diesem Schutz der Gedanke zugrundeliegt, daß die "Weitersendung" auf der Rundfunksendung der Station A beruht, also ohne diese nicht zustande kommen könnte; nicht gemeint ist mit dem Begriff "Weitersendung" der Fall, daß die Station B gleichzeitig mit der Station A eine Magnetaufzeichnung des im gleichen Moment durch die Station A ausgestrahlten Programms ausstrahlt.

Ebenso wie in Art. 3 g) muß also auch in Art. 13 a) RA aus dem Begriff rebroadcasting der Begriff broadcast gestrichen werden; für die deutsche Fassung gilt dies entsprechend für die Begriffe "Weitersendung" und "Sendung". Die hier vollzogene abstrakte Reduzierung der Art. 3 g) und 13 a) RA auf ihren eigentlichen Gehalt vermeidet zwar den Begriff broadcast ("Sendung"), beinhaltet ihn aber doch insofern, als mit "identischer Sendetätigkeit" natürlich die "Weitersendung" des gleichen Programms, der gleichen Folge von Tönen oder von Bildern und Tönen (Art. 3 f) gemeint ist[20].

2.3.7. Schließlich wird vorgeschlagen, anstelle des in der deutschen amtlichen Übersetzung für broadcasting organization verwendeten Begriffs "Sendeunternehmen" (Art. 2, Abs. 1, lit. c)) den Terminus "Rundfunkanstalt" zu verwenden. Damit soll für den deutschen Leser ein Einklang zwischen dem in Deutschland öffentlich-rechtlichen Status der Rundfunkunternehmen und dem deutschen Wortlaut des Romabkommens erzielt werden. Dabei bleiben wir uns aber der Tatsache bewußt, daß das englische Pendant hierzu (broadcasting organization) auch private Sendeunternehmen erfaßt, der hier benutzte Begriff der "Rundfunkanstalt" also ebensoweit reicht wie der englische.

2.4. Künftig verwendete Begriffe und Änderungsvorschläge

2.4.1. Im Zusammenhang mit dem Romabkommen, der RBÜ und dem Pariser Entwurf arbeiten wir, soweit nichts anderes gesagt ist, mit folgenden drei Begriffspaaren:

"broadcasting" – "Rundfunksendung"
"rebroadcasting" – "Weitersendung"
"broadcast" – "Sendung".

Dabei ersetzen wir im Deutschen "Funksendung" durch Rundfunksendung und "Sendegesellschaft" durch Rundfunkanstalt. Unserer Begriffsanalyse entsprechend machen wir folgende Änderungsvorschläge für das Romabkommen:

[20] von Ungern-Sternberg verzichtet nicht, wie es hier geschehen ist, auf den Begriff "Sendung". (GRUR Int. 1970, S. 308–310). Vgl. hierzu unten Kap. 7 II, Ziff. 8.

Art. 3 g):

rebroadcasting means the simultanenous broadcasting by a broadcasting organization of the broadcasting of another broadcasting organization.	"Weitersendung" (ist) die gleichzeitige Rundfunksendung einer Rundfunksendung *einer* Rundfunkanstalt durch *eine andere* Rundfunkanstalt.

(broadcast (Sendung), gestrichen)

Art. 13 a):

Broadcasting organizations shall enjoy the right to authorize or prohibit: a) the rebroadcasting.	Die Rundfunkanstalten genießen das Recht zu erlauben oder zu verbieten: a) die Weitersendung.

("of their broadcasts" (ihrer Sendungen), gestrichen)

Art. 3 f):

	(Funksendung durch Rundfunksendung ersetzt.)

Als vorläufiges Fazit können wir also festhalten: Unsere oben vorgestellten Beispielsfälle von der Olympiaübertragung via Satellit (Parallelsendungsfall und ausschließlicher Satellitensendungsfall) hängen nicht vom Begriff broadcast ab.

II. Die Satellitenübertragung als "Rundfunksendung"

Bisher (oben I) haben wir die einschlägigen Begriffe des Romabkommens anhand des verbindlichen englischen Textes erläutert und ihnen sodann die deutschen Begriffspendants gegenübergestellt. Nach dieser Begriffsklärung kann die Subsumption beginnen:

Stellt die Ausstrahlung einer Sendung über einen Punkt-zu-Punkt-Satelliten an eine Bodensende-/empfangsstation eine Rundfunksendung im Sinne des Art. 3 f) Romabkommen dar?

Bildet die Ausstrahlung des auf dieser Satellitenausstrahlung beruhenden Programms *im Empfangsstaat* des Satellitensignals an die Öffentlichkeit *eine Weitersendung gemäß Art. 3 g) RA?*

So einfach die Fragen, so schwierig die Antworten! Ein eindeutiges Ja oder Nein ist nicht möglich. – Die Satellitenübertragung wird im GHF- oder EHF-Bereich vorgenommen; diese Frequenzbänder sind für herkömmliche Heimempfangsgeräte, die nur den UHF- und VHF-Bereich[21] umfassen, nicht zu empfangen, selbst wenn – was nicht der Fall ist – ihre Verstärkerleistung ausreichen würde. Von der Funktion her ist der Satellit im Punkt-zu-Punkt-System also nichts anderes als der Relaisteil einer teilweise in den Himmel verlegten Richtfunkstrecke, welche, wie jede terrestrische Richtfunkstrecke auch, die Aufgabe erfüllt, auf für die Öffentlichkeit nicht zugänglichen Frequenzbändern Programme von einer Rundfunkanstalt an die andere weiterzureichen, ohne Rücksicht darauf, ob und in welcher Form die Empfangsanstalt sie an das eigene Publikum ausstrahlen will.

In dem Dreieck Ausgangsrundfunkanstalt, Satellit, Empfangsrundfunkanstalt erfüllen die Bodensende-/empfangsstationen, von denen aus die Signale zum Satelliten gesendet und von ihm empfangen werden, die gleiche Aufgabe wie in einer terrestrischen Richtfunkstrecke die Sende-/ Empfangsantennen der Fernmeldeunternehmen; der Satellit entspricht den Relaisstationen. Die Bodensende-/empfangsstationen sind im urheber-/leistungsrechtlichen Sinn nicht selbständig, sondern jeweils den für die Entscheidung über Ausstrahlung und Empfang eines Programms letztlich zuständigen Personen zuzuordnen, – den Sendeunternehmen. Bodensende-/empfangsstation im Satellitensystem und Ausgangsrundfunkanstalt und Empfangsrundfunkanstalt sind dabei voneinander zu unterscheiden; in aller Regel sind sie zwei voneinander unabhängige juristische oder privatrechtliche Personen. Im INTELSAT-System sind erstere meist die nationalen Fernmeldebehörden, letztere die Rundfunkanstalten (-gesellschaften).

Sind die Satellitensignale zwar objektiv nicht für die Öffentlichkeit *empfangbar,* so sind sie doch in vielen Fällen wenigstens *indirekt zum Empfang durch die Öffentlichkeit bestimmt.* (Da ihnen die objektiv notwendige öffentliche Empfangbarkeit fehlt, fehlt ihnen auch die logische Voraussetzung für eine Zweckbestimmung zum *direkten öffentlichen Empfang)*[22].

Die Ausgangsrundfunkanstalt hat in diesen Fällen (der indirekten Zweckbestimmung) mit der Rundfunkanstalt am Empfangsort des Satellitensignals vertraglich die Verbreitung des via Satellit übertragenen Programms am Empfangsort vereinbart.

---

[21] Zu den technischen Einzelheiten der Frequenzbereiche vgl. oben Teil A, Kap. 1, I, Ziff. 3.2.5., Fußnote 24 und Kap. 1, I, Ziff. 4.1. mit Fußnoten 25 und 26.

[22] Vgl. Teil A, Kap. 1, I, Ziff. 1.1. am Ende.

Die Satellitenübertragung kann dann als Rundfunksendung im Sinn des Art. 3 f) RA, die Ausstrahlung im Empfangsland des Signals an die Öffentlichkeit kann dann als Weitersendung im Sinn des Art. 3 g) RA eingeordnet werden, wenn die *Satellitenausstrahlung* die Merkmale einer Rundfunksendung – objektive öffentliche Empfangbarkeit und Zweckbestimmung zum direkten Empfang durch die Öffentlichkeit – erfüllt.

Die Lösung unserer Beispielsfälle von der Olympiaübertragung aus München (Satellitenausstrahlung mit gleichzeitiger Ausstrahlung im Inland = "Parallelsendungsfall" und alleinige Satellitenausstrahlung ohne Ausstrahlung im Inland = "ausschließlicher Satellitensendungsfall") spitzt sich wegen des Verhältnisses von Art. 3 g) zu Art. 3 f) RA auf die Frage zu: *Ist die Satellitenübertragung eine Rundfunksendung?* – Nur wenn sie es ist, kann sie qua Weitersendungsschutz durch das Romabkommen geschützt werden, weil nur dann die Ausstrahlung am Empfangsort an die Öffentlichkeit auf einer Rundfunksendung beruht, weil nur dann die nicht genehmigte Weitersendung nach Art. 13 a) RA geschützt werden kann. – Die Lösung hängt mithin davon ab, ob man die Zweckbestimmung zum indirekten Empfang durch die Öffentlichkeit für die Rundfunksendungsqualität der Satellitenausstrahlung noch ausreichen lassen wird.

1. BIRPI-Tagung 1968, Genf, 14.–16. Oktober

Die Frage, ob die indirekte Zweckbestimmung für die Rundfunksendungsqualität ausreicht, wurde erstmalig auf einer BIRPI-Arbeitsgruppentagung 1968 in Genf erörtert[23]. Dabei bildeten sich verschiedene Meinungen heraus; die im Schlußbericht am klarsten formulierte lautet: Die Satellitenübertragung im Punkt-zu-Punkt-System stellt in jedem Fall eine Rundfunksendung gemäß Art. 3 f) RA dar, weil

- es der Sinn des Romabkommens ist, alle Übertragungen zu erfassen, die letztlich zum Empfang durch die Öffentlichkeit bestimmt sind und weil
- die Definition des Art. 3 f) RA nicht auf den direkten Empfang durch die Öffentlichkeit beschränkt ist[24].

Die Auslegung des broadcasting-Begriffs erfordert es deshalb nach dieser Meinung, auch die Satellitenübertragung im Punkt-zu-Punkt-System als Rundfunksendung zu behandeln.

---

[23] Vgl. oben Teil B, Kap. 3, I, Ziff. 7, Dok. DA/27/4 u. /7.

[24] DA/27/7, Abs. 9.

1.1. Zweifel am weiten Rundfunksendungsbegriff

1.1.1. Gleichzeitig erkannten einige Teilnehmer der Arbeitsgruppentagung die Mängel dieser Auslegung: Die im Satellitenbetrieb verwendeten Frequenzbänder sind der Öffentlichkeit nicht zugänglich[25]; die durch die Auslegung ermöglichte weite Rundfunksendungsdefinition erfüllt daher nicht das Öffentlichkeitserfordernis des Art. 3 f) RA[26].

1.1.2. Die Vertreter dieser zweiten Meinung (Ziff. 1.1.1.) haben also, wenn auch nicht expressis verbis, erkannt, daß das Öffentlichkeitserfordernis des Art. 3 f) RA das essentiale des Rundfunkbegriffs schlechthin ist. Dort, wo die Radioausstrahlung die Öffentlichkeit nicht direkt erreichen kann und soll, liegt keine Rundfunksendung vor. Derartige Ausstrahlungen mögen der Rundfunksendung vorangehen, sie können ihr aber nicht begrifflich zugeordnet werden: Weder nach den ITU-RR[27] noch nach dem Romabkommen ist eine derartige Zuordnung statthaft, da sie sowohl das objektive Definitionselement der öffentlichen Empfangbarkeit als auch das subjektive Definitionselement der Zweckbestimmung zum öffentlichen Empfang übergehen würde. Damit aber könnte jede beliebige in den ITU-RR genannte Radioausstrahlung zur "Rundfunksendung" "empordefiniert" werden.

1.2. Schutzlücke

Aus den Zweifeln an der Richtigkeit des weiten Rundfunksendungsbegriffes und der Erkenntnis, daß die Satellitensignale im Punkt-zu-Punkt-System weder objektiv geeignet noch subjektiv dazu bestimmt sind, direkt durch die Öffentlichkeit empfangen zu werden, folgte die Einsicht, daß das Satellitensignal selbst schutzlos ist, da es den Anforderungen des Art. 3 f) RA nicht entspricht.

Es ist keine Rundfunksendung. Erst nach seiner Weiterleitung von der Bodensende-/empfangsstation zur Rundfunkanstalt und Ausstrahlung zum Zweck des Empfangs durch die Öffentlichkeit auf dafür geeigneten Frequenzen stellt es eine Rundfunksendung dar. Erst diese Ausstrahlung kann nach dem Romabkommen geschützt werden. Dadurch aber entsteht eine paradoxe Schutzlücke: Die Ausgangsrundfunkanstalt, die

---

[25] Vgl. Teil A, Kap. 1, I, 4. 1., II, 1.3.

[26] Dok. DA/27/7, Abs. 10.

[27] Zum Rundfunksendungsbegriff der ITU-RR, 1-4/28 vgl. oben Teil A, Kap. 1, I, Ziff. 6.2. und II, Ziff. 1.1. am Ende.

ein Programm plant, produziert und zur Bodensende-/empfangsstation leitet, also auf den Weg zur Satellitenübertragung bringt, ist schutzlos, während die Rundfunkanstalt, die sich dieser Leistung lediglich ohne weiteres Zutun bedient, geschützt wird.

2. Darstellung Straschnovs

2.1. Darstellung im UNESCO-Dokument COM/SPACE/4[28]

Eine der Eigentümlichkeiten der Argumentationsweise Straschnovs liegt darin, hinter exakten, neutral erscheinenden Formulierungen die Meinung der EBU, Kenyas oder die eigene Ansicht zum Ausdruck zu bringen. So stellt seine hier beschriebene Arbeit eine Analyse der oben erwähnten BIRPI-Tagung dar[29], welche die nach seiner Meinung auf dieser Tagung entstandenen drei verschiedenen Rechtsanschauungen zur Rundfunksendungsqualität der Satellitenübertragung in einer Form herausarbeitet, die zwar bewundernswert ist, jedoch sind diese drei Rechtsmeinungen in dieser Deutlichkeit weder im Arbeitspapier[30] noch im Schlußbericht artikuliert worden[31] [32].

2.2. Drei Rechtsmeinungen auf der BIRPI-Tagung

Straschnov faßt das Ergebnis der BIRPI-Tagung in drei Rechtsmeinungen zusammen, wobei er offen läßt, welche Meinung welcher Gruppe zuzuordnen ist.

---

[28] "Legal Protection of Satellite Broadcasts transmitted via Satellite against their use without the permission of the originating organisation", 22. 8. 1969.

[29] Auf dieser Tagung vertrat Straschnov die EBU als ihr Justitiar, Dok. DA/27/7, Annex II.

[30] Dok. DA/27/4.

[31] Dok. DA/27/7.

[32] Der Aufsatz in COM/SPACE/4 ist die wichtigste aller von Straschnov verfaßten Arbeiten zur Anwendbarkeit des Romabkommens auf Satellitenübertragungen. Sie leidet in der englischen Fassung allerdings unter einem auffallenden, wenn auch nicht schwerwiegenden Mangel: Der Übersetzer seiner französisch abgefaßten Arbeit grenzt die Begriffe broadcast und broadcasting nicht gegeneinander ab, setzt sie teilweise sogar gleich, obwohl aus der Bezugnahme auf Art. 3 f) RA deutlich wird, daß statt broadcast *broadcasting* gemeint ist. – Da es sich also hier um einen bloßen Übersetzungsfehler handelt, gehen wir davon aus, daß "la radiodiffusion" – "broadcasting" – "Rundfunksendung" gemeint ist, wo broadcast steht. – Dies rechtfertigt sich insbesondere aus dem Abschnitt 24 in COM/SPACE/4, der auf die obige BIRPI-Tagung und Art. f) RA verweist.

2.2.1. Die erste Meinung lautet:

Für die Rundfunksendungsqualität der Satellitenübertragung kommt es allein auf deren Endziel an. Soll sie letztlich zum Empfang durch die Öffentlichkeit ausgestrahlt werden, so ist sie schon broadcasting – "Rundfunksendung" im Sinn von Art. 3 f) RA[33]. Diese Meinung wurde in dieser Form auch tatsächlich im Schlußbericht erwähnt[34].

2.2.2. Eine zweite Meinung dieser BIRPI-Tagung lautet nach Straschnov:

Das Satellitensignal ist dann vor unerlaubter Weitersendung geschützt, wenn am Ursprungsort des Signals die Ausgangsrundfunkanstalt gleichzeitig mit der Satellitenübertragung eine herkömmliche Fernsehausstrahlung gleichen Inhalts für das Publikum am Ausgangsort sendet (unser sog. "Parallelsendungsfall" bei der Olympiaübertragung).

> "In diesem Fall wäre es vertretbar, zu sagen, daß das, was zum Satelliten geschickt wird, eine Rundfunksendung ist, da am Signalursprung eine Rundfunksendung stattgefunden hat, und daß das Wildern ("poaching") dieses Signals vom Satelliten eine Verletzung des vom Romabkommen gewährten Schutzes darstellt"[35].

Diese zweite von Straschnov registrierte Tagungsmeinung berücksichtigt die an der ersten Meinung aufgetretenen Bedenken[36] und trägt zur Klärung des Schutzlückenproblems bei Parallelsendungen bei. Diese Meinung erkennt einerseits die Schutzwürdigkeit des Satellitensignals vor unerlaubter Weitersendung an, trägt aber andererseits dem Umstand Rechnung, daß die Voraussetzung des Art. 13 a) RA, eine Rundfunksendung, nicht gegeben ist.

2.2.2.1. Diese Meinung erkennt, daß die Satellitenausstrahlung selbst keine Rundfunksendung im Sinne des Art. 3 f) RA ist – ihr fehlt die objektive Empfangbarkeit und die subjektive Zweckbestimmung zum direkten öffentlichen Empfang. – Andererseits erkennt sie die Satellitenausstrahlung generell dann als schutzwürdig an, wenn parallel zu ihr am Ausgangsort des Satellitensignals eine zum öffentlichen Empfang geeignete und bestimmte Rundfunksendung gleichen Inhalts ausgestrahlt wird.

---

[33] COM/SPACE/4, Abschnitt 28.

[34] Vgl. Dok. DA/27/7, Abschnitt 9 und oben Ziff. 1. Diese Meinung vertreten Masouyé in EBU-Review No. 115 B, S. 43–46 (44) und Fernay in UNESCO/WIPO/SAT/5, vgl. zu diesen beiden unten Ziffern 5 und 6.

[35] COM/SPACE/4, Abschnitt 29.

[36] Dok. DA/27/7, Abschnitt 10.

Über die theoretische Grundlage dieses Schutzes sagt Straschnov nichts. Weitersendungsschutz in unmittelbarer Anwendung des Art. 13 a) RA scheidet aus, weil die Satellitenausstrahlung keine Weitersendung ist; *sie beruht technisch nicht auf der Parallelsendung am Ausgangsort. Die Satellitensignale werden nicht – wie bei einer terrestrischen Weitersendung – von der Parallelsendung am Ausgangsort abgeleitet, sondern nehmen einen von dieser völlig unabhängigen Weg!* – Der Schutz der Satellitenausstrahlung läßt sich daher nach dem Romabkommen nur mittelbar begründen. Die Begründung könnte folgendermaßen lauten:

2.2.2.2. Die Ausgangsrundfunkanstalt ist nur dann am Schutz der Satellitenausstrahlung interessiert, wenn diese zur unerlaubten Weitersendung (oder anderweitig rechtswidrig) benutzt wird. – Es muß daher versucht werden, die unerlaubte Ausstrahlung am Empfangsort des Satellitensignals an die Öffentlichkeit als Weitersendung zu konstruieren; gelingt dies, so genießt auch die Satellitenausstrahlung – qua Weitersendungsschutz jener öffentlichen Ausstrahlung – mittelbar Schutz.

Nun stellt jedoch die Ausstrahlung am Empfangsort des Satellitensignals ihrerseits keine Weitersendung dar, weil sie

- hinsichtlich der Parallelsendung am Ausgangsort technisch nicht auf dieser beruht und
- hinsichtlich der Satellitenausstrahlung zwar technisch auf dieser beruht, diese aber ihrerseits keine Rundfunksendung darstellt, die Voraussetzung des Art. 3 g) RA also nicht erfüllt ist.

In dieser Situation bieten sich zwei Lösungen an: Entweder behandelt man, wie es in der oben zitierten Passage bei Straschnov geschieht, die Satellitenausstrahlung selbst als Rundfunksendung, so daß die "Weitersendung" am Empfangsort nunmehr auf einer Rundfunksendung beruht; oder man fingiert (weil die Satellitenausstrahlung grundsätzlich keine Rundfunksendung darstellen kann), das Beruhen der "Weitersendung" am Empfangsort auf der Parallelsendung am Ausgangsort.

Die Wirkung beider Konstruktionen ist dieselbe – mittelbarer Schutz der Satellitenausstrahlung qua Weitersendungsschutz (= Schutz vor unerlaubter Weitersendung) der Ausstrahlung am Empfangsort des Satellitensignals. – Das Ergebnis ist gleich, die Methode verschieden: Straschnov macht die Satellitenausstrahlung zur Rundfunksendung, obwohl deren wesentliche Kriterien (Empfangbarkeit, Zweckbestimmung) fehlen; *die zweite,* von uns vorgeführte, *Methode fingiert* demgegenüber lediglich das juristische Bindeglied zwischen der Rundfunksendung am Ausgangsort, der Parallelsendung, und der Ausstrahlung am Empfangsort des Satellitensignals, nämlich *das Beruhen der letzteren auf der ersteren,* so daß letztere als Weitersendung im Sinne des Art. 3 g) und 13 a) RA behandelt werden kann[37].

Allerdings wurde im Schlußbericht kein derartig dezidierter Vorschlag für den Fall der Parallelsendung erwähnt. Wer "die anderen Experten" sind[38], die die Anwendbarkeit des Romabkommens in diesem Fall für möglich halten, sagt Straschnov nicht.

2.2.3. Die dritte von Straschnov referierte Tagungsmeinung lautet:
Das Satellitensignal stellt niemals eine Rundfunksendung dar[39].

> „Hiernach beginnt eine Rundfunksendung im Sinne des Art. 3 f) RA erst dann, wenn die über Satellit empfangenen Signale in für konventionelle Heimempfänger bestimmte Signale umgeformt werden. Werden die dieser Umformung vorangehenden Signale von einer hierzu nicht ermächtigten Bodensende-/empfangsstation dem Satelliten entnommen, so wird ein durch das Romabkommen gewährleisteter Schutz nicht ausgelöst, weil das entnommene Signal keine Rundfunksendung im Sinne des Art. 3 f) RA ist"[40].

2.2.4. Diese dritte Meinung befolgt also konsequent die beiden Rundfunksendungskriterien (objektive Empfangbarkeit und subjektive Zweckbestimmung zum direkten öffentlichen Empfang). Da beide Merkmale dem reinen Satellitenübertragungsvorgang im Punkt-zu-Punkt-Satellitensystem fehlen, liegt nach dieser Auffassung keine Rundfunksendung im Sinne von Art. 3 f) RA vor, die nach Art. 13 a) als Weitersendung (im Sinne von Art. 3 g) geschützt werden könnte.

2.2.5. Diese dritte Meinung, von der Straschnov spricht, wird im Konferenzbericht an keiner Stelle erwähnt[41]. Es dürfte daher keine mehrheitliche Tagungsmeinung gewesen sein. Sie wird lediglich im Arbeitspapier[42] und hierin auch nur für die ausschließliche Satellitenausstrahlung erwähnt, damit die Tagungsteilnehmer hierzu Lösungsvorschläge

---

[37] Vgl. auch unten Ziff. 3.4.6.
[38] COM/SPACE/4, Abschnitt 29.
[39] COM/SPACE/4, Abschnitt 30.
[40] COM/SPACE/4, Abschnitt 30.
[41] Dok. DA/27/7.
[42] Dok. DA/27/4, Abschnitt 6–8.

machen[43]. Solche Vorschläge aber verzeichnet der Tagungsbericht nicht[44].

2.2.6. Straschnov fährt fort, von einem Meinungsstreit der Vertreter der ersten und der dritten Meinung zu berichten, der sich allein aus seiner persönlichen, unveröffentlichten Kenntnis als Tagungsteilnehmer für die EBU, nicht aber aus dem Schlußbericht belegen läßt. Danach haben die Vertreter der dritten die Vertreter der ersten Meinung zu widerlegen versucht:

2.2.7. Die erste Meinung laufe darauf hinaus, das Recht am Sendeinhalt, am Programm, selbst zu schützen. Dies sei die Absicht, wenn der Schutz der Satellitenübertragung allein davon abhängen solle, letztendlich einmal zum Zweck des Empfanges durch die Öffentlichkeit ausgestrahlt zu werden. Die Meinung 1 sehe also das Wort "their" in "their broadcasts" (Art. 13 a) RA als Possessivpronomen an. Diese Auslegung des Art. 13 a) RA sei aber nicht haltbar, da mit "their" kein Hinweis auf die Rechtsinhaberschaft am Gegenstand der broadcastingtätigkeit – an der "Sendung" (im von uns so verstandenen Sinn[45]) – gegeben werden sollte. "Their" sei allein als bloßer Genitiv zu verstehen ("the broadcasts of the braodcasting organisations" = "their bradcasts").

Würde "their" die Rechtsinhaberschaft an der Sendung bezeichnen, so würde Art. 13 a) RA nicht einmal alle Eurovisionssendungen schützen, das Hauptziel der Rundfunkanstalten bei der Abfassung des Romabkommens. Ein wesentliches Anliegen der diplomatischen Konferenz zur Verabschiedung des Romabkommens sei es gewesen, den gesamten output der Rundfunkanstalten ohne Rücksicht auf die Rechtsinhaberschaft an der "Sendung" zu schützen[46].

2.2.8. Straschnov faßt zusammen:

Nach der dritten Meinung bezöge sich das "their" in Art. 13 a) RA auf alle Rundfunksendungen einer Rundfunkanstalt, ohne Rücksicht auf die Rechtsinhaberschaft an der "Sendung". Die Ausgangsrundfunkanstalt genießt Weitersendungsschutz nur dann, wenn die Satellitenübertragung "their" – "ihre" Rundfunksendung im Sinne des Art. 13 a) RA

[43] Dok. DA/27/4, Abschnitt 26.
[44] Dok. DA/27/7.
[45] Vgl. oben Teil C, Kap. 7, I, Ziff. 2.3.5.
[46] COM/SPACE/4, Abs. 31.

ist[47]. Das aber ist sie nur dann, wenn das Satellitensignal auch am Ausgangsort Gegenstand einer Rundfunksendung der Ausgangsanstalt ist[48].

2.3. Weitere Einwände gegen das Romabkommen

2.3.1. Straschnov hält das Romabkommen auch aus formellen Gründen für nicht geeignet; selbst wenn es anwendbar wäre, so stellten doch die augenblickliche Ratifikationsrate und die Voraussetzung des Art 24 RA[49] schwerwiegende Hinderungsgründe für eine weltweite Verbreitung des Romabkommens dar[50].

2.3.2. Schließlich sei den Mitgliedsstaaten durch Art. 6 RA die Möglichkeit gegeben, den innerstaatlichen Rechtsschutz einzuschränken, was die Schutzeffizienz ebenfalls mindern müßte[51].

2.4. Darstellung im Dokument UNESCO/WIPO/SAT/8[52]

In dieser für die Lausanne-Konferenz bestimmten Arbeit verweist Straschnov bezüglich der Anwendbarkeit des Romabkommens auf die Satellitenübertragung vollinhaltlich auf seine Darstellung im Dokument COM/SPACE/4[53]. Damit erklärt er selbst, daß die in COM/SPACE/4 zum Ausdruck gebrachten Ansichten (im Gegensatz zu dem dort vorangestellten Hinweis) nicht ausschließlich seine eigenen, sondern die der in der EBU vertretenen Rundfunkanstalten sind! Außer dieser wichtigen Erkenntnis bringt UNESCO/WIPO/SAT/8 sachlich nichts Neues.

3. Kritik an Straschnov

3.1. Ansatzpunkt

Straschnov entzieht sich durch seine Darstellungsweise den üblichen Kritikmöglichkeiten. Er äußert keine eigenen Ansichten, er deckt den

---

[47] Wie unsere Analyse zu Art. 3 f), g), 13 a) RA zeigt, leidet die Argumentation der Meinung 3 gegenüber Meinung 1 darunter, daß Art. 13 a) RA um den Begriff "their broadcasts" zu weit gefaßt ist, daß sie (die Meinung 3) an diese Wendung nicht anknüpfen dürfte, da sich rebroadcasting in Art. 13 a) allein auf Art. 3 g), dieser auf Art. 3 f), d. h., allein auf broadcasting bezieht!

[48] COM/SPACE/4, Abs. 32.

[49] Mitgliedschaft in WUA oder RBÜ.

[50] COM/SPACE/4, Abs. 34.

[51] COM/SPACE/4, Abs. 34.

[52] "Study on the Problems arising from the Wireless and Television Broadcasts Transmitted by Space Satellites in Relation to the Protection of Broadcasting Organisations."

[53] UNESCO/WIPO/SAT/8, S. 1.

Standpunkt der Rundfunkanstalten, für die er Tagungsteilnehmer ist, nicht ausdrücklich auf, sondern spricht allein von den "Meinungen der Experten", klassifiziert sie in drei Richtungen, ohne dabei jedoch die jeweils referierte Meinung einer bestimmten Interessengruppe oder Delegation zuzuordnen. Vor allem ist er der einzige, der die Entstehung dieser drei Meinungen beobachtet hat. Der offizielle Tagungsbericht kennt sie in dieser dezidierten Form nicht!

3.2. Zu Meinung 1

Zu Meinung 1 haben wir schon oben[54] Stellung genommen. Sie wird uns noch ein weiteres Mal beschäftigen[55]. Die von Straschnov als Meinung 3 hierzu vorgetragene Kritik spricht für sich; sie ist stichhaltig. Der Rundfunksendungsbegriff kann nicht derartig ausgeweitet werden, daß ihm beide Definitionskriterien, die objektive Empfangbarkeit und die subjektive Zweckbestimmung zum direkten öffentlichen Empfang, genommen werden.

3.3. Zu Meinung 2

Diese Meinung wurde laut Schlußbericht so nicht formuliert. Ihre Vorzüge wurden – für den Fall, daß sie trotz der Nichterwähnung im Konferenzbericht in der von Straschnov beschriebenen Weise von den Tagungsteilnehmern erörtert wurde – schon genannt[56]: Sie erkennt das objektive und subjektive Definitionselement des Rundfunksendungsbegriffs an, ermöglicht aber trotzdem den Schutz der Satellitenübertragung vor unerlaubter Weitersendung.

3.4. Zu Meinung 3

Die dritte von Straschnov geschilderte Meinung ist die juristisch klarste. Ausgehend von den uns schon bekannten Rundfunksendungsbegriffen der ITU-RR 1–4, 28 und Art. 3 f) RA kann die Satellitenübertragung im Punkt-zu-Punkt-System keine Rundfunksendung darstellen, weil sie objektiv nicht für die Öffentlichkeit empfangbar und subjektiv nicht zum direkten öffentlichen Empfang bestimmt ist.

---

[54] Ziff. 1.1.2.
[55] Unten Ziff. 4.
[56] Ziff. 2.2.2.

3.4.1. Diese Konstruktion ist so eindeutig, daß Ausnahmen ausgeschlossen erscheinen; insbesondere dürfte bei dieser Konstruktion kein Unterschied gemacht werden zwischen unseren beiden Grundfällen (Parallelsendungs- und ausschließlicher Satellitensendungsfall).

Gleichwohl läßt Straschnov in der Argumentationskette der Vertreter der Meinung 3 einen Bruch zu:

Er läßt die ausschließliche Satellitenausstrahlung im Gegensatz zur Parallelsendung schutzlos und schützt – wie auch die Meinung 2 dies tut – die Satellitenübertragung, wenn die Ausgangsrundfunkanstalt das über Satellit ausgestrahlte Programm gleichzeitig seinem heimischen Publikum als herkömmliche Fernsehsendung mitteilt.

3.4.2. Aus Straschnovs Darstellung geht nicht hervor, warum die Vertreter der Meinung 3 diesen Schutz gewähren, ob aus dem Gedanken einer Interessenabwägung zugunsten der Rundfunkanstalten heraus oder ob auf dem Wege einer juristischen Fiktion.

Dieser Schutz der Parallelsendung durch die Meinung 3 ist jedoch vom Ansatzpunkt her falsch, weil in sich widersprüchlich.

3.4.3. Eine "Weitersendung" beruht, wie unsere Analyse der Art. 3 g), 3 f) RA ergeben hat, notwendigerweise auf einer Rundfunksendung. *Die Rundfunkausstrahlung am Empfangsort des Satellitensignals beruht aber nicht auf der Rundfunksendung am Ausgangsort (– auf der Parallelsendung –),* sondern auf der Satellitenübertragung, die ihrerseits keine Rundfunksendung ist. Die Rundfunkausstrahlung am Empfangsort ist deshalb keine Weitersendung und darf vom begriffsjuristisch orientierten Ansatzpunkt der Meinung 3 her ebensowenig geschützt werden wie im Fall der ausschließlich Satellitenausstrahlung, welcher sie den Schutz (zutreffend) versagt, weil sie keine Rundfunksendung gemäß Art. 3 f) RA darstellt.

3.4.4. Meinung 2 und Meinung 3 schützen beide die Satellitenübertragung vor unerlaubter Weitersendung, wenn eine Parallelsendung am Ausgangsort ausgestrahlt wird. Demgegenüber bleibt die ausschließliche Satellitenausstrahlung ungeschützt, weil – wie Straschnov dies die Vertreter der Meinung 3 erklären läßt – mangels Parallelsendung (die von der Ausgangsrundfunkanstalt als "their broadcast" – "ihre Sendung" im Sinne des Art. 13 a) RA reklamiert werden kann), das Beruhen der Rundfunkausstrahlung am Empfangsort auf der Parallelsendung wegfalle. Dieses Beruhen aber mache gerade die Weitersendungsqualität aus[57] und rechtfertige damit den Schutz des Satellitensignals. Die Vertreter der Meinung 2 äußern sich bei Straschnov zu dieser Diskrepanz nicht.

3.4.5. Für die Vertreter der Meinung 3 würde der Schutz der ausschließlichen Satellitenausstrahlung ebenso einen Bruch der eigenen Argumentationslinie bedeuten, wie der Schutz im Parallelsendungsfall[58]. Bei dem von dieser Meinung gewählten begriffsjuristischen Ansatzpunkt wird die Satellitenübertragung weder mit noch ohne Parallelsendung eine Rundfunksendung im Sinne des Art. 3 f) RA. Da die Satellitenübertragung keine Rundfunksendung ist, die Rundfunkausstrahlung am Empfangsort aber allein auf ihr beruht, ist die Satellitenübertragung auch im Fall der ausschließlichen Satellitenausstrahlung keine Weitersendung im Sinne des Art. 3 g). Für diesen Fall ist die Meinung 3 also – anders als im Parallelsendungsfall – in sich konsequent und nicht zu beanstanden. Danach bleibt es bei der Schutzlücke.

3.4.6.1. Demgegenüber könnten die von Straschnov nicht näher bezeichneten Vertreter der Meinung 2 möglicherweise auch der ausschließlichen Satellitenausstrahlung Schutz gewähren, vorausgesetzt, die Vertreter dieser Meinung machen von unserer oben vorgeschlagenen[59] Fiktion Gebrauch. Der Schutz der ausschließlichen Satellitenausstrahlung könnte dann folgendermaßen begründet werden:

3.4.6.2. Es ist unerheblich, ob eine Parallelsendung vorliegt oder nicht; die am Schutzzweck des Art. 13 a) RA orientierte interessenjuristisch begründete Fiktion will ja der Satellitenübertragung nicht (wie die Meinung 1 durch einen extensiven Rundfunksendungsbegriff) die Merkmale einer Rundfunksendung aufprägen, sondern lediglich die Voraussetzung für das Gestattungs-/Verbietungsrecht des Art. 13 a) RA schaffen.

3.4.7. Allerdings berichtet Straschnov von keinem derartigen Lösungsmodell der Vertreter der Meinung 3. Im Gegensatz zum Parallelsendungsfall nämlich könnte im Fall der ausschließlichen Satellitenausstrahlung ihre Behandlung als Rundfunksendung (wie Straschnov sie vorschlägt[60]) nicht noch zusätzlich durch die Fiktion des Beruhens der Rundfunksendung am Empfangsort auf der Parallelsendung am Ausgangsort[61] gestützt werden, weil eine solche Parallelsendung bei aus-

---

[57] COM/SPACE/4, Abschnitt 32.
[58] Vgl. oben, Ziff. 3.4.3.
[59] Vgl. oben Ziff. 2.2.2.2.
[60] Vgl. oben Ziff. 2.2.2.2. und COM/SPACE/4, Abs. 29.
[61] Vgl. oben Ziff. 2.2.2.2.

schließlicher Satellitenausstrahlung ja nicht stattfindet. Damit aber geriete die in Ziff. 3.4.6. beschriebene Möglichkeit in die Nähe der Meinung 1, welche nicht die Rundfunksendungstätigkeit, sondern ihren Gegenstand, die Sendung, schützt. Damit auch liefe der in Ziff. 3.4.6. aufgezeigte Lösungsversuch darauf hinaus, im Weitersendungsschutz (= Schutz vor Weitersendung) die Sendung, nicht aber die Rundfunksendungstätigkeit einer anderen Rundfunkanstalt zu schützen.

3.5. Zusammenfassung: Die Rundfunksendungsqualität der Satellitenübertragung

Die Ausstrahlungen künftiger Rundfunk-("Direkt"-)Satelliten sind unstreitig Rundfunksendungen im Sinne von Art. 3 f) RA. Die Qualität der Satellitenausstrahlungen im Punkt-zu-Punkt-System ist demgegenüber umstritten. Nach unserer Analyse jedoch stellen sie keine Rundfunksendung im Sinne von Art. 3 f) RA dar, weil Eignung und direkte Zweckbestimmung zum Empfang durch die Öffentlichkeit fehlen.

Im Punkt-zu-Punkt-System bleibt daher die Ausgangsrundfunkanstalt gegenüber einer Rundfunkausstrahlung des via Satellit übertragenen Programms am Empfangsort grundsätzlich ungeschützt. Diese Schutzlücke kann nur im Parallelsendungs- nicht aber im Fall der ausschließlichen Satellitensendung geschlossen werden. *Die Lückenschließung ist einwandfrei nur durch die Fiktion möglich, daß die Rundfunkausstrahlung am Empfangsort auf der Parallelsendung beruht*[62]. Erst diese Fiktion gestattet die Behandlung der Rundfunkausstrahlung am Empfangsort als Weitersendung im Sinn des Art. 3 g) RA. Erst sie gewährt der Ausgangsrundfunkanstalt das Gestattungs/Verbietungsrecht des Art. 13 a) RA und damit, – qua Weitersendungsschutz (= Schutz vor Weitersendung) – mittelbar den Schutz der Satellitenausstrahlung, des "Satellitensignals". Weder die von Straschnov als "Meinung 2", noch die als "Meinung 3" bezeichneten Ansichten führen mit dieser juristisch sauberen Begründung zur (im Ergebnis gleichen) Lösung.

3.6. Weitere Argumente gegen das Romabkommen

3.6.1. Der auch von Straschnov ins Feld geführte Einwand[63] der zu geringen Ratifikationszahl des Romabkommens ist begründet.

---

[62] Vgl. oben Ziff. 2.2.2.2.
[63] COM/SPACE/4, Abs. 22/23.

Unabhängig von der materiellrechtlichen Anwendbarkeit des Romabkommens liegt in Wahrheit hier des Pudels Kern: Wo das Abkommen nicht einmal ein Promille aller urheber- und leistungsschutzrechtlich relevanten INTELSAT-Fernsehprogramme erfassen würde[64], tritt die materiellrechtliche Prüfung dieses Abkommens auf seine Eignung hinter die Suche nach einem neuen, weiterreichenden Abkommen zurück.

3.6.2. Der Einwand Straschnovs gegen Art. 6 RA dagegen ist unbegründet[65]. Er ist nicht spezifisch durch die Satellitenübertragungstechnik begründet. Überdies werden auch negative Auswirkungen dieses Instruments zur Begrenzung des Schutzumfangs von Straschnov für die bisherige praktische Arbeit mit dem Romabkommen nicht behauptet.

3.6.3. Nach dieser grundsätzlichen Erörterung am Beispiel Straschnovs folgt nunmehr ein Überblick über die Beiträge der wichtigsten übrigen Autoren zur Rundfunksendungsqualität der Satellitenübertragung (Ziffern 4.–7.). Damit soll der schon oben[66] angesprochenen Notwendigkeit entsprochen werden, die verschiedenen Interessenlagen durch ihre jeweiligen Vertreter (bis auf den unabhängigen J. v. Ungern-Sternberg!, unten Ziff. 8.–8.2.) einander gegenüberzustellen.

4. Darstellung Claude Masouyés

4.1. Darstellung in EBU-Review No. 115 B[67]

Unter Bezugnahme auf die BIRPI-Arbeitsgruppentagung 1968 in Genf (oben Ziff. 1) untersucht auch Masouyé die Anwendbarkeit des Romabkommens auf unsere Beispielsfälle (Parallelsendung, ausschließliche Satellitenausstrahlung). Dabei erkennt er an, daß eine wörtliche Auslegung der Art. 3 f) und g) RA es verbietet, die Satellitenausstrahlung als Rundfunksendung zu betrachten[68]. Um die aus dieser Erkenntnis resultierende Schutzlosigkeit der Satellitenausstrahlung zu verhindern, tritt er mittels einer extensiven Auslegung des Art. 3 f) RA für einen weiten Rundfunksendungsbegriff ein. Diese Auffassung deckt sich im Wesentlichen mit der auf der BIRPI-Arbeitsgruppentagung formulierten[69].

---

[64] Vgl. oben Teil C, Kap. 7, I, Ziff. 1.2.

[65] COM/SPACE/4, Abs. 34.

[66] Vgl. oben Kap. 7, vor I, am Ende.

[67] Mai 1969, S. 43–47: "Problems of Copyright and neighbouring rights in the Use of Communications Satellites." Masouyé nahm für die BIRPI als "Head of the Copyright Division" an der erwähnten Arbeitsgruppentagung teil.

[68] EBU-Review, No. 115 B, S. 44.

[69] Vgl. oben, Teil C, Kap. 7, II, Ziff. 1 und Dokument DA/27/7 der BIRPI-Arbeitsgruppentagung.

4.2. Weite Auslegung des Art. 3 f) Romabkommen

Nach Masouyé gilt:

– Für den Schutz der Satellitenausstrahlung kommt es einzig auf deren Qualifizierung als Rundfunksendung an: Da es der Zweck des Romabkommens ist, den Beitrag der Rundfunkanstalten zu schützen,

  – beschränkt sich Art. 3 f) nicht auf die Bestimmung zum direkten Empfang durch die Öffentlichkeit, sondern läßt schon die Zweckbestimmung zum indirekten Empfang ausreichen;

  – sagt Art. 3 f) nicht, daß die "Sendung" tatsächlich vom Publikum *empfangen* werden müsse, sondern lediglich, daß die "Sendung" zum öffentlichen Empfang ausgestrahlt wird.

Wegen der weiten Auslegung des Art. 3 f) RA wird nach Masouyé die Satellitenausstrahlung nicht nur im Parallelsendungsfall, sondern auch im Fall ausschließlicher Satellitenausstrahlung geschützt; ausschlaggebend ist für ihn im letzteren Fall die jedenfalls vorhandene Zweckbestimmung zum schließlichen Empfang durch die Öffentlichkeit.

4.3. Darstellung in Revue Internationale du Droit d'Auteur (RIDA) Band LXXII.[70]

Um zu beweisen wie falsch die begriffsjuristisch enge Auslegung des Art. 3 f) RA ist, wiederholt Massouyé folgenden, schon anderweit gebrachten Vergleich:

> Der Diplomat im Ausland sendet seinem Außenminister im Heimatstaat ein verschlüsseltes Telegramm, dessen Code auch der Fernmeldebehörde nicht bekannt ist. – In diesem Fall, so Masouyé, würde niemand sagen, daß erst nach der Entschlüsselung durch das Außenministerium im Heimatstaat ein "Telegramm" vorliege und vorher ein nullum. Da niemand die Telegrammeigenschaft der verschlüsselten Botschaft anzweifle, könne für die Satellitenausstrahlung von Rundfunksendungen nichts anderes gelten: Auch Satellitensignale seien gleichsam verschlüsselte Rundfunksendungen.

---

[70] "The place of copyright in the use of space satellites", RIDA, LXXII, April 1972, S. 11–33.

5. Kritik an Masouyé

5.1. Nachteile der weiten Auslegung des Art. 3 f) Romabkommen

Die Nachteile des weiten Rundfunksendungsbegriffes wurden schon genannt[71]. Nähme man mit Masouyé dem Rundfunksendungsbegriff seine beiden wesentlichen Kriterien, so könnte man die Satellitenausstrahlung nicht mehr abgrenzen: Der Rundfunksendungsbegriff des Romabkommens darf nicht isoliert gesehen werden! Er muß die Tatsache berücksichtigen, daß es eine Vielzahl anderer, nicht für den Empfang durch die Öffentlichkeit bestimmter Radioausstrahlungen[72] gibt, die alle durch die ITU-RR definiert sind und von denen sich die Rundfunksendung (ITU-RR 1–4,28) durch die Elemente der objektiven öffentlichen Empfangbarkeit und der Zweckbestimmung zum direkten öffentlichen Empfang abhebt.

Die Begriffe der ITU gelten zwar grundsätzlich nur für die Zwecke der Radio Regulations (ITU-RR Art. 1); da aber in keinem anderen internationalen Instrument die einschlägigen Radioausstrahlungen so klar definiert sind, geht von ihnen die "normative Kraft des Faktischen" aus: Alle rund 130 durch die International Telecommunication Convention (ITC) gebundenen Staaten erkennen diese Begriffe an. Würde man neben dieses international-öffentlichrechtliche Instrument ein international-privatrechtliches Instrument mit dem Anspruch auf weltweite Beachtung aber einer grundlegend anderen Rundfunkdefinition stellen, so entstünde eine ungeheure Begriffsverwirrung.

5.1.1. Nähme man den indirekten Empfang mit in die Definition des Art. 3 f) RA auf, so länge keine Rundfunksendung mehr vor. Das gleiche gilt für das Argument Masouyés, auch die mittelbare Zweckbestimmung reiche aus.

5.1.2. Dabei handelt es sich nicht um zwei, sondern um nur ein Argument: die unmittelbare Empfangbarkeit ist logische Voraussetzung für die Zweckbestimmung zum direkten öffentlichen Empfang[73].

---

[71] Vgl. Teil C, Kap. 7, II, Ziffern 1.1., 2.2.7., 3.2.

[72] Vgl. z. B.: ITU-RR: Mobile Service, 1–4, 30; Aeronautical Mobile Service, 1–4, 33; Maritime Mobile Service, 1–4, 36; Port Operations Service, 1–4, 37 MAR; Land Mobile Service, 1–5, 42; Radio Determination Service, 1–5, 46; Radionavigation Service, 1–5, 49; Aeronautical Radionavigation Service, 1–6, 52; Safety Service, 1–8, 82; Special Service, 1–8, 84; vgl. ferner die in Teil A, Kap. 1, I, Ziff. 6.2. aufgeführten Weltraumradiodienste. Alle hier erwähnten Dienste sind nicht (wie der Rundfunkdienst, 1–4, 28) zum Empfang durch die Öffentlichkeit bestimmt.

[73] Vgl. hierzu die Ausführungen zum Rundfunksendungsbegriff der ITU-RR 1–4, 28 oben, Teil A, Kap. 1, II, Ziff. 1.1. am Ende.

5.1.3. Schließlich ist der Schutz der Rundfunkanstalten durch das Romabkommen entgegen Masouyés Ansicht nur für den Fall bezweckt, daß eine schützbare und schützenswerte Ausstrahlung vorliegt. Dies aber ist nur eine Rundfunksendung i. S. des Art. 3 f) RA. Das Romabkommen enthält auch für die Kabel- und Drahtübertragungen Lücken, weil bei diesen Verbreitungsarten der Empfängerkreis fixiert, eine unkontrollierte Verbreitung der schutzwürdigen Leistung also nicht möglich ist.

5.2. Telegrammbeispiel

Auch durch Masouyés Wiederholung gewinnt dieser Vergleich nicht an Richtigkeit. Hier wird wesentlich Verschiedenes gleichgesetzt: Rundfunk (ITU-RR 1–4,28) und Radiotelegrafie (ITU-RR 1–2, 10–14) werden gemeinsam nur in den Radio Regulations definiert. Nur hier also können sie verglichen werden. Hier auch findet sich der grundlegende Unterschied zwischen beiden Kommunikationsweisen: Der Rundfunk ist zum direkten öffentlichen Empfang bestimmt, die Telegrafie aber allein zum Empfang durch eine bestimmte Telegrafenstation, die ebenso wie die Sendestation an das internationale Fernmeldegeheimnis – das für alle nicht zum öffentlichen Empfang bestimmten Kommunikationsweisen gilt[74] – gebunden ist. Da jedes Radiotelegramm (auch das Radio-Satellitentelegramm via INTELSAT-Satellit) zwischen Ausgangsstation und Bestimmungsort an keiner Stelle zum öffentlichen Empfang bestimmt ist, kommt es für die Telegrammqualität auf den (beim Radio-Satellitentelegramm vorgesehenen) Frequenzbandwechsel ebensowenig an wie auf die Verschlüsselung; dadurch wird der Schutz der Botschaft durch das Fernmeldegeheimnis nicht tangiert.

Masouyés Vergleich ist also ungeeignet, um den Schutz des Satellitensignals zu begründen.

6. Darstellung von Rolf Rembe

6.1. UNESCO/WIPO/SAT/6[75]

Rembe ist trotz einiger Mängel, die das Romabkommen für ausübende Künstler durch die Schutzausschlußmöglichkeiten der Art. 7 (2) und

---

[74] Art.17 ITU-RR.

[75] "Study on problems arising from wireless and television broadcasts transmitted by space satellites in relation to the protection of performers." Rembe vertrat auf der Lausanne-Konferenz als Generalsekretär die International Federation of Actors.

Art. 16 (1) a) ii in Verbindung mit Art. 12 beinhaltet, der Meinung, daß die ausübenden Künstler das Abkommen auch auf Satellitenübertragungen angewendet wissen wollten. Er glaubt, ausschließlich die Rundfunkanstalten seien gegen die Anwendbarkeit des Romabkommens[76].

6.1.1. Die von Straschnov in COM/SPACE/4 artikulierte Besorgnis, die Rundfunkanstalten könnten wegen drohender Signalpiraterie den Urhebern und Künstlern die räumlich-geografische Begrenzung ihrer Rundfunksendungen nicht mehr garantieren, hält er für zu weit hergeholt[77].

6.1.2. In der Tatsache, daß die Rundfunkanstalten kaum sieben Jahre nach Unterzeichnung des Romabkommens sich nicht für dessen Anwendbarkeit auf Satellitenübertragungen stark machten, sondern die Argumente dagegen noch stützten und Mißtrauen in das Abkommen setzten, sieht sich Rembe darin bestätigt, daß die Rundfunkanstalten nicht mehr am Romabkommen interessiert sind. Hinzu komme, daß in immer mehr Staaten die Rundfunkanstalten die Ratifikation des Romabkommens hinauszuzögern oder gänzlich zu hindern versucht hätten[78]. Ihrer wirtschaftlichen Interessen wegen wollten die Rundfunkanstalten für ihre Satellitenübertragungen lieber nach dem Romabkommen bis zur Unterzeichnung einer ihren Vorstellungen gemäßeren Konvention ungeschützt bleiben, als durch die Propagierung der weiteren Annahme des Romabkommens auch den Schutz der Tonträgerhersteller und ausübenden Künstler zu vergrößern[79].

6.1.3. Nach Rembe ist das Romabkommen auch auf Satellitenübertragungen anwendbar, weil die Diplomatische Konferenz 1961 einen möglichst weiten Schutz gewähren wollte. Der Passus im Generalbericht von 1961, in dem "broadcasting" als "transmission" . . . for public reception" beschrieben wird, solle zur Abgrenzung gegenüber Ausstrahlungen an Einzelpersonen dienen, nicht aber das Öffentlichkeitserfordernis für die Rundfunksendungen postulieren[80].

6.1.4. Rembe greift auch das Argument Straschnovs auf, die Entwicklungsländer müßten bei Mitgliedschaft im Romabkommen zu hohe Honorare für "secondary use" zahlen. Hiergegen führt Rembe zweierlei an: Zum einen könnten die Entwicklungsländer von der Möglichkeit

---

[76] UNESCO/WIPO/SAT/6, Abschnitt 17.
[77] UNESCO/WIPO/SAT/6, Abschnitt 20.
[78] UNESCO/WIPO/SAT/6, Abschnitt 25.
[79] UNESCO/WIPO/SAT/6, Abschnitt 26/27.
[80] UNESCO/WIPO/SAT/6, Abschnitt 24.

des Art. 16 (1) a) in Verbindung mit Art. 12 RA Gebrauch machen; zum anderen bemesse sich die Honorarhöhe nach den wirtschaftlichen Verhältnissen im Entwicklungsland, sei also deren Möglichkeiten angepaßt; insoweit habe Art. 12 RA die Charakter einer Zwangslizenz. Im übrigen könnten die Entwicklungsstaaten aber durch die Mitgliedschaft nur profitieren[81].

6.1.5. Rembe verweist darauf[82], daß Satelliten-Signalpiraterie in absehbarer Zeit keine aktuelle Gefahr darstelle, daß das Romabkommen für die Künstler unverzichtbar sei, daß es auch die Rundfunkanstalten schütze und daß es möglichst rasch verbreitet werden müsse.

6.2. Kritik an Rembe

6.2.1. Rembes Kritik an der Haltung der Rundfunkanstalten steht nicht allein. Sie verdeutlicht das Unbehagen der beiden anderen durch das Romabkommen geschützten Gruppen an einer Störung des 1961 ausgehandelten Gleichgewichtes unter den Leistungsrechtsträgern und ihre Furcht vor einer einseitigen Schutzkonvention zugunsten der Rundfunkanstalten.

6.2.2. Gleichwohl gilt auch für Rembe, daß der Rundfunksendungsbegriff des Romabkommens nicht an den Radio Regulations der ITU vorbei entwickelt werden kann, wenn man die bestehende begriffliche Unsicherheit nicht lediglich durch eine neue ersetzen will.

7. Darstellung von Stephen M. Stewart[83]

Wie Rembe, so vertritt auch Stewart die Auffassung, daß die Haltung der Rundfunkanstalten zu einer einseitigen Gleichgewichtsverlagerung zu ihren Gunsten führen müsse. Mit den gleichen Argumenten wie Rembe vertritt er die Anwendbarkeit des Romabkommens, gegebenenfalls nach einer begriffsklärenden Revision des Art. 3 f) RA. Eine solche Revision und die anschließende Weiterverbreitung sei einfacher als die Durchführung einer Anzahl von Expertenkonferenzen mit anschließender

---

[81] UNESCO/WIPO/SAT/6, Abschnitt 29/30.

[82] UNECSO/WIPO/SAT/6, Abschnitt 33.

[83] "Study on problems arising from wireless and television broadcasts transmitted by space satellites in relation to the protection of producers of phonograms", UNESCO/WIPO/SAT/7. Er nahm als Generaldirektor der International Federation of the Phonographic Industry an der Lausanne-Konferenz teil.

diplomatischer Konferenz und ginge – für Stewart wichtig – schneller vonstatten.

8. Darstellung J. v. Ungern-Sternbergs[84]

8.1. Ansatzpunkt

8.1.1. Von Ungern-Sternberg erläutert anhand des BIRPI-Arbeitsgruppenberichts (Dok. DA/27/7), der Darstellung Straschnovs (in COM/SPACE/4) und der Arbeit Masouyés (in EBU-Review No. 115 B) die Anwendbarkeit des Romabkommens im Parallelsendungsfall. (Die ausschließliche Satellitenausstrahlung kann auch nach seiner Meinung nicht von Art. 3 f) RA erfaßt werden.)

8.1.2. Dabei stellt er – wie auch wir – fest, daß Weitersendungsschutz (= Schutz vor Weitersendung) im Parallelsendungsfall stets unreflektiert bejaht wird. Weitersendungsschutz gemäß Art. 13 a) RA ist aber seiner Meinung nach nur dann möglich, wenn die Ausstrahlung am Empfangsort unmittelbar auf der Parallelsendung am Ausgangsort beruht. – Da es aber an einem derartigen Beruhen fehle und er diesen Mangel nicht (wie wir durch eine Fiktion[85]) überbrückt, gelangt er dazu, daß der Schutz der Satellitenausstrahlung davon abhängt, wie der Begriff "broadcast" in Art. 3 g), 13 a) RA auszulegen sei, ob als "konkrete Ausstrahlung" oder als "Sendegut"[86].

8.1.3. Für die Wertung von broadcast als konkrete Ausstrahlung gelte: Da die Ausgangs- und jede Übernahmestation die gleiche schutzwürdige Leistung erbringen, besteht ein Verbietungsrecht der Ausgangsanstalt nur dann, wenn die Weitersendung unmittelbar auf der Parallelsendung beruht.

8.1.4. Für die Wertung von broadcast als "Sendegut" gelte:

Sendegut sei die Funkform des Sendeinhalts; auch nach mittelbarer Benutzung der Sendung (etwa einer Satellitenausstrahlung), die nicht auf der Ausstrahlung am Ausgangsort "beruht", werde der Begriff "broadcast" im Sinne von "Sendegut" benutzt. Daher habe die Ausgangsanstalt bei gleichzeitiger nicht zeitversetzter Weitersendung ein Verbietungsrecht.

---

[84] "Die Satellitensendungen des Rundfunks. Zur Frage ihres Schutzes durch das Romabkommen", GRUR, Int. 1970, S. 303 ff.

[85] Vgl. oben Teil C, Kap. 7, II, Ziff. 2.2.2.2.

[86] a. a. O. GRUR, Int. 1970, S. 308.

8.2. Kritik an von Ungern-Sternberg

8.2.1. Von Ungern-Sternberg füllt die von Straschnov im COM/SPACE/4 als Meinung 3 und Meinung 2 wiedergegebenen Rechtsanschauungen materiellrechtlich aus und bemüht sich, ihre Vertretbarkeit mit den Begriffen des Romabkommens zu begründen.

8.2.2. Als Ansatzpunkt verwendet er die These, daß die Weitersendung unmittelbar auf der Parallelsendung beruhen müsse, damit Art. 3 g), 13 a) RA anwendbar seien. Wie jedoch unsere Analyse des Art. 3 g) RA ergeben hat[86a], ist diese These nicht haltbar.

8.2.3. Zwar in sich konsequent, aber vom Ansatz her unzweckmäßig bleibt, dann auch die Aufspaltung des Begriffs "broadcast" in konkrete Ausstrahlung und Sendegut, da dieser Begriff mangels Definition im Romabkommen praktisch zu vielfältigen Auslegungen anregt, die alle den Nachteil der Unverbindlichkeit teilen.

8.2.4. So kommt auch von Ungern-Sternberg wie die von Straschnov als Meinung 2 apostrophierte Ansicht zu dem – innerhalb seiner Terminologie durchaus richtigen – Ergebnis, daß der Schutzzweck des Romabkommens es nahelege, das zum Zweck der Weitersendung ausgestrahlte Satellitensignal zu schützen; denn der Empfänger mache vom "Sendegut" Gebrauch, welches zum Zweck der Weitersendung über den Satelliten geschickt wurde[86b].

III. Die Anwendbarkeit des Europäischen Fernsehabkommens mit Protokoll[87]

1. Gegenstand

1.1. Unterzeichner

Nach dem Stand vom 1. Januar 1971 haben 8 Staaten[88] das Abkommen und das Protokoll ratifiziert, ein weiterer Staat hat beide unterzeichnet[89]

[86a] Vgl. oben Teil C, Kap. 7, I, Ziffern 2.3. und 2.5.
[86b] GRUR, Int. 1970, S. 310.
[87] Vom 1. Juli 1961, bzw. vom 24. März 1965.
[88] Belgien, Zypern, Dänemark, Frankreich, BRD, Norwegen, Schweden, Großbritannien.
[89] Luxemburg.

und 4 Staaten[90] haben allein das Abkommen ohne Protokoll unterzeichnet.

1.2. Schutznorm

Das Abkommen verfolgt den gleichen Zweck wie das Romabkommen, schützt aber ausschließlich die Rundfunkanstalten (Art. 1). Diese genießen in den vertragschließenden Staaten ein Genehmigungs- und Verbietungsrecht gegenüber jeder Art der Fixierung, Vervielfältigung und Weitersendung ihrer "broadcasts", insbesondere auch für die Weitersendung (Art. 1 (1) a)). Weitergehend als das Romabkommen schützt es zusätzlich noch die drahtgebundene öffentliche Verbreitung (Art. 1 (1) b)).

1.3. Anwendbarkeit

Das Europäische Fernsehabkommen ist unter den gleichen Voraussetzungen wie das Romabkommen zum Schutz von Satellitensignalen geeignet.

1.3.1. Wie das Romabkommen so knüpft auch der rebroadcasting-Begriff des Art 1 (1) a) an das in broadcasting enthaltene Öffentlichkeitserfordernis an. Dies wird deutlich durch die zweimalige Erwähnung von "to the public" bei der Drahtübermittlung und bei der für künftige Techniken offengehaltenen "Mitteilung durch irgendein Übertragungsinstrument" in Art. 1 (1) b) bzw. c). Der Begriff "communication ... to the public" ist zwar so weit gehalten, daß darunter auch die Satellitenübertragungstechnik subsumiert werden kann, verlangt aber ausdrücklich die Bestimmung zum öffentlichen Empfang, welche, wie schon erwähnt, die objektive öffentliche Empfangbarkeit voraussetzt.

Die tatsächlichen und rechtlichen Voraussetzungen für die Anwendbarkeit des Europäischen Fernsehabkommens sind daher ähnlich wie beim Romabkommen.

2. Effizienz

2.1. Art. 9 (1) Europäisches Fernsehabkommen

Ähnlich gering aber wie beim Romabkommen wäre auch die Anwendungseffizienz.

---

[90] Irland, Italien, Niederlande, Türkei.

2.1.1. Die Ratifikationsquote des Europäischen Fernsehabkommens ist noch geringer als die des Romabkommens. Überdies handelt es sich beim Fernsehabkommen – wie auch Straschnov anmerkt[91] – um ein rein europäisches Abkommen: Der Beitritt ist nach Art. 7 (1) grundsätzlich nur Mitgliedern des Europarats möglich. Nach Inkrafttreten des Fernsehabkommens können Staaten, die nicht Mitglied des Europarats sind oder die nicht wenigstens "political ties" zu einem Mitglied des Europarats haben, nur nach vorheriger Genehmigung des Ministerrats dem Abkommen beitreten, Art. 9 (1).

2.1.2. Hierdurch wird – wie auch Straschnov feststellt[92] –, der Beitritt außereuropäischer Staaten verhindert. Wie das Generalsekretariat des Europarats dem Verfasser auf Anfrage freundlicherweise mitteilte[93], wurde gemäß den Travaux Préparatoires der Begriff "political ties" auf Wunsch Frankreichs und des Vereinigten Königreichs sowie einiger nichteuropäischer Regierungen in den Art. 9 (1) aufgenommen, damit das Abkommen für sie unterzeichnungsfähig wurde.

Frankreich und das Vereinigte Königreich verfolgten dabei den Zweck, daß diejenigen Kolonial- und Mandatsgebiete, die sie außenpolitisch vertraten, und für die sie die Anwendbarkeit des Abkommens gemäß Art. 12 (2) erklärten, auch nach Erreichen der staatlichen Unabhängigkeit Mitglieder werden, bzw. bleiben können sollten. Die zu erwartende Autonomie dieser Gebiete sollte also keine Änderungen in ihre Beziehungen zu den ehemaligen Kolonialmächten und zu den Mitgliedern des Abkommens bringen.

2.2. Art. 3 (2) Protokoll zum Europäischen Fernsehabkommen

2.2.1 Schwerer als die sich aus Art. 9 (1) des Abkommens ergebenden Verbreitungshemmnisse wiegt Art. 3 (2) des Protokolls, der den Art. 13 des Abkommens ersetzt, Art. 3 (1): Gemäß Art. 3 (2) des Protokolls kann nach dem 1. Januar 1975 kein Staat Mitglied bleiben oder Neumitglied werden, der bis dahin nicht das Romabkommen ratifiziert hat.

2.2.2. Eine weitere Annahme des Europäischen Fernsehabkommens hat daher längerfristig nur Sinn, wenn gleichzeitig die Annahme des Romabkommens sichergestellt ist. Diese aber hängt gemäß Art. 24 (2) RA von der vorgängigen Ratifikation von RBÜ oder WUA ab. Die Verbrei-

---

[91] COM/SPACE/4, Abschnitt 20.
[92] COM/SPACE/4, Abschnitt 20.
[93] Schreiben vom 23. Oktober 1972, J/Div. I/sf, Nr. 17191.

tung der beiden letzteren aber wird ganz wesentlich davon bestimmt werden, welchen Erfolg die 1971 in Paris erreichten Revisionen des WUA und der RBÜ bei den Entwicklungsstaaten haben werden. Somit entscheiden nicht die Mitglieder des Europarats, sondern letztlich die Entwicklungsstaaten über die Effizienz des Europäischen Fernsehabkommens.

Da für viele Entwicklungsstaaten ein Leistungsschutz, wie ihn das Romabkommen bereithält, nicht akzeptabel ist, wird das Europäische Fernsehabkommen auf lange Sicht noch weniger Ratifikationen erzielen können als das Romabkommen, – im Satellitenzeitalter für Satellitenübertragungen also nur in den seltensten Fällen Anwendung finden.

IV. Die Anwendbarkeit der International Telecommunication Convention und der ITU Radio Regulations

1. Art. 35 ITC

Art. 35 (1) ITC hat folgenden Wortlaut[94]:

> "Mitglieder und assoziierte Mitglieder stimmen überein, alle mit dem benutzten Telekommunikationssystem vereinbarten Maßnahmen zu treffen, um das internationale Fernmeldegeheimnis zu wahren."

Das Fernmeldegeheimnis orientiert sich an der jeweils benützten Kommunikationsart. Es kann daher auch nur soweit gewahrt werden, als die spezifische Kommunikationstechnik dies erlaubt: Da nach Art. 1–4, 28 ITU-RR für den direkten öffentlichen Empfang bestimmt, kann eine Rundfunksendung nicht geheim bleiben; sie kann lediglich vor Piraterie geschützt werden.

2. Art. 17 ITU-RR

ITU-RR 17–1, a) hat folgenden Wortlaut[94]:

> "Die Administrationen verpflichten sich, die nötigen Maßnahmen zu ergreifen, um zu verbieten und zu verhüten,
>
> a) das unerlaubte Auffangen von Radiokommunikationen, die nicht zum allgemeinen Gebrauch durch die Öffentlichkeit bestimmt sind."

---

[94] Die Übersetzung stammt vom Verfasser und stützt sich auf die englische Fassung der ITC/ITU-RR.

Die Ausfüllungsvorschrift Art. 17 a) ITU-RR enthält also lediglich eine Verpflichtung für die Regierungen, innerstaatliche Sanktionen zu treffen, jedoch kein Instrumentarium, mit dem das Verbot der Piraterie wirkungsvoll durchgesetzt werden könnte. Darin liegt der Hauptmangel für alle diejenigen, die versuchen, den Schutz des programmtragenden Satellitensignals durch die Radio Regulations zu erreichen!

Geschützt wird nicht der Signalinhalt, sondern allein das radioelektrische Signal als solches. Allein diese einhellig anerkannte Begrenzung auf den bloßen Signalschutz macht die relative Universalität der Radio Regulations erst möglich.

Zwar wurde verschiedentlich angeregt, den Inhaltsschutz der Satellitenausstrahlung in die Radio Regulations einzubauen, doch wurde bei der letzten maßgeblichen World Administrative Conference for Space Telecommunications 1971 in Genf kein derartiger Vorschlag eingebracht[95]. Abgesehen davon, daß der Programmschutz ohne Durchsetzungsinstrumentarium wertlos und für die Radio Regulations systemfremd[96] wäre, hätte ein derartiger Vorschlag bei der Mehrheit der Konventionsstaaten keine Chance auf Annahme gehabt[97]. Er wurde daher ad acta gelegt.

V. Die Anwendbarkeit des vorläufigen und des endgültigen INTELSAT-Abkommens und der Betriebsübereinkunft

1. Inhalt

Über das INTELSAT-Abkommen haben wir schon gesprochen[98]. An dieser Stelle genügt daher der Hinweis, daß das INTELSAT-Abkommen

---

[95] Zu dieser Konferenz vgl. oben: Teil A, Kap. 2, III, Ziff. 3 ("ITU-Tätigkeit"), Teil B, Kap. 3, IV, Ziff. 1.5., sowie die dort erwähnten "Final Acts"; ferner das Schreiben des ITU-Vizegeneralsekretärs vom 29. Januar 1971 an die Direktoren von UNESCO und WIPO in UNESCO/WIPO/SAT/9, Annex II. Hierin wird auf die Frage der UNESCO/WIPO festgestellt, daß das ITU-Generalsekretariat selbst kein Vorschlagsrecht für die bevorstehende ITU-Konferenz hat, sondern allein die Mitgliedsstaaten; im Zeitpunkt des Briefdatums aber war die Vorschlagsfrist bereits ohne entsprechende Vorschläge verstrichen.

[96] Die Radio Regulations berechtigen und verpflichten ausschließlich die Regierungen. Die Berechtigung der Rundfunkanstalten zur Genehmigungserteilung wäre systemfremd.

[97] Alle Staaten, die keinen internationalen Leistungsschutz gewähren, wären gegen dieses privatrechtliche Element in den international-öffentlichrechtlichen ITU-RR.

[98] Oben Teil B, Kap. 5, V.

und die Betriebsübereinkunft ausschließlich die Organisations-, Finanz- und Betriebsfragen regelt. Das "Weltraumsegment" stellt lediglich ein Medium der Kommunikationstechnik dar. INTELSAT ist daher ebensowenig wie jedes herkömmliche öffentlich- oder privatrechtlich organisierte Fernmeldeunternehmen für den urheber- oder leistungsschutzrechtlichen Inhalt der von ihr transportierten Mitteilungen verantwortlich.

2. Anwendbarkeit

Das INTELSAT-Abkommen bietet keinen Raum für international-privatrechtliche Fragen. Das Abkommen hätte mit der ihm eigenen angloamerikanischen Kasuistik entweder in Art. VII c)[99] oder in Art. X a) (1–27)[100] die Zuständigkeit für internationalprivatrechtliche Fragen mit Sicherheit geregelt, wenn es diesen Komplex hätte regeln wollen. Die Präambel und die in Art. VII c) und X a) enthaltenen Aufgabenkataloge sprechen aber gegen eine derartige Absicht. Überdies wäre es völkerrechtlich unmöglich, mit dem Instrumentarium des INTELSAT-Abkommens einen urheber-leistungsschutzrechtlichen Artikel per Mehrheitsbeschluß aufzunehmen, der in der Lage wäre, die nötigen innerstaatlichen Gesetzesänderungen in den Mitgliedsstaaten zu erzwingen.

Die INTELSAT-Mitglieder haben sich allein zur Planung, Konstruktion, Errichtung, Beschaffung, Betrieb und Unterhaltung des "Weltraumsegments" zusammengefunden. Die bisher große Effizienz dieses Unternehmens wäre gefährdet, wenn ihm die Lösung von Fragen zugemutet würde, für welche die zuständigen internationalen Organisationen viele Jahre brauchen.

Nachdem die Lausanne- und Paris-Konferenzen nunmehr den Schutz des programmtragenden Satellitensignals durch eine neue Konvention jenseits schon vorhandener internationaler Instrumente erstreben, hat die Frage nach der Anwendbarkeit von ITU- und INTELSAT-Regeln viel von ihrer Aktualität verloren.

---

[99] Aufgaben der Versammlung der Vertragsparteien.
[100] Aufgaben des Gouverneursrats.

Kapitel 8: Anwendbarkeit der Revidierten Berner Übereinkunft

Die beinahe zwangsläufige Entwicklung auf die Lausanne- und Paris-Konferenz hin[1] hat den Schutz des Urhebers für sein in einem "Satellitenprogramm" enthaltenes Werk faktisch in Abhängigkeit vom leistungsrechtlichen Schutz des Satellitensignals zugunsten der Rundfunkanstalten gebracht. Dennoch wollen die bisher vorliegenden Konventionsentwürfe den Anwendungsbereich und den materiellen Inhalt schon bestehender Leistungsschutz- und Urheberrechtskonventionen nicht präjudizieren[2].

Die Prüfung der Frage, ob die Satellitenausstrahlung eine Rundfunksendung im Sinne der Revidierten Berner Übereinkunft (RBÜ) ist, ist deshalb bedeutsam, weil die RBÜ möglicherweise parallel zu der geplanten neuen Signalschutzkonvention angewendet werden muß.

Zwei Arbeiten haben die Rundfunksendungsqualität der Satellitenausstrahlung nach den Normen der RBÜ geprüft; die eine contra, die andere pro, die erste von Straschnov, die zweite von Fernay, diese vom Justitiar der EBU[3], jene vom Vertreter der International Writers Guild (IWG)[4].

Nicht mit einbezogen in diese Untersuchung ist das Welturheberrechtsabkommen (WUA) in seiner 1971 in Paris revidierten Fassung, in welcher neuerdings durch Art. IV ^{bis} Abs. 1 der Schutz der Rundfunksendung eingeführt wurde; dabei umfaßt der broadcasting-Schutz des Art. IV ^{bis} (1), Satz 2 ("... in any form recognizably derived from the original") auch das rebroadcasting. Auch für das WUA aber hängt der Schutz der Satellitenübertragung von der Auslegung des (— in dieser

---

[1] Vgl. oben Teil C, Kap. 6, I, Ziff. 3.2.

[2] Lausanne-Entwurf: Art. IV, Alternative A, Abs. (1) und Alternative B, Abs. (1); Paris-Entwurf: Art. IV, Abs. (1).

[3] Der Beitrag ist mit "G. S." gezeichnet, stammt aber, wie ein Hinweis in Fernays Arbeit zeigt, mit Sicherheit von Straschnov: "Satellite transmissions and the Berne Convention", EBU-Review No. 118 B, Nov. 1969, S. 77—81.

[4] Roger Fernay: "Study of problems in the field of copyright, raised by transmissions via communication satellites", Lausanne-Konferenz-Dokument, UNESCO/WIPO/SAT/5.

revidierten WUA-Fassung vorausgesetzten, aber nicht definierten –) "broadcasting"-Begriffs ab.

I. Darstellung Straschnovs

1. Schutz durch die RBÜ

1.1. Art 11 bis (1) RBÜ

1.1.1. Nach. Art. 11 bis (1) RBÜ genießen die Urheber von Werken der Literatur und Kunst "das ausschließliche Recht zu erlauben:

1. Die Rundfunksendung[5] ihrer Werke oder die öffentliche Mitteilung ihrer Werke durch irgend ein anderes Mittel, das zur drahtlosen Verbreitung von Zeichen, Tönen oder Bildern dient;
2. Jede öffentliche Mitteilung des durch Rundfunk gesendeten Werkes mit oder ohne Draht, wenn die Mitteilung von einem anderen als dem ursprünglichen Sendeunternehmen vorgenommen wird"[6].

1.1.2. Besonders der englische Wortlaut der Ziffer 2) zeigt, daß es hier um den Weitersendungsschutz geht. Für den Urheberschutz der Satellitenübermittlung durch Art. 11 bis (1) Ziff. 1, 2, stellt sich das Problem genauso wie für den Leistungsschutz bei Art. 13 a) RA: Wenn im Punkt-zu-Punkt-System schon die Eingabe des Signals in den Satelliten eine "Rundfunksendung" im Sinne des Art. 11 bis RBÜ darstellt, d. h., wenn schon die Satellitenausstrahlung selbst eine Rundfunksendung ist, so beginnt der Urheberschutz bereits mit der Signaleinspeisung in den Satelliten am Ausgangsort. Damit hätte der Urheber – jedenfalls theoretisch – ein doppeltes Verbietungsrecht und möglicherweise einen doppelten Vergütungsanspruch – jeweils bei der Signaleingabe am Ausgangsort gegenüber der Ausgangsanstalt für die Satellitenausstrahlung – bzw. am Empfangsort gegenüber der Empfangsanstalt für die an die Öffentlichkeit ausgestrahlte Rundfunksendung.

1.1.3. Mit den gleichen Argumenten wie bei der Prüfung des Romabkommens wendet sich Straschnov gegen die Qualifizierung der Satelli-

[5] Anders als im Romabkommen wird der verbindliche französische und der gleichwertige englische Text (Art. 31 RBÜ) hier auch in der deutschen Fassung richtig wiedergegeben: la radiodiffusion = broadcasting = Rundfunksendung.

[6] Die englische Fassung lautet: "any communication to the public by wire or by *rebroadcasting* of the broadcast of the work when this communication is made by an organisation other than the original one."

tenausstrahlung als Rundfunksendung im Sinne des Art. 11 bis RBÜ: Die Kriterien der objektiven öffentlichen Empfangbarkeit bzw. der Zweckbestimmung zum öffentlichen Empfang fehlten der Satellitenausstrahlung. Die Satellitenausstrahlung im Punkt-zu-Punkt-System sei deshalb urheberrechtlich nicht relevant; sie unterscheide sich urheberrechtlich betrachtet nicht von einer allein an die Empfangsstation gerichteten Richtfunkübermittlung oder Kabelübertragung, von denen noch nie die Rundfunksendungsqualität behauptet worden sei.

1.2. Ansatzpunkt

1.2.1. Ansatzpunkt für seine ebenso vehemente wie präzise Darstellung ist eine in der Zeitschrift "Copyright"[7] wiedergegebene Resolution, die die International Writers Guild (IWG) auf ihrem zweiten Weltkongreß in Moskau gefaßt hat. Darin heißt es[8]:

> "... Hält dafür,
> daß auf rechtlicher Ebene der Grundsatz fest verankert werden sollte, (damit es nicht zu einer völligen Beraubung der Urheberrechte kommt), daß der Vorgang der Hör- oder Fernsehfunkübertragung auf der ersten Stufe der Satellitenübertragung beginnt, ganz gleich in welcher technischen Form sie stattfindet."

1.2.2. In der Tat beinhaltet diese Resolution nicht weniger als die Forderung auf rechtliche Fixierung der oben dargestellten Auslegung des Art. 11 bis RBÜ (Ziff. 1.1.2.), nach welcher schon die Signaleingabe in den Satelliten durch die Ausgangsanstalt einen urheberrechtlich relevanten Vorgang bedeutet.

2. BIRPI-Arbeitsgruppendokument 1968

Um die juristische Haltlosigkeit dieser Auslegung zu untermauern, rekurriert Straschnov auf das vorbereitende Dokument der BIRPI-Arbeitsgruppentagung von 1968[9]. Hierin heißt es unter anderem, daß "die Eingabe des drahtlosen Signals (= Radiosignals) in den Satelliten allein noch keinen unter den Urheberschutz fallenden Vorgang darzustellen scheint". Begründet wird dies in dem genannten Dokument mit den uns schon bekannten Argumenten — dem Fehlen der objektiven und subjektiven Kriterien für eine "Rundfunksendung".

---

[7] BIRPI/WIPO-"Copyright", 1969, S. 177.
[8] Übersetzung vom Verfasser.
[9] a. a. O. in EBU-Review, No. 118 B, S. 77.

3. Das "CAPAC-/CTV-Urteil"[10][11]

3.1. Der Fall

3.1.1. Zur weiteren Stützung seiner Auslegung des Art. 11 bis RBÜ zieht Straschnov ein Urteil des Canadian Supreme Court vom 1. April 1968 heran.

Als Rechtsmittelgericht hatte der Supreme Court für das kanadische Recht darüber zu entscheiden, ob die nicht zum Empfang durch die Öffentlichkeit bestimmte terrestrische Mikrowellenübertragung, die der endgültigen Rundfunkausstrahlung vorausgeht, urheberrechtlich relevant – im vorliegenden Fall tantiemepflichtig – ist.

3.1.2. Im Urteil heißt es zum Tatbestand[12]:

> "Die Erstbeklagte (CTV) stellte ihren Tochtergesellschaften Videobänder zur Verfügung, indem sie diese über das Mikrowellensendernetz der Zweitbeklagten (Bell Telephone) ausstrahlte, ohne dabei – (in sieben Einzelfällen) – die urheberrechtliche Genehmigung von der Klägerin (CAPAC) eingeholt zu haben. Der Exchequer Court wies die Klage mit der Begründung ab, daß keine Übertragung oder Veröffentlichung der (sieben) musikalischen Werke stattgefunden habe, und daß das Urheberrecht deswegen nicht verletzt sei, weil die Klägerin die Benutzungserlaubnis an die Tochtergesellschaften der Erstbeklagten erteilt hatte, es also einer Genehmigung für die Erstbeklagte nicht mehr bedurft hätte."

Dabei wurden die Videobänder in den USA aufgezeichnet, per Post zum Sitz der CTV in Toronto transportiert, von dort per Kabel zum Mikrowellensender der Bell Telephone in Toronto überspielt, von Toronto an den Empfangssender der Bell Telephone in Winnipeg per Mikrowellenrichtfunk ausgestrahlt, abermals per Kabel an die CTV-Tochter in Winnipeg überspielt und dort schließlich als herkömmliche Fernsehsendung an das Publikum ausgestrahlt. Dabei hatte die CTV-Winnipeg die Benutzungserlaubnis der CAPAC für die fraglichen sieben Werke. Mit der Klage verlangte CAPAC die angeblich von der CTV-Muttergesellschaft und der Bell Telephone geschuldete Benutzungsgebühr für die Richtfunkübertragung von Toronto nach Winnipeg.

---

[10] Abgedruckt in: Supreme Court of Canada, 1968, S. 676–684, "Composers, Authors and Publishers Association of Canada Limited, Kläger und Rechtsmittelkläger, gegen CTV Television Network Limited and the Bell Telephone Company of Canada, Beklagte und Rechtsmittelbeklagte".

[11] Vgl. hierzu auch die preisgekrönte Arbeit von Roger Wesley: "Copyright Liability for Communication Satellites: A Bridge from CATV" in: IDEA, Vol. 12, 1968, S. 1161 ff.

[12] Canadian Supreme Court, 1968, S. 676.

3.2. *Die Entscheidung*

3.2.1. Der Supreme Court wies die Klage als unbegründet ab und bestätigte die Rechtsauffassung des Exchequer Court. Dabei wies er darauf hin, daß der Rundfunksendungsbegriff des kanadischen Urhebergesetzes von 1931 demjenigen der 1928 in Rom revidierten Berner Übereinkunft entspreche. Dabei sei der im kanadischen (-englischen-) Gesetzeswortlaut wiedergegebene Begriff "radiocommunication" für Rundfunksendung falsch, weil unvollständig: Dem "radiocommunication" des kanadischen Textes fehle das ausschlaggebende, im – allein maßgeblichen[13] – französischen Text des Art. 11 bis der RBÜ von 1928 enthaltene Öffentlichkeitselement, das dort durch "la communication (de leurs oeuvres) *au public* par la radiodiffusion" wiedergegeben wird.

Bei der Übernahme des Rundfunksendungsbegriffes der RBÜ in das kanadische Urhebergesetz sei gerade dasjenige Element unterschlagen worden, das das Wesen des Rundfunksendungsbegriffes ausmache – die Zweckbestimmung zum öffentlichen Empfang[14].

3.2.2. Ein Tantiemeanspruch gegen die Erstbeklagte sei deshalb nicht entstanden, weil die Mikrowellenausstrahlung nicht zum Empfang durch die Öffentlichket bestimmt gewesen sei. CTV habe der Tochter in Winnipeg lediglich das Mittel dafür zur Verfügung gestellt, was diese mit Erlaubnis der Klägerin tun durfte – das Medium zur Ausstrahlung einer Rundfunksendung.

3.3. *Folgerungen Straschnovs*

3.3.1. Straschnov hält dieses Urteil für eminent wichtig[15], weil erstmals ein Obergericht seine Auslegung des Art. 11 bis RBÜ bestätigt habe. Dabei ficht es ihn nicht an, daß dieses Urteil sich nur auf das kanadische Urhebergesetz bezieht, daß es nur die Rom-Fassung und nicht die seit der Brüsseler Revision geänderte Fassung der RBÜ prüft und daß die entscheidende Rundfunksendungs-Auslegung nicht im Tenor, sondern nur in den Gründen erscheint.

3.3.2. Nach Straschnovs Meinung hat die 1948er Revision der RBÜ in Art. 11 bis mit dem Fallenlassen des Bestandteils "to the public" – "au public" nur eine Verkürzung des Rundfunksendungsbegriffes bringen

[13] Art. 31 RBÜ.
[14] Canadian Supreme Court, 1968, S. 677.
[15] EBU-Review, No. 118 B, S. 78.

sollen, die 1948 schon längst Allgemeingut gewesen sei: Ausweislich des Generalberichts von Bolla sei der Rundfunksendungsbegriff 1948 allgemein so verstanden worden, daß die (durch "au public" — "to the public" zum Ausdruck gebrachte) Zweckbestimmung zum öffentlichen Empfang auch ohne ausdrückliche Erwähnung in ihm enthalten sei.

Gegenüber der Rom-Fassung von 1928 habe sich deshalb am Rundfunksendungsbegriff 1948 überhaupt nichts geändert. Insbesondere würden durch die Verkürzung nunmehr nicht solche Ausstrahlungen geschützt, die nicht zum öffentlichen Empfang bestimmt sind.

Daß die Brüsseler Konferenz 1948 schließlich den sachlichen Gleichklang mit der Definition des "Rundfunkdienstes" im Sinne der 1947 zu Ende gegangenen ITU-Konferenz in Atlantic City bezweckt habe, beweise die im Konferenzprotokoll vermerkte Erwähnung der letzteren durch die polnische Delegation[16]. Dieser Hinweis erhärte seine Auffassung, daß die Verkürzung des Rundfunkbegriffs und sein Verständnis im Sinne der Definition von ITU-RR 1—4, 28[17] auf der Brüsseler Konferenz Allgemeingut gewesen seien.

3.3.3. Nach alledem sei der Rundfunksendungsbegriff des kanadischen Urhebergesetzes von 1931 mit dem inhaltlich unveränderten der RBÜ gleichzusetzen; das Urteil müßte gegenüber dem heute gültigen Rundfunkbegriff der RBÜ genauso lauten.

3.3.4. Der Rundfunksendungsbegriff des Art. 11 ^{bis} RBÜ hat nach Straschnov die beiden gleichen Elemente wie der des Art. 13 a) RA — nämlich objektive öffentliche Empfangbarkeit und subjektive Zweckbestimmung zum öffentlichen Empfang. Beide Elemente fehlen nach seiner eigenen und nach der Ansicht des Canadian Supreme Court der Richtfunksendung. *Da aber die der endgültigen Rundfunkausstrahlung am Empfangsort vorausgehende Satellitenübertragung im Punkt-zu-Punkt-System prinzipiell auch nur eine derartige nicht zum öffentlichen Empfang bestimmte Richtfunksendung darstelle, sei die Signaleingabe in den Satelliten urheberrechtlich unbeachtlich.*

3.3.5. Die obige IWG-Resolution bedeutet für Straschnov somit entweder eine Verkennung der technischen Gegebenheiten oder der Rechtslage[18].

---

[16] EBU-Review, No. 118 B, S. 79.
[17] "... zum Zwecke des direkten öffentlichen Empfangs."
[18] EBU-Review, No. 118 B, S. 81.

II. Darstellung Fernays

1. Ablehnung des BIRPI-Dokuments

Fernay setzt sich in UNESCO/WIPO/SAT/5 unter anderem mit Straschnovs Analyse auseinander. Dabei spricht er dem von Straschnov zitierten Dokument und dem Schlußbericht der BIRPI-Tagung jegliche Verbindlichkeit ab.

Das vorbereitende Dokument sei lediglich als Diskussionsgrundlage für den Arbeitsausschuß gedacht gewesen; es habe weder den Ausschuß noch die Tagung binden können. Der Schlußbericht schließlich habe notwendigerweise vereinfachen müssen.

2. Auseinandersetzung mit dem CAPAC/CTV-Urteil

Fernay bestreitet die ihm von Straschnov unterstellte Bedeutung des CAPAC/CTV-Urteils.

2.1. Innerkanadischer Tatbestand

Das Urteil beschäftigte sich mit einer rein innerkanadischen Richtfunkausstrahlung. Aus diesem alltäglichen Vorgang auf die weltweite Bedeutung dieses Urteils für Satellitenübertragungen zu schließen, sei einfach übertrieben[19].

2.2. Angewandtes Recht

Das Urteil habe ein über 40 Jahre altes Gesetz zum Gegenstand, das auf dem Stand der 1928er Fassung der RBÜ stehengeblieben sei. Die urheberrechtliche Relevanz der Satellitenausstrahlung könne aber zuverlässig nicht mit Hilfe eines veralteten Texts ergründet werden[20].

2.2.1. Fernay gesteht zwar zu, daß der Rundfunksendungsbegriff von 1948 der gleiche wie der von 1928 geblieben ist; er bestreitet aber, daß alle Teilnehmer der Brüsseler Revisionskonferenz den "broadcasting"-Begriff des Art. 11 ^{bis} RBÜ mit dem Inhalt des "broadcasting service" in ITU-RR 1–4, 28 gleichsetzen wollten. Der von Straschnov zitierte pol-

---

[19] UNESCO/WIPO/SAT/5, S. 7.
[20] UNESCO/WIPO/SAT/5, S. 7.

nische Hinweis auf die Konferenz von Atlantic City habe nur der dort vorgenommenen Einbeziehung des Fernsehens in den Rundfunkbegriff gegolten, nicht aber eine Festlegung der RBÜ auf das in "broadcasting service" (ITU-RR 1–4, 28) enthaltene Element des *direkten* öffentlichen Empfangs beabsichtigt[21].

2.3. Bedeutung der Brüsseler Revision

2.3.1. Die Brüsseler Revision 1948 habe entgegen der Auffassung von Straschnov nicht lediglich eine Verkürzung des Rundfunksendungsbegriffs gebracht; vielmehr sei das umfassende Urheberrecht (hinsichtlich der Rundfunkausstrahlung des Werkes) der 1928er Fassung durch die Änderung von Absatz (1) des Art. 11 ^{bis} in ein bloßes schwächeres Gestattungsrecht umgewandelt worden.

2.3.2. Unter Hinweis auf den Konferenzbericht von Bolla glaubt Fernay, die Bedeutung des Verzichts auf "to the public" – "au public" liege darin, daß es genüge, daß das Werk in den Äther ausgestrahlt wird. "Ob es gehört wurde oder auch nur empfangbar war, ist unerheblich"[22]. Aus dieser Stelle des Konferenzberichts schließt Fernay, daß es auf die objektive öffentliche Empfangbarkeit der in den Äther emittierten Ausstrahlung grundsätzlich seit der 1948er Fassung des Art. 11 ^{bis} RBÜ nicht ankomme. Deshalb sei bereits die Signaleingabe in den Satelliten ein urheberrechtlich relevanter Vorgang, eine Rundfunksendung[23].

3. Kritik an Fernay

3.1. Kritik aus begriffsjuristischer Sicht

3.1.1. Das Urheberrecht schützt den Urheber vor unerlaubter, nicht kontrollierter Verbreitung seines Werkes an die Öffentlichkeit. Diesem Zweck dient auch die Vorschrift des Art. 11 ^{bis} (1) RBÜ.

Art. 11 ^{bis} (1) Ziff. 1 RBÜ schützt die Rundfunksendung und die sonstige öffentliche Mitteilung des Werkes durch drahtlose Verbreitung. – Durch die zweite Satzhälfte der Ziff. 1, "öffentliche Mitteilung durch irgendein

---

[21] UNESCO/WIPO/SAT/5, S. 8.

[22] UNESCO/WIPO/SAT/5, S. 10, mit Hinweis auf die Brüsseler Konferenz-Dokumente, S. 265.

[23] UNESCO/WIPO/SAT 10.

anderes Mittel, das zur drahtlosen Verbreitung ... dient" folgt, wegen des engen inneren Zusammenhangs auch für die erste Satzhälfte,

1. daß broadcasting eine von mehreren Möglichkeiten zur öffentlichen Mitteilung durch Radiotechnik ist und
2. die subjektive Zweckbestimmung der Mitteilung:

Die Mitteilung soll die Öffentlichkeit durch Verbreitung des Werkes erreichen. Die öffentliche Mitteilung geschieht daher in der ersten Satzhälfte von Ziff. 1 durch die Tätigkeit des Rundfunksendens, durch "broadcasting".

3.1.2. Ohne daß dies besonderer Erwähnung bedürfte, ist "broadcasting" wie auch die "Mitteilung durch andere drahtlose Mittel" eine an die Öffentlichkeit gerichtete Verbreitungstätigkeit. Demgegenüber ist "broadcast" keine Tätigkeit, sondern deren Objekt, "the broadcasting of the broadcast".

Die subjektive Zweckbestimmung der broadcasting-Tätigkeit hat notwendigerweise eine objektive Voraussetzung: Mit der Zweckbestimmung muß die objektive öffentliche Empfangbarkeit korrespondieren[24], d. h., eine für die Öffentlichkeit bestimmte Mitteilung durch broadcasting gem. Art. 11 bis (1) Ziff. 1 RBÜ muß jedenfalls am Ausgangsort so vorgenommen werden, daß unter normalen Voraussetzungen (also ohne ungewöhnliche technische Vorkehrungen) eine tatsächliche Empfangsmöglichkeit durch die Zielgruppe besteht: Die Rundfunksendung muß "hör- und sehbar", d. h., auf für Rundfunksendungen durch die ITU Radio Regulations bestimmten Frequenzen ausgestrahlt werden.

3.1.3. Nur auf diese "normalen Voraussetzungen" kann sich Bolla daher in seinem von Fernay angezogenen Bericht bezogen haben; nur wenn eine unter diesen "normalen Voraussetzungen" zum Empfang durch die Öffentlichkeit ausgestrahlte Rundfunksendung unterwegs radioelektrisch verstümmelt, gestört oder unterbrochen wird, ändert dies nichts mehr an der urheberrechtlichen Verantwortlichkeit der Ausgangsrundfunkanstalt.

3.1.4. Einen anderen als diesen "klassischen" Rundfunksendungsbegriff konnte die Revisionskonferenz 1948 nicht zugrundelegen. Ein direkter Rückgriff auf die Definition des "broadcasting service" in ITU-RR 1–4, 28, wie ihn Straschnov unterstellt, verbot sich sowohl aus der

---

[24] Vgl. hierzu auch Teil A, Kap. 1, I, Ziff. 6 und Teil C, Kap. 7, II, Ziff. 3.5.

völlig verschiedenen Zielsetzung der beiden Konventionen als auch aus dem klaren Wortlaut des Art. 1 ITU-RR[25].

Gleichwohl stimmt der Rundfunksendungsbegriff beider Konventionen insoweit überein, als beide ein subjektives und ein objektives Kriterium beinhalten, nämlich die Bestimmung zum Empfang durch die Öffentlichkeit und, als logische Voraussetzung hierzu, die objektive Eignung der Ausstrahlung zum öffentlichen Empfang. — Lediglich in der Unmittelbarkeitsfrage unterscheiden sich die Begriffe in den beiden Instrumenten.

3.1.5. Art. 1—4,28 ITU-RR verlangt für den broadcasting-Begriff die Absicht zum *direkten* Empfang durch die Öffentlichkeit und impliziert damit auch die objektive Eignung hierzu[26]. In dieser Deutlichkeit enthält Art. 11 bis RBÜ das Direktheitserfordernis nicht. Gleichwohl ist es ohne jeden Zweifel auch in Art. 11 bis (1), Ziff. 1 RBÜ enthalten, wie folgende Überlegung zeigt.

Der Urheber soll nur gegen bestimmte Arten der öffentlichen Mitteilung seines Werkes geschützt werden. Alle in Art. 11 bis genannten Mitteilungsarten setzen neben der entsprechenden Mitteilungsabsicht auch die Eignung der Mitteilungsweise zur Kenntnisnahme durch die Zielgruppe voraus: Die erwähnten Mitteilungsarten benötigen jedenfalls mindestens die Möglichkeit öffentlicher Kenntnisnahme; fehlt diese Möglichkeit, so liegt schon begrifflich keine öffentliche Mitteilung vor.

3.1.6. Ebenso wie ITU-RR 1—4,28 enthält also auch Art. 11 bis RBÜ Direktheitserfordernis im Begriff "Rundfunksendung" — "broadcasting".

Eine andere als die *direkte* öffentliche Mitteilung will Art. 11 bis (1), Ziff. 1 mit dem Rundfunkbegriff auch gar nicht schützen wie folgende Überlegung zeigt:

Wäre es der Zweck dieser Vorschrift gewesen, auch indirekte öffentliche Mitteilungsarten zu schützen, so hätte sich der Schutz von Weitersendungen und öffentlichen Lautsprecher- und Bildschirmwiedergaben in Art. 11 bis, Absatz (1), Ziff. 2 und 3 durch die Brüsseler Revision erübrigt. Hier läge je stets eine indirekte öffentliche Mitteilung einer Rundfunksendung vor, welche zum direkten öffentlichen Empfang bestimmt war. Der Urheber könnte nach dieser Ansicht — wegen der Relevanz auch der indirekten öffentlichen Mitteilungen — sein Gestattungsrecht

[25] ITU-RR Art. 1, Satz 1: *"Für die Zwecke dieser Bestimmungen* haben die Begriffe die nachfolgend definierte Bedeutung."
[26] Vgl. oben Teil A, Kap. 1, I, Ziff. 6.

auch ohne ausdrückliche Erwähnung in den Ziffern 2) und 3) ausüben; diese Ziffern wären somit überflüssig.

3.1.7. Fernay mißversteht Bolla also insofern, als er meint, die objektive Hör- und Sehbarkeit der Signale, ihre tatsächliche Empfangbarkeit, würden durch den 1948 geänderten broadcasting-Begriff der RBÜ nicht verlangt.

Fernays Ansicht ist nur insoweit richtig, als sie die Empfangbarkeit solcher Signale meint, die

1. auf objektiv für den öffentlichen Empfang geeigneten Frequenzen ausgestrahlt werden, und die
2. mit der subjektiven Zweckbestimmung zum Empfang durch die Öffentlichkeit ausgestrahlt werden.

Sein broadcasting-Verständnis ist dagegen insoweit falsch, als er die Fälle meint, in denen,

1. die Ausstrahlung auf für die Öffentlichkeit nicht zugänglichen Frequenzen stattfindet, und in denen
2. die subjektive Zweckbestimmung der Verbreitung zum direkten Empfang durch die Öffentlichkeit fehlt, d. h., alle jene Fälle, in denen im Punkt-zu-Punkt-System die Ausstrahlung auf allgemein unzugänglichen "Satellitenfrequenzen" stattfindet.

3.1.8. Daß Mißverständnis Fernays wird durch die fehlende terminologische Trennung der Begriffe "broadcasting", "broadcast" und "transmission" schon auf der Brüsseler Konferenz erleichtert. So spricht auch Bolla (Konferenzbericht S. 114) von "broadcast" wo die Tätigkeit "broadcasting" gemeint ist. Es wird deshalb vorgeschlagen, innerhalb der RBÜ gleichbleibend folgende Begriffe zu verwenden:

transmission: = Signalübertragung (umfaßt als Oberbegriff alle möglichen Übertragungsarten über leitungsgebundene, closed-circuit, community antennae, Radio-, optische und Lasersysteme).

broadcasting: = Rundfunksendung (eine Unterart von transmission; speziell die zum öffentlichen Empfang geeignete und zum direkten öffentlichen Empfang bestimmte radioelektrische Übertragung auf den LF- bis VHF-Bändern).

broadcast: = Sendung (in Entsprechung zu unserer Analyse des Romabkommens: der für die Rundfunksendung geplante und produzierte Programminhalt).

3.2. Kritik aus interessenjuristischer Sicht — Phasentheorie

3.2.1. Die in Ziff. 3.1. durchgeführte Deduktion über das Direktheitserfordernis des Rundfunksendungsbegriffs ist reine, am "klassischen" Rundfunksendungsbegriff orientierte, Begriffsjurisprudenz.

Eine den gewandelten Voraussetzungen des Satellitenzeitalters im Interesse der Urheber gerechter werdende Interpretation des Rundfunksendungsbegriffs wird das (begriffsjuristisch ermittelte) Direktheitserfordernis zwar anerkennen, gleichwohl aber die Berücksichtigung interessengemäßerer Gesichtspunkte verlangen.

3.2.2. Da die in Art. 11 ^{bis} (1), Ziff. 2) und 3) RBÜ genannten öffentlichen Mitteilungsarten eine Rundfunksendung zur Voraussetzung haben, wäre es, – jedenfalls im "Parallelsendungsfall" – praktischer, (da für die Rechtsanwendung durch die Urheber einfacher) die nicht genehmigte Ausstrahlung an die Öffentlichkeit am Empfangsort des Satellitensignals als Weitersendung zu fingieren.

Die bei der weltweiten Reichweite auch der Punkt-zu-Punkt-Systeme durchaus mögliche Werkverbreitung in nicht konventions- oder bilateral gebundene Staaten (nach Piraterie des Satellitensignals) kann nämlich im schlimmsten Fall die Rechtlosstellung des Urhebers zur Folge haben.

3.2.3. In Erkenntnis der begriffsjuristisch klaren, interessenjuristisch jedoch unbefriedigenden Situation läßt sich hier eine Fiktionstheorie entwickeln, um den Urheber vor den Auswirkungen des begriffsjuristisch ermittelten Rundfunksendungsbegriffs zu bewahren. Diese Theorie besagt:

> *Die Ausstrahlung von der Ausgangsanstalt an den Satelliten (via Bodensende-/Empfangsstation) wird als erste Phase einer Rundfunksendung fingiert. – Diese Fiktion kommt nur im Fall der Rechtlosstellung des Urhebers im Empfangsland zum Zuge, (Phasentheorie).*

Die Phasentheorie gestattet es dem Urheber, die Satellitenausstrahlung ebenso wie die Weitersendung in einem Konventionsstaat zu behandeln: Er kann alle seine Ansprüche gegen die Ausgangsanstalt richten, statt (wie bei der Weitersendung) gegen die Weitersendungsanstalt!

3.2.4. Die in der hier vorgestellten "Phasentheorie" enthaltene Fiktion wäre auch praktisch-physikalisch vertretbar: Die mit Lichtgeschwindigkeit sich fortpflanzenden Signale erst von ihrer Verbreitung durch die Weitersendungsanstalt ab als Rundfunksendung aufzufassen, nur weil sie jetzt die zum Empfang durch die Öffentlichkeit geeignete "richtige" Frequenz haben, erscheint interessenjuristisch betrachtet jedenfalls dann willkürlich, wenn auch (wie es die Regel ist) die Ausgangsrundfunkanstalt die Absicht zum letztlich öffentlichen Empfang verfolgt. – Die allein aus technischen Gründen notwendigen mehrmaligen Frequenzbandwechsel – so ließe sich argumentieren – ändern nichts an der Zweckbestimmung zum schließlichen öffentlichen Empfang.

3.2.5. Unsere "Phasentheorie" ist somit eine immerhin diskutable Fiktion, die sich auch bei zeitversetzter Ausstrahlung noch vertreten läßt, soweit die Zweckbestimmung zum letztlich öffentlichen Empfang erhalten bleibt.

3.2.6. Die entscheidende Schwäche der "Phasentheorie" liegt jedoch darin, daß sie – neben ihrem erwünschten Vorteil, den Urheberschutz zu sichern – erhebliche Begriffsverwirrung zur Folge haben muß. Die Argumente hierfür sind die gleichen wie schon oben[27]: Die faktische Ausdehnung des broadcasting-Begriffs durch die "Phasentheorie" vorbei an den Begriffen der ITU-Radio Regulations ersetzt, wie bei den Artikeln 3 f) und g) RA, lediglich eine schon bestehende begriffliche Unzulänglichkeit durch eine neue. Eine Konvention, die die Urheber- und Leistungsschutzrechte in möglichst allen Rundfunk treibenden Staaten der Welt schützen will (also in allen Mitgliedsstaaten der International Telecommunication Convention), darf nicht ohne Not einen von ITU-RR 1–4, 28 abweichenden Rundfunksendungsbegriff verwenden und als ihr Herzstück aufnehmen, sei es nun der Rundfunksendungsbegriff des Romabkommens, der RBÜ, des WUA oder einer neuen Signalschutzkonvention. Tut sie es doch, so läuft sie Gefahr, wegen der divergierenden Begriffe beider Instrumente nicht mehr universell genug zu sein!

3.3. Zusammenfassung: Der Rundfunksendungsbegriff

3.3.1. Die begriffliche Analyse des Rundfunksendungsbegriffs ergibt, daß unter "Rundfunksendung" – "broadcasting" in den von uns untersuchten Instrumenten das Gleiche zu verstehen ist. Die Rundfunksendung beinhaltet dabei stets ein objektives und ein subjektives Kriterium, wobei die Voraussetzung für das subjektive Element die Erfüllung des objektiven ist:

3.3.2. Danach liegt eine Rundfunksendung vor, wenn eine Rundfunkanstalt (-gesellschaft) eine Sendung (broadcast)

1. Zum Zweck des direkten Empfangs durch die Öffentlichkeit,
2. auf für die Öffentlichkeit ohne besondere Vorkehrungen zugänglichen Frequenzen (das sind die Frequenzen vom LF- bis zum VHF-Band) ausstrahlt.

3.3.3. Mangels objektiver Empfangbarkeit durch Öffentlichkeit ist die der endgültigen Rundfunksendung am Empfangsort des Satellitensignals vorausgehende Satellitenübertragung im Punkt-zu-Punkt-System

[27] Teil C, Kap. 7, II, Ziff. 6.2.2.

keine Rundfunksendung. Sie ist deshalb urheber- und leistungsschutzrechtlich unbeachtlich. – Leistungsrechtlicher Schutz für die Satellitenübertragung und Urheberschutz für die in ihr enthaltenen Werke sind nur durch juristische Fiktionen (mit den vorhandenen internationalen Instrumenten) möglich.

3.3.4. Leistungsschutz für die Satellitenübertragung zugunsten der Ausgangsrundfunkanstalt gegen die Piraterie des Satellitensignals ist nur bei Vorliegen einer "Parallelsendung" am Ausgangsort begründbar, d. h., wenn das Beruhen der am Empfangsort ausgestrahlten Rundfunksendung auf der am Ausgangsort ausgestrahlten "Parallelsendung" fingiert wird. In diesem Fall genießt die Satellitenausstrahlung qua Weitersendungsschutz der Ausstrahlung am Empfangsort gem. Art. 13 a) RA mittelbaren Schutz. (Im übrigen vgl. oben Zusammenfassung Teil C, Kap. 7, II, Ziff. 3.5.)

3.3.5. Der Schutz des Urhebers bei Piraterie des Satellitensignals für sein im Signal enthaltenes Werk ist nur durch folgende Fiktionskonstruktion möglich:

Unter der Voraussetzung, daß er bei rechtswidriger Rundfunksendung seines Werkes (nach Satellitensignalpiraterie) im Staat der Rundfunksendung rechtlos gestellt ist, wird bereits die Signaleingabe in den Satelliten durch die Ausgangsrundfunkanstalt (via Bodensende-/Empfangsstation) als erste Phase einer Rundfunksendung betrachtet ("Phasentheorie"). Die Ansprüche des Urhebers wegen der rechtswidrigen Rundfunksendung am Empfangsort richten sich dann gegen die Ausgangsrundfunkanstalt, Art. 11bis (1) RBÜ. (Im übrigen vgl. oben Teil C, Kap. 7 II, Ziff. 3.2.3.)

3.3.6. Beide Fiktionslösungen leiden unter dem Mangel, daß sie den in allen internationalen Konventionen gleichen Rundfunksendungsbegriff sprengen, indem sie das (nach Meinung des Verfassers unabdingbare) Kriterium der Zweckbestimmung zum direkten Empfang durch die Öffentlichkeit über Bord werfen. – Ihre Anwendung kann daher nur unter Bedenken empfohlen werden.

Kapitel 9: Die Konventionsentwürfe zum Schutz programmtragender Satellitensignale

I. Die Konferenzen von Lausanne und Paris

1. Eignung der geprüften Instrumente

Keines der in den Kapiteln 6–8 geprüften Instrumente ist vorbehaltlos und allseits anerkannt auf die Satellitenübertragung im Punkt-zu-Punkt-System anwendbar.

1.1. Leistungsschutzabkommen

1.1.1. Die Anwendbarkeit der leistungsschutzrechtlichen Konventionen hängt nach unseren bisherigen Ausführungen von den Begriffen Rundfunksendung und Weitersendung ab. Schutz gegen die Piraterie der Satellitenübertragung genießt die Ausgangsrundfunkanstalt:

1. Im "Parallelsendungsfall" nur dann, wenn man das Beruhen der Ausstrahlung am Empfangsort auf der Rundfunksendung am Ausgangsort fingiert.
2. Im Fall der "ausschließlichen Satellitenausstrahlung" hilft selbst diese Fiktion nicht weiter; die Satellitenausstrahlung als solche ist ungeschützt.

1.1.2. Diese begriffsjuristisch wohlbegründete Schutzlücke ließe sich nur mit dem interessenjuristisch vertretbaren Verzicht auf das subjektive Element des Rundfunksendungsbegriffs – die unmittelbare Zweckbestimmung der Rundfunksendung zum Empfang durch die Öffentlichkeit – überwinden. Ein solcher Verzicht aber brächte eine schädliche Divergenz für die Rundfunksendungsbegriffe der Leistungsschutzkonventionen und der ITU-Radio Regulations.

Das größte Hindernis für ihre Anwendbarkeit aber stellt die geringe Ratifikationsquote des Romabkommens und des Europäischen Fernsehabkommens mit Protokoll dar.

1.2. Urheberrechtsabkommen

1.2.1. Auch der Urheberschutz hängt bei Satellitenübertragungen von deren Rundfunksendungseigenschaft ab: Der Rundfunksendungsbegriff der RBÜ setzt ebenso wie der des Romabkommens und der der ITU-

RR die Bestimmung der Rundfunksendung zum direkten öffentlichen Empfang voraus, so daß der Urheber der Satellitenübertragung gegenüber grundsätzlich schutzlos ist. Auch hier könnte nur eine interessenjuristisch begründete Fiktion helfen, nämlich die, daß bei Satellitenausstrahlungen bereits die Signaleingabe in den Satelliten die erste Phase einer Rundfunksendung darstellt. Im Fall der Rechtlosstellung des Urhebers im Empfangsland könnte er sich dann an die Ausgangsanstalt halten.

1.2.2. Auch diese Fiktion aber sprengt den Rahmen des Rundfunksendungsbegriffs und müßte zu Begriffsverwirrungen in solchen Staaten führen, für die die ITU-RR und die RBÜ mit dann verschiedenartigem Rundfunksendungsbegriff gälten. – Freilich macht es den juristischen Praktikern keine Schwierigkeiten, in verschiedenen Instrumenten mit unterschiedlichen Begriffsinhalten zu arbeiten. Probleme entstehen aber deshalb, weil die hier vorgeführten Fiktionen weder in den genannten Instrumenten selbst, noch durch die gerichtliche Praxis in den Staaten abgesichert sind.

1.3. Rundfunk-("Direkt"-)Satelliten

Die Ausstrahlungen von "Direktsatelliten" sind nach einhelliger Auffassung Rundfunksendungen im Sinne der besprochenen Instrumente, da sie sowohl zum öffentlichen Empfang objektiv geeignet als auch subjektiv dazu bestimmt sind. Die geprüften Konventionen werfen für die Rundfunk-("Direkt"-)Satelliten nur insofern Fragen auf, als es um die weltweite Verbreitung der leistungsschutz- und urheberrechtlichen Konventionen geht. – Das erklärte Ziel der geplanten Signalschutzkonvention ist es dementsprechend für Punkt-zu-Punkt- (und damit auch für Verteiler-) sowie Rundfunk-("Direkt"-)Satellitensysteme gleichermaßen anwendbar zu sein.

2. Einberufung

2.1. Lausanne-Konferenz

Auf Einladung der Generaldirektoren von UNESCO und WIPO traf sich vom 21.–30. April 1971 in Lausanne ein Komitee von Regierungsexperten[1] zur Prüfung der urheber- und leistungsschutzrechtlichen Probleme

[1] Neben offiziellen Regierungsdelegationen nahmen Beobachter verschiedener Staaten sowie einer Vielzahl von Interessenverbänden und Organisationen an der Konferenz teil, Lausanne-Konferenzdokument UNESCO/WIPO/SAT/22, Annex D.

der Satellitenübertragungen[2]. Zusammen mit der Verabschiedung eines Konventionsentwurfs[3] (im folgenden Lausanne-Entwurf) äußerten sie in einer Resolution[4] "den Wunsch, vor Verabschiedung des Entwurfs noch mindestens einmal auf Expertenebene zusammenzutreten"[5], um die in Form von Alternativvorschlägen in den Entwurf eingebauten sehr gegensätzlichen Standpunkte der verschiedenen Delegationen abzubauen.

2.2. *Paris-Konferenz*

Vom 9.–17. Mai 1972 veranstalteten UNESCO/WIPO gemeinsam die die zweite Expertentagung mit gleicher Besetzung in Paris[6]. Nach den vorbereitenden schriftlichen Stellungnahmen[7] der Staaten und Verbände zum Lausanne-Entwurf und nach einer einleitenden Generaldiskussion wurde der Lausanne-Entwurf überarbeitet und verabschiedet[8] (im folgenden Paris-Entwurf). Da die gegensätzlichen Standpunkte nicht gelöst werden konnten, verblieben sie als Alternativlösungen im Paris-Entwurf und die Experten empfahlen eine dritte Tagung für 1973[9]. Erst danach sollte über die Empfehlung einer diplomatischen Konferenz für das Jahr 1974 entschieden werden[10].

---

[2] Offizielle Bezeichnung: "Committee of Governmental Experts in the Field of Copyright and of the Protection of Performers, Producers of Phonograms and Broadcasting Organizations raised by Transmissions via Space Satellites", Lausanne, 21.–30. April 1971.

[3] "Draft Convention to Prohibit the Unauthorized Distribution of Programme-Carrying Signals Communicated by Satellites", UNESCO/WIPO/SAT/22, Annex A.

[4] UNESCO/WIPO/SAT/22, Annex C.

[5] UNESCO/WIPO/SAT/22, Annex C, Ziff. 3 a).

[6] Offizielle Bezeichnung: "Second Committee of Governmental Experts in the Field of Copyright and of the Protection of Performers, Producers of Phonograms and Broadcasting Organizations Raised by Transmissions via Space Satellites, (UNESCO-House, 9–17 May 1972)."

[7] Paris-Dokumente UNESCO/WIPO/SAT. 2/4; 4 Add. 1; 4 Add. 2; 5; 5 Add. 1; 5 Add. 2.

[8] "Draft Convention against the unauthorized distribution of programme-carrying signals transmitted by satellites."

[9] UNESCO/WIPO/SAT. 2/14, Annex B, Resolution.

[10] Resolution a. a. O., Ziff. 4.

3. Abgrenzung der Entwürfe zum bloßen Signalschutz und zum Leistungs- und Urheberrechtsschutz

3.1. Zwitterstellung

3.1.1. Die Prüfung der vorhandenen Instrumente hat uns eine eigentümliche Schwierigkeit vor Augen geführt: Der gewünschte Schutz von Satellitenübertragungen gegen Piraterie durch leistungsschutz- und urheberrechtliche Konventionen würde den Rundfunksendungsbegriff sprengen. Diese Instrumente müßten um den Begriff der "Satellitenübertragung" erweitert, d. h., ihr Rundfunksendungsbegriff um das maßgebliche Kriterium der Bestimmung zum direkten öffentlichen Empfang gekürzt werden, wozu eine Revision dieser Abkommen nötig wäre.

3.1.2. Die Anwendung der ausschließlich signalschützenden Vorschriften Art. 35 International Telecommunication Convention und Art. 17 ITU-Radio Regulations würde diese Instrumente notwendigerweise um ein wesensfremdes privatrechtliches Element erweitern.

Eine erneute Revision der RBÜ und des WUA erscheint nach der 1971er Revisionskonferenz für die nächste Zukunft ausgeschlossen. — Die Revision des Romabkommens schließlich würde nicht die dringend notwendige Ratifikation durch die USA und Canada erbringen; und endlich wurde die Erweiterung der Art. 35 ITC und Art. 17 ITU-RR im Jahr 1972 für die nächsten drei Jahre versäumt.

Unabhängig also davon, ob er in ein vorhandenes international-öffentlichrechtliches oder -privatrechtliches Instrument eingebaut werden sollte oder nicht, steht der Schutzgegenstand, das "programmtragende Signal", materiellrechtlich auf der Grenze zwischen Leistungsrechts-/Urheberschutz einerseits und Signalschutz andererseits.

3.2. Zwei Grundauffassungen

3.2.1. Dieser Zwitterstellung entsprechen mit den Alternativlösungen A und B des zentralen Art. IV des Pariser Entwurfs (vgl. dazu vorläufig unten Ziff. 3.2.2. am Ende) die beiden gegensätzlichen Grundauffassungen der Konferenzteilnehmer: Hie reiner Signalschutz ohne jeglichen Urheber- und Leistungsrechtsschutz, — hie Signalschutz mit qualifiziertem Schutz iure conventionis für "die am Programm Beteiligten".

3.2.2. Alternative B zu Art. IV gibt sich mit dem bloßen Signalschutz zufrieden und strebt eine möglichst einfache Konvention an, deren Inhalt sich darin erschöpfen soll, die Staaten zur Ächtung der Satellitensignalpiraterie zusammenzuschließen. Vorbeugung und Unterbindung soll der innerstaatlichen Rechtsetzung überlassen bleiben. – Leistungsschutz und Urheberrechte sollen in diesem Vorschlag durch bereits in Kraft befindliche Instrumente gewährleistet werden. Demgegenüber will die Alternative A zu Art. IV über den bloßen Signalschutz hinaus auch Urheber- und Leistungsschutz bieten: Gerade angesichts der vielen Zweifel, die die Anwendbarkeit der Urheberrechts- und Leistungsschutzinstrumente aufwerfen, will sie "die am Programm Beteiligten" iure conventionis in ihren wesentlichen Belangen schützen, ohne dabei allerdings internationale Abkommen und innerstaatliche Rechtsetzung zu präjudizieren. Alternative A zu Art. IV regelt:

in Abs. 2) die Voraussetzungen für die Verantwortlichkeit der Ausgangs- bzw. Verbreitungsrundfunkanstalten gegenüber "den am Programm Beteiligten";
in Abs. 3) ein Verbietungsrecht sowie einen Vergütungsanspruch des Urhebers;
in Abs. 4) eine Informationspflicht der Anstalten gegenüber dem Urheber bzw. (Abs. 4) *bis)* gegenüber dem ausübenden Künstler;
in Abs. 5) eine Auslegungsregel zum Verhältnis zwischen der Ausstrahlung zum Satelliten und dem Rundfunksendungsbegriff.

Art. IV Alternative B regelt demgegenüber lediglich:

in Abs. 2) die Verpflichtung der Ausgangsrundfunkanstalt zur Bekanntgabe der befugten Empfangsstationen.

3.2.3. Der Gegensatz zwischen den Alternativen A und B ist – wie auch Masouyé feststellt[11] – der zentrale Punkt der Auseinandersetzung. Wird hier keine Einigung erzielt, so steht zu befürchten, daß sich die überstimmte Minderheit zum Wortführer gegen die Annahme der Konvention aufschwingt.

4. Vorläufige Annahmeaussichten

4.1. Das Argument der Einfachheit

Bevor sich die Konferenzteilnehmer schriftlich zum Ergebnis der Paris-Konferenz geäußert haben[12], läßt sich vorerst nur soviel feststellen: Das ursprüngliche Ziel von Lausanne, durch eine einfache Konvention möglichst viele Ratifikationen zu erzielen, wäre nur mit der Alternative B zu verwirklichen gewesen; sollte sich jedoch – wofür einiges spricht – die Alternative A zu Art. IV durchsetzen, so wäre die angestrebte Einfachheit wegen dessen komplizierter Struktur nicht zu erreichen.

---

[11] C. Masouyé: "The gestation of a new international Convention regarding space satellites", EBU-Review, Vol. XXIII, No. 5 (1972), S. 51 ff.

[12] Nach einem Brief der UNESCO an den Verf. vom 25. 9. 72 sollen diese Stellungnahmen bis Ende 1972 vorliegen.

Nun mag es zutreffen, daß auf dem Gebiet des Urheberrechts- und Leistungsschutzes Einfachheit an sich kein Qualitätssiegel und keine Garantie für massenhafte Unterzeichnung darstellt. Eine Konvention jedoch, die auf der Scheidelinie zwischen Urheberrechts-/Leistungsschutz und bloßem technischen Signalschutz steht, erfordert für den potentiellen Unterzeichnerstaat ein hohes Maß an Einsicht in ihre Existenzberechtigung.

4.2. Problematik des zu ausführlichen Konventionsschutzes

4.2.1. Es droht daher speziell von den Entwicklungsländern und den Staaten, die weder das WUA noch die RBÜ oder das Romabkommen unterzeichnet haben, wie auch von denjenigen Mitgliedern dieser Konventionen, die sich für die Alternative B des Art. IV stark gemacht haben, die Ablehnung des neuen Instruments (in der Fassung der Alternative A) mit folgender Begründung: Der bloße Signalschutz wird durch die ITU-Radio Regulations und die ITC gewährleistet; der Urheberrechts- und Leistungsschutz wird durch die geplante Konvention nicht präjudiziert; warum dann also noch diesen "Zwitter" unterzeichnen?

4.2.2. Staaten, die schon bisher ohne die internationalen Urheberrechts- und Leistungsschutzkonventionen ausgekommen sind, werden auch in Zukunft ohne sie leben, solange ihr „Kulturexport" unbeachtlich ist; Mitglieder der genannten Konvention, welche die Alternative B des Art. IV Pariser Entwurf vorgezogen hätten, werden den geistig Schaffenden ihrer Länder den Rechtsschutz dieser Instrumente empfehlen und wegen des bloßen Signalschutzes auf die ITU-Instrumente zurückgreifen.

4.2.3. Wenn eine Entscheidung über die beiden in den Alternativen A und B des Art. IV enthaltenen Grundsatzpositionen nicht auf der Dritten Expertenkonferenz durch gütliche Einigung erzielt werden kann, darf eine diplomatische Konferenz nicht guten Gewissens empfohlen werden. Sie stünde unter dem Unstern, eine Lösung erzwingen zu müssen, da sich die beiden Grundhaltungen bis heute jedenfalls unversöhnlich gegenüberstehen.

II. Der Pariser Entwurf[13]

Nachfolgend wird der Pariser Entwurf dargestellt. Da die Zielsetzung bekannt ist, wird artikelweise vorgegangen, wobei jeweils zuerst kurz

[13] Nicht berücksichtigt werden konnte für diese Arbeit der "Commentary of the Draft Convention Against the Unauthorized Distribution of Programme-Carrying Signals Transmitted by Satellites" von UNESCO und WIPO vom Februar 1973.

auf den Inhalt, danach auf etwaige Veränderungen gegenüber dem Lausanne-Entwurf und alsdann kritisch auf die Bedeutung der Vorschrift eingegangen wird. Der Wortlaut des Entwurfs von Lausanne und Paris findet sich im Anhang der Arbeit, (Anhang I und Anhang II).

1. Titel

Während der Lausanne-Entwurf noch als eine reine Verbotskonvention konzipiert war (Art. II Lausanne-Entwurf), kehrt sich der Pariser Entwurf davon ab; nunmehr sollen die Mitglieder lediglich die Rechtswidrigkeit der unerlaubten Signalverbreitung normieren (Pariser Entwurf, Art. II (1)). Entsprechend diesem Wandel wurde auch der Konventionstitel geändert.

2. Präambel

2.1. Inhalt

Die Präambel wiederholt in ihren vier Punkten noch einmal alle die Gründe, die zur Einberufung der Expertenkonferenz geführt haben. Dieses sind,

a) die Zunahme von Satellitenübertragungen,
b) das dadurch gesteigerte Piraterierisiko,
c) die Überzeugung, daß nur eine neue Konvention Rechtsschutz bieten kann,
d) die Absicht, bestehenden Konventionen nicht vorzugreifen.

2.2. Änderungen

Die Präambel wurde im wesentlichen aus dem Lausanne-Entwurf übernommen. Lit. a) wurde entsprechend dem geänderten Titel umformuliert; lit. c) wurde gegenüber dem Lausanne-Entwurf verdeutlicht. Nunmehr kommt genau zum Ausdruck, was der Zweck des Abkommens ist.

2.3. Bedeutung

Der gedankliche Ansatzpunkt wird von vielen Konferenzteilnehmern abgelehnt. Sie leugnen sowohl das behauptete Piraterierisiko als auch die Notwendigkeit einer neuen Konvention überhaupt[14].

---

[14] Ein kurzer statistischer Überblick über das pro und contra des Entwurfs bei den staatlichen und Verbandsdelegationen findet sich unten in III von Kap. 9.

2.4. *Kritik*

2.4.1. Auf den ausdrücklichen Wunsch der USA aber gegen die Mehrheitsmeinung wurden in den Kreis der geschützten Personen auch "andere Beitragende" aufgenommen[15]. Hierin zeigt sich die Zwitterstellung des Konventionsentwurfs: Der Bereich, der herkömmlicherweise durch Urheber- und Leistungsschutzkonventionen geschützten Personen und Organisationen wird erweitert um solche, die keine Werke schöpfen oder Leistungen im Sinne des Romabkommens erbringen. Damit beabsichtigt die USA zum Schutz all derer beizutragen, die das programmtragende Signal rein technisch gesehen produzieren.

Eine Konvention, die allein den Signalschutz beabsichtigt, beinhaltet ihrer Meinung nach auch automatisch den Schutz aller Personen, die irgendein Interesse an diesem Signal haben; diese Vorstellung läßt sich jedoch nicht mit den europäischen Leistungsschutzvorstellungen vereinbaren. Der amerikanische Vorschlag wurde deshalb als Alternative in Klammern gesetzt.

2.4.2. Lit. d) der Präambel ist wohl kaum mehr als eine Höflichkeitsbezeugung gegenüber den Mitgliedern des Romabkommens, der RBÜ und des WUA, die jeweils auf weitere Unterzeichnungen und Ratifikationen ihrer Abkommen durch noch Unentschlossene rechnen: Die Wirkung der geplanten Konvention kann aber vernünftigerweise nur die sein, alle diejenigen Staaten, die bisher schon ihre künftige Mitgliedschaft in den drei genannten Konventionen von der Effizienz des Schutzes von Satellitenübertragungen abhängig gemacht haben, der neuen Konvention zuzuführen. Denn diese garantiert ja eben dort Schutz, wo die genannten Abkommen vielleicht unanwendbar sein könnten. *Die bloße Existenz des geplanten Abkommens wird allseits die Meinung stärken, daß die erwähnten Konventionen gerade für Satellitenübertragungen lückenhaft sind und schon deswegen ihre weitere Verbreitung gefährden:* Unentschlossene werden nun nicht mehr die Ratifikation der drei genannten Instrumente, sondern die Ratifikation des auch für die innerstaatliche Gesetzgebung unkomplizierten neuen Signalschutzabkommens statt aller anderen anstreben. Sinnvoll und ehrlich wäre die lit. d) nur dann, wenn entsprechend der verkündeten Absicht mit dem Beitritt die Verpflichtung der Unterzeichner zur Ratifikation der genannten Konventionen – sei es auch erst zu einem späteren Zeitpunkt – verknüpft worden wäre. Eine derartige Verbindung wie sie etwa Art. 24 (2) Rom-

[15] Generalbericht zur Pariskonferenz, UNESCO/WIPO/SAT 2/14, Ziff. 28.

abkommen enthält, hätte jedoch die Erfolgsaussichten der Konvention von vornherein stark eingeschränkt.

3. Artikel I

3.1. Inhalt

Art. I des Pariser Entwurfs beschreibt das Anwendungsgebiet der geplanten Konvention: "Sie bezieht sich auf programmtragende Signale, die nach ihrer Ausstrahlung (durch die Bodensende-/Empfangsstation) einen Satelliten passieren." Damit wird auch der Fall erfaßt, "in dem sie (die Signale) von einer Aufzeichnung der ausgestrahlten Signale herrühren".

3.2. Veränderungen

Art. I wurde durch die Zweite Expertenkonferenz geschaffen, weil eine entsprechende einleitende und klarstellende Vorschrift dem Lausanne-Entwurf fehlte. Dieser begann in Art. I sehr unvorteilhaft sofort mit den Definitionen. Das hatte den Nachteil, daß der Sinn der Konvention sich nur aus der Präambel zusammen mit den Artikeln II und IV erschließen ließ.

3.3. Bedeutung, Kritik

3.3.1. Seine optimale Form hat Art. I noch nicht erreicht. Mit der zweiten Satzhälfte nämlich wird auch der Fall des (nach der Ausstrahlung zum Satelliten) aufgezeichneten Programmsignals (neben dem des live-Signals) zum Gegenstand der Konvention erklärt: Darin liegt eine vermeidbare Formulierungsschwäche.

3.3.2. Aus den Artikeln I bis (5) und II (1) geht hervor, daß alleinige Schutzvoraussetzung die *"Verbreitung"*[16] ist. Für den *Verbreitungsvorgang* aber ist es unerheblich, ob das *verbreitete* (programmtragende) Signal ein live- oder Aufzeichnungssignal ist und wann, wie und wo es aufgezeichnet wurde. Hierdurch wird die Schutzvoraussetzung *"Verbreitung"* des Art. II (1) nicht tangiert.

---

[16] Zum Begriff der "Verbreitung" in dieser Arbeit vgl. oben Kap. 7, vor I. Der hier gebrauchte Verbreitungsbegriff ist unter keinen Umständen mit dem in anderen Konventionen und dem in § 17 des deutschen UrhG verwendeten Verbreitungsbegriff gleichzusetzen!

3.3.3. Auch Art. III (2) Mindestschutzdauer(rechtfertigt den zweiten Teil des Art. I nicht; denn auch Art. III (2) greift ausschließlich auf die Definitionen des Art. I ^{bis} zurück, nicht aber auf Art. I.

3.3.4. Sollte es, was in der Tat nahe liegt[17], die Absicht der Expertentagung gewesen sein, den "secondary use" (also speziell den Fall der Weitersendung und der Verbreitung von aufgezeichneten Rundfunksendungen im Sinne des Romabkommens und der RBÜ) zu erfassen, so hätte es ebenfalls nicht der Erwähnung durch Art. I bedurft: Die Verbreitungs-Definition des Art. I ^{bis} (5) ist so weit gefaßt und durch den Generalbericht so genau erklärt[18][19], daß sie ohne jeden Zweifel alle direkten und indirekten Mitteilungen des Programms an das Publikum erfaßt. *Bezogen auf den Sprachgebrauch des Romabkommens und der RBÜ stellt also die "Verbreitung" (Art. I ^{bis} (5)) den Oberbegriff für alle direkten und indirekten Werk-/Leistungsverbreitungen im Sinne der Art. 13 RA, 11bis (1) RBÜ dar. Sie übergreift insbesondere den Begriff "Rundfunksendung" und "Weitersendung" und überwindet deren im Direktheitserfordernis liegende Schwäche.*

3.3.5. Die unten[20] durchgeführte Analyse der "Verbreitungs"-Definition beweist, daß die einzige Schutzvoraussetzung des Art. II (1) Pariser Entwurfs die "Verbreitung" ist. Unerheblich ist die Tatsache, ob mit der Verbreitung gleichzeitig am Ausgangsort eine Parallelsendung stattfindet oder nicht und ob die Verbreitung nach dem Sprachgebrauch der RBÜ und des Romabkommens "secondary use" bedeutet. Art. I müßte deshalb zweckmäßig gekürzt werden; ein Hinweis darauf, daß es allein auf die Verbreitung, nicht aber die Qualität des Signals als live- oder Aufzeichnungsmaterial ankommt, sollte eingefügt werden. Art. I könnte dann lauten:

> Art. I.
> "This Convention applies to any kind of programme-carrying signals which, after their emission pass through a satellite."

3.2.6. Wollte man, um dem angelsächsischen Bedürfnis nach Kasuistik entgegenzukommen, einen Hinweis auf den "secondary use" geben, so dürfte dies allein bei der "Verbreitungs"-Definition in Art. I ^{bis} (5) geschehen. Hier könnte aufgezählt werden, was alles "verbreitet" werden kann; Art. I jedoch muß so eindeutig gefaßt bleiben wie vorgeschlagen.

---

[17] So der Konferenzbericht UNESCO/WIPO/SAT. 2/14, Ziff. 31 zu Art. 1 und Masouyé in EBU-Review, a. a. O. Vol. XXIII, No. 5, S. 54.
[18] UNESCO/WIPO/SAT. 2/14, Ziff. 41–45.
[19] Vgl. unten Ziff. 4.3.6.
[20] Vgl. unten Ziff. 4.3.6.

Andernfalls könnten Zweifel über etwaige zusätzliche Schutzvoraussetzungen außerhalb des Art. II entstehen.

4. Artikel I bis

4.1. Inhalt

Art. I bis definiert die entscheidenden Begriffe des Entwurfs, das Signal, das Programm, den Satelliten, die Ausgangsanstalt und die Verbreitung.

4.2. Änderungen

Gegenüber dem Lausanne-Entwurf brachte die Pariser Konferenz den bisherigen Art. I in eine der Bedeutung der Begriffe gerecht werdende logische Reihenfolge. Neu aufgenommen wurde der Begriff Signal.

4.3. Bedeutung, Kritik

4.3.1. "Ausstrahlung"

Nicht definiert wurde die Ausstrahlung "emission". Dieses Versäumnis sollte, so unscheinbar es bei der klaren Bedeutung des Wortes auch sein mag, nachgeholt werden, um für die Fristberechnung in Art. III (2) jeden Zweifel auszuschließen. In Art. III (2) nämlich geht die "emission" weiter als die "distribution". Die *Ausstrahlung zum* Satelliten (Art. III (2)) braucht nicht wie die *Verbreitung nach* dem Passieren des Signals durch den Satelliten zum (mittelbaren oder unmittelbaren) Empfang durch die Öffentlichkeit bestimmt zu sein. Für die "emission" in Art. III (2) genügt es, wenn das Signal ohne Zweckbestimmung zum Satelliten ausgestrahlt, dort gespeichert und erst zu einem späteren Zeitpunkt – nunmehr zur Verbreitung bestimmt – abgerufen wird[21]. – Art. I bis sollte daher um den Begriff "Ausstrahlung" erweitert werden.

> Art. I bis ( )
> "Emission" is the propagation of signals to a satellite by means of radio waves".

---

[21] Besonders notwendig ist die genaue Definition der Ausstrahlung für Art. IV, Alternative B, Abs. (5) Pariser Entwurf vgl. unten Ziff. 9.3.6.5.

4.3.2. "Signal"

Neu im Pariser Entwurf ist der Begriff Signal ("ein elektronisch erzeugter Träger mit der Fähigkeit Programme zu übertragen"). Er ist trotz seiner zentralen Bedeutung für die Konvention nicht in Einklang mit den ITU-RR 2—104 bis 109 bestimmt und nicht ausreichend definiert.

Wie aus Art. I ^{bis} (2) hervorgeht, sollen durch das Signal Programme transportiert werden. Art. I ^{bis} unterscheidet also das Signal und das ihm aufmodulierte Programm voneinander. Eben diese Unterscheidung aber ist den Radio Regulations fremd; dort wird nicht zwischen Signal und Ton, bzw. Ton/Bildkombination unterschieden:

> ITU-RR 1—2: "Telekommunikation ist jegliche Übertragung, Austrahlung oder der Empfang von Zeichen, *Signalen,* Geschriebenem, *Bildern und Tönen* oder Nachrichten jeglicher Natur durch Draht, Radio, visuelle oder andere elektromagnetische Systeme."

Schließlich fehlt eine den ITU-RR 2—104 bis 109 entsprechende Charakterisierung des Signals nach Modulationstyp des Hauptträgers, Übertragungsart und Ergänzungscharakteristika.

Eine umfassende technische Signalbeschreibung nach den ITU-RR wäre in Art. I ^{bis} sicherlich unangebracht. Ein Bezug zu den Radio Regulations aber hätte um der angestrebten Universalität der Konvention willen durch einen Vermerk im Generalbericht hergestellt werden müssen. Das Fehlen eines solchen Bezugs ist um so bemerkenswerter als die 1971 beendete "ITU-World Administrative Radio Conference for Space Telecommunications" in den "Final Acts" alle weltraumbezogenen Gegenstände neu definiert hat und sich eine Bezugnahme förmlich aufdrängen mußte.

Auch hier zeigt sich wieder die Zwitterstellung der Konvention. Der Schwerpunkt liegt eben doch wohl nicht auf dem Schutz des technischen Signals, sondern auf dem des "programmtragenden Signals".

4.3.3. "Programm"

4.3.3.1. Das "Programm" (Art. I ^{bis} (2)) entspricht in seinem wesentlichen Inhalt dem von uns entwickelten[22] Sendungsbegriff: Art. I ^{bis} (2) Pariser Entwurf wiederholt die durch unser Verständnis von broadcast (Sendung) als Gegenstand der Rundfunksendungstätigkeit (broadcasting) bedingte Systematik: Ebenso wie die "Sendung" Gegenstand

[22] Kap. 7, I, Ziff. 2.3.—2.4.

der "Rundfunksendung" ist, ist auch "Programm" Gegenstand der "Verbreitung". Art. I ^{bis} Pariser Entwurf ist somit vollständiger als Art. 3 Romabkommen: *Während Art. 3 RA den Gegenstand der Rundfunksendung (broadcasting) – die Sendung (broadcast) – nicht definiert, sondern in Art. 3 f) RA lediglich logisch voraussetzt, definiert Art. I ^{bis} in Ziff. 2 den Gegenstand und in Ziff. 5) die entsprechende Tätigkeit – unterscheidet also beide deutlich voneinander.* Darin liegt eine Fortbildung der Systematik des Art. 3 RA, welche unsere Analyse dieses Artikels bestätigt[23]:

Für das Romabkommen und die RBÜ allein ausschlaggebend ist die Rundfunksendung (-stätigkeit), nicht hingegen der Sendeinhalt, (die Sendung-broadcast). Genauso kommt es, wie der Zusammenhang von Art. I ^{bis} (2), (5) und Art. II (1) Pariser Entwurf zeigt, für den Pariser Entwurf nicht auf das "Programm", sondern allein auf die "Verbreitung" (-stätigkeit) an.

Hier wird die Zwitternatur des Pariser Entwurfs erneut deutlich: Wie der Schutz des Romabkommens und der RBÜ so verlangt auch der Schutz des Pariser Entwurfs – (entsprechend dem Grundgedanken des Urheberrechts- und Leistungsschutzes) –, daß das Werk, die Leistung, öffentlich zugänglich gemacht, öffentlich verbreitet werden muß, damit der Rechtsträger Ansprüche für den Werkgenuß, für die in Anspruch genommene Leistung, geltend machen kann.

4.3.3.2. Ob in Art. I ^{bis} (2) die Alternative A oder B verwirklicht wird, hat Bedeutung für den Schutz von Hörfunksendungen. Konsequent im Sinne eines Signalschutzes wäre die Alternative B. *Denn auch das im Hörfunk gestaltete Programm wird auf einem Signal transportiert und verbreitet.* Es ist also wie das Fernsehfunksignal jeglicher Piraterie zugänglich, also schutzwürdig. Demgegenüber wäre die Wahl der Alternative A logisch nicht zu rechtfertigen und würde zu einem einseitigen Schutz allein der Fernsehanstalten führen.

4.3.3.3. Im übrigen braucht der "body of . . . material" nicht in körperlicher Form, etwa als Film- oder Magnetaufzeichnung vorzuliegen. Dies stellt der Pariser Entwurf gegenüber dem Lausanne-Entwurf durch "live" und "recorded" klar, es versteht sich aber aus unserem "Sendungs"-Begriff von selbst. Durch "live" und "recorded" soll auf die Einbeziehung des "secondary use" in den Konventionsschutz hingewiesen werden. Schon im Zusammenhang mit Art. I wurde erwähnt,

---

[23] Kap. 7, I, Ziff. 2.3.4.–2.3.5., sowie analog hierzu für die RBÜ Kap. 8, II, Ziff. 3.1.

daß die Nennung des "secondary use" allein in Art. I ^{bis} (5) statthaft ist[24]. In Art. I ^{bis} (2) ist sie systematisch ebenso deplaziert wie in Art. I.

4.3.3.4. Auch die Wendung "embodied in signals emitted for the purpose of ultimate distribution" muß aus systematischen Erwägungen aus Art. I ^{bis} (2) gestrichen werden[25]. Da diese Wendung ein zur Verbreitungstätigkeit gehörendes subjektives Zweckbestimmungselement enthält ("purpose of ... distribution"), wird sie weiter unten im Zusammenhang mit dem Begriff "Verbreitung" diskutiert[26]. Dort findet sich auch der Änderungsvorschlag für Art. I ^{bis} (2).

4.3.4. "Satellit"

Der Begriff Satellit ist eigentlich klar, obwohl auch hier wieder der Bezug auf die "Final Acts 1971" mit den dort neu definierten "Weltraumbegriffen" fehlt[27]. Dieser Hinweis hätte auch die Klarstellung gegenüber dem Lausanne-Entwurf, daß der Satellit im "außerterrestrischen Raum" sein muß, überflüssig gemacht. Der Begriff umfaßt sowohl die bestehenden Punkt-zu-Punkt-, Verteiler-, wie auch die zukünftigen Rundfunk-("Direkt"-)Satelliten, geostationäre und Umlaufsatelliten (wie die Satelliten der INTELSAT-F-2-F-4 und der Molnya-Serien) und alle künftigen Satelliten in diesen Systemen.

4.3.5. "Ausgangsanstalt"

"Ausgangsanstalt ist die natürliche oder juristische Person, die entscheidet, welches Programm das Signal trägt".

Mit diesem Kriterium (Entscheidung über das zu übertragende Programm) sind einerseits alle die Personen ausgeschlossen, die mit der Produktion des Programms in organisatorischer, künstlerischer, technischer und finanzieller Hinsicht befaßt sind, andererseits die Fernmeldeunternehmen, die allein die technische Aufgabe der Signalverbreitung wahrnehmen. Ausgeschlossen sind also Organisatoren, Werkschöpfer, ausübende Künstler, Kameraleute, Tontechniker, Regisseure, Produzenten einerseits und die öffentlichen und privaten Fernmeldeunternehmen wie die Post und die "common carriers" andererseits. In

[24] Vgl. oben Ziff. 3.3.4–3.3.6.
[25] Vgl. unten Ziff. 4.3.6.3.
[26] Vgl. unten Ziff. 4.3.6.3.
[27] Vgl. oben Teil A, Kap. 1, I, Ziff. 6 und insbesondere: Final Acts der ITU 1971, Section II A, Space Systems, Services and Stations.

der Regel wird die Entscheidung von Rundfunkanstalten (-gesellschaften) getroffen. Sie werden daher zumeist die durch Art. IV des Pariser Entwurfs verpflichteten Ausgangsanstalten sein, die die nach Art. II (1) notwendigen Verbreitungsgenehmigungen erteilen müssen.

4.3.6. "Verbreitung"

4.3.6.1. Verbreitung wird definiert als "die Übertragung" eines Signals an die Öffentlichkeit oder eines Teils von ihr. – Der Pariser Entwurf änderte damit die Definition des Lausanne-Entwurfs ab, der die Verbreitung als "jeglichen Akt, durch den Signale . . . übertragen werden" bestimmte. In Paris wurde argumentiert, daß der Satellit – jedenfalls der künftige Rundfunk-("Direkt"-)Satellit – nicht handelt, keine Akte vollzieht; daher die Änderung.

4.3.6.2. Entsprechend unseren Ausführungen zu Art. I[28] und Art. I ^{bis} (2)[29] bildet die "Verbreitung" das Pendant zur "Rundfunksendung" im Sinne des Romabkommens und der RBÜ. Gemäß der Absicht, den Rundfunksendungsbegriff dieser beiden Instrumente möglichst weit zu fassen, ist Verbreitung (Art. I ^{bis} (5)) begrifflich weiter als "Rundfunksendung". Allerdings fehlt auch hier die systematische Sauberkeit: Der Generalbericht erwähnt hierzu[30], daß die Übertragung an die Öffentlichkeit oder eines Teils von ihr (also die Verbreitung) *"nicht nur die herkömmlichen Formen von broadcasting einschließt,* sondern auch Übertragung durch Gemeinschaftsantennen-, Kabel-, closed-circuit-Fernsehen und jeglicher anderer Mittel der Draht-, Kabel- oder sonstwie leitungsgebundener Fernsehübertragungen an eingeschriebene Mitglieder der Öffentlichkeit". Damit wird zwar praktisch jede technisch mögliche Übertragungsart eingeschlossen, nicht erwähnt wird aber, ob diese – eher beiläufige – Nennung des Rundfunksendungsbegriffs eine Bezugnahme auf das Kriterium der Zweckbestimmung zum direkten öffentlichen Empfang beinhaltet.

4.3.6.3. Dies ist wohl nicht der Fall. Da es die Absicht des Pariser Entwurfs ist, den engen Rundfunksendungsbegriff zu überwinden, stellt die zitierte Erwähnung sicherlich keine Bezugnahme auf die Definitionskriterien des Rundfunksendungsbegriffs dar. Dies wird bestätigt durch die im Begriff "Programm" enthaltene Wendung "embodied in

---

[28] Vgl. oben Ziff. 3.3.1.–3.3.6.
[29] Vgl. oben Ziff. 4.3.3.1.
[30] UNESCO/WIPO/SAT. 2/14, Ziff. 45.

signals emitted for the purpose of *ultimate distribution*"[31] (Art. I^{bis} (2)), welche die lediglich indirekte Zweckbestimmung der Verbreitung anspricht.

Analog zu unserem Verständnis des "Sendungs"-Begriffs im Romabkommen und in der RBÜ ist der Begriff "Programm" im Pariser Entwurf um die Wendung "embodied in signals emitted for the purpose of ultimate distribution" zu weit gefaßt. Denn allein die Verbreitungstätigkeit kann zweckgerichtet sein, nicht aber ihr Gegenstand, das Programm; allein die Verbreitungstätigkeit hat den Zweck, letztendlich die Öffentlichkeit zu erreichen, das "Programm" hingegen braucht (wie auch der Generalbericht feststellt[32]) nicht zum Zweck der Verbreitung hergestellt worden zu sein. Folglich muß in Art. I^{bis} (2) die zitierte Wendung gestrichen und Art. I^{bis} (5) um eine sinngemäße Formulierung erweitert werden. Erst dann kommt zum Ausdruck, daß das Element der direkten Zweckbestimmung zum Empfang durch die Öffentlichkeit durch den neuen Begriff der Verbreitung überwunden werden soll. Art. I^{bis} könnte dann folgendermaßen lauten:

> Art. I^{bis} (2):
> "Programme is a body of material consisting of images, sounds or both"[33].
>
> Art. I^{bis} (5):
> „Distribution is the transmission of signals for the purpose of ultimate reception by the general public or any segment thereof."

War die Wendung "for the purpose of ultimate reception by the general public or any segment thereof" im Rahmen des Programmbegriffs des Lausanne-Entwurfs einfach falsch, weil nur eine Tätigkeit, nicht aber ein Gegenstand zweckgerichtet sein kann, so erfüllt sie nach unserem Vorschlag im Verbreitungsbegriff die ihr zukommende Funktion, darauf hinzuweisen daß das subjektive Kriterium der *direkten* Zweckbestimmung des Rundfunksendungsbegriffs in dieser Konvention fallengelassen wird. – Demgegenüber zeugte die durch die Pariser Konferenz vorgenommene Änderung von "ultimate reception" in "ultimate distribution" innerhalb des Programmbegriffs von der noch bestehenden Unklarheit über das Verhältnis von Programm zu Verbreitung.

---

[31] Die Kursivsetzung stammt vom Verfasser.

[32] Vgl. UNESCO/WIPO/SAT. 2/14, Ziff. 35.

[33] Diese Formulierung bezieht die oben als notwendig bezeichnete Aufnahme der Hörfunkprogramme mit ein, vgl. oben, Ziff. 4.3.3.2. und streicht den systematisch deplazierten Hinweis darauf, daß live- und Aufzeichnungsmaterial als "primary" und "secondary use" von der Konvention erfaßt werden sollen, vgl. oben Ziff. 4.3.3.3.

Der Inhalt des Generalberichts entspricht – wenn auch nicht mit unserem theoretischen Unterbau – all diesen Überlegungen[34].

Da für den Verbreitungsbegriff die indirekte Zweckbestimmung genügt, schließt er die "Phasentheorie" nicht aus[35]. Danach kann bereits die Signaleingabe in den Satelliten als Verbreitung angesehen werden – ein Punkt, auf den Alternative A, Art. IV Abs. (5) noch einmal eingeht[35a]. Die indirekte Zweckbestimmung läßt weiterhin auch den "Weitersendungsschutz" im "ausschließlichen Satellitensendungsfall" zu, ohne Rücksicht auf eine gleichzeitig am Ausgangsort ausgestrahlte Rundfunksendung[36].

Die kunstvollen Fiktionskonstruktionen, die das Romabkommen hier erfordert, sind damit überflüssig; ein "Beruhen" der "Verbreitung" auf einer Rundfunksendung am Ausgangsort ist somit weder im "Parallelsendungsfall" noch im Fall zeitversetzter Ausstrahlung, noch im Fall "ausschließlicher Satellitenausstrahlung" mehr notwendig. Schließlich umfaßt die "Verbreitung", wie schon erwähnt, alle denkbaren Übertragungsformen, seien sie nun radiotechnischer, leitungsgebundener oder sonstiger Natur[37]. Allerdings gibt es hierzu eine ganz bedeutsame Ausnahme:

4.3.7. Einschränkung des Verbreitungsbegriffs durch Art. IX (3) Pariser Entwurf

Art. IX (3) Pariser Entwurf gestattet es den Unterzeichnern bei der Unterzeichnung der geplanten Konvention eine Erklärung zu hinterlegen, wonach sie die Konvention nicht anwenden auf Draht-, Kabel- oder sonstige Übertragungstechniken, falls und solange ihr innerstaatliches Recht das Programm gegen die Verbreitung durch diese Übertragungstechniken nicht schützt.

4.3.7.1. Es soll an dieser Stelle nicht auf den Inhalt des Art. IX (3) vorgegriffen werden; aber seine Auswirkungen auf den Verbreitungsbegriff verdienen schon hier Erwähnung. – Die Einschränkungsmöglichkeit bedeutet für die Verbreitung folgendes: Der Verbreitungsbegriff

[34] UNESCO/WIPO/SAT. 2/14, Ziff. 41–45.
[35] a. a. O., Ziff. 42.
[35a] Praktisch gilt dies jedoch wie die Erörterung zu Art. IV zeigt, nur für "Direkt"-Satelliten, vgl. unten Ziff. 9.
[36] a. a. O., Ziff. 43.
[37] UNESCO/WIPO/SAT. 2/14, Ziff. 44, 45.

wird reduziert auf einen "weiten Rundfunksendungsbegriff" im Sinne der RBÜ und des Romabkommens; ihm wird lediglich das Element der direkten Zweckbestimmung zugunsten der indirekten Zweckbestimmung zum Empfang durch die Öffentlichkeit genommen. – Ferner bietet die Konvention in den Staaten, die von der Möglichkeit des Art. IX (3) Gebrauch machen (wahrscheinlich Canada und die USA)[38], Schutz nur im Fall derartiger (weitverstandener) "Rundfunksendungen".

4.3.7.2. Die Hauptgefahr des Art. IX (3) aber liegt darin, daß die hier gewährte Option die Konvention praktisch selbst in Frage stellt. Art. IX (3) beinhaltet nämlich keine Verpflichtung, daß und in welchem Zeitraum die Unterzeichner, die von dieser Option Gebrauch machen, ihr innerstaatliches Recht auf den weiten Verbreitungsbegriff umstellen müssen. Je mehr und je wichtigere Staaten von Art. IX (3) Gebrauch machen, desto größere Schutzlücken können zu Lasten der Betroffenen entstehen: So könnte etwa die Rundfunkanstalt X (deren Heimatstaat A von der Möglichkeit des Art. IX (3) Gebrauch gemacht hat) serienweise Programme der Anstalt Y aus dem Staat B (der die Konvention vorbehaltlos ratifiziert hat) im Staat A über die durch Art. IX (3) ausgeschlossenen Verbreitungssysteme verbreiten; die Anstalt Y und die an ihren Programmen Beteiligten wären hiergegen nach Art. IV Pariser Entwurf schutzlos.

4.3.7.3. Zwar hat die Delegation der Bundesrepublik durch einen in Klammern gesetzten Zusatz zu Art. IX (3) dieser Möglichkeit einen Riegel vorschieben wollen; gleichwohl machen die USA und Canada ihre Unterschrift bisher noch davon abhängig, daß dieser Zusatz wieder entfernt wird[39]. Sollte es bei der an sich begrüßenswerten Einschränkung des Art. IX (3) durch den deutschen Zusatz bleiben, so droht der Konvention von Anfang an das Schicksal, das ihre Väter erklärtermaßen vermeiden wollten – das des Romabkommens! Canada und die USA würden wahrscheinlich der Konvention fern bleiben und damit das Signal für weitere Staaten geben, ebenfalls nicht zu unterschreiben. Die Konvention würde zu wenige und vor allem zu wenig wichtige Ratifikationen erzielen. – Der hoffnungsvolle Ansatz, den Art. I ^{bis} (5) vordergründig zu bringen scheint, wird durch Art. IX (3) zerstört, der Wert der Konvention an sich in Frage gestellt.

4.3.7.4. Dieser schwerwiegende Mangel kann auch durch die Verankerung der materiellen Reziprozität nicht aus der Welt geschafft werden.

---

[38] UNESCO/WIPO/SAT. 2/14, Ziff. 95.
[39] UNESCO/WIPO/SAT. 2/14, Ziff. 95.

Der Grundsatz der materiellen Reziprozität ist nur dort sinnvoll, wo die gleichen oder ähnlichen Voraussetzungen herrschen. In Canada und in den USA haben die modernen Fernmeldetechniken, wie sie Art. IX (3) ausschließt, aber historisch und quantitativ eine viel größere Bedeutung als in Europa. Wenn diese beiden Staaten gegen die Draht-, Kabel-, Gemeinschaftsantennen- und closed-circuit-Übertragungstechniken nicht Schutz gewähren wollen, so kann dem nicht damit begegnet werden, daß die europäischen Staaten ebenfalls von Art. IX (3) Gebrauch machen, weil (wegen der grundsätzlich anderen topographischen Voraussetzungen) diese Techniken in Europa niemals eine vergleichbare Bedeutung erreichen werden wie in Nordamerika. Der Kreis der bei diesen Übertragungstechniken schutzlos gestellten Europäer in Nordamerika wäre immer unverhältnismäßig größer als der Kreis der schutzlos gestellten Nordamerikaner in Europa!

5. Änderungsvorschläge für Art. I und I ^{bis}:

Aufgrund der in Ziff. 3 und Ziff. 4 angestellten Erörterungen werden folgende Änderungen vorgeschlagen:

5.1. Art. I

"This Convention applies to *any kind of distribution of* programme-carrying signals which, after their emission pass through a satellite."

5.2. Art. I ^{bis}

5.2.1. "Signal" und "Satellit"

Beide Begriffe müssen im Generalbericht mit einer Bezugnahme auf die ITU-Radio Regulations versehen werden.

5.2.2 "Ausstrahlung"

"Emission is the propagation of signals to a satellite by means of radio waves."

5.2.3. "Programm"

"Programme is a body of material consisting of images, sounds or both."

5.2.4. "Verbreitung"

"Distribution is the transmission of signals for the purpose of ultimate reception by the general public or any segment thereof."

6. Artikel II

6.1. Inhalt des Art. II (1)

Art. II (1) verpflichtet die Unterzeichnerstaaten, in ihrer innerstaatlichen Rechtsetzung festzulegen, daß die Verbreitung programmtragender Satellitensignale auf ihrem Territorium ohne die Genehmigung der einem Mitgliedsstaat angehörigen Ausgangsanstalt rechtswidrig ist.

6.2. Änderung

Art. II (1) hat dadurch gegenüber dem Lausanne-Entwurf einen grundlegenden Wandel erfahren. Art. II Lausanne-Entwurf begann: "Each Contracting State shall prohibit and provide for sanctions . . .". Dadurch wurde der eindeutige Verbotscharakter des Lausanne-Entwurfs und die Verpflichtung der Staaten, strafrechtliche Sanktionen festzulegen, deutlich. Wie schon erwähnt, rückte die Pariser Konferenz weitgehend von der Verbotskonzeption ab[40]. Durch den Pariser Entwurf Art. II (1) wird es – zusammen mit Art. III (1) – den Unterzeichnern nunmehr freigestellt, alternativ oder kumulativ strafrechtliche, verwaltungsrechtliche oder bürgerlichrechtliche Normen zur Erreichung des Konventionsziels zu setzen.

6.3. Bedeutung, Kritik

6.3.1. Art. II (1) hat drei Voraussetzungen, die gleichzeitig erfüllt sein müssen[41]:

- Die Verbreitung muß auf dem Gebiet des fraglichen Staates erfolgen,
- die Verbreitungsgenehmigung der Ausgangsanstalt muß fehlen,
- die Ausgangsanstalt muß Staatsangehöriger eines anderen Mitgliedsstaates sein.

Allerdings kann das Kriterium der Staatsangehörigkeit ersetzt werden durch das Kriterium des Ortes, von dem die Signale ausgestrahlt werden, vorausgesetzt, die innerstaatliche Gesetzgebung des betreffenden Staates knüpft beim Schutz programmtragender Satellitensignale nicht an die Staatsangehörigkeit der Ausgangsanstalt an, sondern an den Tatort (Art. IX (2) Pariser Entwurf). Die Staaten, die von dieser Möglichkeit Gebrauch machen wollen, hinterlegen bei Konventionsunterzeichnung eine entsprechende Erklärung (Art. IX (2) Pariser Entwurf). Die hier

---

[40] UNESCO/WIPO/SAT. 2/14, Ziff. 46.
[41] Vgl. Masouyé, a. a. O. EBU-Review, XXIII, No. 5, S. 55.

beschriebene Möglichkeit des alternativen Anknüpfens entweder an den Tatort oder die Staatsangehörigkeit findet sich auch im Romabkommen und im Abkommen zum Schutz von Phonogrammherstellern von 1971.

6.3.2. Die den Unterzeichnern durch Art. II (1) auferlegte Verpflichtung ist nur sehr unvollkommen, ein für die gleichmäßige Effizienz der Konvention nicht zu übersehender Nachteil.

6.3.3. Die von Masouyé im Zusammenhang mit Art. II (1) getroffene Feststellung, die Konvention wolle mit der durch Art. II (1) ausgesprochenen Verpflichtung nicht den Schutz des programmtragenden Signals als solchen oder den Schutz der Ausgangsanstalt erreichen, sondern nur die ungenehmigte Signalverbreitung für rechtswidrig erklären lassen[42], liegt nach unseren Ausführungen zu Art. I und I ^{bis} auf der Hand. Diese Folgerung haben wir bereits gezogen. Sie gehört für uns systematisch zum Begriff der Verbreitung (Art. I ^{bis} (5) Pariser Entwurf) und nicht zu Art. II (1), der allein die Verpflichtung zur Normierung dieser Rechtswidrigkeit durch die Mitgliedsstaaten regelt.

6.4. Art. II (2)

6.4.1. Der in Art. II (2) geregelte Fall ist recht kompliziert. Deshalb sei vorweg ein Beispiel gegeben:

Die Rundfunkanstalt A im Staat X genehmigt der Rundfunkanstalt B im Staat Y die terrestrische Verbreitung nach Satellitenübertragung eines aufgezeichneten Programms. Die Rundfunkanstalt C im Staat Y ist im Besitz einer Magnetaufzeichnungskopie dieses Programms und verbreitet gleichzeitig (oder später) mit Anstalt B dieses Programm im Staat Y ohne dazu durch A ermächtigt worden zu sein. Beide Verbreitungen erfolgen also völlig unabhängig voneinander.

6.4.2. Diesen und ähnliche Fälle wollte der Lausanne-Entwurf mit Art. II (4) erfassen, indem er bestimmte, daß das Verbreitungsverbot auch gelten sollte, wenn die fragliche Verbreitung "... (Art. II (4)) *nicht* direkt oder indirekt von einer Verbreitung herrührt,

- welche durch die Ausgangsanstalt genehmigt war und
- welche nach dem Passieren der Signale durch den Satelliten stattfand."

6.4.3. Demgegenüber strukturiert Art. II (2) den gleichen Sachverhalt im Paris-Entwurf durch die grammatische Umstellung des Wortes "nicht" in eine Ausnahmeregel zum Absatz (1) um. Es heißt nun nicht mehr,

---

[42] Vgl. Masouyé a. a. O., EBU-Review XXIII, No. 5, S. 55.

die Konvention sei anwendbar, "wenn die fragliche Verbreitung *nicht* ... von einer ... Verbreitung herrührt", sondern, die Konvention sei *nicht* anwendbar, "wenn die fragliche Verbreitung von einer ... Verbreitung herrührt": Dementsprechend hat Art. II (2) Pariser Entwurf folgenden Wortlaut:

> "Absatz (1) ist *nicht* anwendbar, wenn die (Signal-)Verbreitung direkt oder indirekt von einer durch die Ausgangsanstalt genehmigten terrestrischen Verbreitung (die vorher den Satelliten passierte) herrührt."

6.4.4. Art. II (2) enthält mithin eine – vom Schutzzweck der Konvention her, die *satellitenübertragene* Signalverbreitung zu schützen (Art. I), selbstverständliche Ausnahme zur Regel des Absatz (1): *Nicht geschützt wird die Verbreitung, wenn sie von einer durch die Ausgangsanstalt genehmigten terrestrischen Verbreitung herrührt.* Dabei ist es gleichgültig, ob die fragliche Verbreitung auf der terrestrischen direkt oder indirekt aufbaut.

6.4.5. Anknüpfungspunkt des Pariser Konventionsentwurfs ist allein die Verbreitung des *satellitenübertragenen* Signals. Dies gilt (auch wenn es dort nicht ausdrücklich noch einmal wiederholt wird) selbstverständlich auch für Art. II (1). Demgegenüber schafft Art. II (2) willkürlich einen konventionsfremden neuen Anknüpfungspunkt – die Verbreitung eines terrestrisch übertragenen Signals. Aus dem Zusammenhang von Art. I und Art. II (1) Pariser Entwurf aber folgt, daß Art. II (2) als unechte systemfremde Ausnahme um der Klarheit und Eindeutigkeit der Konvention willen gestrichen werden muß. Die hier gemeinte sogenannte "Zweitsendung" sollte nach dem Willen der Pariser Konferenz (anders als noch nach dem Wunsch der Lausanne-Konferenz) nicht vom Verbreitungsverbot des Absatz (1) erfaßt werden[43]. Die Ablehnung des Schutzes der "Zweitsendung" (die anders als die "Weitersendung" im Sinne des Romabkommens nicht auf einer Rundfunksendung "beruht") hätte aber in Paris nicht als Ausnahme zur Regel des Art. II (1) formuliert werden dürfen, sondern durch komplette Streichung des Art. II (2) in seiner Pariser Fassung zum Ausdruck gebracht werden müssen.

7. Änderungsvorschlag zu Art. II (2)

Art. II (2) ist ersatzlos zu streichen, damit nicht ein konventionsfremder Anknüpfungspunkt (Verbreitung terrestrisch übertragener Signale) *Zweifel über den in Art. I beschriebenen einzigen Anknüpfungspunkt* (Ver-

[43] UNESCO/WIPO/SAT. 2/14, Ziff. 50, und Masouyé a. a. O. EBU-Review, XXIII, No. 5, S. 55.

breitung satellitenübertragener Signale) *fördert*.
Sobald das satellitenübertragene Signal rechtmäßig terrestrisch verbreitet wird, ist es kein Satellitensignal im Sinne des Art. I Pariser Entwurf mehr; jede an diese terrestrische Verbreitung anknüpfende Verbreitung, sei sie nun direkt oder indirekt, ist für die Konvention irrelevant!

Der in Art. II (2) angesprochene Fall liegt also außerhalb des Konventionsanwendungsbereichs. Er darf nicht in der Konvention, sondern nur im Generalbericht erwähnt werden.

8. Artikel III

8.1. Inhalt

In Absatz (1) des Art. III wird den Unterzeichnern die Wahl gelassen, wie sie in ihrem innerstaatlichen Recht die Verpflichtung aus Art. II (1) verwirklichen — alternativ oder kumulativ durch straf-, verwaltungs- oder zivilrechtliche Normen. Absatz (2) läßt den innerstaatlichen Rechten in Form einer Option die Möglichkeit offen, eine Mindestschutzdauer zu bestimmen; diese darf dann aber 20 Jahre vom Ende des Jahres, in dem das Signal zum Satelliten ausgestrahlt worden ist, gerechnet, nicht unterschreiten.

8.2. Änderungen

Die Änderungen des Art. III Pariser Entwurf gegenüber Art. III Lausanne-Entwurf resultieren einerseits aus dem Konzeptionswechsel von der Verbots- zur bloßen "Rechtswidrigkeits"-Konvention; neben oder anstelle der in Lausanne allein geforderten strafrechtlichen Verbote und Sanktionen können verwaltungs- oder zivilrechtliche Maßnahmen treten. Andererseits wird die Mindestschutzdauer nicht mehr (wie in Art. III, S. 2 Lausanne-Entwurf) zwingend festgelegt, sondern als Option angeboten.

8.3. Bedeutung, Kritik

8.3.1. Die Abkehr vom reinen Verbotskonzept bedeutet eine Schwächung der Konvention. Die in Art. III (1) S. 2 angebotenen Mittel lassen den Unterzeichnern zu viele unterschiedliche Möglichkeiten. Von der bloßen Bußgeldandrohung bis zum Lizenzentzug, von der Verwarnung über den Arrest bis zur Freiheitsstrafe sind alle Druck- und Durchsetzungsmittel möglich, die die verschiedenen Rechtsordnungen bereithalten. Diese Variationsbreite im Verein mit den verschiedenen Urheber- und Leistungsschutzrechten erleichtert es den potentiellen Tätern – den Rundfunkanstalten (-gesellschaften) zumeist – bei Punkt-zu-Punkt-Systemen unerlaubte Verbreitungen vorzunehmen: Wo ihr Landesrecht nur Bußgelder und Verwarnungen bereithält, wo die Staatskasse vielleicht sogar noch von der "dynamischen Tätigkeit" der Anstalten (Gesellschaften) profitiert, kann die Kalkulation von Gewinn und Verlust, von Bußgeld und Einnahmezuwachs, nur allzuleicht Anreiz für nicht genehmigte Verbreitungen werden!

8.3.2. Gegen derartige Auswüchse ließe sich mit der Verankerung der materiellen Reziprozität nur schlecht ankämpfen: Die erwünschte Universalität der Konvention und die bekannten Strömungsrichtungen des internationalen "Kulturexports" hätten eine weltweite gleichmäßige Sanktion gegenüber nichtgenehmigten Verbreitungen erfordert. Nur so hätte man verhindern können, daß die geistig Schaffenden aus Staaten mit hohem "Kulturexport" und hochentwickeltem Urheber- und Leistungsschutz in Staaten mit unzureichendem Urheber- und Leistungsschutz aber hohem "Kulturimport" schlechter gestellt werden als im umgekehrten Fall. Die Pflicht zu strafrechtlichen Verboten und Sanktionen hätte den Anspruch auf Universalität und dem Wunsch der geistig Schaffenden auf möglichst gleichförmigen Schutz in aller Welt am ehesten gerecht werden können.

8.3.3. Die Abschwächung des Art. III (1) ist um so bedauerlicher, als sie nicht nur den "Entwicklungsländern im Sinn der ständig geübten Praxis der UNO-Vollversammlung" dient, sondern allen Unterzeichnern. Die Entwicklungsländer, die allein einer eindeutig gefaßten Strafrechtskonvention gegenüber schutzwürdig sind, werden aber bereits durch Art. V Abs. (2) geschützt; gegenüber ihren besonderen Belangen für Bildung und Ausbildung, Forschung und Wissenschaft hätte das Konzept der Strafrechtskonvention ohnehin nicht angewendet werden können.

8.3.4. Das Abrücken der Konvention vom Strafrechtskonzept durch Art. II Abs. (1) und Art. III Abs. (1) S. 2 wird (wie schon oben[44] erwähnt) die Wirksamkeit der Konvention erheblich einschränken.

8.3.5. Mit "national legislation" ist in Art. III ebenso wie an allen anderen Stellen des Entwurfs nicht nur das durch die Legislative geschaf-

[44] Vgl. oben Kap. 9, II, Ziff. 6.3.2.

fene Gesetzesrecht, sondern auch jede andere Möglichkeit der innerstaatlichen Rechtsetzung, also auch common law gemeint[45]. Länder mit angelsächsischer Rechtstradition, deren common law schon jetzt die Verbreitung programmtragender Signale schützen würde, bräuchten daher bei der Ratifikation der neuen Konvention kein neues Gesetz zu schaffen, um den durch Art. II Abs. (1), Art. III Abs. (1) normierten Verpflichtungen der Konvention nachzukommen.

8.4. Problematik des Art. III Abs. (2)

8.4.1. Die Frage, ob das als Signalschutzkonvention deklarierte neue Abkommen überhaupt eine traditionell urheber-leistungsschutzrechtliche Materie wie die der Mindestschutzdauer regeln darf, blieb in Paris umstritten aber ungelöst. Die Delegationen vieler wichtiger Staaten[46] behielten sich die Stellungnahmen ihrer Regierungen dazu vor. Die italienische Delegation bestritt vom Konventionszweck her die Möglichkeit, in ihr eine Mindestschutzdauerregelung zu treffen[47]; eine solche Regelung gehöre nicht in ein Signalverbreitungsschutzabkommen, sondern allein in das Romabkommen. Die italienische Betrachtungsweise und die grundsätzlich ablehnende Haltung der anderen genannten Staaten spiegeln erneut die Zwitternatur des Abkommens wider: Es erhebt den Anspruch, lediglich Signalschutzkonvention zu sein, regelt aber ein rein urheber-/leistungsschutzrechtliches Problem außerhalb der vorhandenen Instrumente. Die möglichen Auswirkungen dieses Übergreifens haben wir schon skizziert[48]. Die Meinung der italienischen Delegation erhärtet unsere Auffassung, daß der Wunsch, anderen Konventionen nicht vorgreifen zu wollen (Art. IV Alt. A und B, Abs. (1), Präambel, lit. d)) ohne die vertragliche Verpflichtung der Unterzeichner zur Mitgliedschaft in diesen Abkommen nicht ernst gemeint sein kann; die tatsächlichen Folgen des Art. III Abs. (2) liegen in einer einseitigen Begünstigung der Rundfunkanstalten (-gesellschaften)[49].

Schließlich muß auch noch auf die Problematik hingewiesen werden, die sich für die Mitglieder des Romabkommens aus den Art. 14 und 22 RA ergibt. Da Art. III Abs. (2) Pariser Entwurf materiellrechtlich einen Gegenstand des Leistungsschutzes regelt, kommen die Mitglieder des

---

[45] UNESCO/WIPO/SAT. 2/14, Ziff. 57.

[46] UNESCO/WIPO/SAT. 2/14, Ziff. 54, Australien, Canada, Indien, Mexiko, Nigeria, Vereinigtes Königreich, USA.

[47] UNESCO/WIPO/SAT. 2/14, Ziff. 55.

[48] Kap. 9, I, Ziff. 4.2.

[49] So auch die italienische Meinung, a. a. O., Ziff. 55.

Romabkommens in Schwierigkeiten, weil sie diesen Gegenstand außerhalb des Romabkommens mit Nichtmitgliedern regeln. Das theoretisch und praktisch bedeutsame Verhältnis von Romabkommen zu neuem Abkommen aber kann nicht einfach durch die beiden Klauseln (Präambel, lit. d) und Art. IV, Alt. A und B, (1)) "anderen Konventionen nicht vorgreifen zu wollen", bewältigt werden!

8.4.2. Unbeschadet aller grundsätzlichen Bedenken zu Art. III Abs. (2) muß sein Anknüpfungspunkt diskutiert werden. – Für die Fristberechnung in Art. III Abs. (2) wird nicht an die Verbreitung des Signals im Sinne des Art. I ^{bis} (5) angeknüpft, sondern allein an die "Ausstrahlung des Signals zum Satelliten". Damit schafft Art. III Abs. (2) neben der "Verbreitung" einen zweiten Anknüpfungspunkt des Konventionsschutzes für solche Staaten, die über die Verpflichtung des Art. II Abs. (1) hinausgehend noch eine Mindestschutzdauer festsetzen wollen. – Aufzeichnungs- und Speicherungseinrichtungen in Satelliten und Bodenempfangsstationen ermöglichen bekanntlich beliebig viele zeitversetzte Verbreitungen. Um die schwierige Frage auszuschließen, an welche von mehreren Verbreitungen die den Gegenstand einer Schutzfristberechnung bildende Verbreitung anknüpft, wurde die Ausstrahlung zum Satelliten als Anknüpfungspunkt für die Fristberechnung gewählt. Dies ist eine durchaus praktische Lösung. Sie leidet aber darunter, daß die "Ausstrahlung" zum Satelliten im Sinne des Art. III Abs. (2) nicht in Art. I ^{bis} (5) definiert ist und deshalb nicht deutlich wird, daß Art. III Abs. (2) einen zweiten, nicht ausdrücklich genannten Anknüpfungspunkt für den Konventionschutz schafft. Auf den diesbezüglichen Änderungsvorschlag wird deshalb hier noch einmal hingewiesen[50].

9. Artikel IV

9.1. Inhalt

9.1.1. In zwei Alternativvorschlägen versucht Art. IV die Interessen der am Programm Beteiligten zu wahren: Dabei lauten die Absätze (1) der Alternativen A und B gleich:

> "Diese Konvention soll keinesfalls dahin ausgelegt werden, daß sie den Schutz, welcher Urhebern, ausübenden Künstlern, Phonogrammherstellern (oder) Rundfunkanstalten, (oder anderen Programmbeteiligten) auf andere Weise durch nationales Recht oder internationale Übereinkunft gewährleistet wird, beschränkt oder präjudiziert."

---

[50] Kapitel 9, II, Ziff. 4.3.2. und Ziff. 5.2.2.

9.1.2. Alt. A enthält in den Absätzen (2) bis (4 ^{bis}) Verpflichtungen der Ausgangs- bzw. Verbreitungsanstalten gegenüber Urhebern und ausübenden Künstlern, deren damit korrespondierende Rechte sowie eine Auslegungsregel (5). – Alt B enthält in Abs. (2) einzig eine Kennzeichnungsverpflichtung der Ausgangsanstalten.

Alt. A ist die in Konventionsform gegossene Grundsatzhaltung, daß das Abkommen über eine reine Signalschutzkonvention hinausgehend auch die Interessen der am Programm Beteiligten schützen muß. Alt. B verkörpert die entgegengesetzte Position, daß eine reine Verbotskonvention das angestrebte Ziel am ehesten erreicht hätte.

9.2. Änderungen

Gegenüber dem Lausanne-Entwurf ist die Pariser Fassung des Art. IV völlig neu erarbeitet. Enthielt die Lausanne-Fassung noch drei Alternativen (A–C), so sind jetzt nur mehr zwei verblieben, die aber inhaltlich keiner Alternative des Lausanne-Entwurfs zugeordnet werden können. Das Rückwirkungsverbot, das in jeder der drei Lausanne-Alternativen erwähnt wurde, wurde ausgegliedert und in einen neuen Art. IV ^{bis} umformuliert. Die "anderen Programmbeteiligten" wurden nunmehr wie in der Präambel in Klammern gesetzt[51].

9.3. Bedeutung, Kritik

9.3.1. Bedeutung der Alternative A

Für die Delegationen, die über eine reine Verbotskonvention hinauswollten, ist die Alternative (Alt.) A zu Art. IV das Herzstück der Konvention.

In ihr verdeutlicht sich die ganze Problematik, einen Urheber- und Leistungsschutz außerhalb vorhandener Konventionen regeln zu wollen. Masouyé[52] nennt drei Punkte, die den Einschluß der Alt. A in den Entwurf rechtfertigen:

- Vom Standpunkt der Programmbeitragenden aus gesehen ist es fraglich, ob die vorhandenen Instrumente ihren Werken Leistungen, Phonogrammen und Sendungen im Fall von Satellitenausstrahlungen Schutz gewähren[53].

---

[51] Vgl. oben Kap. 9, II, Ziff. 2.4.1.

[52] Masouyé, a. a. O., EBU-Review, XXIII, No. 5 (1972), S. 56.

[53] Diese Skepsis ist – wie auch unsere eigene Analyse der vorhandenen Instrumente beweist – berechtigt: Vgl. oben Kap. 7 und 8.

– Obwohl die Konvention feststellt, daß sie keine anderen präjudizieren will, ist es jedermann freigestellt, klarzumachen, mit welchen Mitteln man eine solche Präjudizierung verhindern kann[54].
– Schließlich erscheint es wünschenswert, die Verantwortlichkeit der Ausgangsanstalten gegenüber den interessierten Parteien genau zu bestimmen, ohne dabei den Anwendungsbereich anderer Konventionen im einen oder anderen Sinn zu interpretieren.

9.3.2. Art. IV, Alt. A, Abs. (2)

Abs. (2) regelt die Verantwortlichkeit der Ausgangs- bzw. Verbreitungsanstalten gegenüber Urhebern, ausübenden Künstlern, Phonogrammherstellern und Rundfunkanstalten einerseits für den Fall der Verbreitung durch Rundfunk-("Direkt"-)Satelliten, (lit. a)), andererseits für den Fall der Verbreitung durch Punkt-zu-Punkt-(Verteiler-)Satelliten, lit. b)).

9.3.2.1. Erfolgt die Verbreitung im Rundfunksatellitensystem (lit. a)), so nimmt bereits die Ausgangsanstalt die Verbreitungshandlung vor, bzw. veranlaßt die Verbreitung durch den Satelliten, der das programmtragende Signal zum unmittelbaren öffentlichen Empfang ausstrahlt. Logischerweise ist daher die Ausgangsanstalt den genannten Interessenten verantwortlich.

9.3.2.2. Im Punkt-zu-Punkt-(Verteiler-)Satellitensystem (lit. b) ist diejenige Anstalt den Künstlern, Urhebern usw. verantwortlich, die die Verbreitung des Signals zum Empfang durch die Öffentlichkeit vornimmt, bzw. veranlaßt. Das ist die Anstalt, die am Empfangsort des Satellitensignals die öffentliche Ausstrahlung besorgt. *In beiden Fällen knüpft die Verantwortlichkeit an den Verbreitungsvorgang an, stimmt also mit dem in Art. I und Art. II Abs. (1) statuierten Anknüpfungspunkt überein. In beiden Fällen aber auch legt Abs. (2) die Verantwortlichkeit der Ausgangs- bzw. Verbreitungsanstalt nur für den Fall und nur in dem Umfang fest, in dem das Recht des Staates, von dessen Gebiet aus die Verbreitung vorgenommen wird, Urheberrechts- und Leistungsschutz gewährt.* – In beiden Fällen ist dies das am Tatort geltende Recht. Das Tatortrecht kann gleichzeitig auch das Heimatrecht sein, wenn die Verbreitungsanstalt (-gesellschaft) ihren Sitz im (bzw. die Nationalität des) Staats der Verbreitung hat. Abs. (2) setzt somit einen im Heimatrecht

---

[54] Die Gefahr, daß die Konvention dennoch die Anwendbarkeit vorhandener Instrumente präjudiziert, wurde schon erwähnt, vgl. oben, Kap. 9, I, Ziff. 4.2. Verhindert werden könnte dies auf Konventionsebene nur durch eine Klausel, die die Unterzeichner zum Beitritt in die in Frage kommenden Konventionen verpflichtet, auf innerstaatlicher Ebene nur durch einen klarstellenden Rechtsakt bei der Ratifikation.

bzw. Tatortrecht bestehenden Urheber-/Lestungsschutz voraus und gewährt selbst keinen neuen, eigenständigen Schutz.

9.3.2.3. Bei der Verbreitung durch Rundfunk-(„Direkt"-)Satelliten (lit. a)) hat die Verantwortlichkeit der Ausgangsanstalt folgende Voraussetzungen:

- Die Ausgangsanstalt muß Angehöriger eines Vertragschließenden Staates sein.
- Das Heimatrecht der Ausgangsanstalt muß die Rundfunksendung der Werke, Leistungen, Phonogramme und Sendungen schützen.

Nur in dem Umfang, in dem nach dem Heimatrecht der Ausgangsanstalt Urheber- und Leistungsschutz gewährt wird, ist die Ausgangsanstalt den genannten Interessenten gegenüber verantwortlich. Geschützt werden sie – entsprechend der Funktion des Satelliten als Rundfunksatellit – vor dessen spezifischer Tätigkeit, der Rundfunksendung ihrer Werke, Leistungen, Phonogramme und Sendungen. – Dies ist konsequent, da der Rundfunksatellit zu keiner anderen denkbaren Verbreitungsform als der der Rundfunksendung fähig ist, der Anknüpfungspunkt der "Verbreitung" (Art. I, Art. II (1)) beim Rundfunksatelliten also begriffsnotwendig auf die Verbreitung durch Rundfunksendung reduziert ist.

9.3.2.4. Bei der Verbreitung im Punkt-zu-Punkt-(Verteiler-)Satellitensystem (d. h. genauer bei Verbreitung des programmtragenden Signals nach dem Passieren eines derartigen Satelliten!) hat die Verantwortlichkeit der Verbreitungsanstalt folgende Voraussetzungen, (Art. IV, Alt. A, Abs. (2) lit. b)):

- Die Verbreitung muß auf dem Staatsgebiet eines Vertragschließenden Staates erfolgen.
- Das Recht des Staates, in dem die Verbreitung erfolgt, (das Tatortrecht) muß die Verbreitung der Werke, Leistungen, Phonogramme und Sendungen schützen.

Nur in dem Umfang, in welchem im Verbreitungsstaat Urheber- und Leistungsschutz gewährt wird, ist die Verbreitungsanstalt den genannten Interessenten gegenüber verantwortlich. Geschützt wird durch Abs. (2) lit. b), anders als durch lit a), außer der Rundfunksendung im herkömmlichen Sinn jede mögliche sonstige Verbreitungsart[55]. Dies ist auch konsequent, weil der Anknüpfungspunkt "Verbreitung" bei Punkt-zu-Punkt-(Verteiler-)Satelliten nicht wie in lit. a) auf die Verbreitung durch den Satelliten bezogen ist, sondern jede denkbare *terrestrische*

---

[55] Vgl. dazu oben Kap. 9, II, Ziff. 4.3.6.2.

Verbreitungsform mit dem Ziel des direkten Empfangs durch die Öffentlichkeit meint.

9.3.2.5. Lit. a) und lit. b) knüpfen scheinbar an verschiedene Rechtsordnungen an, – lit. a) an das Heimatrecht der Ausgangsanstalt, lit. b) an das Recht des Landes, in dem die Verbreitungsanstalt ihre Verbreitungshandlung vornimmt; lit. a) scheint allein auf das Staatsangehörigkeits-, lit. b) allein auf das Territorialitätsprinzip abzustellen.

Ausschlaggebend ist für lit. a) und lit. b) grundsätzlich (und ohne Rücksicht auf die Nationalität der Ausgangs- bzw. Verbreitungsanstalt) die Rechtsordnung des Staates, in dem, bzw. von dem aus die Verbreitung vorgenommen bzw. veranlaßt wird, Art. I und Art. II (1). Denn Art. II (1) verpflichtet die Mitgliedsstaaten lediglich dazu, jegliche ungenehmigte Verbreitungstätigkeit von ihrem Territorium (Rundfunksatellitensystem, lit. a)) bzw. auf ihrem Territorium (Punkt-zu-Punkt-Satellitensystem, lit. b)) für rechtswidrig zu erklären. – Damit erfassen die lit. a) und lit. b) auch die Ausgangs- und Verbreitungsanstalten fremder Nationalität, ohne daß deswegen die Nationalität Anknüpfungspunkt wäre; d. h., ohne Rücksicht auf Art. IX (2) gilt in lit. b) wie in lit. a) primär das Territorialitätsprinzip, das Recht des Ortes der Verbreitung. Art. IV, Alt. A, Abs. (2) lit. a) regelt eigentlich zwei Fälle:

Im ersten – logisch vorausgesetzten Fall – ist die Ausgangsanstalt auch Angehöriger des Mitgliedsstaates, von dem aus das Signal verbreitet wird. – Hier kommt selbstverständlich ohne Rücksicht auf die Nationalität wie in lit. b) das Recht des Verbreitungslandes zur Anwendung (Territorialitätsprinzip).

Im zweiten – expressis verbis geregelten Fall – steht die Ausgangsanstalt, welche Angehörige eines Mitgliedsstaates ist, in einem anderen Mitglieds- oder in einem Nichtmitgliedsstaat; allein für diesen Fall wird zum Vorteil der Urheber, Künstler usw. auf die Nationalität der Ausgangsanstalt abgehoben, geht das Nationalitäts-, dem Territorialitätsprinzip vor. Damit soll wegen der potentiell weltweiten Signalverbreitung durch Rundfunksatelliten zugunsten der Urheber, Künstler usw. das Territorialitätsprinzip ausgeweitet werden, um die größere Gefährdung der Betroffenen gegenüber Punkt-zu-Punkt-(Verteiler-)Satellitenverbreitung zu mindern, wenn und soweit das andere Mitglieds- bzw. Nichtmitgliedsland geringeren bzw. gar keinen Schutz gewährt.

9.3.2.6. Der infolge des Abstellens auf die Nationalität der Ausgangsanstalt erzielte Vorteil kann jedoch beseitigt werden: Staaten nämlich, die juristischen Personen wie es Rundfunkanstalten und -gesellschaften sind, keine Staatsbürgerschaft zuerkennen, sondern stattdessen allein auf das Recht am Sitz der juristischen Person abstellen, können dies auch in der geplanten Konvention tun, Art. IX, Abs. (2). – Die dadurch eintretende Schutzminderung beruht jedoch nicht auf Art. IV, Alt. A, Abs. (2) lit. a), sondern allein auf Art. IX, Abs. (2)!

9.3.2.7. Zugegebenermaßen läßt sich die hier vorgeführte Konstruktion (Ziff. 9.3.2.5., 9.3.2.6.) nicht auf Anhieb mit dem klaren Wortlaut des Abs. (2) lit. a) vereinbaren, andererseits läßt eine Auslegung der Art. I, II (1) in Zusammenhang mit Art. IV, Alt. A, Abs. (2) lit. b) wohl keine andere Lösung als die gezeigte zu.

9.3.2.8. Neben der Verbreitungsanstalt ist im Punkt-zu-Punkt-(Verteiler-) Satellitenfall, lit. b) wie Hubmann richtig feststellt[56], die Ausgangsanstalt nicht subsidiär haftbar. Damit soll nun aber nicht verhindert werden, daß der Urheber eine doppelte Vergütung für die Versorgung desselben Publikums verlangen kann[57]. Das Problem des doppelten Vergütungsanspruchs, das hier angeschnitten wird, behandelt der Pariser Entwurf in Art. IV, Alt. A, Abs. (5) und nicht in Abs. (2) lit. b). – In Abs. (2) lit. b) kann und darf die Frage der Doppelvergütung systematisch nicht behandelt werden: Die durch Abs. (2) lit. b) statuierte Verantwortlichkeit der Verbreitungsanstalt setzt die *Verbreitung* des programmtragenden Signals voraus; im Punkt-zu-Punkt-(Verteiler-)Satellitenfall steht aber fest, daß nur die Anstalt am Empfangsort des Satellitensignals, nicht hingegen die Ausgangsanstalt das Signal im Sinne von Art. I ^{bis} (5) "verbreitet". Mangels Verbreitungstätigkeit der Ausgangsanstalt kann sie auch nicht subsidiär haftbar sein. Freilich erscheint es vom urheberrechtlichen Standpunkt aus[58] "zweifelhaft, ob diese völlige Freistellung der Ausgangsanstalt gerechtfertigt ist"[59], weil schon bei Herstellung des Programms das Werk den bei der Produktion Mitwirkenden zur Kenntnis gebracht wird. Dieser Einwand Hubmanns jedoch zielt auf den Schutz des Werks vor seiner Verbreitung ab; die Konvention aber will gemäß Art. I, II (Abs. (1) gerade keinen Schutz des Werkes oder des Urheberpersönlichkeitsrechts vor dem Zeitpunkt der Verbreitung erreichen, sondern bezweckt ausschließlich den Schutz des "programmtragenden Signals" vor rechtswidriger Ver-

---

[56] Heinrich Hubmann, "Die geplante Konvention gegen unerlaubte Weitersendung von Satellitensendungen", UFITA, 1973 N. N.

[57] Hubmann a. a. O.

[58] Im Hinblick auf den in § 23 UrhG der BRD geregelten ähnlich gelagerten Fall.

[59] Hubmann a. a. O.

breitung i. S. der Art. I und II Abs. (1)[60]. – Auf den Inhalt, auf das Programm, auf die "Sendung" im Sinn des Romabkommens und der RBÜ kommt es gerade nicht an. Nur unter dieser Prämisse darf die Sicherstellung der Rechte der Urheber, ausübenden Künstler usw. durch Art. IV Alt. A gesehen werden. Das Abkommen ist eben keine Urheber- und/oder Leistungsschutzkonvention, sondern ein Zwitter, eine Signalschutzkonvention, ähnlich den ITU-Radio Regulations, mit urheber-/leistungsschutzrechtlichem Einschlag –.

Die urheberrechtliche Verantwortlichkeit wird also nur unter der Voraussetzung statuiert, daß das Signal *verbreitet* wird: Wer – wie die Ausgangsanstalt im Punkt-zu-Punkt-(Verteiler-)Satellitenausstrahlungsfall – das Signal nicht "verbreitet", kann danach auch nicht haftbar sein.

9.3.2.9. Es sei noch einmal betont, daß Abs. (2) selbst keine Rechte gewährt, sondern lediglich für den Fall, daß die jeweils anwendbare Rechtsordnung Urheber- oder Leistungsschutz gewährt, die Verantwortlichkeit der Anstalten statuiert. Der Umfang und die Art ihrer Verantwortlichkeit werden allein durch die angesprochenen Rechtsordnungen dieser Staaten geregelt, nicht aber durch den Entwurf.

9.3.3. Art. IV Alternative A, Abs. (3)

Absatz (3) gibt dem Urheber zwei verschiedene Rechte unter jeweils verschiedenen Voraussetzungen.

9.3.3.1. Lit. a) ermöglicht dem Urheber, der Ausgangsanstalt die Erteilung der Verbreitungsgenehmigung an die Verbreitungsanstalt zu verbieten. – Lit. b) gibt ihm einen Anspruch gegen die Ausgangsanstalt auf angemessene Vergütung.

9.3.3.2. Lit. a) hat folgende Voraussetzungen:

- Die Ausgangsanstalt gehört einem Vertragschließenden Staat an.
- Die Ausgangsanstalt plant von dessen Territorium aus die Ausstrahlung eines programmtragenden Signals via Satellit.
- Das Signal soll in einem anderen Vertragsstaat verbreitet werden.
- Das im Programm verarbeitete Werk des Urhebers genießt im Staat der Ausgangsanstalt Urheberschutz.
- Der vorgesehene Verbreitungsstaat ist Mitglied entweder des WUA oder der RBÜ oder eines zweiseitigen Urheberrechtsabkommens mit dem Staat der Ausgangsanstalt.

---

[60] Vgl. so auch Masouyé a. a. O., EBU-Review, XXIII, No. 5 (1972), S. 55, im Zusammenhang mit der Verpflichtung aus Art II zum Pariser Entwurf.

– Die Verbreitung des im Programm verarbeiteten Werkes ist im vorgesehenen Verbreitungsstaat rechtswidrig, weil sie dort vom Urheber nicht genehmigt ist oder aus sonstigen urheberrechtlichen Gründen.

9.3.3.3. Treffen alle diese Voraussetzungen zusammen, so kann der Urheber der Ausgangsanstalt die Erteilung der Verbreitungsgenehmigung an die Verbreitungsanstalt verbieten. In dieser Weise zerlegt offenbart Abs. (3) lit. a) drei Besonderheiten:

9.3.3.4. Erstens: Der Urheber kann allein die *Genehmigungserteilung* zur Verbreitung seines im programmtragenden Signal enthaltenen Werkes am Empfangsort des Satellitensignals, nicht aber die *Ausstrahlung* zum Satelliten oder gar die Verbreitung selbst jure conventionis verbieten; Grund: Der Entwurf stellt die Erteilung der Verbreitungsgenehmigung zur alleinigen Disposition der Ausgangsanstalt. Der Vorgang der Genehmigungserteilung ist mithin ein Kernpunkt des Entwurfs (Art. I, II (1)). Nach dem Entwurf ist es daher für den Urheber leichter, die Genehmigungserteilung durch die Ausgangsanstalt zu blockieren als die Verbreitung durch die weitentfernte Verbreitungsanstalt. (Das nimmt dieser nichts von ihrer etwa bestehenden urheberrechtlichen Verantwortlichkeit und dem Urheber nichts von seinen Urheberansprüchen im Verbreitungsstaat; Art. IV, Alt. A, Abs. (1)).

9.3.3.5. Zweitens: Das Konzept des Abs. (3) lit. a) entspricht inhaltlich dem der "Weitersendung" in Art. 11 bis (1) RBÜ und zeigt, daß es vom Urheberrecht her inspiriert ist.

9.3.3.6. Drittens: Merkwürdigerweise unterscheidet lit. a) ebensowenig wie lit. b) (und anders als Abs. 2)) nicht zwischen Rundfunk-("Direkt"-) Satellitenverbreitung und Verbreitung nach Passieren eines Punkt-zu-Punkt-(Verteiler-)Satelliten. Nach dem Wortlaut des Abs. (3) kann aber nur die letzte Verbreitungsart gemeint sein, da bei Rundfunk-("Direkt"-) Satellitenverbreitung die genehmigende Ausgangsanstalt und die um Genehmigung nachsuchende Verbreitungsanstalt identisch wären, lit. a) und lit. b) jedoch stets von einer genehmigungserteilenden und einer um Genehmigung nachsuchenden Anstalt ausgehen. *Demnach beschränkt sich das Verbietungsrecht der lit. a) allein auf die Verbreitung des Signals nach seinem Passieren eines Punkt-zu-Punkt-(Verteiler-) Satelliten,* nicht aber schließt es den urheberrechtlich viel weiterreichenden Fall der Rundfunk-(„Direkt"-)Satellitenverbreitung ein.

9.3.3.7. Ob die Väter des Pariser Entwurfs den Rundfunk-("Direkt"-) Satelliten bewußt aus der Regelung der lit. a) und lit. b) heraushalten wollten, ist unklar. Der Wortlaut scheint diese Möglichkeit nahe zu legen. Andererseits wäre es ebenso vertretbar zu sagen, lit. a) und lit. b) wollten auch Rundfunk-("Direkt"-)Satellitenverbreitung erfassen. Denn gerade bei dem weiten Publikum, das diese Satellitensysteme erreichen können, ist ein Urheberschutz noch viel dringender erforderlich, als bei Punkt-zu-Punkt-(Verteiler-)Systemen. In diesem Fall wären Ausgangs- und Verbreitungsanstalt identisch und das Verbot der lit. a) würde sich gegen die Ausgangs- als Verbreitungsanstalt richten. Die Ausgangsanstalt würde gegen sich selbst das Verbot der Verbreitung aussprechen müssen.

9.3.3.8. Allerdings spricht gegen diese Auslegung der Aufbau des vorhergehenden Abs. (2), welcher in lit. a) und lit. b) die Verbreitung durch Rundfunksatelliten ausdrücklich von der Verbreitung des Signals nach Passieren eines Punkt-zu-Punkt-Satelliten unterscheidet. Wäre eine gleiche Unterscheidung auch in Abs. (3) beabsichtigt gewesen, so hätte man sie sicherlich auch durchgeführt. Die Verbreitung über Rundfunk-("Direkt"-)Satelliten ist also in Abs. (3) nicht erfaßt.

9.3.3.9. Der sich hieraus ergebende unterschiedliche Schutz der Urheber ist gleichwohl durch nichts gerechtfertigt. Ihnen darf die Zufälligkeit, über welches der beiden technisch möglichen Satellitensysteme das Signal ausgestrahlt wird, nicht angelastet werden!

9.3.3.10. Abs. (3) lit. b) hat folgende Voraussetzungen:

- Die Ausgangsanstalt gehört einem Vertragschließenden Staat an.
- Die Ausgangsanstalt plant von dessen Territorium aus die Ausstrahlung eines programmtragenden Signals.
- Das Programm soll in einem anderen Vertragsstaat verbreitet werden.
- Das im Programm verarbeitete Werk des Urhebers genießt im Staat der Ausgangsanstalt urheberrechtlichen Schutz.
- Der Verbreitungsstaat ist – anders als bei lit. a) – nicht Mitglied im WUA, in der RBÜ oder in einem bilateralen Urheberrechtsabkommen mit dem Staat der Ausgangsanstalt.
- Die Verbreitung im Verbreitungsstaat gibt dem Urheber keinen Vergütungsanspruch.
- Die Verbreitung im Verbreitungsstaat unterfällt auch keinem der in Art. V des Entwurfs genannten Fälle der freien Werknutzung.

Die ersten vier Voraussetzungen der lit. b) stimmen mit den ersten vier der lit. a) überein[61]. *Beide Regeln unterscheiden sich jedoch dadurch voneinander, daß lit. b) dem Urheber einen Vergütungsanspruch einräumen will, wenn er im Verbreitungsstaat keinerlei Urheberschutz mehr hat,* weil:

---

[61] Vgl. oben Ziff. 9.3.3.2.

- der Verbreitungsstaat durch keinerlei Urhebervertrag gebunden ist (Konvention oder zweiseitiges Abkommen),
- der Verbreitungsstaat dem Urheber nach innerstaatlichem Recht keinen Vergütungsanspruch zuerkennt,
- die Verbreitung auch nicht aus den in Art. V Pariser Entwurf genannten Gründen vergütungsfrei ist.

9.3.3.11. Die Regel der lit. b) folgt notwendig aus der der lit. a): Es wird häufig der Fall sein, daß die Ausgangsanstalt die Verbreitung eines programmtragenden Signals sowohl in Staaten plant, die durch WUA, RBÜ oder bilaterale Verträge gebunden sind, als auch in solche, die sich nicht derartig gebunden haben. Sie wird ihr Vorhaben nicht davon abhängig machen können, daß nur vertraglich gebundene Staaten das Signal verbreiten. – Da es die Ausgangsanstalt in der Hand hat[62], die Verbreitung in nicht gebundene Staaten zu genehmigen, muß sie dem Urheber auch dafür einstehen, daß ihr die Genehmigungserteilung Vorteile einbringt, welche der Urheber seinerseits im Verbreitungsstaat nicht realisieren kann. Es ist daher nur billig, daß ihm die Ausgangsanstalt eine den Verhältnissen im Verbreitungsstaat angemessene Vergütung bezahlt.

Der Vergütungsanspruch ist urheberrechtlicher Natur. Er knüpft an ein bestehendes Urheberrecht an: da aber der Urheber die Verbreitung in einem konventionell nicht gebundenen Staat nicht jure conventionis verbieten kann, kann er jure conventionis auch nicht die Erteilung der Verbreitungsgenehmigung durch die Ausgangsrundfunkanstalt verbieten; da aber seine Urheberinteressen nicht erst durch die Verbreitung, sondern schon durch die Erteilung der Verbreitungsgenehmigung tangiert werden, ist es im Rahmen des Abs. (3) lit. b) folgerichtig, daß sein Anspruch an den Urheberschutz des Ausgangsstaates anknüpft: in lit. b) zeigt sich die Zwitternatur des Abkommens von seiner urheberrechtlichen Seite.

9.3.4. Art. IV, Alternative A, Absätze (4), (4 bis)

9.3.4.1. Abs. (4) verpflichtet die Ausgangsanstalt, die Urheber von der bevorstehenden Verbreitung zu unterrichten (ein bei Berichterstattung über Tagesereignisse beinahe undurchführbares Ansinnen[63]). Die Unter-

---

[62] Lit. a) und lit. b) des Abs. (3) beziehen sich allein auf Punkt-zu-Punkt-Systeme, vgl. oben Ziff. 9.3.3.7.

[63] Der Generalbericht berichtet deshalb von dem Vorschlag, in diesem Fall eine konventionelle Ausnahmeregelung vorzusehen oder den Unterzeichnerstaaten diese Regelung zur innerstaatlichen Disposition zu stellen; UNESCO/WIPO/SAT. 2/14, Ziff. 67.

richtung soll so rechtzeitig erfolgen, daß die Urheber die ihnen durch Art. IV, Alt. A, Abs. (3) lit. a) und lit. b) gewährten Konventionsrechte ausüben können. Die Bezugnahme von Abs. (4) auf Abs. (3) bedeutet, daß Abs. (4) keine anderen Voraussetzungen als Abs. (3) hat:

- Die Ausgangsanstalt muß Vertragsstaat sein.
- Sie muß die Ausstrahlung eines programmtragenden Signals zum Satelliten beabsichtigen.
- Das Programm muß ein im Staat der Ausgangsanstalt urheberrechtlich geschütztes Werk beinhalten.
- Das Signal soll in einem anderen vertragschließenden Staat verbreitet werden[64].

Die übrigen Voraussetzungen sind alternativ die der lit. a) bzw. der lit. b) von Abs. (3).

Die Sanktionen für einen Verstoß gegen diese Informationspflicht überläßt Abs. (4) Satz 2 der Rechtsetzung der Unterzeichnerstaaten.

Abs. (4) soll sicherstellen, daß die Rechte des Abs. (3) auch praktisch ausgeübt werden können und bildet somit eine Ergänzung zu diesem. Allerdings birgt Abs. (4) zwei Zweifelsfragen: Zum einen macht auch Abs. (4) nicht klar, ob er allein für die Signalverbreitung nach einer Punkt-zu-Punkt-(Verteiler-)Satellitenübertragung gilt oder auch für die Rundfunk-("Direkt"-)Satellitenverbreitung. Zum anderen steckt in Abs. (4) Satz 2 die gefährliche Möglichkeit, den durch Abs. (3) gewährten Konventionsschutz für Urheber leerlaufen zu lassen.

9.3.4.2. Das Manko, daß Abs. (3) und (der allein auf seinen Inhalt verweisende, aber nicht über ihn hinausgehende) Abs. (4) die Rundfunksatellitenübertragung nicht erfassen, wurde schon oben erläutert[65]. *Ihr Schutz in einer den Absätzen (3) und (4) vergleichbaren Form wird in einigen Jahren viel dringender sein als derjenige gegen die terrestrische Signalverbreitung nach Passieren eines Punkt-zu-Punkt-(Verteiler-)Satelliten,* (Abs. (3) lit. a) und lit. b)). Einen solchen Schutz aber sieht die Konvention gerade nicht vor. Der Schutz der Urheber, ausübenden Künstler usw., bei Rundfunk-("Direkt"-)Satellitenverbreitung hängt damit allein von dem in Art. IV, Alt. A, Abs. (2) lit. a) am Ende angesprochenen Urheber- und Leistungsschutz im Staat der Ausgangsanstalt ab[66], ohne daß der Entwurf auch nur die geringste Verpflichtung

---

[64] Vgl. oben Ziff. 9.3.3.2., 9.3.3.10.

[65] Vgl. oben Ziff. 9.3.3.7.

[66] Dieser Schutz darf nicht mit der Verpflichtung des Art. II (1) verwechselt werden. Art. IV, Alt. A (2) lit. a) am Ende nimmt allein auf den Urheber-/Leistungsschutz bezug, "soweit er im Heimatrecht der Ausgangsanstalt gewährt wird". Dieser ist hier gemeint.

für die Unterzeichner begründete, einen angemessenen Urheber-/Leistungsschutz zu schaffen. – Diese Situation ist paradox; der harmlosere Fall wird geregelt, jure conventionis und außerhalb der geltenden Urheberabkommen und -gesetze. Der wirklich schwerwiegende Fall wird völlig unverbindlich zur Disposition des Urheber- und Leistungsrechtsschutzes im Heimatstaat der Ausgangsanstalten gestellt und aus der Konvention ausgeklammert!

9.3.4.3. Dadurch, daß Art und Umfang für die Sanktionen bei einem Verstoß gegen das Informationsgebot den Unterzeichnern überlassen bleiben, fördert man die Wahrscheinlichkeit, daß die Information nicht oder verspätet erteilt wird und die Urheber ihre durch Abs. (3) gewährten Rechte nicht ausüben können. Je schwächer die Sanktion, desto unregelmäßiger die Informationshandhabung. – Das einzig Positive an Abs. (4) S. (2) ist die Übereinstimmung mit dem Prinzip des Art. III (1) des Entwurfs. Im übrigen aber bildet dieser Satz jeden Anreiz dafür, daß gewisse Staaten Oasen für unredliche Ausgangsanstalten werden, denen man deshalb nicht beikommen kann, weil das Prinzip der materiellen Reziprozität nicht anwendbar ist[67]: Der Entwurf ist keine Urheberkonvention. – Man darf den Teilnehmern der Pariser Konferenz sicherlich keinen bösen Willen unterstellen, aber Tatsache bleibt, daß Abs. (4) S. 2 der Hebelarm ist, mit dem die Lobbies der Rundfunkanstalten ansetzen werden, um auf ihre innerstaatliche Gesetzgebung Einfluß zu nehmen, damit ihr Signalverbreitungsschutz Vorrang vor dem Urheberschutz erhält!

Im Extremfall gibt es dann nicht nur keinen Schutz jure conventionis für Rundfunk-("Direkt"-)Satellitenverbreitung, sondern auch nur einen tatsächlich wertlosen Schutz bei Verbreitung des Signals nach dessen Passieren durch einen Punkt-zu-Punkt-(Verteiler-)Satelliten!

9.3.4.4. Abs. (4bis) wurde nachträglich auf Vorschlag der Delegationen Mexikos und Dänemarks in den Pariser Entwurf aufgenommen[68]. Er begründet ähnlich Abs. (4) eine Informationspflicht der Ausgangsanstalten gegenüber den ausübenden Künstlern, wenn deren live-Darbietungen künstlerischer oder literarischer Werke mit einem programmtragenden Signal verbreitet werden sollen.

Abs. (4bis) hat einige von Abs. (4) abweichende Voraussetzungen:

- Informationspflichtig ist die Ausgangsanstalt, wenn sie Angehöriger eines Vertragschließenden Staates ist.

---

[67] Vgl. oben Ziff. 9.3.3.9.
[68] UNESCO/WIPO/SAT. 2/14, Ziff. 65.

- Die Informationspflicht gilt nur für live-Darbietungen.
- Die Information braucht erst vor der "Verbreitung" gegeben zu werden, braucht also erst dann zu erfolgen, wenn das Signal schon im Satelliten gespeichert ist bzw., wenn die Verbreitungsanstalt das Signal nach dessen Passieren durch den Satelliten in Form einer Aufzeichnung besitzt[69].

Im übrigen setzt Abs. (4bis) nicht (etwa analog zu Abs. (4)) voraus, daß der Künstler im Staat der Ausgangsanstalt leistungsrechtlichen Schutz genießt. Dieser Vorteil wird aber zu Lasten der Künstler durch den letzten Teil von S. 1 und durch S. 2 mehr als aufgewogen: Den Künstlern werden jure conventionis keine Rechte wie den Urhebern eingeräumt, deren Wahrnehmung durch Abs. (4bis) sichergestellt werden sollte. Vielmehr knüpft Abs. (4bis) an den innerstaatlichen Leistungsrechtsschutz der Ausgangs-, bzw. Verbreitungsanstalt an; nur wenn dort "irgendwelche Rechte" gewährt werden, "die sie haben mögen", Abs. (4bis), nützt ihnen die Information überhaupt etwas. Dabei bildet Abs. (4bis) eine komplette Verweisung auf den Leistungsschutz im Staat der Ausgangsanstalt bzw. der Verbreitungsanstalt. Art, Umfang und Ausübung der Rechte werden nicht (wie in Abs. (3) zugunsten der Urheber) durch den Entwurf anerkannt und geregelt. Vielmehr läßt Abs. (4bis) die Relevanz etwelcher Leistungsrechte für die Rechtmäßigkeit der in (4bis) angesprochenen Verbreitung offen: Die Vorfrage, ob das innerstaatliche Leistungsschutzrecht im Staat der Verbreitungsanstalt auf die Verbreitung des Signals nach dessen Übertragung durch einen Punkt-zu-Punkt-(Verteiler-)Satelliten überhaupt anwendbar ist, wird dort entschieden, nicht im Entwurf.

Schließlich wird auch nicht (analog zu Abs. (3)) eine Verantwortlichkeit der Ausgangsanstalt verankert. "Die Rechte die sie haben mögen", richten sich allein gegen den im Leistungsschutzrecht der Ausgangs- bzw. Verbreitungsanstalt als verantwortlich Bezeichneten.

Abs. (4bis) stellt auch keinen Bezug her zwischen der Rechtsausübung aufgrund der Leistungsschutzrechte, auf die er verweist und der geplanten Verbreitung: Für den Entwurf findet also die Verfolgung leistungsrechtlicher Ansprüche auf einer anderen Ebene statt. Die Ausübung bestehender Leistungsrechte hemmt die geplante Verbreitung nicht, macht sie jure conventionis nicht rechtswidrig. Weiß also etwa

[69] Gegen diesen späten Zeitpunkt hat sich die dänische Delegation den Standpunkt ihrer Regierung vorbehalten; zu Recht fürchtet sie, daß sich die Künstler den "Angeboten" der Verbreitungsanstalten (nach dem Prinzip, die Taube auf dem Dach ist nicht so gut wie der Spatz in der Hand) beugen werden, wenn die Verbreitungsanstalten erst einmal das Signal zur Verbreitung bereithalten.

die Verbreitungsanstalt davon, daß der Künstler (nach rechtzeitiger Information) versucht, die Verbreitung gerichtlich zu verhindern, so wird ihr durch die Konvention kein Stein in den Weg gelegt, die Verbreitung dennoch vorzunehmen und dadurch für das schwebende Verfahren vollendete Tatsachen zu schaffen.

9.3.4.5. Abs. (4 bis) ist also sehr unergiebig. Die Informationsverpflichtung ist für den Künstler völlig wertlos, solange ein Bindeglied im Entwurf fehlt, das die Verbreitung des Signals von der rechtskräftigen Entscheidung über des Künstlers leistungsschutzrechtliche Ansprüche abhängig macht.

9.3.4.6. Abs. (4 bis) S. 2 stellt die Sanktionen für einen Verstoß gegen die Informationspflicht analog Abs. (4) S. 2 den Unterzeichnerstaaten anheim. Die sich daraus ergebenden Nachteile haben wir schon kennengelernt[70]. Sie liegen bei Abs. (4 bis) speziell darin, daß S. 2 nicht dazu verpflichtet, die Sanktionen im Rahmen der jeweiligen innerstaatlichen Leistungsschutzgesetzgebung zu treffen oder die Sanktionen vom Vorhandensein einer derartigen Gesetzgebung abhängig zu machen.

Schließlich gilt das zu Abs. (3) und Abs. (4) Gesagte auch hier: *Abs. (4 bis)* ist nur für die Verbreitung des Signals *nach dessen Passieren* durch *einen Punkt-zu-Punkt-(Verteiler-)Satelliten* geplant[71]. Die Nachteile daraus sind bekannt.

9.3.4.7. Außer einem — im Rahmen dieser Konvention wertlosen — Verweis auf die Leistungsschutzrechte der beteiligten Staaten bringt Abs. (4 bis) den Künstlern keine Verbesserung. Die Informationsverpflichtung hilft nichts, wenn die Verbreitung selbst nicht jure conventionis aufgehalten werden kann.

9.3.5. Artikel IV, Alternative A, Abs. (5)

9.3.5.1. Aufgrund eines Vorschlages der britischen Delegation wurde Abs. (5) in den Pariser Konventionsentwurf eingefügt[72]. Da sein Inhalt aber sehr umstritten ist, wurde er in Klammern gesetzt. Die französische Delegation wollte ihn nicht als Zusatz zu den vorangehenden Absätzen verstanden wissen, sondern als Alternative, da er mit den Absätzen (2)—(4 bis) nicht vereinbart sei[73]. Der etwas schwerfällig formulierte Abs. (5) lautet:

---

[70] Vgl. oben Ziff. 9.3.4.3.
[71] Vgl. oben Ziff. 9.3.4.2. und 9.3.3.7.
[72] UNESCO/WIPO/SAT. 2/14, Ziff. 68.
[73] UNESCO/WIPO/SAT. 2/14, Ziff. 69.

"*Nichts* in diesem Artikel soll so ausgelegt werden, daß es als *Anerkennung* durch die Vertragschließenden Staaten des Vorschlags verstanden werden könnte, daß die *Ausstrahlung* programmtragender Signale *zu einem Satelliten nicht Rundfunksendung ("broadcasting")* für die Zwecke anderer internationaler Urheber-/Leistungsschutzrechtskonventionen und nationaler Rechtsetzung auf diesem Gebiet darstellt."

Diese doppelte Negation bedeutet positiv folgendes:

Abs.(5) soll sicherstellen, daß der Rundfunksendungsbegriff der bestehenden Urheber- und Leistungsschutzrechtskonventionen sowie einschlägigen Gesetze nicht durch die Absätze (2)—(4 ^{bis}) präjudiziert wird.

Die Interpretation der genannten Gesetze und Konventionen soll sowohl für den "weiten" (indirekte Zweckbestimmung) wie auch für den herkömmlichen (direkte Zweckbestimmung) zum Empfang durch die Öffentlichkeit) Rundfunksendungsbegriff offenbleiben.

9.3.5.2. Abs. (5) gibt aus formellen Gründen zu Bedenken Anlaß: Aus der Präambel lit. d) und aus Art. IV Abs. (1) ist eindeutig zu entnehmen, "daß diese Konvention in keiner Weise so ausgelegt werden darf, daß sie anderweitig ... gewährten Schutz begrenzt oder präjudiziert". Dies gilt selbstverständlich für den gesamten Inhalt der vorhandenen internationalen Abkommen zum Urheber- und Leistungsrechtsschutz wie für die nationale Gesetzgebung auf diesem Gebiet, also auch für die Interpretation des Rundfunksendungsbegriffs dieser Instrumente. — Abs. (5) ist deshalb formell überflüssig.

9.3.5.3. Auch materiellrechtlich betrachtet ist Abs. (5) wirkungslos: Der Entwurf ist keine Urheberrechtskonvention. Er kann deshalb außerhalb bestehender Urheberrechtsinstrumente keine Bindung für die Mitglieder dieser Abkommen schaffen, auch wenn die Unterzeichner Mitglieder beider (der geplanten neuen und der bestehenden) Konventionen sind. — Es ist zwar denkbar, daß einige nationale Rechte dem Abkommen per Ratifikation als nationales Urheber-Leistungsschutzgesetz zustimmen und somit neues innerstaatliches Urheber-/Leistungsschutzrecht schaffen; durch die Ratifikation aber kann das Abkommen nicht mit supranationaler Wirkung zum Bestandteil internationaler Urheberrechts- und Leistungsschutzkonventionen erklärt werden. Um eine für die Mitglieder von WUA, RBÜ und Romabkommen gleichermaßen verbindliche Regelung zu schaffen, muß die in Abs. (5) des Entwurfs enthaltene Auslegungsregel in jenen Abkommen verankert sein. Solange es aber daran fehlt, kann Abs. (5) einen Interpretationskonflikt zwischen verschiedenen innerstaatlichen Rechten hinsichtlich des Rundfunksendungsbegriffs nicht vermeiden[74].

9.3.5.4. Abs. (5) ist zwar redaktionell überflüssig; die in ihm diskutierte Problematik aber bleibt bestehen, sie ergibt sich schon allein aus Abs. (1).

Wenn bestehenden Urheber- und Leistungsschutzkonventionen nicht vorgegriffen werden darf (Abs. (1)), so bedeutet dies für deren zentralen Rundfunksendungsbegriff, daß alle Auslegungsmöglichkeiten offengehalten bleiben – wenn auch nicht wegen Abs. (5), sondern wegen der durch den Entwurf nicht antastbaren Eigenständigkeit jener Instrumente! Die in Paris durch den Inhalt des Abs. (5) ausgelöste Diskussion[75] gehört deshalb systematisch nicht in den Entwurf, sondern allein in die Erörterungen zum Rundfunksendungsbegriff der RBÜ.

9.3.5.5. Folgt man unter diesen Voraussetzungen der französischen Delegation[76] bei der Interpretation des Rundfunksendungsbegriffs der RBÜ, so gelangt man zu folgender Auslegung: Bereits die Signalausstrahlung zum Satelliten ist die erste – urheberrechtlich relevante – Phase einer Rundfunksendung; die Ausstrahlung an die Öffentlichkeit die zweite[77]. – Dies entspricht vom Denkansatz her dem von uns so genannten "weiten" Rundfunksendungsbegriff und der sich aus diesem ableitenden "Phasentheorie".

Nach der französischen Meinung hätte der Urheber danach ein doppeltes Recht – einmal bei Signaleingabe in den Satelliten und dann noch einmal bei der Verbreitung des Signals an die Öffentlichkeit.

Zu recht stellte die französische Delegation fest, daß keine der in Paris vertretenen Delegationen ein derartiges Doppelrecht zugunsten der Urheber – mit der Wirkung, daß sich an dieses auch ein zweifacher Vergütungsanspruch anschlösse – angenommen hat[78].

Daß aber deswegen, wie die französische Delegation meint, der Abs. (5) die Absätze (2)–(4 ^{bis}) logisch ausschließt und nur als Alternative hierzu, nicht aber als Ergänzung verstanden werden darf, ist überaus fraglich. Zum einen ist Abs. (5) überhaupt überflüssig; zum anderen aber führt die von uns hierzu begründete Phasentheorie[79] im Rahmen der

---

[74] So auch Masouyé a. a. O., EBU-Review, XXIII, No. 5, S. 58.
[75] UNESCO/WIPO/SAT. 2/14, Ziffern 68–70.
[76] UNESCO/WIPO/SAT. 2/14, Ziff. 69.
[77] UNESCO/WIPO/SAT. 2/14, Ziff. 69.
[78] Vgl. UNESCO/WIPO/SAT. 2/14, Ziff. 69.
[79] Vgl. oben Kap. 8, II, Ziff. 3.2.3.–3.2.6. und 3.3.5.

RBÜ nicht zu einem doppelten Vergütungsanspruch: Allein für den Fall, daß der Urheber im Verbreitungsstaat schutzlos ist, enthält sie die Fiktion, daß die Rundfunksendung nicht erst mit der letztlich zum Empfang durch die Öffentlichkeit geeigneten und bestimmten Ausstrahlung beginnt, sondern schon mit der Ausstrahlung zum Satelliten, womit die Verantwortlichkeit der Ausgangsanstalt fixiert wird.

9.3.5.6. Auch ohne den Abs. (5) bleibt also die Auslegung des Rundfunksendungsbegriffs der RBÜ und anderer einschlägiger Instrumente sowie nationaler Gesetze vom Entwurf unberührt. Auf die Bedenken gegen den damit möglichen "weiten" Rundfunksendungsbegriff im Rahmen von RBÜ, Romabkommen und WUA sowie gegen die sich daraus ableitende Phasentheorie bei Satellitenübertragungen sei auch hier noch einmal hingewiesen[80].

9.3.6. Artikel IV, Alternative B, Abs. (2)

9.3.6.1. Abs. (1) der Alt. B stimmt wörtlich mit Abs. (1) der Alt. A überein.

9.3.6.2. Abs. (2) bringt eine sachliche Alternative zu den Absätzen (2)–(5) der Alt. A. Abs. (2) beginnt:

– "Von der Ausgangsanstalt wird verlangt, vor Ausstrahlung des programmtragenden Signals diejenigen Anstalten zu bezeichnen, für welche die Signale bestimmt sind."

Zweckmäßigerweise wird hierfür in der Praxis vor der Ausstrahlung des programmtragenden Signals ein Vorspann mit einer Liste aller berechtigten Anstalten ausgestrahlt. – Es fällt auf, daß auch die Alternative B, Abs. (2) sich ihrem Wortlaut nach nur auf Punkt-zu-Punkt-(Verteiler)-Systeme bezieht: "Die vorher zu bezeichnenden Anstalten" können doch offenbar nur solche sein, die im Punkt-zu-Punkt-(Verteiler-)System die Aufgabe der Verbreitung ausüben. Angestrebt wird also mit Alt. B, Abs. (2) die Kennzeichnung der zur Verbreitung berechtigten Anstalten durch die Ausgangsanstalt. – Bei Rundfunk-("Direkt"-)Systemen liefe diese Verpflichtung hingegen leer: Die Ausgangsanstalt müßte dann jeden in der ganzen Welt geeigneten Heimempfänger im Rundfunk-(Verteiler-)Satellitensystem unter den Begriff "Anstalt, für die das Signal bestimmt ist" subsumieren, was sinnlos erscheint[81]. Denn dann müßten alle diese Empfangsgeräte einzeln bezeichnet werden.

---

[80] Vgl. oben Kap. 8, II, Ziff. 3.2.6 und 3.3.6.
[81] Vgl. so auch Masouyé a. a. O., EBU-Review XXIII, No. 5, S. 58.

9.3.6.3. Es entspricht nun in der Tat der Absicht der Schöpfer der Alt. B Abs. (2)[82], mit der Konvention nur Punkt-zu-Punkt-(Verteiler-)Satelliten zu erfassen. Urheber-und leistungsschutzrechtliche Probleme können sich (nach ihrem Verständnis der einschlägigen Konventionen) allein aus dem von ihnen vertretenen "engen" klassischen Rundfunksendungsbegriff ergeben[83][84]. Der einzige für sie (durch den Entwurf zu regelnde) interessante Punkt ist deshalb die Kennzeichnung der zur Verbreitung berechtigten Anstalten.

9.3.6.4. Da die Schöpfer der Alt. B anders als die Vertreter der Alt. A die rechtswidrige Rundfunksendung via Satellit mit den vorhandenen Konventionen (WUA, RBÜ, Romabkommen) bekämpfen wollen, erübrigt sich für sie eine Regelung der Rundfunk-("Direkt"-)Satellitenübertragung durch den Entwurf. Nach ihrem Rundfunksendungsbegriff stellt die Verbreitung durch Rundfunk-("Direkt"-)Satelliten nämlich ohnehin eine Rundfunksendung dar, die sich in nichts von herkömmlichen Rundfunksendungen unterscheidet, den schon geltenden Konventionen unterliegt und keiner neuen Signalschutzkonvention bedarf.

9.3.6.5. Anders als die Absätze (4) und (4bis) der Alt. A verlangt Alt. B Abs. (2) die Kennzeichnung schon "vor Ausstrahlung der Signale"[85] und nicht erst vor ihrer Verbreitung. Damit sollte möglicherweise ein Hinweis darauf gegeben werden, daß die Kennzeichnung der zur Verbreitung berechtigten Anstalten durch die Ausgangsanstalt in Übereinstimmung mit den Urhebern, Künstlern usw. zu geschehen hat; daß diese

---

[82] Die USA und Italien, UNESCO/WIPO/SAT. 2/14, Ziff. 71/72.

[83] Grund: Die Verbreitung läßt sich wie oben ausführlich dargestellt nicht ohne Fiktion als Weitersendung im Sinne der RBÜ konstruieren; damit entfiele ein Weitersendungsschutz nach Art. 11 ^{bis} RBÜ, welche die Vertreter der Alt. B anwenden wollen. – Mit der "Kennzeichnung der berechtigten Verbreitungsanstalten" bauen sie sich mittels des Entwurfs eine neue Fiktion, um dennoch den "Weitersendungsschutz" der Urheber- und Leistungsschutzrechtsinstrumente anwenden zu können: Dabei bildet die "Kennzeichnung" das Bindeglied zwischen Ausstrahlung zum Satelliten und Verbreitung an die Öffentlichkeit; die "Kennzeichnung" schafft die Verantwortlichkeit der Verbreitungsanstalt als einer "Weitersendungs"-anstalt im Sinne des Art. 11 ^{bis} RBÜ.

[84] Mit den bei der oben dargestellten (Kap. 8, II, Ziff. 3.2.3.–3.2.6. und 3.3.5.) Phasentheorie benutzten Termini: *Die Kennzeichnung ersetzt die Fiktion des "Beruhens" der Ausstrahlung im Verbreitungsstaat auf der Rundfunksendung am Ausgangsort.*

[85] Alt. B, Abs. (2) ist noch nicht ausgefeilt; Es fehlt der Zusatz "... zum Satelliten". – Die Ausstrahlung – "emission" bedarf also notwendig der von uns vorgeschlagenen Definition durch Art. I ^{bis} (5), vgl. oben Kap. 9, II, Ziff. 4.3.1. und 5.2.2.

also an der Erstellung der Liste durch die Ausgangsanstalt insofern zu beteiligen sind, als sie bereits dieser gegenüber klarzustellen hätten, ob sie die Verbreitung durch die vorgesehene Verbreitungsanstalt im Staat der Verbreitungsanstalt schon genehmigt haben, noch rechtzeitig genehmigen werden, nicht genehmigen können[86], oder nicht zu genehmigen brauchen[87].

So spekulativ dieses Ergebnis auch ist, so fällt es doch schwer, dieser Vorschrift einen anderen Sinn abzugewinnen. Sollte unsere Auslegung richtig sein, so müßte Art. IV, Alt. B, Abs. (2) aber in unserem Sinne deutlicher formuliert werden.

9.3.6.6. Die Alt. B zu Art. IV ist Ausdruck der zweiten auf der Pariser Expertenkonferenz vertretenen Grundsatzhaltung, die sich allein mit einem Verbot der rechtswidrigen Verbreitung von programmtragenden Signalen begnügt, ohne darüber hinaus den Urhebern, ausübenden Künstlern usw. noch jure conventionis irgendwelche Rechte einzuräumen. Wie schon dargestellt[88], wird sich die "Dritte Expertenkonferenz" 1973 für eine der beiden Grundsatzhaltungen entscheiden müssen; ein Kompromiß zeichnet sich noch nicht ab. Der Vorschlag Italiens und der USA wurde deshalb wegen der unverändert gegensätzlichen Haltung zwischen seinen und den Befürwortern der Alt. A in Klammern gesetzt.

9.3.6.7. In sich folgerichtig ist S. 2 von Abs. (2), der die Sanktionen für einen Verstoß gegen die "Kennzeichnungs"-Pflicht der innerstaatlichen Rechtsetzung überläßt, denn für die Alternative B erschöpft sich der Konventionszweck (neben der Verpflichtung zur Rechtswidrigkeitserklärung von nicht genehmigten Verbreitungen durch Art. II (1)) darin, durch die Kennzeichnung die Verantwortlichkeit der Verbreitungsanstalten als "Weitersendungs"-Anstalten zu statuieren; im übrigen will sie allein mit den Mitteln der innerstaatlichen und überstaatlichen Urheber- und Leistungsschutzrechtsregeln arbeiten. Daher ist es konsequent, auch die Sanktionen für den Verstoß gegen die „Kennzeichnungs"-Pflicht den Unterzeichnern zu überlassen. (Dies müßte folgerichtig zu einer subsidiären Haftung der Ausgangsanstalten führen.)

9.3.6.8. Entsprechend diesem Grundkonzept der Alt. B gewährt sie nicht wie die Alt. A den Urhebern jure conventionis Rechte, sondern schützt diese nur dann, wenn und soweit das Urheber-/Leistungsschutzrecht im Staat der Verbreitungsanstalt "Weitersendungs"-Schutz vorsieht.

---

[86] Etwa weil sie ihre Rechte abgetreten oder deren Ausübung einer Verwertungsgesellschaft übertragen haben.
[87] Etwa im Fall einer freien Werknutzung oder Zwangslizenz.
[88] Vgl. oben Kap. 9, I, Ziff. 3.2. und 4.2.

9.3.6.9. Die in Ziff. 9 durchgeführte Analyse des Art. IV Pariser Entwurf mag zwar für den nicht speziell interessierten Leser zu weit ausholen und zu breit angelegt sein. Sie stellt aber andererseits womöglich die Verbindung zu den in Kap. 6–8 erarbeiteten Ergebnissen her und bemüht sich so nicht nur um ein bloßes Referieren des Entwurfs in seinem jetzigen Zustand, sondern um seine möglichst fundierte theoretische Erklärung. Als Herzstück des Entwurfs sollte Art. IV uns diese Mühe wert sein!

10. Artikel IV ^{bis}

10.1. Inhalt

Art. IV ^{bis} beinhaltet das Prinzip der Nichtrückwirkung. – Es bleibt den Unterzeichnern des Vertrages freigestellt, ob sie die Vorschriften dieser Konvention auf programmtragende (Satelliten-)Signale anwenden wollen, die ausgestrahlt wurden, bevor das jeweilige innerstaatliche Ratifikationsgesetz in Kraft tritt. Dieses Prinzip ist in reinen Leistungsschutzabkommen wie dem Romabkommen (Art. 20 (2)), und dem Abkommen zum Schutz von Phonogrammherstellern vom Oktober 1971 (Art. 7 (3)) ebenfalls enthalten.

10.2. Änderungen

Das Prinzip der Nichtrückwirkung war in jeder der drei Alternativen zu Art. IV Lausanne-Entwurf enthalten und wurde von der Pariser Konferenz aus Gründen der Übersichtlichkeit aus Art. IV ausgegliedert[89] [90].

11. Artikel V

11.1. Inhalt

11.1.1. Art. V bringt zwei Ausnahmen zur grundsätzlichen Rechtswidrigkeit der nicht genehmigten Verbreitung (programmtragender Satellitensignale) indem er es den Unterzeichnern in zwei Fällen freistellt, den Konventionsschutz durch innerstaatliche Gesetzgebung außer Kraft zu setzen:

---

[89] Vgl. UNESCO/WIPO/SAT. 2/14, Ziff. 75, 59.
[90] Vgl. oben Ziff. 9.2.

So kann die nicht genehmigte Verbreitung dennoch rechtmäßig sein, wenn die Rechtsordnung des Unterzeichnerstaates die Verbreitung von kurzen, durch den Informationszweck gerechtfertigten Programmauszügen für die Tagesberichterstattung zuläßt (Art. V (1)). Diese Möglichkeit steht jedem Unterzeichnerstaat offen, gleichgültig, ob entwickelter Staat oder Entwicklungsland.

11.1.2. Nur für Entwicklungsländer ist die Klausel des Art. V (2) bestimmt:

– "Staaten, die in Einklang mit der herrschenden Praxis der Vollversammlung der Vereinten Nationen als Entwicklungsland angesehen werden, dürfen durch ihre innerstaatliche Gesetzgebung auch die Verbreitung von Programmen ausschließlich zum Zweck der Erziehung und wissenschaftlichen Forschung erlauben."

11.2. Änderungen

11.2.1. Art. V entspricht in seiner jetzigen Form in etwa der Alternative A des Lausanne-Entwurfes, der drei Variationen angeboten hatte. Jedoch strich die Pariser Konferenz in Abs. (1) die Voraussetzung, daß das Ereignis, von dem berichtet wird, eintrittsfrei sein muß[91]. Ferner wurde auf Vorschlag der Delegation der BRD die Lausanne-Fassung des Abs. (1) noch einmal dahin eingeschränkt, daß selbst die kurzen Programmauszüge durch den Informationszweck gerechtfertigt sein müssen[92].

11.2.2. Alt. B des Lausanne-Entwurfs wollte beide Klauseln nur für Entwicklungsländer gelten lassen; Alt. C entsprach der Alt. A, sah aber zusätzlich vor, daß die Tagesberichterstattung zugunsten von Entwicklungsländern auch ohne das Erfordernis der Eintrittsfreiheit gilt.

11.3. Bedeutung, Kritik

Die beiden Ausnahmen des Art. V sind nichts grundsätzlich Neues. Urheber- und Leistungsschutzkonventionen gaben das Vorbild für diese Regelung[93].

---

[91] Die Delegationen von Japan und Canada behielten sich deswegen die Stellungnahmen ihrer Regierungen vor, UNESCO/WIPO/SAT. 2/14, Ziff. 77.

[92] UNESCO/WIPO/SAT. 2/14, Ziff. 77.

[93] Romabkommen, Art. 15 (1) lit. b) u. §§ 50, 84, 87 (3) UrhG der BRD; RA Art. 15 (1) lit. d) u. §§ 46, 47, 84, 87 (3) UrhG der BRD. RBÜ. 1971, Art. 10 bis; WUA, 1971, Art. V bis (1).

11.3.1. Sehr umstritten allerdings ist die Frage, ob solche Ausnahmen gerechtfertigt sind. Der Zwittercharakter des Pariser Entwurfs läßt hier wieder zwei gegensätzliche Antworten mit guten Argumenten zu:

11.3.1. Vom Urheberschutz her erscheinen uns die durch Art. V möglichen Ausnahmen wohlvertraut, denn durch die Wortwahl im Art. V ("Programm") anstatt des allein richtigen "Signal"[94] kommt das urheberrechtliche Schutzmotiv so deutlich wie sonst an keiner Stelle des Entwurfs zum Ausdruck.

Die Stockholmer Konferenz von 1967 hat durch das Entwicklungsländerprotokoll zur RBÜ die grundsätzliche Sonderstellung der Entwicklungsstaaten anerkannt. – Entsprechend den Pariser Fassungen von RBÜ und WUA sind denn auch für Art. V die begünstigten Staaten und Zwecke zu bestimmen[95][96]: Auch die Klausel über die Tagesberichterstattung ist dem Urheber- und Leistungsschutz nicht fremd.

11.3.2. Grundsätzlicher Natur aber sind die Bedenken, die man aus der Betrachtung des Entwurfs als reiner Signalschutzkonvention geltend machen muß:

11.3.2.1. Für diese in Alt. B zu Art. IV verkörperte Denkrichtung, die den Schutzzweck des Entwurfs mit Betonung auf *Signal* interpretiert (und nicht auf *programmtragend)*, verbietet sich jegliche Ausnahme: Geschützt wird das Signal; die Qualität des von ihm transportierten Programms, der Signalinhalt, dessen Zweckbestimmung, sind grundsätzlich irrelevant und können die rechtswidrige Verbreitung nicht rechtmäßig machen.

11.3.2.2. Jede Ausnahme könnte stets nur mit Inhalt und Zweckbestimmung des Programms begründet werden; jegliche Ausnahme im Pariser Entwurf müßte den Grundsatz der Irrelevanz des Programms einschränken und brächte die Notwendigkeit mit sich, das Signal bei jeder einzelnen Übertragung auf seinen Inhalt zu überprüfen; es würde mithin außer der bloßen Existenz des Signals ein zweites Kriterium eingeführt werden, das die prinzipielle Einfachheit des Signalschutzes wegen ständig nötiger Programmkontrollen erschweren müßte.

11.3.2.3. Es liegt auf der Hand, daß die erklärten Befürworter einer bloßen Verbotskonvention ohne jeden Urheber- und Leistungsschutz lo-

---

[94] Art. I, II (1) Pariser Entwurf.
[95] UNESCO/WIPO/SAT. 2/14, Ziff. 80.
[96] UNESCO/WIPO/SAT. 2/14, Ziff. 81, 82.

gisch auch gegen jede Ausnahme zu diesem Urheber-/Leistungsschutz sein müssen. Dies sind insbesondere die USA und Italien[97]. Die Delegationen dieser beiden Staaten warfen denn auch folgendes Grundsatzproblem auf: Ist es in einem Abkommen, das nach ihrer Meinung den wesentlichen Zweck hat, die Piraterie von Signalen für rechtswidrig zu erklären, überhaupt möglich, durch Ausnahmeregeln die Priaterie gleichsam zu legalisieren[98]?

11.3.2.4. Die Antwort hierauf haben wir schon gegeben; sie hängt vom Standpunkt ab. Wer wie die Delegationen der USA und Italiens den Entwurf als reine Signalschutzkonvention verwirklichen will, kann keine Ausnahmen machen, die sich auf die – für sie irrelevante – Qualität des transportierten Signals gründen. Diese Delegationen müßten folgerichtig für die Streichung des Art. V eintreten. Wer aber den Zweck des Abkommens zusätzlich noch im Schutz der Urheber, ausübenden Künstler usw. sieht, kann auch grundsätzlich die Ausnahmen zulassen, die schon vorhandene Urheberrechts- und Leistungsschutzkonventionen kennen.

11.3.2.5. Allerdings muß auch im letzteren Fall gefragt werden, ob Art. V nicht gestrichen werden kann:

Art. V verdeutlicht den Zwittercharakter des Entwurfs von der Urheberrechtsseite her: Materiellrechtlich wird eine spezifische Urheberrechts- und Leistungsschutzmaterie geregelt, nämlich die Frage der freien Werk- und Leistungsnutzung für die auszugweise Tagesberichterstattung und für den Schul- und Forschungsgebrauch in Entwicklungsstaaten. – Im Gegensatz zu den typischen Urheberrechts- und Leistungsschutzkonventionen jedoch wird für die erlaubnisfreie Nutzung nicht einmal eine angemessene Vergütung vorgeschrieben. – Läßt sich nun aus dem Konventionsentwurf eine solche Vergütungspflicht ableiten?

11.3.2.6. Sofern die jeweilige Werknutzung im Sinne von Art. V von den Vorschriften vorhandener Konventionen gedeckt wird, bleiben diese (unter der Voraussetzung, daß man die Satellitenausstrahlung als Rundfunksendung betrachtet), anwendbar, so daß angemessene Vergütungen geschuldet werden (etwa Art. 10bis RBÜ i. V. m. entsprechendem nationalem Recht).

11.3.2.7. Scheiden die RBÜ, das WUA und das RA jedoch mangels Mitgliedschaft der jeweiligen Staaten aus oder hält man sie nicht für anwendbar, so könnte ein Vergütungsanspruch nur aus dem Pariser

---

[97] UNESCO/WIPO/SAT. 2/14, Ziff. 76.
[98] UNESCO/WIPO/SAT. 2/14, Ziff. 76.

Entwurf hergeleitet werden. – Als erstes scheint hier Art. IV, Alt. A, Abs. (3) lit. b) sich anzubieten. Er gewährt den Urhebern Anspruch auf angemessene Vergütung gegen die Ausgangsanstalt, wenn die Verbreitungsstaaten ihm keinen Schutz geben. Jedoch setzt lit. b) voraus, daß die Ausgangsanstalt die Verbreitung genehmigt hat. Gerade eine solche Genehmigung aber ist für Art. V Pariser Entwurf überflüssig! Für die Zwecke des Art. V kann sich jedermann der satellitenübertragenen Signale ohne Genehmigung der Ausgangsanstalt bedienen. Einzige Voraussetzung für Art. V ist, daß die jeweiligen nationalen Rechte die in Art. V genannten genehmigungsfreien Nutzungsarten kennen und zulassen. Da ferner Art. V nicht verlangt, daß die nationalen Rechte die genannten Nutzungsarten mit dem Anspruch auf eine angemessene Vergütung verknüpfen müssen, bleiben die Urheber nach dem Pariser Entwurf stets dann ohne Vergütungsanspruch, wenn die nationalen Rechte sie im Stich lassen. – Gegen die Ausgangsanstalten wäre der Vergütungsanspruch nicht gerechtfertigt, da sie die rechtmäßige Signalaufnahme und -verbreitung im Fall des Art. V nicht in der Hand haben.

11.3.2.8. Art. V beinhaltet also keine Rechtsfolge-, sondern eine Rechtsgrundverweisung: Die freien Nutzungsarten des Art. V haben zur Voraussetzung, daß ein nationales Urheberrecht sie zuläßt. Art. V ist also nichts weiter als ein zweiter Verweis auf das jeweilige nationale Urheberrecht, wie er schon in Art. IV, Alt. A, Abs. (1), Abs. (2) lit. a) und lit. b), Abs. (3) lit. a) und lit. b) generell und speziell gegeben wird. Mithin ist Art. V überflüssig.

11.3.2.9. Auch anhand des WUA und der RBÜ läßt sich dieses Ergebnis verdeutlichen: Art. V gestattet nach seinem Wortlaut nur die Verbreitung der Programme, selbst wenn sie rechtswidrig erlangt wurden. Insofern liegt eine Parallele nur zu Art. 15 des Romabkommens vor, (der sich wie Art. I^{bis} Abs. (5) Pariser Entwurf auf die Verbreitung bezieht), nicht aber zur RBÜ und zum WUA. – Die Entwicklungsländerartikel der beiden letztgenannten Konventionen betreffen im Wesentlichen nur die Verkürzung der Mindestschutzdauer für die Erteilung von Übersetzungszwangslizenzen und die Folgen, wenn von erteilten Lizenzen kein Gebrauch gemacht wurde[99]. Im übrigen aber betreffen die "Entwicklungsländerartikel" nicht die Verbreitung selbst, etwa durch Rundfunksendung! Deshalb verbietet sich auch ein Vergleich zwischen Art. V Pariser Entwurf und den Entwicklungsländerartikeln, der auf den ersten Blick so nahezuliegen scheint. Insbesondere beinhaltet die Erteilung von Übersetzungszwangslizenzen zugunsten von Rundfunkanstalten keinerlei Verbreitungslizenz[100 101]! – Angemessene Vergütungen, wie sie die Entwicklungsländerartikel für Übersetzungszwangslizenzen vorsehen[102], erlauben deshalb auch keinen Erst-recht-Schluß für Verbreitungsvergütungen im Fall des Art. V Abs. (1) Pariser Entwurf; die Vergütung für diese Verbreitung hängt – anders als bei den Übersetzungszwangslizenzen – allein von der innerstaatlichen Gesetzgebung des Verbreitungslandes ab[103]. Für den in Art. V Abs. (1) geregelten Fall enthalten WUA und RBÜ (wie der Pariser Entwurf) nur Rechtsgrundverweisungen; ein Vergütungsanspruch regelt sich ausschließlich nach nationalen Rechten, denn die Konventionen selbst verpflichten ihre Mitglieder nicht zur Normierung eines derartigen Anspruches.

11.3.2.10. Art. V muß daher sowohl für die Verfechter des reinen Verbotskonzepts als auch für die Befürworter eines weiterreichenden Schutzes auch für Urheber- und Leistungsschutzrechtsträger gestrichen werden. Für erstere, weil die Aufnahme von Ausnahmen das Grundkonzept des bloßen Signalschutzes in Frage stellt; für letztere, weil Art. V abdingbar ist und somit jure conventionis nichts erzwingen kann, was nicht schon Bestandteil der in Art. IV, Alt. A erwähnten nationalen Urheberrechts- und Leistungsschutzgesetzgebung ist, an welche Art. IV, Alt. A anknüpft.

12. Artikel VI, VII, VIII

12.1. Inhalt

12.1.1. Die Artikel VI–VIII regeln die in jedem internationalen Vertrag üblichen Formalien wie Hinterlegung der Instrumente, Ratifikationspflicht, Inkrafttreten und Kündigung. Materiellrechtlich bringen sie nichts Neues und für den Konventionszweck Spezifisches. Die Artikel VI–VIII entsprechen inhaltlich zum Teil wörtlich den Artikeln 9, 11, 12 der Konvention zum Schutz der Phonogrammhersteller von 1971[104].

---

[99] Art. V bis, V ter, V quater, WUA; Art. I, IV RBÜ-Protokoll.
[100] Art. II, Abs. (9) lit. a) Entwicklungsländerprotokoll, Generalbericht zur RBÜ-Revisionskonferenz 1971, Nr. 33.
[101] Art. V ter Abs. (8) lit. a) WUA, Gen.-Bericht zur WUA-Revisionskonferenz 1971, Nr. 86.
[102] Art. V ter Abs. (5) WUA, Art. IV Abs. (6) lit. a) Entw.-LänderProt. der RBÜ.
[103] Art. IV bis Abs.(2) WUA, Art. 10 bis RBÜ.
[104] Masouyé, EBU-Review a. a. O., Vol. XXIII, No. 5, S. 59.

13. Artikel IX

13.1. Inhalt

13.1.1. Art. IX läßt – bis auf zwei – grundsätzlich keine Ausnahmen von dem durch das Abkommen gewährten Schutz zu, Art. IX, Abs. (1).

Die beiden Ausnahmen betreffen einerseits die Vertauschung des Kriteriums der Staatsangehörigkeit mit dem Kriterium des Ausgangsortes der Ausstrahlung für Art. II, (Art. IX, Abs. (2)) und andererseits die Möglichkeit, den Verbreitungsbegriff (Art. I ^{bis} (5)) um die draht- und kabelgebundenen sowie um sonstige Verbreitungsmöglichkeiten, welche nicht "Rundfunk" sind, einzuschränken (Art. IX, Abs. (3) lit. a)).

13.1.2. Nimmt ein Staat eine oder beide Ausnahmemöglichkeiten wahr, so erklärt er dies in einer beim Generalsekretär der Vereinten Nationen zu hinterlegenden Note. Alle Änderungen der innerstaatlichen Gesetzgebung, durch welche der Vorbehalt des Abs. (3) lit. a) materiell berührt wird, müssen binnen sechs Monaten durch Notifikation beim Generalsekretariat der Vereinten Nationen bekannt gemacht werden, Abs. (3) lit. b).

13.2. Änderungen

Art. IX des Pariser Entwurfs entspricht im wesentlichen dem Art. IX der Lausanne-Fassung. Die in Abs. (2) des Lausanne-Textes enthaltenen Alternativen konnten mit Rücksicht auf die geänderte Fassung des Art. II Pariser Entwurf gestrichen werden. – Abs. (3) wurde geringfügig erweitert und mit einem wichtigen Alternativzusatz versehen.

13.3. Bedeutung, Kritik

13.3.1. Da juristische Personen, wie es die Rundfunkanstalten sind, nach verschiedenen Rechtsordnungen im Gegensatz zu natürlichen Personen keine Staatsangehörigkeit haben können, muß der Entwurf den Unterzeichnern die Möglichkeit lassen, statt an die Staatsangehörigkeit an das am Ort der Ausstrahlung geltende Recht anzuknüpfen. Dies geschieht durch Art. IX, Abs. (2). – Ähnliche Optionen sieht das Romabkommen (Art. 17) und die Konvention zum Schutz der Phonogrammhersteller von 1971 (Art. 7 Abs. (4)) vor[105] [106].

---

[105] Masouyé a. a. O. EBU-Review, Vol. XXIII, No. 5, S. 59.

[106] Vgl. auch oben Ziff. 6.3.1. zu Art. II (1) Entwurf.

13.3.2. Die Möglichkeit, von Art. IX, Abs. (3) lit. a) Gebrauch zu machen, wurde schon oben erörtert[107]. Damit kann der Konventionsschutz (der seine relativ große Anwendungsbreite dem weiten "Verbreitungs"-Begriff des Art. I ^{bis} (5) verdankt, auf dasjenige Schutzmaß reduziert werden, das die schon vorhandenen Urheber- und Leistungsschutzkonventionen im "Rundfunksendungs"- und im "Weitersendungsfall" gewähren! Daß darin jedoch die Gefahr liegt, die gesamte Konvention in Frage zu stellen, kann nicht deutlich genug unterstrichen werden[108].

13.3.3.1. Wie schon erwähnt, sind insbesondere die USA und Canada daran interessiert, den "Verbreitungs"-Begriff durch Anwendung des Art. IX, Abs. (3) lit. a) auf den bloßen "Rundfunksendungs"- bzw. "Weitersendungs"-Begriff im Sinne von Romabkommen, RBÜ und WUA zu reduzieren und alle sonstigen vom Verbreitungsbegriff des Art. I ^{bis} (5) gedeckten Übertragungsarten vom Konventionsschutz auszunehmen. – Dadurch würden diese beiden Staaten sich die Möglichkeit schaffen, programmtragende Signale unter "Umgehung" des Konventionsschutzes (mit Hilfe der durch Art. IX, Abs. (3) lit. a) ausgeschlossenen Verbreitungssysteme wie Kabel, Draht, closed-circuit, CATV), der Öffentlichkeit mitzuteilen.

Diese Gefahr hat die bundesdeutsche Delegation auf der Pariser Konferenz erkannt; deshalb schlug sie einen Zusatz zu Art. IX, Abs. (3) vor, der den Ausschluß der genannten Verbreitungsarten praktisch wieder rückgängig macht:

13.3.3.2. Im Fall einer Punkt-zu-Punkt-(Verteiler-)Satellitenübertragung darf die sich daran anschließende Verbreitung durch Draht, Kabel, closed-circuit, CATV usw. nur dann durch das innerstaatliche Urheber-Leistungsschutzrecht ungeschützt bleiben, wenn gleichzeitig eine "Weitersendung" (im Sinne von Romabkommen, RBÜ und WUA) identischen Inhalts auf dem Gebiet des fraglichen Staates ausgestrahlt wird (Art. IX, Abs. (3) lit. a) Ziff. 1). – Dieser Zusatz verbietet also dem innerstaatlichen Recht die komplette Rechtlosstellung des Urhebers bzw. ausübenden Künstlers usw.: *Die fraglichen Verbreitungsarten dürfen nur dann vom innerstaatlichen Urheber-Leistungsschutz ausgeschlossen bleiben, wenn eine geschützte Weitersendung gleichzeitig mit einer der ausgeschlossenen Verbreitungen vorgenommen wird.*

13.3.3.3. Stammen die fraglichen Verbreitungsformen von einer Rundfunk-("Direkt"-)Satellitenübertragung ab, so dürfen sie nur dann vom inner-

---

[107] Vgl. auch oben Ziff. 4.3.7. ff.
[108] Vgl. hierzu ausführlich oben Ziff. 4.3.7.1.–4.3.7.4.

staatlichen Urheber-Leistungsschutzrecht ausgenommen werden, wenn der Schutz der Satellitenübertragung als Rundfunk- bzw. Weitersendung im Sinn von Romabkommen, RBÜ und WUA gewährleistet ist und diese gleichzeitig mit den ausgeschlossenen Verbreitungsformen direkt von der Öffentlichkeit im fraglichen Staat empfangen werden kann (Art. IX, Abs. (3) lit. a) Ziff. 2).

13.3.3.4. Der Reiz, über Draht, Kabel und andere Systeme bestimmte Teile der Öffentlichkeit ohne urheber- und leistungsrechtliche Verpflichtungen mit Programmen zu versorgen, entfällt durch diese Zusatzregelung, da parallel zur ungeschützten eine geschützte Verbreitung stattfinden muß. – Die Gefahr in diesem Zusatz aber liegt, wie schon erwähnt[109], darin, daß die Delegationen der USA und Canadas sich hierzu die Stellungnahmen ihrer Regierungen vorbehalten haben (daher wurde der Vorschlag als Alternative in Klammern gesetzt). Bleiben beide Staaten wegen dieses Zusatzes der Konvention fern, so hat sie ihren Hauptzweck – universeller als schon vorhandene Instrumente zu sein – kläglich verfehlt. Wird der Zusatz um der Unterschrift dieser beiden Regierungen willen geopfert, so stellt sich die Konvention durch die weitgehende Beschneidung ihres Kernbegriffs ("Verbreitung") selbst in Frage; sie würde materiellrechtlich auch nichts weiter sein als eine Konvention zum Schutz gegen unerlaubte Weitersendung – ein Ergebnis, das man früher leichter und billiger hätte haben können.

13.3.3.5. Die beiden Zusätze füllen nicht den von uns für überflüssig erklärten Art. II, Abs. (2) Entwurf aus[110]. Sie knüpfen nicht an die terrestrische Signalverbreitung an, sondern setzen die rechtmäßige Verbreitung eines satellitenübertragenen Signals voraus, damit (im Rahmen der Ausnahmeregelung des Art. IX, Abs. (3) lit. a)) der Schutzumfang der Konvention eingeschränkt werden kann.

14. Artikel X

Wie alle internationalen Verträge befaßt sich der Schlußartikel des Entwurfs mit den Fragen des authentischen Textes, der offiziellen Vertragsfassungen, Notifikationen, Ratifikationen und Unterschriftshinterlegungen, Beitritt, Kündigung und Inkrafttreten. Damit enthält er nichts, was für die Konvention von spezifischer Bedeutung wäre.

---

[109] Vgl. oben Ziff. 4.3.7. ff., insbesondere 4.3.7.3.

[110] Vgl. oben Ziff. 6.4. ff., insbesondere 6.4.5.

15. Zusammenfassung

15.1. Notwendigkeit einer Grundsatzentscheidung

15.1.1. Solange sich die Regierungsexperten nicht darüber einigen können, ob sie mehrheitlich eine reine Signalschutz- oder eine reine urheber-/leistungsschutzrechtliche Konvention wollen, bleibt der Entwurf ein Zwitter, eine Signalschutzkonvention mit urheber-/leistungsschutzrechtlichem Einschlag. Solange auch bleibt er der härtesten Kritik aus den sich gegenüberstehenden Lagern ausgesetzt.

15.1.2. Gleichgültig wie die Entscheidung ausfällt, wäre die jeweils überstimmte Minderheit sicherlich gegen die Mehrheitskonzeption, da der dann verbleibende Entwurfstext den Schutz der von ihnen vertretenen Interessen unberücksichtigt ließe.

15.1.3. Zu der Kritik aus dem Lager der überstimmten Minderheit wird sich die Kritik von seiten der Mitglieder der jeweils schon vorhandenen Konventionen gesellen.

15.1.3.1. Wählt die Dritte Expertenkonferenz 1973 eine reine Signalschutzkonvention, so würden viele ITU-Mitglieder diesen außerhalb der ITU geregelten Gegenstand sicherlich lieber im Rahmen der Radio Regulations und der ITC geregelt wissen, weil dadurch die angestrebte Universalität des Entwurfs von vornherein garantiert wäre und eine unnötige Zersplitterung internationaler Signalschutzinstrumente vermieden würde.

15.1.3.2. Wählt die dritte Expertenkonferenz eine reine urheber-/leistungsschutzrechtliche Konvention, so teilt sie die Materie auf diesem Gebiet unnötig durch ein weiteres internationales Instrument auf, ohne die Gewißheit zu haben, daß die angestrebte Universalität auch nur annähernd erreicht wird. Gleichzeitig würde sie sich dem Vorwurf aussetzen, daß ein vergleichbares Ergebnis schon durch eine gleichzeitige Änderung des "Rundfunk- und Weitersendungs"-Konzepts in Romabkommen, RBÜ und WUA hätte erreicht werden können.

15.1.3.3. Bliebe die Dritte Expertenkonferenz schließlich mit der Alt. A zu Art. IV des Entwurfs bei einer Signalschutzkonvention mit urheber-/leistungsschutzrechtlichem Einschlag, so setzte sie die Rundfunkanstalten dem Vorwurf aus, allein um deren Signalschutzes willen die Interessen der Urheber und ausübenden Künstler vernachlässigt und das durch das Romabkommen ausgehandelte Gleichgewicht zu deren Gunsten gestört zu haben.

15.2. Sinn der Kritik

Die Kritik am Pariser Konventionsentwurf kann in dieser Arbeit vor Beginn der Dritten Expertenkonferenz 1973 nicht abschließend sein. Allerdings ist es gerade vor der endgültigen Entscheidung über Form und Inhalt des Entwurfs nötig, ihn mit Hilfe der Strukturelemente vorhandener Konventionen theoretisch zu erklären, Verbindendes und Trennendes aufzuzeigen. — Dies zu versuchen, ist der Zweck des Kap. 9, II.

15.3. Änderungsvorschläge

Für den Entwurf in seiner Pariser Fassung werden folgende Änderungen vorgeschlagen:

15.3.1. Zu Art. I[111]

"This Convention applies to any kind of distribution of programme-carrying signals, which, after their emission pass through a satellite."

15.3.2. Zu Art. I bis[112]

15.3.2.1. "Signal" und "Satellit"

Beide Begriffe müssen im Generalbericht mit einer Bezugnahme auf die ITU-Radio Regulations versehen werden.

15.3.2.2. "Ausstrahlung"

"Emission is the propagation of signals to a satellite by means of radio waves."

15.3.2.3. "Programm"

"Programme is a body of material consisting of images, sounds or both."

15.3.2.4. "Verbreitung"

"Distribution is the transmission of signals for the purpose of ultimate reception by the general public or any segment thereof."

15.3.3. Zu Art. II, Abs. (2)[113]

Art. II, Abs. (2) ist ersatzlos zu streichen.

15.3.4. Zu Art. V[114]

Art. V ist ersatzlos zu streichen.

---

[111] Vgl. oben Kapitel 9, II, Ziff. 5.1.
[112] Vgl. oben Kapitel 9, II, Ziff. 5.2.–5.2.4.
[113] Vgl. oben Kapitel 9, II, Ziff. 7.
[114] Vgl. oben Kapitel 9, II, Ziff. 11.3.2.10.

15.3.5. Zu Art. IV, Alt. A und Alt. B

Verbesserungsvorschläge sind hier erst nach einer Grundsatzentscheidung für eine der beiden Alternativen sinnvoll.

15.3.6. Zu Art. IX

Die Streichung des Abs. (3) lit. a) ist eine hochpolitische Frage, die nur vom zu erwartenden Unterzeichnungserfolg her beantwortet werden könnte. Das gleiche gilt für den Alternativzusatz.

III. Die Stellung der Konferenzteilnehmer zum Pariser Entwurf

1. Allgemeines

Der Pariser Entwurf stellt wie der Lausanne-Entwurf den Versuch dar, zwei völlig entgegengesetzte Grundkonzeptionen mit Hilfe von Alternativvorschlägen zu den Kernartikeln formell miteinander in Einklang zu bringen.
So entsteht zwar nach außen hin das Bild einer einzigen Konvention; dieser Schein kann aber nicht darüber hinwegtäuschen, daß die beiden Grundkonzeptionen einander ausschließen, daß nur die eine oder die andere allein für sich genommen sinnvoll ist.
Wird erst einmal die Entscheidung für die eine oder die andere Alternative herbeigeführt, so bestimmen die dabei erzielten Mehrheitsverhältnisse wahrscheinlich auch darüber, ob das Ziel der Universalität der Konvention erreichbar ist.
Die folgende Statistik soll die hinter den beiden Konzeptionen stehenden vielfältigen Meinungen der verschiedenen Delegationen wiedergeben; dadurch kann der Leser in etwa selbst ermessen, wie die Staaten und Interessenverbände zum Pariser Entwurf stehen. Unsere Statistik wird zwar schon im Jahr 1973 durch die Dritte Expertenkonferenz überholt sein; sie deutet aber die Tendenz an, mit der der Entwurf sich entwickelt.

2. Statistik

Die Statistik ist nicht repräsentativ für alle Delegationen bei der Pariser Konferenz. Sie berücksichtigt allein die zur Vorbereitung der Pariser Konferenz beim Sekretariat der UNESCO eingegangenen schriftlichen Äußerungen zum Lausanne-Entwurf (Äußerungen zum Paris-Entwurf sind erst für Ende 1972/Anfang 1973 zu erwarten). Die Erwähnung der Staaten und Organisationen erfolgt in der Reihenfolge der Konferenzdokumente UNESCO/WIPO/SAT. 2/4, Add. 1, 4 Add. 2, 5, 5 Add. 1, 5 Add. 2.

Staat/Organisation	Pro	Contra	Einzelheiten in Stichworten	Fundstelle
Algerien	–	+	Für reine Signalschutzkonvention; Einarbeitung in ITU-Radio Regulations	UNESCO/WIPO/SAT. 2/4, S. 2
Chad	–	+	Für reine Leistungsschutzkonvention; Einarbeitung in, bzw. Anwendbarkeit des Romabkommens.	4, S. 3
Italien	–	+	Grundsätzlich für Anwendbarkeit des Romabkommens; im übrigen für reine Signalschutzkonvention.	4, S. 3/4 und SAT. 2/14, Ziff. 97
Kenya	+	–	Für neue Konvention; Identität mit den Ausführungen der EBU.	4, S. 4–7
Niederlande	–	–	Noch unentschieden.	4, S. 7/8
United Kingdom	–	+	Für Anwendung und Revision des Romabkommens; bis dahin genügt eine allgemeine Resolution zur internationalen Ächtung der Signalpiraterie.	4, S. 8/9
Dänemark	–	+	Für Anwendung des Romabkommens; gegen neue Konvention vier triftige Gründe.	4, Add. 1, S. 1/2
Vatikanstaat	–	–	Noch unentschieden.	4, Add. 1, S. 2
Japan	+	–	Für neue, aber ausgewogene Konvention; Lausanne-Fassung noch unbefriedigend.	4, Add. 1, S. 2/3
Spanien	+	–	Für neue Konvention mit völliger Eigenständigkeit.	4, Add. 2, S. 1
Asian Broadcasting Union (ABU)	+	–	Im wesentlichen der gleichen Meinung wie die EBU.	5, S. 2
European Broadcasting Union (EBU)	+	–	Für neue Konvention mit urheber-/leistungsschutzrechtlichem Inhalt.	5, S. 2–10
Internationale Gesellschaft für Urheberrecht, e. V. INTERGU	–	+	Neue Konvention überflüssig; Romabkommen, RBÜ und WUA reichen aus; zusätzlich eine urheberrechtliche Klausel für INTELSAT-Statut gefordert.	5, S. 10

Staat/Organisation	Pro	Contra	Einzelheiten in Stichworten	Fundstelle
International Federation of Translators	–	+	Neue Konvention nicht unbedingt erforderlich; wenn überhaupt, dann eindeutiger Urheberschutz gefordert.	5, S. 11
International Writers Guild	–	+	Neue Konvention überflüssig, inopportun und gefährlich; Revision des Romabkommens gefordert; wenn überhaupt, dann müßte eine neue Konvention klarstellen, daß bereits der erste Akt der Programmausstrahlung zum Satelliten genehmigungspflichtig ist.	5, S. 11/12
International Federation of Actors (FIA)	–	+	Für Anwendbarkeit des Romabkommens; neue Konvention überflüssig; kein Pirateriefall bekannt.	5, Add. 1, S. 1
International Federation of Musicians (FIM)	–	+	Für Revision und Anwendung des Romabkommens; neue Konvention unnötig, unerwünscht und verfrüht; Piraterie praktisch unmöglich; Verhandlungen abbrechen!	5, Add. 1, S. 2/3
International Federation of the Phonographic Industry (FPI)	–	+	Für Anwendung des Romabkommens; neue Konvention überflüssig; kein Pirateriefall bekannt.	5, Add. 1, S. 3/4
International Literary and Artistic Organisation (ALAI)	–	+	Art. 13 Romabkommen reicht aus; neue Konvention unerwünscht.	5, Add. 1, S. 5/6
International Labour Office (ILO)	–	+	Für Anwendbarkeit des Romabkommens; neue Konvention überflüssig, nicht dringlich.	5, Add. 2, S. 1/2

Kapitel 10: Schlußbetrachtung

Alle mit der friedlichen Erforschung und Nutzung des Weltraums zusammenhängenden Probleme sind supranational[1]; alle Lösungsversuche müssen es auch sein. – Der Bogen, den wir zum Nachweis dieser Behauptung gespannt haben, ist weit. Er reicht von den Problemen, mit denen sich die Nationen[2] und supranationalen Organisationen[3] bei der Weltraumforschung befassen, über die weltraumbezogene Tätigkeit der UNO[4], ihrer Unterorganisationen[5], die Entwicklung von der Kabel- zur Satellitenkommunikation[6], die Struktur von COMSAT und INTELSAT[7], bis hin zu den Problemen des internationalen Urheber- und Leistungsschutzes bei Satellitenübertragungen[8] – von der Anwendbarkeit der einzelnen Instrumente[9] über die einschlägige Konferenztätigkeit der UNO-Unterorganisationen[10] und schließlich zum Pariser Entwurf[11].

"Allein die Radiotechnik ist das Glied, das die technischen Fragen der Satellitenkommunikation mit den international-privatrechtlichen Problemen satellitenübertragener Rundfunksendungen verbindet"[12]. – Aus diesem Grund haben wir uns in Teil B zu einer so ausführlichen Darstellung entschlossen; erst wenn man die ganze Vielfalt der Weltraumforschungs- und Nutzungsvorhaben kennt, kann man den urheber-/leistungsrechtlichen Standort der Rundfunk- und Punkt-zu-Punkt-Satellitenübertragungen richtig bestimmen. Wegen dieses Zusammenhangs haben wir immer wieder die ITU-Radio Regulations hinzugezogen, um uns vor Augen zu führen, von welchen Begriffen die etwa 130 ITU-Mitglieder ausgehen und welche Begriffe demgegenüber die knapp halb so vielen Mitglieder der RBÜ und des WUA und die wenigen Mitglieder

---

[1] Vgl. oben Teil A, Kap. 2, III und V.
[2] Vgl. oben Teil B, Kap. 3, III.
[3] Vgl. oben Teil B, Kap. 4, I–IV.
[4] Vgl. oben Teil B, Kap. 3, III.
[5] Vgl. oben Teil B, Kap. 3, IV.
[6] Vgl. oben Teil B, Kap. 5, I.
[7] Vgl. oben Teil B, Kap. 5, II–V.
[8] Vgl. oben Teil C.
[9] Vgl. oben Teil C, Kap. 7.
[10] Vgl. oben Teil C, Kap. 6, I und Kap. 9, I.
[11] Vgl. oben Teil C, Kap. 9, II.
[12] Vgl. oben Teil A, Kap. 2, V, Ziff. 3.

des Romabkommens für ihre Zwecke verwenden. – Kurzum, wir waren bemüht, dem Urheberrechtler zu zeigen, wie fragwürdig es ist, "mit Worten ein System zu bereiten", das isoliert von den universal anerkannten technischen Normen der ITU-Radio Regulations dasteht.

Die "Supranationalität der Lösungen" kann und darf sich nicht nur auf technische und völkerrechtliche Gebiete beschränken. Die Lösungen müssen auch im internationalen Urheberrechts- und Leistungsschutz international und wegen der weltweiten Reichweite der Satelliten darüber hinaus auch universell sein. – Das Urheberrecht darf der technischen Entwicklung auf die Dauer nicht hinterherhinken, sondern muß deren Entwicklungstendenzen erspüren und in den Griff bekommen, bevor der Schutz der geistig Schaffenden Schaden nimmt. Die große Verantwortung der "Dritten Expertenkonferenz" besteht deshalb darin, sich nicht nur für die eine oder die andere Lösung zu entscheiden, sondern möglichst alle Rundfunk treibenden Staaten der Welt für die eine Entscheidung zu gewinnen.

Die Satellitentechnik entwickelt sich weiter; der Pariser Entwurf steht nicht allein im Raum. Parallel zu ihm prüft die 27. Vollversammlung der UNO bereits ein "Abkommen zur internationalen Kontrolle und für Sanktionen gegen unerwünschte Rundfunksatellitenprogramme"; wegen des von ihm ausgehenden Einflusses auf die Programminhalte stellt es vielleicht schon in nächster Zukunft den Pariser Entwurf in den Schatten[13]! Weil es so eminent politisch ist, wird es möglicherweise größeren Einfluß auf die Zunahme satellitenübertragener Rundfunksendungen haben, als die von der Pariser Konferenz geplante Konvention zum Schutz programmtragender Satellitensignale, die sich am Vorabend der Dritten Expertenkonferenz in Nairobi in einer "make-or-break"-Phase befindet.

Sollte es dieser Arbeit gelungen sein, den Zusammenhang zwischen technischen und urheber-/leistungsschutzrechtlichen Problemen zu verdeutlichen, so hat sie ihr Ziel erreicht.

---

[13] Vgl. oben Kap. 6, I, Ziff. 1.1, Fußnote 2.

Anhang I: Wortlaut des "Lausanne Konferenzentwurfs"

Draft Convention to Prohibit the Unauthorized Distribution of Program-Carrying Signals Communicated by Satellites

The Contracting States,

(a) Aware that the distribution of program-carrying signals communicated by satellites is rapidly developing both in volume and in geographical coverage;

(b) Noting that the lack of effective worldwide legal protection for the program-carrying signals presents an increasing danger to the interests of authors, performers, producers of phonograms, broadcasting organizations and other contributors to the programs;

(c) Convinced that the protection of originating organizations against unauthorized distribution of their programs will reinforce the protection of all those whose contributions are included in them;

(d) Anxious not to impair in any way international agreements already in force *[Alternative: add:* and in particular in no way to prejudice wider acceptance of the Rome Convention of 26 October 1961, which affords protection to performers and producers of phonograms as well as to broadcasting organizations],

Agree as follows:

Article I

For the purposes of this Convention:

(i) 'satellite' ist any device in space capable of transmitting signals;

(ii) 'distribution' is any act whereby signals are transmitted to the general public or any segment thereof;

(iii) 'originating organization' is the person or entity that makes or orders the making of the program-carrying signals;

(iv) programs are bodies of material that consist of images, sounds or both *[Alternative: replace* 'images, sounds or both' *by:* images or a combination of sounds and images] and that have been produced for the purpose of ultimate reception by the general public, including any segment thereof.

Article II

Each Contracting State shall prohibit and provide for sanctions against the distribution af signals carrying programs, where

(i) a satellite has been used for the communication of the signals;

(ii) the originating organization is a national of another Contracting State [*Alternative: add:* or the signals have been emitted to the satellite from a place in another Contracting State];

(iii) the distribution of the signals is made on the territory of the Contracting State, simultaneously with the original emission or otherwise, without the authority of the originating organization; and

(iv) the distribution has not been derived directly or indirectly from a distribution that was authorized by the originating organization and that took place after the passing of the signals through the satellite *[Alternative: add:* and the signals have not previously been distributed in a Contracting State].

Article III

The legal means by which this Convention is implimented shall be a matter for the domestic law of each Contracting State. The prohibition provided for by this Convention shall last for not less than [twenty] years from the end of the year in which the signals were emitted to the satellite.

Article IV

(1) This Convention shall in no way be interpreted to limit or prejudice the protection otherwise secured to authors, performers, producers of phonograms, broadcasting organizations or other contributors to the programs, under any domestic law or international agreement.

Alternative A

(2) When the signals for the communication of which a satellite is used carry a literary or artistic work protected in accordance with the domestic law of the Contracting State of which the originating organization is a national, the emission of the signals to the satellite constitutes the first phase of the distribution of the said work. However, the exercise of the author's right on the occasion of this emission shall not lead to the payment of fees distinct from those related to the distribution, the latter not being achieved until a transmission has taken place to the general public or any segment thereof.

(3) It shall be a matter for domestic law in each Contracting State to determine the extent, if any, to which performers and producers of phonograms whose performances or phonograms are used in a distribution to which this Convention applies are entitled to claim an equitable remuneration from the originating organization for the distribution and the conditions for such remuneration.

(4) No Contracting State shall be required to apply the provisions of this Convention with respect to any signals emitted before this Convention entered into force in that State.

Alternative B

(2) This Convention shall not apply in any case where the contents of the program-carrying signals emitted to the satellite do not comply with the domestic law of the State of which the originating organization is a national where such law offers the protection referred to in paragraph (1) of this Article. In any case where the domestic law of said State does not offer such protection, this Convention shall not apply if such protection is offered by the domestic law of the State in which the program-carrying signals are made, and the signals emitted do not comply with the latter law.

(3) No Contracting State shall be required to apply the provisions of this Convention with respect to any signals emitted before this Convention entered into force in that State.

Alternative C

(2) Notwithstanding the provisions of paragraph (1) of this Article, the authors of works which are used in a distribution to which this Convention applies shall in any case be entitled to claim an equitable remuneration from the originating organization, where

(i) the works are protected against broadcasting in the country from which the emission to the satellite is made;

(ii) the originating organization has authorized the distribution in another Contracting State which is neither a party to the Universal Copyright Convention nor a member of the International Union for the Protection of Literary and Artistic Works;

(iii) the distribution does not entitle the author to an equitable remuneration under the domestic law of that other Contracting State and does not fall within the provisions of Article V.

(3) It shall be a matter for domestic law in each Contracting State to determine the extent, if any, to which performers and producers of phonograms whose performances or phonograms are used in a distribution to which this Convention applies are entitled to claim an equitable remuneration from the originating organization for the distribution and the conditions for such remuneration.

(4) No Contracting State shall be required to apply the provisions of this Convention with respect to any signals emitted before this Convention entered into force in that State.

Article V

Alternative A

Notwithstanding the provisions of this Convention,

(i) any Contracting State may, in its domestic law, permit the distribution, for the purpose of reporting current events, of short excerpts from programs containing reports of such events, provided that attendance at such events does not require the payment of an admission charge;

(ii) any Contracting State regarded as a developing country in conformity with the established practice of the General Assembly of the United Nations may also, in its domestic law, permit the distribution of programs solely for the purposes of teaching or scientific research.

Alternative B

Notwithstanding the provisions of this Convention, any Contracting State regarded as a developing country in conformity with the established practice of the General Assembly of the United Nations may, in its domestic law

(i) permit the distribution, for the purpose of reporting current events, of short excerpts from programs containing reports of such events, provided that attendance at such events does not require the payment of an admission charge;

(ii) permit the distribution of programs solely for the purpose of teaching or scientific research.

Alternative C

Notwithstanding the provisions of this Convention,

(i) any Contracting State may, in this domestic law, permit the distribution, for the purpose of reporting current events, of short excerpts from programs containing reports of such events, provided that attendance at such events does not require the payment of an admission charge;

(ii) any Contracting State regarded as a developing country in conformity with the established practice of the General Assembly of the United Nations may, in its domestic law

(a) permit the distribution, for the purpose of reporting current events of short excerpts from programs containing reports of such events;

(b) permit the distribution of programs solely for the purpose of teaching or scientific research.

Article VI

(1) This Convention shall be deposited with the Secretary-General of the United Nations. It shall be open until . . . . for signature by any State that is a member of the United Nations or any of the Specialized Agencies brought into relationship with the United Nations.

(2) This Convention shall be subject to ratification or acceptance by the signatory States. It shall be open for accession by any State referred to in paragraph (1).

(3) Instruments of ratification, acceptance or accession shall be deposited with the Secretary-General of the United Nations.

(4) Each State must be in a position, in accordance with its domestic law, to apply the provisions of this Convention at the date of the entry into force of this Convention for that State.

Article VII

(1) This Convention shall enter into force three months after deposit of the . . . . . th instrument of ratification, acceptance or acession.

(2) For each State ratifying, accepting or acceding to this Convention after the deposit of the . . . . th instrument of ratification, acceptance or accession, this Convention shall enter into force three months after deposit of its instrument.

(3) *(a)* Any State may, at the time of ratification, acceptance or accession or at any later date, declare by notification addressed to the Secretary-General of the United Nations that the present Convention shall apply to all or any one of the territories for whose international affairs it is responsible. This notification shall take effect three months after the date on which it is reccived.

(b) However, subparagraph *(a)* may in no case be interpreted as implying recognition or tacit acceptance by any one of the Contracting States of the actual situation in any territory to which the present Convention is made applicable by another Contracting State by virtue of the said subparagraph.

Article VIII

(1) Any Contracting State may denounce this Convention by written notification addressed to the Secretary-General of the United Nations, on its own behalf or on behalf of all or any of the territories referred to in Article VII (3).

(2) Denunciation shall take effect twelve months after the date of receipt by the Secretary-General of the United Nations of the notification of denunciation.

Article IX

(1) Subject to paragraphs (2) and (3), no reservation to this Convention shall be permitted.

(2) Any Contracting State which on . . . . . prohibits the unauthorized distribution of program-carrying signals solely on the basis of the place from which the signals are emitted may, by a notification deposited with the Secretary-General of the United Nations, declare that it will apply this criterion [*Alternative: if the Alternative in Article II (ii) is accepted, add:* alone] for the purposes of this Convention instead of the criterion [*Alternative: if the Alternative in Article II (ii) is accepted, replace* 'criterion' *by:* criteria] provided for in Article II *(ii)*.

(3) Any Contracting State that on . . . . witholds, limits, or does not provide protection under its copyright law with respect to the distribution of signals carrying works protected by copyright by means of wires, cables, or other communications channels to subscribing members of the public, may, by a notification deposited with the Secretary-General of the United Nations, declare that it will not apply this Convention to such distributions of signals on its territory. Such notification may be withdrawn at any time by a declaration deposited with the Secretary-General of the United Nations, and such withdrawal shall take effect six months after the date of its deposit.

Article X

(1) This Convention shall be established in a single original in English, French, Russian and Spanish, all four versions being equally authentic.

(2) In addition, official versions of this Convention shall be established in . . . .

(3) The Secretary-General of the United Nations shall notify the States to which reference is made in Article VI (1), as well as the Director-General of the United Nations Educational, Scientific and Cultural Organization, the Director-General of the World Intellectual Property Organization, the Director-General of the International Labour Office [*Alternative: add:* and the Secretary-General of the International Telecommunication Union] of:

(i) signatures of this Convention;

(ii) deposits of instruments of ratification, acceptance and accession;

(iii) the date of entry into force of this Convention;

(iv) the deposit of notifications relating to Article IX, with the text of the declarations made;

(v) the receipt of notifications of denunciation.

(4) The Secretary-General of the United Nations shall transmit two certified copies of this Convention to all States to which reference is made in Article VI (1).

IN WITNESS WHEREOF, the undersigned, being duly authorized, have signed this Convention.

DONE at . . . ., this .... day of ...., ...

Stichwortverzeichnis*)

*) Der Großbuchstabe bezeichnet den Teil der Arbeit, (A–C), K und die folgende Ziffer geben das Kapitel (1–10) an.

Anhang II: Wortlaut des “Pariser Konferenzentwurfs“

Draft Convention against the Unauthorized Distribution of Programme-Carrying Signals Transmitted by Satellites

The Contracting States.

(a) Aware that the distribution of programme-carrying signals transmitted by satellites is rapidly developing both in volume and in geographical coverage;

(b) Noting that the lack of effective worldwide legal protection against the unauthorized distribution of such signals presents an increasing danger to the interests of authors, performers, producers of phonograms, [and] broadcasting organizations [and other contributors to the programmes];

(c) Convinced that protection of programme-carrying signals against unauthorized distribution will benefit the said persons and organizations;

(d) Anxious not to impair in any way international agreements already in force and in particular in no way to prejudice wider acceptance of the Rome Convention of 26 October 1961, which affords protection to performers, producers of phonograms and broadcasting organizations,

Have agreed as follows:

Article I

This Convention applies to programme-carrying signals which, after their emission, pass through a satellite, including the case where they are derived from a fixation of the emitted signals.

Article I bis

For the purposes of this Convention:

(i) 'signal' is an electronically-generated carrier capable of transmitting programmes;

(ii) 'programme' is a body of live or recorded material, consisting of [*Alternative A:* images or a combination of sounds and images] [*Alternative B:* images, sounds, or both] embodied in signals emitted for the purpose of ultimate distribution;

(iii) 'satellite' is any device in extraterrestrial space capable of transmitting signals;

(iv) 'originating organization' is the person or entity that decides what programme the signals will carry;

(v) 'distribution' is the transmission of signals to the general public or any segment thereof.

Article II

(1) Each Contracting State shall ensure that it is illicit to distribute on its territory programme-carrying signals without the authorization of the originating organization where such organization is a national of another Contracting State.

(2) However, paragraph (1) shall not apply where the distribution is directly or indirectly derived from a terrestrial distribution that was authorized by the originating organization.

Article III

(1) The means by which the obligation provided for in Article II is implemented shall be a matter for the national legislation of each Contracting State. These may include civil, penal or administrative measures.

(2) The national legislation of any Contracting State may provide that it shall not be illicit to distribute any given programme-carrying signal after the expiration of twenty years from the end of the year in which the signal was emitted to the satellite.

Article IV

Alternative A

(1) This Convention shall in no way be interpreted to limit or prejudice the protection otherwise secured to authors, performers, producers of phonograms, [or] broadcasting organizations [or other contributors to the programmes] under any national legislation or international agreement.

(2) Without prejudice to paragraph (1),

(a) the originating organization which is a national of a Contracting State and which uses a satellite for the distribution of programme-carrying signals made directly by the satellite itself shall be responsible *vis-à-vis* the authors, performers, producers of phonograms and broadcasting organizations, in accordance with the legislation of the State of which the organization is a national, if and to the extent that such legislation grants to them rights in the case of the broadcasting of their works, performances, phonograms, or broadcasts;

(b) where the distribution of programme-carrying signals is made on the territory of a Contracting State, the organization making the distribution shall be responsible *vis-à-vis* the authors, performers, producers of phonograms and broadcasting organizations, in accordance with the legislation of the said State, if and to the extent that such legislation grants to them rights in the case, respectively, of the broadcasting or other distribution of their works, performances, phonograms, or broadcasts.

(3) Without prejudice to paragraph (1), the authors, whose works, protected in the Contracting State of which the originating organization is a national, are used in an emission of programm-carrying signals to a satellite,

(a) may forbid the originating organization to authorize the distribution of such signals in another Contracting State which is a party to the Universal Copyright Convention or a member of the International Union for the Protection of Literary and Artistic Works or bound to the State of which the originating organization is a national by a bilateral copyright treaty, where the distribution of these works is not authorized by their authors or is not otherwise lawful under the legislation of that other Contracting State;

(b) shall be entitled to claim from the originating organization, for the distribution of such signals, an appropriate remuneration, where the said organization has authorized such distribution in another Contracting State which is neither a party to the Universal Copyrigth Convention nor a member of the International Union for the Protection of Literary and Artistic Works nor is bound to the State of which the originating organization is a national by a bilateral copyright treaty, on condition that the distribution does not entitle the said authors to a remuneration under the national legislation of that other Contracting State and that it is not subject to the provisions of Article V.

(4) In the cases provided for in paragraph (3), the originating organization is required to inform the authors of works which are intended for use in a distribution of programme-carrying signals before the said distribution and in time to allow them to exercise the prerogatives granted to them in paragraph (3). It shall be a matter for national legislation of each Contracting State to determine the sanctions for non-compliance with the preceding provision.

(4 *bis*) Unless otherwise agreed, the originating organization which is a national of a Contracting State is required to inform the performers whose live performances of literary or artistic works it intends to use in a distribution of programme-carrying signals before the said distribution and in time to allow them to exercise any rights they may have. It shall be a matter for national legislation of each Contracting State to determine the sanction for non-compliance with this provision, and each Contracting State may, by its national legislation, specify the manner in which performers will be represented for the purpose of this provision, if several of them participate in the same performance.

[(5) Nothing in this Article shall be construed as acceptance by Contracting States of the proposition that the emission of programme-carrying signals to a satellite is not broadcasting for the purposes of other international conventions relating to copyright or neighbouring rights and national legislation dealing with such subjects.]

Alternative B

(1) This Convention shall in no way be interpreted to limit or prejudice the protection otherwise secured to authors, performers, producers of phonograms, [or] broadcasting organizations [or other contributors to the programmes] under any national legislation or international agreement.

(2) The originating organization shall be required to indicate, before the emission of the programme-carrying signals, the organizations for which the signals are destined. It shall be a matter for the national legislation of each Contracting State to determine the sanctions for non-compliance with the preceding provision.

Article IV bis

No Contracting State shall be required to apply the provisions of this Convention with respect to any programme-carrying signals emitted before this Convention entered into force in that State.

Article V

Notwithstanding the provisions of this Convention,

(i) any Contracting State may, in its national legislation, permit the distribution, for the purpose of reporting current events, and only to the extent justified by the informatory purpose, of short excerpts from programmes containing reports of such events;

(ii) any Contracting State regarded as a developing country in conformity with the established practice of the General Assembly of the United Nations may also, in its national legislation, permit the distribution of programmes solely for the purposes of teaching or scientific research.

Article VI

(1) This Convention shall be deposited with the Secretary-General of the United Nations. It shall be open until ... for signature by any State that is a member of the United Nations, any of the Specialized Agencies brought into relationship with the United Nations, or the International Atomic Energy Agency, or is a party to the Statue of the International Court of Jusice.

(2) This Convention shall be subject to ratification or acceptance by the signatory States. It shall be open for accession by any State referred to in paragraph (1).

(3) Instruments of ratification, acceptane or accession shall be deposited with the Secretary-General of the United Nations.

(4) It is understood that, at the time a State becomes bound by this Convention, it will be in a position in accordance with its national legislation to give effect to the provisions of the Convention.

Article VII

(1) This Convention shall enter into force three months after deposit of the ... th instrument of ratification, acceptance or accession.

(2) For each State ratifying, accepting or acceding to this Convention after the deposit of the ... th instrument of ratification, acceptance or accession, this Convention shall enter into force three months after deposit of its instrument.

(3) (a) Any State may, at the time of ratification, acceptance or accession or at any later date, declare by notification addressed to the Secretary-General of the United Nations that the present Convention shall apply to all or any one of the territories for whose international affairs it is responsible. This notification shall take effect three months after the date on which it is received.

(b) However, sub-paragraph *(a)* may in no case be interpreted as implying recognition or tacit acceptance by any one of the Contracting States of the actual situation in any territory to which the present Convention is made applicable by another Contracting State by virtue of the said sub-paragraph.

Article VIII

(1) Any Contracting State may denounce this Convention by written notification addressed to the Secretary-General of the United Nations, on its own behalf or on behalf of all or any of the territories referred to in Article VII (3).

(2) Denunciation shall take effect twelve months after the date of receipt by the Secretary-General of the United Nations of the notification of denunciation.

Article IX

(1) Subject to paragraphs (2) and (3), no reservation to this Convention shall be permitted.

(2) Any Contracting State which on ... prohibits the unauthorized distribution of programme-carrying signals solely on the basis of the place from which the signals are emitted may, by a notification deposited with the Secretary-General of the United Nations, declare that it will apply this criterion instead of the criterion provided for in Article II.

(3) *(a)* Any Contracting State that, on ..., limits or denies protection with respect to the distribution of programme-carrying signals by means of wires, cables or other communication channels to subscribing members of the public, may, by a notification deposited with the Secretary-General of the United Nations, declare that, to the extent that and as long as its domestic legislation limits or denies protection, it will not apply this Convention to such distributions [, provided that:

(i) the distribution in question takes place simultaneously with or after a distribution of the programme-carrying signals by wireless means on the territory of the State, or

(ii) if the distribution in question is derived from a distribution made by the satellite itself, the signals can be received by the general public in that State, or any segment of that public].

(b) Any State that has deposited a notification in accordance with sub-paragraph *(a)* shall notify the Secretary-General of the United Nations, within six months of their coming into effect, of any changes in its national legislation whereby the reservation under that sub-paragraph becomes inapplicable or more limited in scope.

Article X

(1) This Convention shall be established in a single original in English, French, Russian and Spanish, all four versions being equally authentic.

(2) In addition, official versions of this Convention shall be established in ...

(3) The Secretary-General of the United Nations shall notify the States to which reference is made in Article VI (1), as well as the Director-General of the United Nations Educational, Scientific and Cultural Organization, the Director-General of the World Intellectual Property Organization, the Director-General of the International Labour Office [*Alternative: add:* and the Secretary-General of the International Telecommunication Union] of:

(i) signatures of this Convention;

(ii) deposits of instruments of ratification, acceptance and accession;

(iii) the date of entry into force of this Convention;

(iv) the deposit of notifications relating to Article IX, with the text of the declarations made;

(v) the receipt of notifications of denunciation.

(4) The Secretary-General of the United Nations shall transmit two certified copies of this Convention to all States to which reference is made in Article VI (1)

IN WITNESS WHEREOF, the undersigned, being duly authorized, have signed this Convention.

DONE at . . . ., this .... day of ...., ...

FSC
www.fsc.org
MIX
Papier | Fördert
gute Waldnutzung
FSC® C083411

Kolibri 360 GmbH
Ferdinand-Jühlke-Straße 7
99095 Erfurt, Deutschland
produktsicherheit@kolibri360.de